权威 · 前沿 · 原创

皮书系列为

“十二五”“十三五”国家重点图书出版规划项目

装备制造业蓝皮书

**BLUE BOOK** OF EQUIPMENT MANUFACTURING INDUSTRY

# 中国装备制造业发展报告（2017）

REPORT ON THE DEVELOPMENT OF EQUIPMENT MANUFACTURING INDUSTRY IN CHINA (2017)

主　编／徐东华
副主编／曾祥东　史仲光　聂秀东
机械工业经济管理研究院／主　编

社会科学文献出版社
SOCIAL SCIENCES ACADEMIC PRESS (CHINA)

## 图书在版编目(CIP)数据

中国装备制造业发展报告．2017／机械工业经济管理研究院主编．--北京：社会科学文献出版社，2017.12

（装备制造业蓝皮书）

ISBN 978-7-5201-1925-2

Ⅰ．①中… Ⅱ．①机… Ⅲ．①制造工业-经济发展-研究报告-中国-2017 Ⅳ．①F426.4

中国版本图书馆 CIP 数据核字（2017）第 297670 号

装备制造业蓝皮书

中国装备制造业发展报告（2017）

主　　编／机械工业经济管理研究院

出 版 人／谢寿光

项目统筹／王　绯

责任编辑／孙燕生

出　　版／社会科学文献出版社·社会政法分社（010）59367169

地址：北京市北三环中路甲 29 号院华龙大厦　邮编：100029

网址：www.ssap.com.cn

发　　行／市场营销中心（010）59367081　59367018

印　　装／北京季蜂印刷有限公司

规　　格／开　本：787mm×1092mm　1/16

印　张：26.75　字　数：403 千字

版　　次／2017 年 12 月第 1 版　2017 年 12 月第 1 次印刷

书　　号／ISBN 978-7-5201-1925-2

定　　价／128.00 元

皮书序列号／PSN B-2015-505-1/1

# 主要编撰者简介

**徐东华** 二级研究员、教授级高级工程师、编审、享受国务院特殊津贴专家和机械工业经济管理研究院党委书记、院长。曾任中共中央书记处农村政策研究室综合组副研究员、国务院发展研究中心研究员、国务院国资委研究中心研究员。参加了国家"九五"至"十三五"国民经济和社会发展规划研究工作，参加了我国多个工业部委行业发展规划工作，参加了我国装备制造业发展规划工作，撰写的研究报告多次被中共中央政治局常委和国务院领导同志批转到国家经济综合部委，其政策性建议被采纳或被参考。兼任中共中央"五个一工程"奖评委、中央电视台特邀财经观察员、中国机械工业联合会专家委员、中国石油和化学工业联合会专家委员、中国工业环保促进会副会长、中国机械工业企业管理协会副理事长、中华名人工作委员会副主席、国家发改委等工业项目评审委员、福建省政府等政府部门和机构的经济顾问、中国社会科学院经济研究所博士生学位答辩评审委员会委员、北京大学光华管理学院博士生学位答辩评审委员会委员、北京大学商业经济与管理研究所副所长、清华大学经济管理学院和中国传媒大学及北京化工大学等高校兼职教授。在《经济日报》《光明日报》《科技日报》《经济参考报》《求是》《经济学动态》《经济管理》等报刊发表百余篇理论研究文章。

**史仲光** 机械工业经济管理研究院副院长兼职业发展与评价研究所所长，机械工业职业技能鉴定指导中心执行主任，高级工程师，首都师范大学工商管理专业研究生。具有31年机械行业从业经历，在机械企业曾从事产品设计、质量管理、生产管理、战略规划和综合管理工作16年，在机关和事业单位从事机械行业与轻工行业发展规划制订、质量管理、职业技能鉴定工作15年。主持和参与了2015版《中华人民共和国职业分类大典》（机械部分）和《中国机械工业职业发展观察报告》（2013）的编写，主持并参与了“机械工业职业技能鉴定工作管理体系研究”（2003）、“2004～2010年机械工业高技能人才队伍建设振兴方案的研究”（2004）、“机械工业标准化职业培训认证体系研究”（2005）、“机械行业国家职业（工种）分类体系研究”（2007）研究课题。主持并参与了《电站锅炉》《电线电缆》《数控机床》中关于劳动定额标准的编审，以及《车工》《铣工》《变压器制造工》《汽车装调工》《轴承制造工》《弹簧工》《数控机床装调维修工》《工程机械维修工》《电梯安装维修工》《模具工》《汽车技术服务师》等百余本国家职业标准和职业培训教程的编写与审定工作，标准及教程由劳动出版社或机械工业出版社出版发行。

**聂秀东**　机械工业经济管理研究院副院长、产业经济研究所所长、采购研究中心主任、工业互联网研究中心主任，研究员。北京大学光华管理学院经济学博士，有经济管理理论研究和政府采购研究专长，主要研究领域：产业经济、政府采购、国际贸易、区域发展、企业战略、品牌战略等。主持和参加了国家发改委“十二五”和“十三五”国民经济和社会发展规划前期重大课题的研究，参与了部分重要产业政策的制定，为我国加入《WTO政府采购协议》谈判和《两岸经济合作框架协议》谈判提出了谈判策略和出价方案；主持和参与了商务部、工信部、国资委、卫计委等国家部委级课题70余项，并为多个地方政府和企业制定发展战略。公开发表论文十余篇，其中论文《我国工业产业国际竞争力分析与提升对策》于2009年10月获得商务部“集聚优势转型升级提升产业国际竞争力”征文活动二等奖。参与编写或出版的著作有：《中国保健用品产业发展报告（2013）》（社会科学文献出版社，2012）、《我国工业产业国际竞争力分析与提升对策》（中国商务出版社，2009）、《中国品牌发展报告（2007）》（北京大学出版社，2007）、《中国品牌发展报告（2011）》（北京大学出版社，2011）、《中国石油装备产业发展报告（2014）》（机械工业出版社，2014）。

# 摘　要

装备制造业是为国民经济和国防建设生产技术装备的制造业，是制造业的核心组成部分，是现代产业体系的脊梁，是推动工业转型升级的引擎。建立起强大的装备制造业，是提高中国综合国力和实现工业化的根本保证。我国是装备制造业大国，装备制造业“大而不强”已是不争的事实。特别是受国际金融危机及国内经济增速放缓的影响，我国装备制造业面临的形势日趋严峻。未来二三十年是实现制造业强国的关键期，在全球制造业竞争日趋激烈的环境下，中国装备制造业应以强大国家、造福人民、繁荣世界为使命，积极稳妥地推进装备制造业的转型升级。因此，全面系统地分析研究装备制造业的发展，对装备制造业乃至整个工业实现结构优化升级、加快转变经济发展方式、抢占未来经济和科技发展制高点、实现由制造业大国向强国转变都有重要意义。

《中国装备制造业发展报告（2017）》包括综合篇、行业篇、企业篇和专题篇四个部分。综合篇介绍了国际装备制造业发展概况，综述了2016年中国装备制造业发展情况，并对未来中国装备制造业发展进行展望，还分别有针对性地提出了中国装备制造业发展建议；行业篇包括装备制造业的机床工具行业、机器人行业、海洋工程装备及高技术船舶、电力装备行业、农机装备行业、印刷设备行业六个主要分行业，主要介绍各行业2016年运行基本情况、面临的问题以及发展形势展望；企业篇分别针对技术创新企业，明确提出企业的创新点、具体做法和效果，给其他装备制造企业提供参考和启示；专题篇深入分析解读2016年我国发生的装备制造业热点事件，还对装备制造业响应“一带一路”国策的发展情况进行深度解读。

在综合篇中，本报告认为，2016年国际装备制造业生产情况稳定，各国均制定了多项国家战略努力抢占装备制造业技术高地，未来国际装备制造业将朝着生产方式智能化，发展模式服务化、绿色化，组织方式扁平化、全球化，创新方式网络协同化、开放化，产业布局分工重置化方向发展。2016年，我国装备制造业规模稳步回升，行业经营效益良好，但投资增速大幅回落；企业自主创新亮点频发，国内技术逐步成为重要来源；汽车行业、电工电器行业表现突出。研究表明，在新常态背景下，我国装备制造业经济下行压力依然存在，化解产能过剩任务繁重，生产要素成本居高不下，企业投融资面临重重困难。2017 年我国装备制造业将延续 2016 年趋稳向好的态势，行业运行保持平稳增长，但增速将低于 2016 年，但仍会高于全国工业和制造业发展水平。未来一段时间，我国装备制造业在商业航天、通用航空、新能源汽车、机器人四个领域将有更多投资机会和更高投资价值。

本报告认为，我国装备制造业要实现健康发展，就要积极推动供给侧结构性改革，优化发展环境，提振有效投资，降低企业成本；加快产业结构调整，优化去产能体系，培育壮大新兴产业，全面提升产品质量，优化生产力合理布局，激发中小企业活力；补齐科技短板，加快建设创新中心，实施军民融合发展战略，加强人力队伍建设，搭建创新服务平台，努力推动“大众创业，万众创新”工作，加强国际交流与合作；统筹兼顾“引进来”与“走出去”，积极调整产品出口结构，提高海外工程总包能力，加强国际技术交流与协作，增强企业风险防范意识，减少外资准入的限制性措施，同时，要加快产业联盟建设，完善保障体系，大力推广中国标准。

在行业篇中，本报告分别对机床工具行业、机器人行业、海洋工程装备及高技术船舶、电力装备行业、农机装备行业、印刷设备行业六个分行业进行了分析研究。本报告研究表明，各子行业部分技术已达到国际先进水平，2016 年各主要子行业收入和利润总体放缓，而且普遍存在产能过剩、自主创新能力不强、行业间无序竞争、缺乏统一标准等问题，但相信在各种宏观经济政策刺激下，各子行业尤其是高端装备制造业发展前景向好。

在企业篇中，本报告选取了三家重点企业对装备制造业的技术创新情况进行了介绍，并对这些企业的成功经验加以总结，希望能给其他装备制造企业以启示。在对技术创新企业的分析中，本报告发现这些技术创新企业均具有重视人才引进、重视科研投入、重视产学研相结合等特点。

在专题篇中，在热点事件解析部分，本报告对五件发生在2016年的装备制造业的热点事件进行了回顾与解析，本报告认为，随着《中国制造2025》相关配套文件的出台和中国装备制造业“走出去”的持续深入，将对整个装备制造业发展产生深远影响。“一带一路”助推中国装备制造业“走出去”专题的研究发现：“一带一路”沿线国家在装备制造业领域的进出口额占全球装备制造业总贸易额的较大比重，但是中国装备制造业在“走出去”时也面临着贸易机制滞后，人民币跨境结算困难，企业人才和品牌影响不足等问题。未来要积极健全贸易合作机制，完善海外金融体系，扩大企业品牌影响力，培养国际化人才。

2017年是实施“十三五”规划的重要一年，是供给侧结构性改革的深化之年。这一年，我国装备制造业发展机遇与挑战并存，既有国内经济增长平稳、供给侧结构性改革政策效应逐步显现等积极因素，也有国内外需求持续低迷、企业面临的困难超出预期等不利因素，随着我国区域发展战略、中长期制造强国建设战略及加快国际产能和装备制造合作等的逐步深入实施和加快落实，装备制造业新的增长点、增长极、增长带将逐步形成，未来装备制造业面临的机遇大于挑战。

# 目录

## Ⅰ 综合篇

## Ⅱ　行业篇

## Ⅲ 企业篇

## Ⅳ　专题篇

# 综　合　篇

General Reports

## B.1
# 2016年国际装备制造业发展概况

徐东华　曾祥东*

摘　要：2016年国际装备制造业生产情况稳定，主要国家实现销售收入70151.70亿美元，同比上升1.07%，国际装备制造业将朝着生产方式智能化，发展模式服务化、绿色化，创新方式网络协同化、开放化，组织方式扁平化、全球化，产业布局分工重置化方向发展。2016年世界主要装备制造业大国美、德、日三国的销售收入均出现平稳增长，但美国贸易逆差有所扩大，德、日贸易顺差继续扩大；在政策上，各国均制定了多项国家战略努力抢占装备制造业技术高地；在技术上，各国在人工智能、机器人、关键零部件等多个

* 徐东华，二级研究员，教授级高级工程师，机械工业经济管理研究院院长，长期从事区域经济、产业经济、产业政策研究；曾祥东，中国机械工业集团有限公司党委常委、副总经理，分管装备制造业务。

领域实现突破。

关键词：　智能化　服务化　网络协同化　扁平化　开放化

# 一　2016年国际装备制造业的发展现状

## （一）国际装备制造业经济运行情况

### 1. 国际装备制造业生产情况稳定

2016 年，国际装备制造业生产情况稳定。根据机械工业联合会发布的 2016 年世界机械工业生产指数可以看出，2016 年机械工业生产指数比 2015 年有所提升，2016 年 12 月，世界机械工业生产指数为 125.10，比 11 月回落 5.10 点，指数高于 2015 年 12 月，生产回落状态基本持平。分月份看，尽管 2016 年 1 月世界机械工业生产指数探底为 108，但从下半年开始有较稳定增长，明显高于 2015 年下半年（见图 1）。

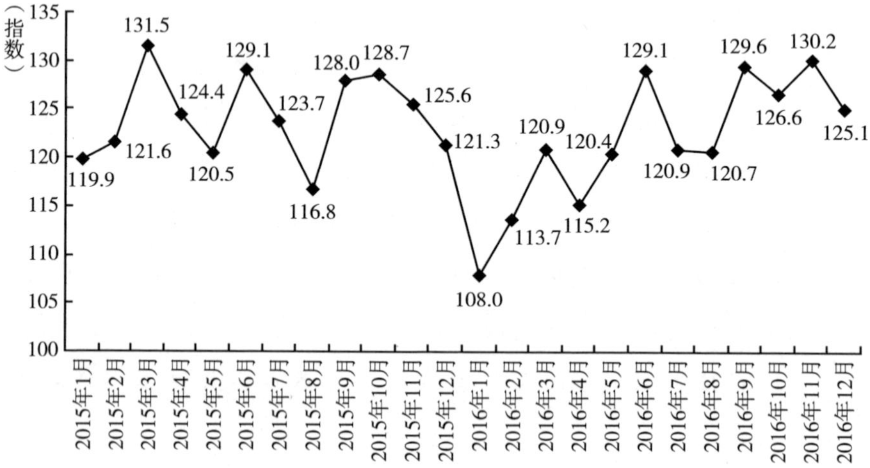


**图 1　2015 ~ 2016 年世界机械工业生产指数**

2016 年 12 月机械工业生产指数，中国为 184，较 11 月回升 1.50 点；韩国为 126，较 11 月回升 7.20 点；美国为 117.70，较 11 月回落 3.70 点；德国 110.80，较 11 月回落 18.10 点；日本为 105.90，较 11 月回落（见表 1）2.30 点；英国 104.80，较 11 月回落 6.90 点；法国、南非和印度分别为 101.70、70.80 和 111.90，较 11 月分别回落 3 点、53.20 点和 4.60 点。

**表 1　2016 年世界主要国家机械工业生产指数**

| 月份 | 美国 | 德国 | 日本 |
|---|---|---|---|
| 1 月 | 123.10 | 98.00 | 94.70 |
| 2 月 | 123.50 | 116.10 | 97.70 |
| 3 月 | 124.90 | 123.10 | 117.90 |
| 4 月 | 124.60 | 123.00 | 92.50 |
| 5 月 | 121.00 | 109.10 | 91.10 |
| 6 月 | 125.70 | 129.90 | 106.40 |
| 7 月 | 114.10 | 111.20 | 103.00 |
| 8 月 | 124.10 | 109.40 | 94.80 |
| 9 月 | 123.60 | 127.40 | 112.00 |
| 10 月 | 126.50 | 114.00 | 102.70 |
| 11 月 | 121.40 | 128.90 | 108.20 |
| 12 月 | 117.70 | 110.80 | 105.90 |

资料来源：机械工业联合会。

**2. 国际装备制造业销售收入增加**

2016 年，世界主要装备制造业国家实现销售收入 70151.70 亿美元，同比上升 1.07%。分月份来看，1 ~4 月份同比增长呈上升状态，8 月份同比增长最高，达 3.86%，7 月份为同比增长最低，仅为 −2.13%，整体波动较大（见图 2）。

## （二）国际装备制造业区域分布情况

在全球经济增速放缓，装备制造业规模回缩的大环境下，各国开始逐步采取措施，重整行业结构，以德国为首，制定实施“工业 4.0”战略，加速行业转型升级，尽快提升行业竞争力。在德国的带领下，先进工业国家都纷纷效仿，结合自身实际，制定符合自身发展需求的国家政策以及战略计划，

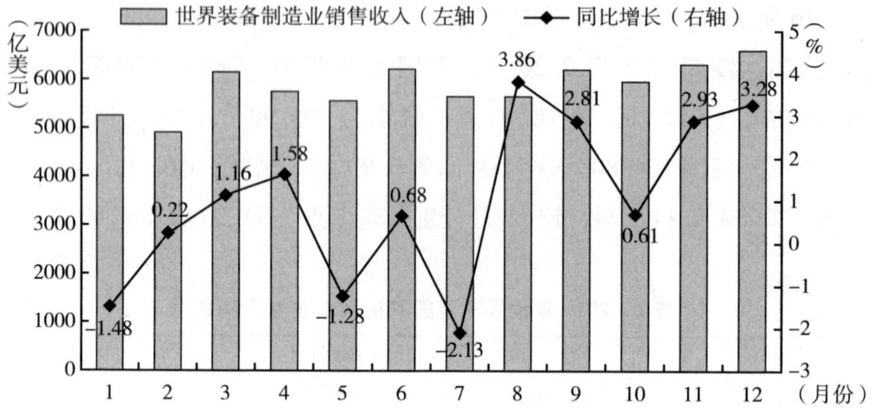


**图2　2016年世界装备制造业销售收入情况**

争取能够提升装备制造业经济实力，为一国的经济发展、国际竞争力等方面做出贡献。根据机械工业经济管理协会发布的《2016年世界机械500强》名单，可以了解国际装备制造业的区域分布情况（见表2）。

纵观世界装备制造业的区域分布，基本与当今世界的区域经济发展水平保持一致。北美洲、亚洲及欧洲装备制造业实力突出，北美洲以美国为主导，亚洲以中、日、韩为代表，欧洲以德、法、英三国为主。对比上榜企业数：美国共有138家企业上榜，继续保持全球第一；中国包括大陆地区、台湾，以及香港在内的上榜企业共107家，其中大陆地区有95家，台湾有10家，香港有2家；日本2016年101家企业上榜，与2015年相比几无变化；位居第四、第五名的分别是德国（36家）、法国（17家），其余国家的上榜企业数均少于15家。

在所有上榜企业中，日本的丰田汽车位列第一，其2016年营业收入为2523.8亿美元，德国的大众汽车集团以2298.4亿美元的营业收入紧随其后，位居第二；中国大陆地区排名第一的企业是上海汽车集团，位于第三名，与2015年相比，排名有所提升；而排名第四的是韩国的三星电子集团。上榜企业数最多的美国排名第一的企业是通用汽车，居第六名；中国台湾地区的第一名是鸿海精密，处于排行榜的第八位。排名前列的上榜企业大多以

**表 2　2016 年“世界机械 500 强”国家及地区分布**

| 国家/地区 | 上榜企业数(家) | 最高排位 | |
|---|---|---|---|
| 美国 | 138 | 6 | 通用汽车 |
| 日本 | 101 | 1 | 丰田汽车 |
| 中国大陆 | 95 | 3 | 上海汽车集团 |
| 德国 | 36 | 2 | 大众汽车集团 |
| 法国 | 17 | 29 | 标致汽车 |
| 瑞士 | 14 | 35 | 罗氏 |
| 英国 | 13 | 78 | BAE 系统 |
| 韩国 | 12 | 4 | 三星电子集团 |
| 中国台湾 | 10 | 8 | 鸿海精密 |
| 瑞典 | 9 | 36 | 沃尔沃集团 |
| 芬兰 | 5 | 24 | 欧洲宇航防务集团 |
| 荷兰 | 5 | 73 | 飞利浦 |
| 印度 | 5 | 42 | 塔塔汽车 |
| 新加坡 | 4 | 79 | 伟创力国际 |
| 爱尔兰 | 3 | 143 | 英格索兰 |
| 巴西 | 3 | 241 | 巴西航空工业 |
| 俄罗斯 | 3 | 192 | 俄罗斯联合航空制造 |
| 意大利 | 3 | 11 | 菲亚特 |
| 百慕大 | 2 | 355 | 纳伯斯 |
| 比利时 | 2 | 346 | 贝卡尔特公司 |
| 丹麦 | 2 | 186 | 维斯塔斯风力系统 |
| 加拿大 | 2 | 64 | 麦格纳国际 |
| 马来西亚 | 2 | 399 | 马来西亚 UMW 集团 |
| 土耳其 | 2 | 235 | KOC 控股 |
| 以色列 | 2 | 365 | 以色列航宇工业 |
| 中国香港 | 2 | 28 | 中信泰富 |
| 埃及 | 1 | 416 | 埃及欧瑞斯克姆建筑工业集团 |
| 奥地利 | 1 | 234 | 安德里茨 |
| 菲律宾 | 1 | 133 | 圣米格尔 |
| 卢森堡 | 1 | 233 | 泰纳瑞斯 |
| 墨西哥 | 1 | 302 | 卡索集团 |
| 沙特阿拉伯 | 1 | 341 | 沙特国家工业公司 |
| 西班牙 | 1 | 361 | 歌美飒公司 |
| 智利 | 1 | 190 | 智利能源 |

资料来源：《2016 年世界机械 500 强》。

生产汽车及其零配件产品为主，说明在很长一段时间内，汽配制造业在全球经济中的重要地位仍保持不变。

1. 美国

金融危机以后，近几年的美国经济呈现较好的增长形势，市场环境的负面影响明显改善，装备制造业为经济复苏提供了强劲动力。在 2016 年，美国共有 138 家企业上榜，它们分布在电工电器、机动车及零部件、通用机械、石油化工机械、综合，以及其他民用机械等 17 个机械行业，其中占有较大优势的类别包括电工电器（27 家企业）、其他民用机械（19 家企业）、通用机械与机动车及零部件（各15家企业）（见图3）。电工电器依然位列榜首，排名最高位的仍然是通用汽车（排名第6位），上榜企业数比2015年减少了3家。

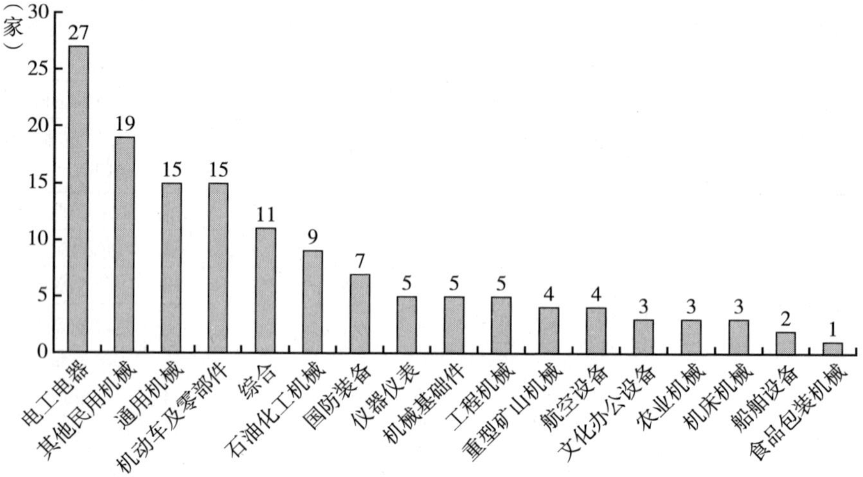


**图3　2016年美国装备制造业主要企业行业分布**

从总量上看，美国2016年的企业上榜数虽然与2015年相比有所减少，但平均营业额却有所提升。究其原因，作为美国政府重振美国经济的重要举措——美国的再工业化战略有效缓解了产业空心化给国家经济带来的危害，先后通过减免税收、补贴等政策措施鼓励美国企业加大在本土的投资，吸引跨国集团来美投资，至今已经取得一定成效。

包括通用电气公司（GE）、苹果公司（APPLE）、惠而浦（Whirlpool）等机电巨头在内的美国本土企业已经开始资本回流，新厂投建计划已提上日程；以沃尔玛等为代表的美国零售商也通过加大本土采购力度，对美国制造产品在消费层面上提供了有效的网络支持；西门子、三星、空中客车等外企集团也紧随其后，重新构架在美投资计划，为美国装备制造业的恢复注入生机。

从营业收入来看，机动车及零部件的企业营业收入约占世界机械500强美国企业总体的20.40%，占比最高，合计为4209.2亿美元。位列营业收入占比第二和第三位的分别为：其他民用机械和通用机械行业，分别占500强美国企业总体的10.90%和10.30%。纵观美国各行业的营业收入占500强美国企业总收入的百分比可以得出，美国的机动车及零部件行业一直是美国的支柱行业。与2015年相比，通用机械行业前进一名由2015年的第三名成为2016年的第二名，而石油化工机械行业在2015年的营业收入占比的第二名滑落2016年的前三名之外，而其他民用机械则进入前三名。这说明美国的行业格局有了一定的调整，其他民用机械更加受到重视。

2. 日本

作为对外贸易大国，日本装备制造业一直保持着很强的国际竞争力。近年来，随着中国、韩国制造业水平的提高，以及欧盟、美国产品对日本产品的替代性增强，日本的竞争优势有所减弱。但凭借雄厚的装备制造业基础、强大的技术创新，日本依然在上榜企业数和营业收入方面保持前列。

2016年，日本共有101家企业上榜，他们分布在电工电器、机动车及零部件、文化办公设备等12个机械行业。在日本众多上榜行业中，电工电器的企业数最多，达到32家，机动车及零部件制造行业的企业数量达到24家；其中排名高居榜首的是丰田汽车。

通过对比可以发现，日本电工电器行业企业有32家，在该行业的企业中有领先优势。同时，日本机动车及零部件制造业在世界机械500强中也占有明显的优势，其企业数量为24个，仅次于中国大陆（35家）（见图4）。

从营业收入看，日本机动车及零部件制造的企业营业收入占日本上榜企业的47.86%，合计达8126.50亿美元，远超其他板块，是第二位综合类营业收入的两倍以上，汽车产业持续带动日本工业的发展。

此外，日本电工电器行业的入榜企业数量已经超过美国，入榜企业达到32家，美国仅为27家。从营业收入看，日本入榜500强的电工电器企业的营业收入更是高达3094.53亿美元，超过上榜的美国电工电器企业营业总收入（2165.70亿美元）928.83亿美元，可见日本电工电器产业的增长动力之强劲。

3. 德国

德国在欧洲的经济实力一直处于领军位置。在金融危机之后，德国也是

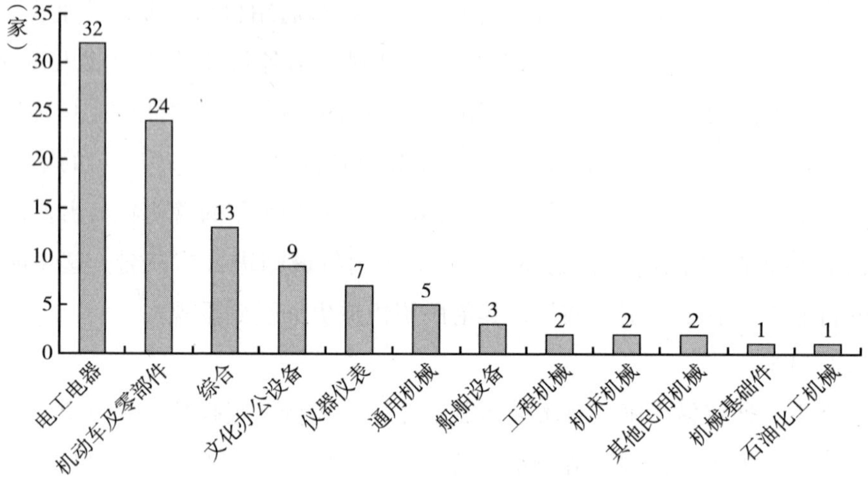


**图4　2016 年日本装备制造业主要企业行业分布**

欧洲经济危机中第一个复苏的国家。相比欧盟其他国家的低增长、负增长，德国经济总量保持稳定，产业运行结构良好，工业产出增长质量较高。德国能够稳定保持增长趋势及竞争力的原因在于该国强大的工业基础和良好的制成品出口竞争能力，德国工业以其优质的设计品质、较高的技术竞争能力一直在国际市场享有较高声誉，特别是在汽车、机械等高端制造业领域，德国优秀的制造业传统给予经济以坚实的增长基础。

2016 年，德国有 36 家企业上榜，它们分布在机动车及零部件、电工电器、综合、工程机械等 13 个机械行业。在德国上榜行业中，机动车及零部件制造企业上榜数量最多，达 9 家，与 2015 年持平。以汽车及汽车配件生产为主营业务的大众汽车集团本次位居第二名（见图 5）。

从营业收入占比看，机动车及零部件企业的营业收入约占 500 强德国企业的一半以上，合计为 6615.40 亿美元。仅大众汽车集团一家的营业收入就占世界机械 500 强中德国机动车及零部件总营业收入的 1/3 的份额。

**4. 中国大陆**

2016 年，中国大陆共有 95 家企业上榜，它们分布在机动车及零部件、工程机械、电工电器等 13 个机械行业，其中占有较大优势的类别包括机动

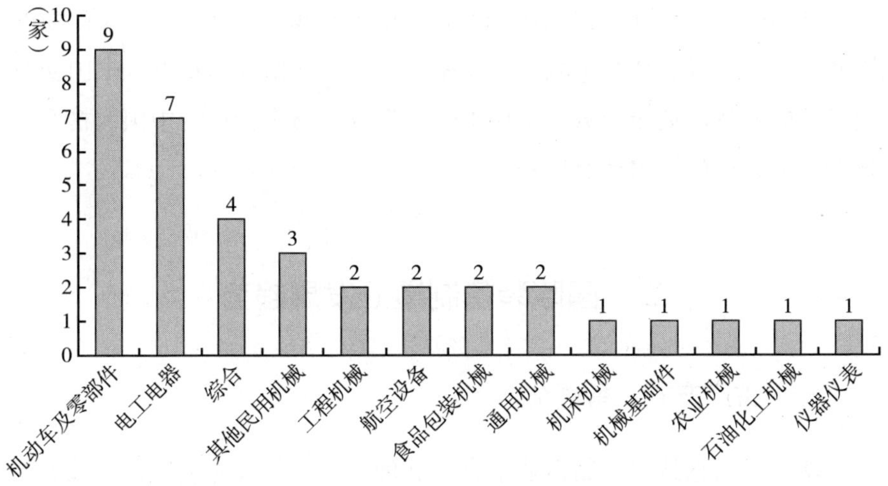


**图 5　2016 年德国装备制造业主要企业行业分布**

车及零部件（35 家）、电工电器（26 家）以及工程机械（9 家），其余行业的上榜企业数均少于 8 家（见图 6）。中国机械企业整体实力逐步提升，成为工程机械制造、机动车及零部件行业的代表国之一，中国兵器工业集团成为国防装备制造行业的代表企业。

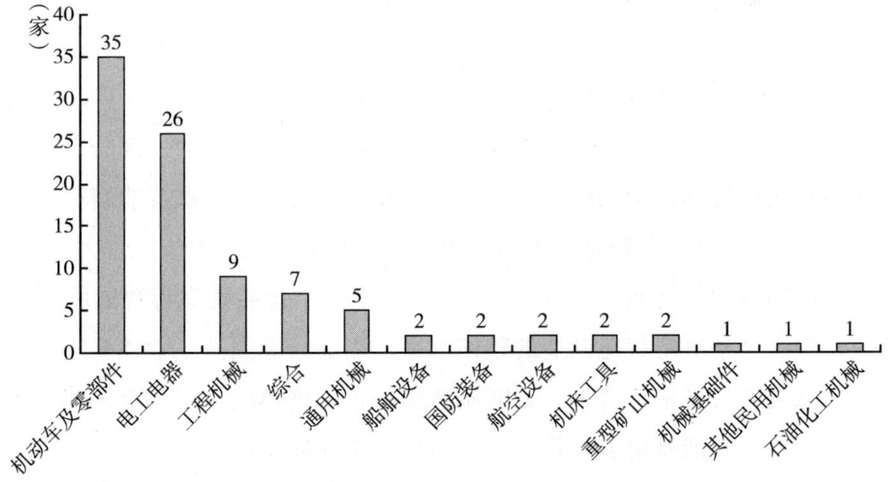


**图 6　2016 年中国装备制造业主要企业行业分布**

对比 2015 年，2016 年中国大陆上榜企业数量达 95 家；进入百强的企业数共有 13 家，比 2015 年减少了 2 家。从以上数据可以看出，中国初具规模化经营的机械制造企业数量有所上升，但纵观整个榜单，中国入榜企业在全球竞争力方面的实力还有待进一步提高。

## 二　国际装备制造业发展趋势

### （一）生产方式：智能化

由新一代信息技术与制造业融合发展催生而出的智能制造，引领着新一轮工业革命的推进。美国先进制造伙伴计划、德国“工业 4.0”、新工业法国计划等发达国家制造业发展战略都将智能制造作为发展和变革的重要方向。美国著名管理学教授迈克尔·波特将 IT 技术与制造业的融合发展归结为“三波浪潮”：第一波浪潮是 20 世纪 60 年代到 70 年代的业务管理自动化，通过这次浪潮，制造企业逐渐实现从计算机辅助设计到生产资料规划的自动化，大大促进了生产管理活动效率的提高，并引发了生产流程的标准化革命；第二波浪潮是 20 世纪 80 年代和 90 年代供应链管理网络化，企业生产活动与外部供应商、渠道和客户之间实现了跨地域的协调与整合；第三波浪潮是 21 世纪以来的产品智能化，IT 技术尤其是物联网、云计算、大数据等新一代信息技术不仅嵌入产品，成为产品本身不可分割的一部分，而且深入产品的生产过程，带来生产过程的智能化。因此，可以将智能制造看成信息通信技术（ICT）与制造业的融合发展和集成创新。

智能制造包括智能装备（产品）、智能生产、智能管理和智能服务四个环节，智能装备决定智能制造的整体水平。当前，德国“工业 4.0”和美国工业互联网的发展最为清晰。智能制造装备正呈现模块化、开源化和个性化的发展趋势，智能制造装备将进一步引领制造业实现低碳、节能、高效的作用；同时，也将在工业机器人、高端数控机床新型传感器等重点领域快速发展与突破。

## （二）发展模式：服务化、绿色化

从全球制造业的绿色发展来看，新能源技术和产业不断发展。欧美国家纷纷提出“绿色供应链”“低碳革命”等战略，日本提出“零排放”概念，创新产品设计不断兴起，绿色产业链持续完善，制造业进一步向节约高效的绿色化方向迈进。而传统装备制造业普遍存在资源消耗大、环境污染重等问题，面对制造业绿色发展，全球装备制造业向绿色制造转变的趋势也更加明显。绿色制造在制造的各个环节和各个阶段（设计、材料、工艺、制造、物流、使用、循环利用、管理），通过革新传统的制造技术、设计理念和生产方式，减少环境影响和提高资源能源的利用率。近年来，激光再制造技术也是装备制造领域绿色制造的典型形式，这一技术将激光熔覆盖技术和再制造技术相结合，用来修复高温、高压、高速运动的机械零部件，既节约了资源，节省了时间，也增加了经济性、环保性，目前已先后被石化、电力、冶金、汽车等十几个行业应用。

随着收入水平的提高，第三产业的消费需求占比加大；传统的产品制造企业向提供具有丰富内涵的产品和服务延伸，直到提供整体解决方案；制造业和服务业的界限越来越模糊；制造业（物质）产品总价值中凝聚的服务业增加值越来越多。目前，服务业占世界经济的70%左右，服务贸易占世界贸易总额的20%以上，服务领域跨国投资占全球跨国投资的近2/3。影响第三产业消费需求的主要原因，一方面是装备制造业的投入服务化。当前，生产的信息化、社会化、专业化的趋势不断增强。生产向信息化发展，服务型生产资料的需求有可能超过对实物的需求。而生产的社会化、专业化分工和协作，必然使企业内外的经济联系加强，相互依赖程度日益加深。这就导致服务型生产资料的需求量迅速上升，服务要素将成为制造业企业重要的生产要素。另一方面是装备制造业产出的服务化。随着信息技术的发展和企业逐渐加深对“顾客满意”的认识，世界上越来越多的制造业企业关注实物产品的整个生命周期。服务环节在制造业中的作用越来越大，许多制造业企业正在转变为某种意义上的服务企业，产出服务化成为制造业服务化重要的发展方向。

### （三）组织方式：扁平化、全球化

对企业内部而言，互联网的广泛应用是很多装备制造业企业开始运用互联网思维，以此减少企业管理的内部层级结构，更加注重产业的传统化分工和精细化合作，推动生产组织的柔性和创造性。对企业外部而言，网络技术正在加速制造业尤其是装备制造业的全球化进程，随着与互联网、物联网、大数据、云计算等融合程度的不断提高，装备制造业的生产、流通等不同环节的联系也逐渐紧密。电子商务、电子数据交换、电子资金转账、远程运维等从根本上改变了装备制造业的生产、消费、流通方式，加速了装备制造业的全球化进程。对产业制造而言，制造网络化在迅速发展，网络技术将贯穿从产品订单到研发、设计、加工、售后服务等全生命周期。企业除了能为下游提供最优解决方案和服务之外，还可以实现多环节并行且能提供特殊定制。就产业而言，信息技术正在改造着装备制造业的产业结构与组织结构，产业中纵向一体化的趋势正在减弱，取而代之的是众包、分包等合作方式。技术研发、生产及销售的多地区协作日趋加强。形成了相互协作、相互依存的利益同体。

### （四）创新方式：网络协同化、开放化

信息技术的广泛应用，使企业间的分工协作变得更方便、更快捷、成本更低，效率更高，促进了企业管理与组织模式的革命设计，生产制造、销售及售后服务等活动，而且生产经营行为向全球范围内的众多企业延伸。跨国企业将更多的通过网络，将产品价值链分解到不同国家的配套协作企业，产品生产过程由全球范围内多个企业高效、快捷的协作。

开放创新平台正在重组传统的装备制造业及创新体系。随着产业分工的细化，导致产品复杂程度提高，技术集成的广度和深度也在大幅拓展，企业往往难以驾驭全部的创新活动，需要与高校、科研机构、行业协会及其他企业联合协作，实现创新资源的优化配置，加快创新和产业化。网络化的新型创新方式密集涌现，不断改变制造业技术、模式和管理创新的方式。以中国

商飞公司的C919大飞机的协同创新网络为例，中国商飞公司在构建全球用大飞机项目中，坚持统筹全国乃至全球资源，开展网络化协同创新和研发制造，带动我国民用飞机产业体系的建设和完善。通过市场机制选择国内9家企业作为大飞机机体结构供应商、51家企业为标准件供应商、16家企业为材料供应商，全国20多个省市的200多家企业及20多所高校参与大飞机项目研制，同时还选择十几家国际著名的航空发动机、机载设备及关键系统和部件制造企业作为大飞机供应商，并在其他多领域开展合作交流。

同时，随着“互联网+”技术的推动，越来越多的开放共享模式的创新平台应运而生，这些创新平台将用户、供应商、合作伙伴和员工等利益相关者集合到同一个虚拟的空间中，通过各方利益的诉求与信息的沟通，实现资源的整合与共享。装备制造业的开放式创新平台，具有边界可渗透性、网络动态性、知识共享性等特点，[①] 开放式的创新平台打破了企业之间的边界，将企业内部的技术与外部企业、科研机构、院校等拥有的技术资源进行整合、消化吸收再创新，从而促进装备制造业核心技术的更新。此外，知识的共享会使新技术渗透到传统的装备制造业中，促进有实力的传统企业转型升级，进入高端装备制造行业中，如电子计算机制造业、集成电路制造业、人工智能制造业等。通过开放共享平台，还可以降低设备的闲置率，如果通过在线平台将这些闲置设备进行在线交易或租用，会大幅提高资源的使用效率。

### （五）产业布局：分工重置化

2016年，发达国家加速实施重振制造业的战略，如美国的“再工业化”战略及德国的“工业4.0”计划，都促使本国制造业企业将发展计划转向国内市场。此外，以美国页岩气革命为代表的能源革命的成功，以及发展中国家的劳动力成本优势下降，也加速了制造业的回流与转移。国际制造业布局

① 牟绍波、任家华、田敏：《开放式创新视角下装备制造业创新升级研究》，《经济体制改革》2013年第1期，第175~179页。

呈两极化发展，高端制造业大部分为资本或技术密集型产业，且工业机器人在智能化生产车间中的投入量逐渐增加，使得高端制造业对劳动力依赖性较低，高端制造业逐渐回流到发达经济体，例如，在日本颁布的制造业白皮书中显示，他们要在本土重点发展机器人、清洁能源汽车和3D打印技术等高端制造业。而中低端制造业市场也被众多发展中国家争夺，随着新兴发展中国家的人力资本的上升，发达国家加大了对成本更加低廉、收入更低的国家（例如东南亚和非洲地区）的投资和转移力度，其中，东南亚地区已经开始形成产业集聚的发展格局。

而随着发达国家再工业化带来的制造业回流，知识密集型产业的占比也会大幅增加，① 这将对在新兴国家中占主导地位的传统劳动密集型加工贸易带来沉重打击，倒逼新兴经济体转变传统发展模式，主动将生产型加工贸易转向服务型加工贸易，努力提高加工贸易的自身附加值。

## 三　主要国家和地区装备制造业概况

### （一）美国装备制造业发展概况

**1. 美国装备制造业销售收入增速放缓**

2016年，美国装备制造业销售收入为16326亿美元，② 与2015年基本持平，同比增长0.19%，增速同比下降1.66个百分点。分月份来看，1~7月份销售收入增速呈下降趋势，7月出现最低值-2.57%，7~12月销售收入增速呈稳定增长趋势，全年最高增速出现在1月份，为3.34%（见图7）。

① 国家制造强国建设战略咨询委员会：《中国制造2025蓝皮书》2017年第1章，电子工业出版社，第3~25页。

② 由于没有统计美国、德国、日本三个国家的铁路、船舶、航空航天等运输行业的销售收入，导致美、德、日三个国家的装备制造业的销售收入要明显小于中国。

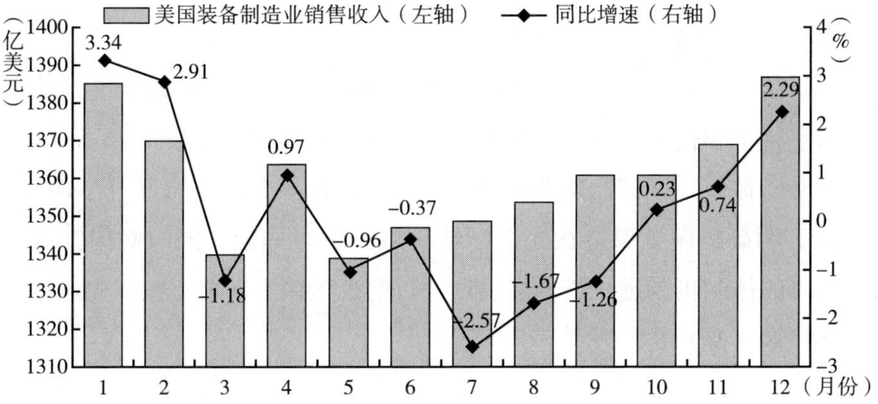


**图7　2016年美国机械工业销售收入及同比增速**

## 2. 美国装备制造业贸易逆差进一步扩大

2016年，美国装备制造业进出口总额为16525.98亿美元，同比下降2.19%，比2015年增速下降2.59个百分点。其中，出口额为5894.02亿美元，同比下降3.70%；进口额为10631.96亿美元，同比下降1.34%。2016年，美国装备制造业始终处于贸易逆差状态，逆差额为4737.94亿美元，贸易逆差减少82.68亿美元（见图8）。

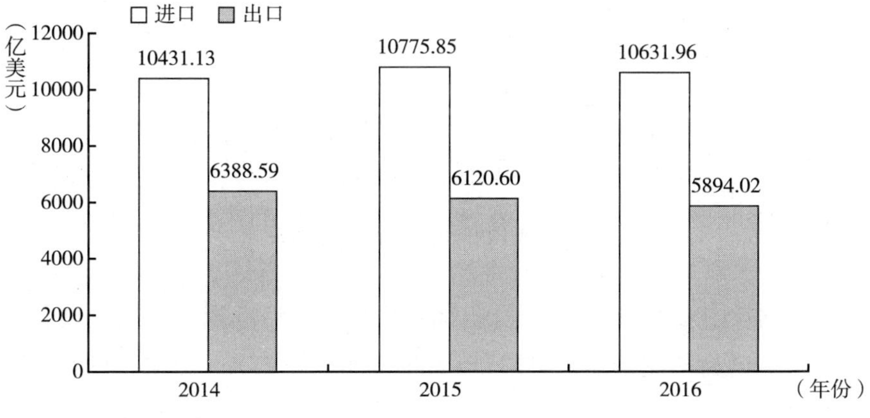


**图8　2014～2016年美国装备制造业进出口贸易情况**

3. 美国装备制造业政策措施

（1）恢复制造业创新领先地位。

一是制造业创新生态系统加快构建。2016 年 2 月，美国总统行政办公室、国家科学和技术委员会（NSTC）、先进制造国家项目办公室（AMNPO）联合提交了首份《国家制造业创新网络计划战略规划》（简称《NNMI 战略规划》），明确美国要保持在先进制造领域的领导地位，同时对国家制造业创新网络的体制机制进行了顶层设计。目前，美国已形成完整的先进制造创新生态体系（见图 9）。①

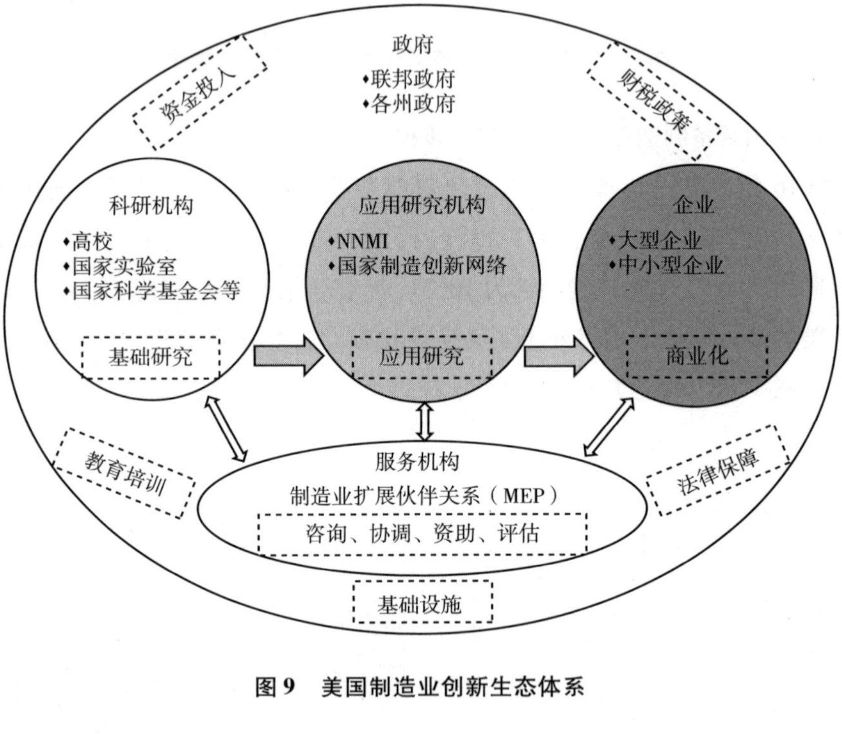


**图 9　美国制造业创新生态体系**

二是创新中心发展壮大。美国政府自 2012 年启动国家制造业创新网络计划（现更名为“制造业 - 美国”（Manufacturing USA）以来，已在全国范

① 丁明磊、陈宝明：《美国国家制造业的创新网络战略规划分析与启示》，《全球科技瞭望》2016 年第 4 期，第 1 ~ 5 页。

围内成立 14 家国家制造业创新中心，其中，2016 年美国政府新建 5 家国家制造业创新中心。一是在 4 月，由国防部牵头成立的美国先进功能纤维制造创新中心，聚焦研发革命性纤维和纺织品。二是在 6 月，智能制造技术在清洁能源领域的应用。三是在 12 月分别成立的高级组织生物制造中心、国家生物制药创新中心和过程强化部署快速推进创新中心，其中高级组织生物制造中心是由国防部牵头成立，聚焦人体组织生物制造；国家生物制药创新中心由美国生物协会牵头成立，聚焦生物制药领域研究；过程强化部署快速推进创新中心由美国化学工程师学会牵头成立，聚焦化工过程强化。美国政府认识到，依靠制造业科技创新培育新增长动力才是摆脱危机、实现复苏的根本出路，因此，制造业创新生态系统的加速构建已成为美国正在积极推动的核心战略部署（见表 3）。

**表 3　美国已成立创新中心基本情况**

| 名称 | 关注领域 | 牵头单位 | 成立时间（年） | 地点（总部） | 牵头部门 | 5 年出资情况（联邦政府/其他；单位：美元） | 成员个数 |
|---|---|---|---|---|---|---|---|
| 国家增材制造创新研究院（美国制造，AM） | 增材制造和 3D 打印技术 | 国家国防制造和加工中心（NCDMM） | 2012 | 俄亥俄州杨斯顿 | 国防部 | 5500 万/5500 万 | 149 |
| 数字制造与设计创新研究院（DMDII） | 数字设计与制造的集成 | UI 实验室 | 2014 | 伊利诺伊州芝加哥 | 国防部 | 7000 万/1.06 亿 | 超过 140 |
| 美国轻质材料制造创新研究院（明日轻质创新，LIFT） | 轻金属制造技术 | 美国轻质材料制造创新研究院 | 2014 | 密歇根州底特律 | 国防部 | 7000 万/7800 万 | 82 |
| 下一代电力电子制造创新研究院（电力美国，PA） | 基于宽能带隙半导体的电子器件 | 北卡罗来纳州立大学 | 2014 | 北卡罗来纳州罗利 | 能源部 | 7000 万/超过 7000 万 | 25 |
| 美国集成光子制造创新研究院（AIM 光子） | 集成光子电路制造 | 纽约州立大学研究基金会 | 2015 | 纽约州罗彻斯特 | 国防部 | 1.10 亿/5.02 亿 | 超过 124 |

续表

| 名称 | 关注领域 | 牵头单位 | 成立时间（年） | 地点（总部） | 牵头部门 | 5 年出资情况（联邦政府/其他；单位：美元） | 成员个数 |
|---|---|---|---|---|---|---|---|
| 柔性混合电子制造创新研究院（下一代柔性） | 半导体与柔性电子器件的制造和集成 | 柔性技术联盟 | 2015 | 加利福尼亚州圣何塞 | 国防部 | 7500 万/超过 9600 万 | 超过 160 |
| 先进复合材料制造创新研究院（IACMI） | 先进纤维增强聚合物复合材料 | 田纳西大学 | 2015 | 田纳西州诺克斯维尔 | 能源部 | 7000 万/超过 1.80 亿 | 超过 122 |
| 美国先进功能纤维制造创新中心（AFFOA） | 先进功能纤维制造 | 麻省理工大学 | 2016 | 马萨诸塞州波士顿 | 国防部 | 7500 万/2.40 亿 | 90 |
| 清洁能源智能制造创新中心（SMART） | 清洁能源制造 | 智能制造联盟（SMLC） | 2016 | 加利福尼亚州 | 能源部 | 7000 万/7000 万 | |
| 高级组织生物制造（ATB） | 生物材料制造 | 先进再生制造研究所（ARMI） | 2016 | 新罕布什尔州曼彻斯特 | 国防部 | 8000 万/2.14 亿 | 87 |
| 国家生物制药创新中心（NIIMBL） | 生物制药 | 美国生物协会 | 2016 | 德拉威尔州 | 商务部 | 8000 万/1.29 亿 | 超过 150 |
| 过程强化部署快速推进创新中心（RAPID） | 化学生产能源集约化 | 美国化学工程师学会 | 2016 | 纽约州 | 能源部 | 7000 万/7000 万 | 超过 130 |
| 节能减排创新中心（REMADE） | 材料的重新利用、回收和再制造技术 | 可持续制造创新联盟 | 2017 | 纽约州罗彻斯特 | 能源部 | 7000 万/7000 万 | 超过 100 |
| 机器人创新中心（ARM） | 机器人 | 美国机器人公司 | 2017 | 宾夕法尼亚州匹兹堡 | 国防部 | 8000 万/1.73 亿 | 超过 223 |

（2）加速完善智能制造标准体系。

一是智能制造标准体系建设维度全方位覆盖。2016 年，美国 NIST 工程实验室系统集成部门，发表了《智能制造系统现行标准体系》的报告，概括了未来美国智能制造系统的标准体系。这些标准围绕产品的三个主要维度，分别是产品全生命周期、生产系统全生命周期、商业生命周期。

二是智能制造标准体系建设领域的局部强化。从20世纪90年代起，大多数制造业的国际标准已经非常成熟。但是智能制造系统作为世界范围内全新的生产方式，在各个生产运营环节的标准仍存在很多缺憾，须加以规范和适当修订。美国标准院确定了以下领域作为加强标准体系建设的领域，包括智能制造系统参考模型和参考体系架构、制造业物联网（IOT）参考体系架构、制造服务模式、M2M机器通信、PLM/ERP/MES/SCM/CRM集成、云制造、可持续性制造、制造网络安全等。标准的体系、标准的生态模型是美国工业升级的必然选择。

（3）拓展机器人技术在制造领域的应用。

2016年11月，美国19所大学在美国科学基金会的赞助下，联合发布了《美国机器人技术路线图：从互联网到机器人》（简称《路线图》），主要阐述机器人在制造业领域的战略意义、应用领域、关键能力和发展路线。"制造业再回归"已经成为美国政产学研的共识，这种回归代表未来美国将以新的生产力、生产模式，引领本国制造业产生质的突破（见图10）。

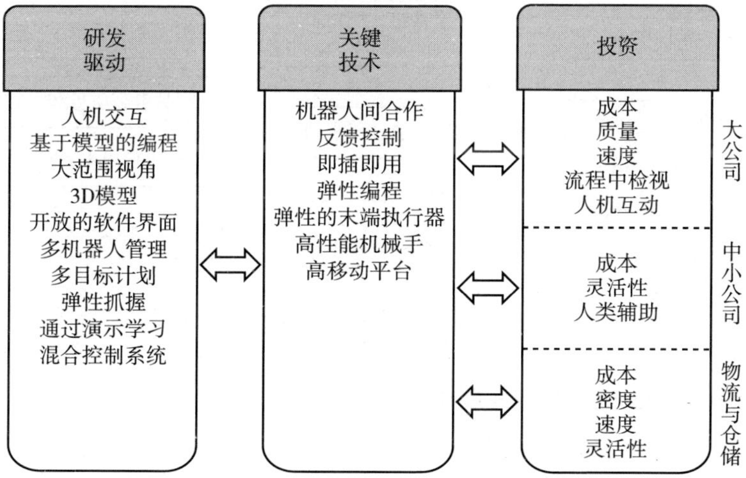


**图10　关键能力和发展路线**

机器人对制造业来说至关重要。美国机器人产业（包括系统集成）的市场总值达到300亿美元，企业年均增长率为9%，在制造业中增长较快。大力发展机器人技术可以产生以下优势：将知识产权和财富留在美国；提高企业竞争力；提供研发、生产、维护和操作机器人的工作岗位；充分发挥人机协作优势，提升生产效率；改进工作环境，减少医疗开支；增强生产线的快速响应能力，缩短量产时间。

机器人技术在制造业领域将广泛应用。图11概括了未来制造业机器人关键能力和关键技术在制造业中的重要应用价值，其主要能力和技术包括：自适应与可重构的生产线、自主导航技术、非结构化环境感知技术、类人灵巧操作、绿色制造技术、基于模型的供应链设计及纳米制造等。

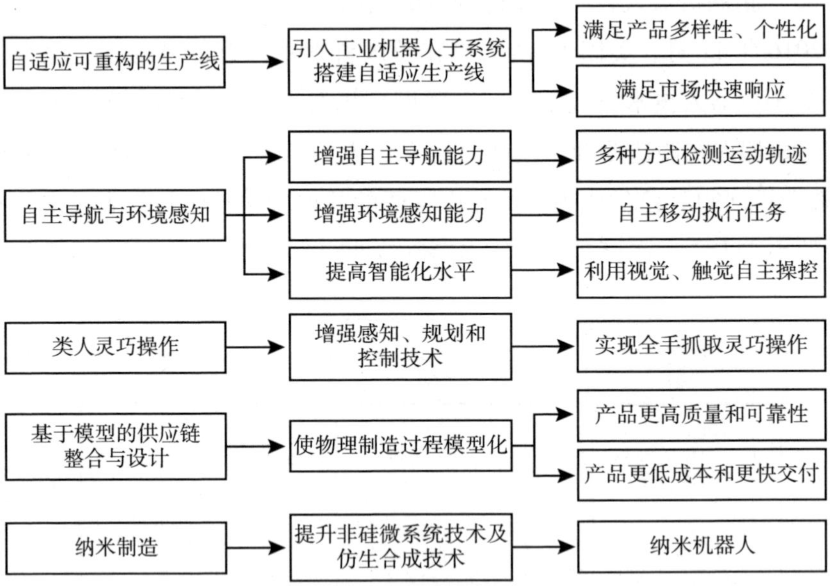


**图11　机器人关键能力和技术的价值**

4. 美国装备制造业科技发展状况

（1）“增强现实”技术升级。

2016年，美国数字制造与设计创新机构启动两项AR技术开发项目，成果将向通用电气、波音等军工企业转化。一是基于AR技术的飞机制造，如空客 A400M 的机身布线采用了空客开发的“月亮”（以装配为导向授权“增强现实”）系统，使用来自工业数字样机（iDMU）的 3D 信息生成装配指令，以智能平板为界面指导工人进行布线操作，大大提升了首次安装速度和精准度。二是基于 AR 技术的飞机维修，减少维修操作的错误。该 AR 平台能够让机械师的工作速度提高 30%，操作精度上升 96%。

（2）无人集群技术出现创新。

美国乔治亚理工学院开发出无人集群技术新算法，类似“蜂群”的无人系统，可使多个机器人在间距数厘米的范围内快速移动且不发生碰撞。在空中无人系统集群应用方面，2016 年 6 月，美国空军完成了利用发射管发射模块化无人机、无人机自主集群飞行、机间感知和精确编队等技术验证。波音公司在海上无人系统集群方面，为美海军研发的“回声航行者”“传感器寄宿自主远程艇”等项目取得了新进展。无人集群技术的突破，将帮助美国空军和海军形成以无人蜂群式攻击为代表的新型作战能力。

（3）先进动力技术取得新突破。

先进动力的技术革新有望改变传统动力的物理极限。美国 NASA 在航空动力、空间推进等方面取得了新的技术突破，公布了一种新型推进系统“电子帆”，这项技术能和太阳释放出的粒子产生相互作用从而形成推力，大幅缩短将航天器送往星际空间的时间。另外，还测试了一种叫边界层吸入推进器的全新飞机发动机技术，有望让现有最先进发动机的燃油效率再提高 4% ~8%。先进动力技术的突破，将推动美国在未来航空航天领域取得进一步发展。

（4）3D 打印技术有新的突破。

2016 年 11 月 15 日美国休斯敦实验室使用 3D 打印方法制造出不仅可以使陶瓷材料拥有复杂的形状还能耐受超过 1700°高温的超强陶瓷材料。陶瓷拥有高强度、高硬度及耐腐蚀、耐磨损等优良特性，但由于其极高的熔点限制了 3D 打印技术的使用。HRL 实验室研究人员经过长期实验和研究，最终通过精密的光固化快速成型工艺，打印出了致密而耐用、耐高温，且拥有多种形状的陶瓷部件。HRL 实验室的材料学家托拜厄斯·舍德勒表示，新方法的效率是以前 3D 陶瓷打印技术的 100 ~ 1000 倍，强度为同类材料的 10 倍。

（5）软体机器人研究进入新阶段。

2016 年 8 月，哈佛大学研究人员 Robert Wood 博士和 Jennifer Lewis 博士领导并成功研制出一款软体机器人——“章鱼机器人”（Octobot），这是第一款全部由柔性零件组成的全自动、“自给自足”的机器人，由硅橡胶制成，能够根据环境灵活改变形状，其“大脑”是一款柔性微流体芯片，内部的阀门和开关由压力激活，引导液态燃料流过“身体”，从而控制行动。研究人员指出虽然新型软体机器人仍处于萌芽期，但是能在维修和检测设备、搜救探测、医学等领域发挥重要作用。

## （二）德国装备制造业发展概况

**1. 德国装备制造业销售收入实现增长**

2016 年，德国装备制造业销售收入为 9063 亿美元，同比增长 1.76%，增速同比上升 15.10 个百分点。分月份看，德国全年销售收入增速波动较大，1 ~6 月销售收入增速呈稳定上升趋势，7 月销售收入增速急速降至全年最低值 -11.61%，8 月销售收入增速又快速增至全年最高值 11.56%（见图 12）。

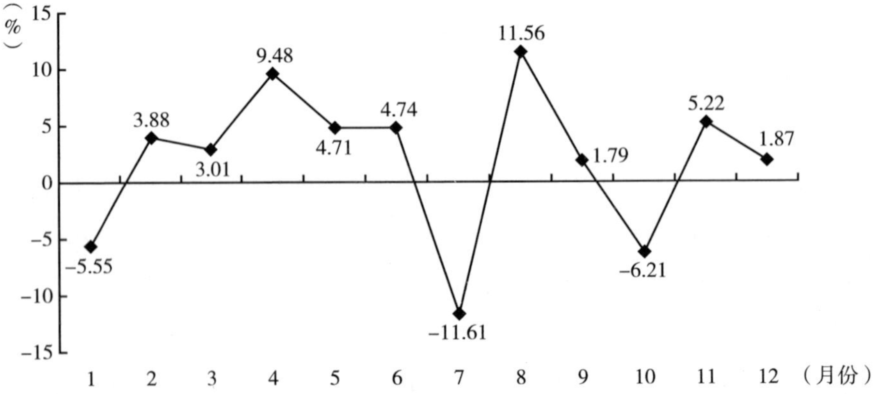


**图 12　2016 年德国机械工业销售收入同比增速**

**2. 德国装备制造业进出口均有增长**

2016 年，德国装备制造业进出口总额为 11466.29 亿美元，同比增长 1.18%，比 2015 年增速上升 10.35 个百分点。其中，出口额为 7205.30 亿美元，同比上升 1.31%；进口额为 4260.99 亿美元，同比上升 0.98%。2016 年，德国始终处于贸易顺差状态，顺差额为 2944.31 亿美元，贸易顺差幅度扩大 51.75 亿美元（见图 13）。

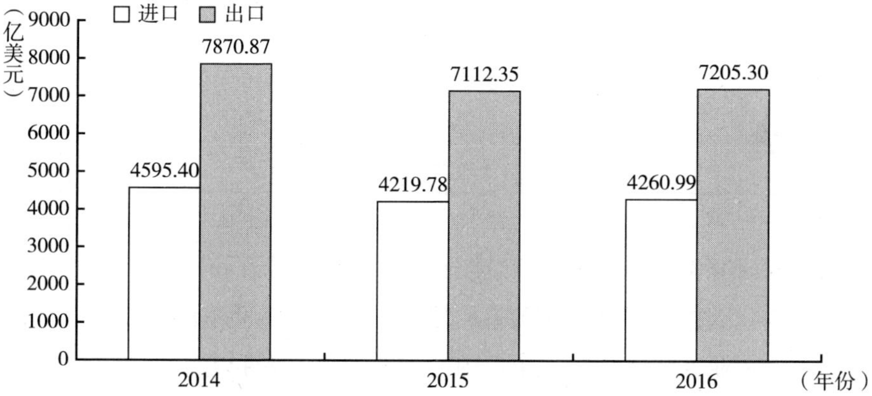


**图 13　2014～2016 年德国装备制造业进口及出口贸易情况**

**3. 德国装备制造业政策措施**

（1）数字化战略推动“工业 4.0”发展。

2016 年 3 月，德国出台《数字化战略 2025》，提出对数字化重点领域的目标和相应的实施措施，加速德国“工业 4.0”落地。根据这一新战略，德国将投入 1000 亿欧元，在 2025 年前建成覆盖全国的千兆光纤网络。德国的数字化战略是以信息技术为基础，建立数字化系统，全面提升自身的经济竞争力，推动创新发展。如果企业能持续应用数字技术，未来 5 年将增加 820 亿欧元产值。依据《数字化战略 2025》，提高信息技术水平，普及信息技术应用，将成为德国未来发展的重要战略方向（见表 4）。

（2）德国－捷克成立人机协作实验室。

2016 年 8 月，基于德国和捷克签署的促进“工业 4.0”发展的协议，德

**表 4 德国《数字化战略 2025》十项行动领域**

| 编号 | 行动领域 |
|---|---|
| 1 | 2025 年前建成覆盖全国的千兆光纤网络 |
| 2 | 为新创企业建立更多的合作机会 |
| 3 | 为投资和创新建立新的监管制度 |
| 4 | 推动基础设施领域的智能网络建设 |
| 5 | 加强数据安全并完善数据主权建设 |
| 6 | 为中小企业和服务行业创建新的商业模式 |
| 7 | 在德国工业 4.0 的背景下实现现代化生产 |
| 8 | 在数字化科技领域加大研究、开发和创新投入 |
| 9 | 实现数字化教育 |
| 10 | 建立数字化机构作为技术中心 |

国人工智能研究中心（DFKI）和捷克信息化、机器人和控制研究所签署深化合作，成立人机协作创新实验室的协议。成立该实验室的重点在于人机交互研究，为工业 4.0 研究智能工厂内的生产加以规划和完善。

（3）中小企业创新发展成为重点扶持方向。

在国际竞争日益激烈的环境下，德国以加强对中小企业的创新能力和对未来发展趋势的研究，来巩固国际竞争力。2016 年 1 月，德国联邦教研部发布《中小企业先行——“十项方针”鼓励中小企业创新》方案，旨在推动中小企业创新理念，研发新产品和新商业模式，使科研成果和系统解决方法能更快投入到生产领域。其中主要措施包括：鼓励中小企业开展科研创新、理念和设备创新，加强同科学界伙伴、跨领域跨行业伙伴、区域网络及国际伙伴的合作，同时，加大人才保障力度，推动环境创新和程序简化。德国中小企业是世界市场上的“隐形冠军”，但随着新的技术和商业模式的不断涌现，国际市场竞争日益激烈，中小企业有必要通过科研增强市场适应能力，以保障未来市场地位。①

① 张翼燕、饶晔：《德国“十项方针”鼓励中小企业创新》，中国科学技术信息研究所，2016 年 5 月。

4. **德国装备制造业科技发展现状**

（1）世界最大“人造太阳”升空运行。

2017年3月24日，德国航空太空中心制造完成了世界上最大的人造太阳Synlight，由149盏7千瓦短弧氙灯组成，能够提供11兆瓦/平方米的辐射量，功率最高时，可以提供320kW的能量。德国航空太空中心表示，极高的温度是使用太阳能生产太阳能燃料（如氢燃料）过程中的必要条件，未来Synlight将在水分解领域（分解成氢气和氧气）为研究人员找到更有效的方法提供重要帮助。①

（2）单原子引擎有望代替内燃机。

2016年4月，德国美茵茨大学物理学家Johannes Rossnagel和同事成功制造了单原子热引擎。通过将钙离子限制在一个线性保罗陷阱（Paul trap）中，并通过加热和冷却该离子来驱动引擎。从原理上看，原子引擎的能量转化过程与传统汽车内燃机引擎的能量转换过程并无不同，不过前者的效率却高出后者的许多倍。热引擎将热能转换成机械能的科技，有望启动新一轮工业革命。相关研究人员表示，单原子引擎可以为奈米科技提供动力，甚至为未来的单离子冰箱和水泵的实验提供平台也开启了对真正的热力学量子效应的大门。

（3）纳米级光探测器有新的进展。

2016年7月，德国卡尔斯鲁厄理工学院的研究人员开发出一种用于光数据通路的新型光探测器。该探测器在“片间互联用纳米级颠覆性硅等离子芯片”（NAVOLCHI）项目下研制，由欧盟第七研究框架计划提供资助。该探测器的高速能力是通过其特定的不到100纳米的金属——硅结之间的几何尺寸形成。研究人员指出，这项新型光探测器是世界上最小的光探测器，可以用于光数据传送，由于其能够被大量集成到光半导体中，所以，可显著提升光通信系统的性能。另外，等离子内部光电发射探测器不仅是未来光数

---

① 《世界最大“人造太阳”升空运行》，中国能源网，2017年3月24日，http：//www.cnenergy.org/xny_183/tyn/201703/t20170324_433750.html。

据收发器系统的必不可少的一部分，而且也是无线数据通信的关键器件。①

（4）医疗机器人手臂技术改进升级。

2016 年 11 月，德国弗劳恩霍夫生产技术和自动化研究所、医学图像计算研究所的医疗及生物技术自动化项目组共同研究攻克了机器人手臂在肿瘤手术过程中长探针难以精准定位和引导取样针不稳定等问题。未来这种机器人手臂可帮助医生缩短准确插入取样针的定位过程的时间。借助 CT 影像和 MEVIS 开发的一套软件，使机器人的精准和专家的经验形成了有效互补。②

## （三）日本装备制造业发展概况

### 1. 日本装备制造业销售收入稳定增长

2016 年，日本装备制造业销售收入为 7928 亿美元，同比增长 6.68%，增速同比上升 21.18 个百分点。分月份来看，1～9 月份销售收入增速呈上升的趋势，9 月份达到全年增速最高值 14.76%，9～12 月份销售收入增速呈下降趋势（见图 14）。

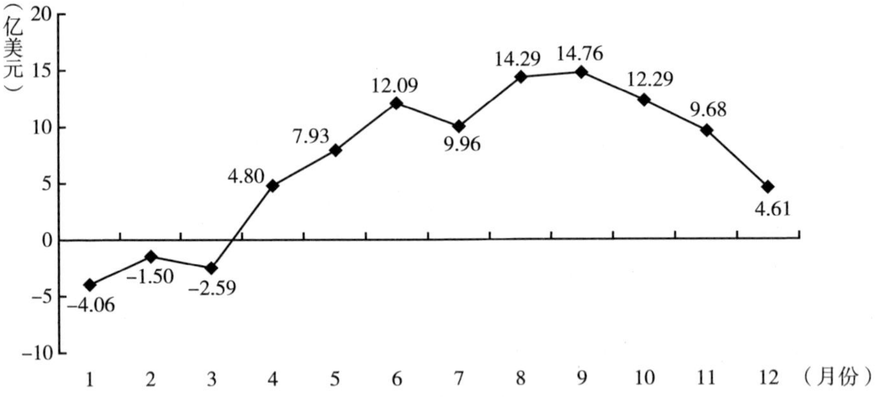


**图 14　2016 年日本机械工业销售收入和同比增速**

---

① 王巍：《德国研制出可与 CMOS 芯片集成的纳米级光探测器》，工业和信息化部电子科学技术情报研究所，2016 年 7 月 30 日，http：//www. dsti. net/Information/News/100708。

② 《德国研制出快速精准定位和引导活检取样针的机器人手臂》，中华人民共和国科学技术部，2016 年 12 月 12 日，http：//www. most. gov. cn/gnwkjdt/201612/t20161212_ 129496. htm。

### 2. 日本装备制造业贸易顺差持续扩大

2016 年日本装备制造业进出口总额为 6289. 40 亿美元，同比上升 3. 56%，增速比 2015 年上升 13. 24 个百分点。其中，出口额为 4220. 87 亿美元，同比上升 4. 63%；进口额为 2068. 53 亿美元，同比上升 1. 43%。2016 年，日本装备制造业贸易顺差为 2152. 34 亿美元，贸易顺差幅度扩大到 157. 50 亿美元（见图 15）。

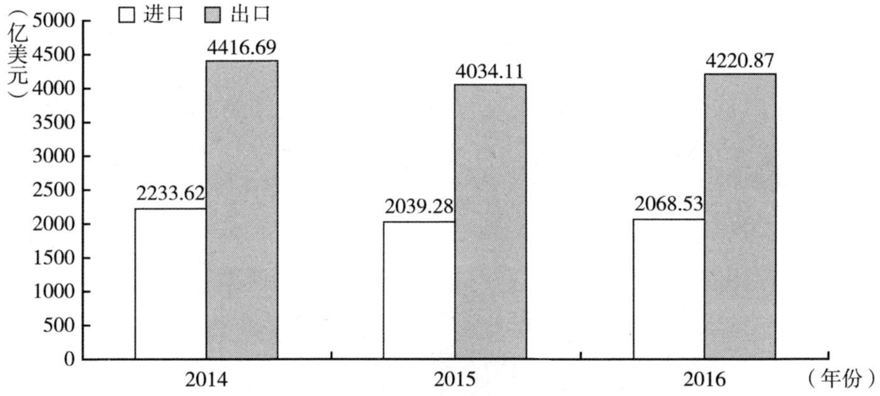


**图 15　2014～2016 年日本装备制造业进出口贸易情况**

### 3. 日本装备制造业政策措施

（1）日本建设成为“超能社会”的战略部署。

2016 年 1 月，日本审议通过了《第五期科学技术基本计划（2016～2020）》。该计划是日本政府启动实施的第五个国家科技振兴综合计划。在美国实施《先进制造伙伴计划》、德国发布“工业 4. 0”、中国出台《中国制造 2025》、世界迎来第四次工业革命的大变革时代背景下，日本将以制造业为核心，基于互联网或物联网，灵活利用信息通信技术，打造世界领先的“超智能社会”（5. 0 社会），创造新价值和新服务。超智能社会是指网络空间和物理世界高度融合的社会，在必要时提供服务给需要的人，从而形成极度满足人们需求的社会（见图 16）。

（2）日本打造成为“世界最适宜创新的国家”战略措施。

2016 年 5 月，日本出台了《科学技术创新综合战略 2016》这项科技战

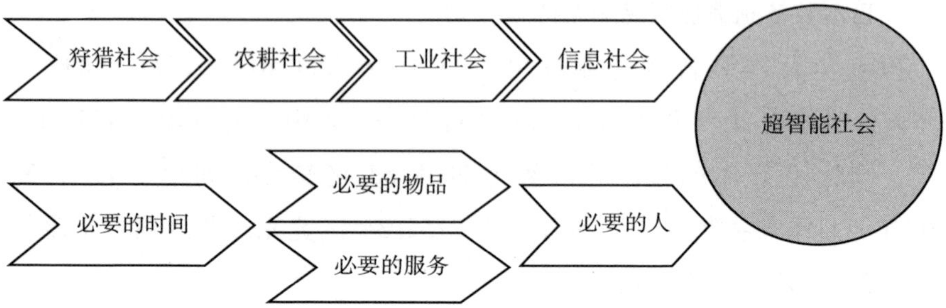


**图 16　超智能社会**

略，主要提出日本将重点推进实施科技创新政策，逐渐把日本建设成“世界最适宜创新的国家”。作为推动科技创新的必要政策支持，重点阐述了日本在 2016～2017 年的重点科技创新项目及政策措施（见图 17）。①

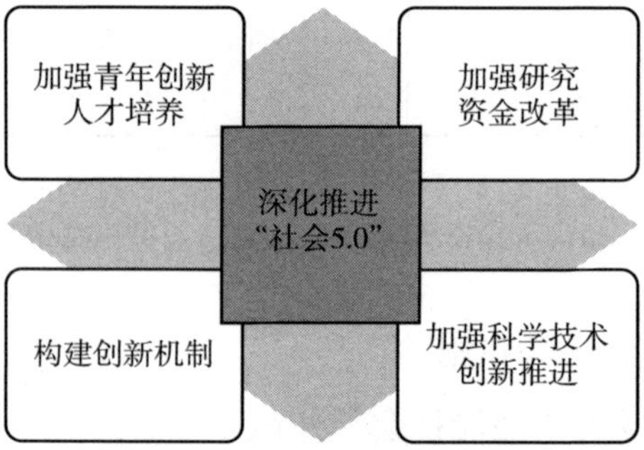


**图 17　日本《科学技术创新综合战略 2016》提出的五大政策措施**

（3）日本应对“工业 4.0”的战略方法。

一是成立机器人革命促进委员会（Robot Revolution Initiative Council）。该委员会下设物联网升级制造工作组等专门委员会和特别小组，依托政府部门开展工作，以保持日本产业政策实施机制的连续性和工作目标的针对性。

① 《日本科学技术创新综合战略 2016 提出五大政策措施》，中国科学院科技战略咨询研究院，2016 年 8 月 2 日，http://www.casisd.cn/zt/ydkb/201610/t20161025_4685307.html。

二是设立信息物理系统（CSP）推进委员会。该委员会负责修改跨领域、跨企业合作的市场规范，从而在安全性、技术、人才培养等方面，为尽早实现数据驱动型社会奠定基础，以促进制造模式创新。

三是制定中小企业政策。强调政府的作用在于支持产业化，以《中小企业技术创新制度》为核心政策框架，通过灵活运用促进创新产业政策工具，激发中小企业挑战风险、创造新价值的热情，为中小企业创新营造良好的环境。

四是深化产学研合作的创新机制。产学研结合是日本传统产业政策的重要组成部分，今后也要在面向“工业4.0”的创新活动中继续承担机制化的功能。

五是实施重点行动计划。主要集中在推进“大学新产业创造计划”的创新活动、推动企业“革命性技术创新计划”，根据企业和社会需求，建立产学研合作基地，集中实施从基础研究到商业化的全过程研发。

六是加快创新成果商业化。为应对“工业4.0”，日本政府要充分挖掘多年在基础科学研发中沉淀的市场潜力。加快占据智能制造、医疗工程等新兴领域的产业化高地。日本应对“工业4.0”的重点领域见表5。①

**表5　日本应对“工业4.0”的重点领域及其主要内容**

| 重点领域 | 主要内容 |
| --- | --- |
| 机器人革命 | 以机器人技术创新带动制造业、医疗、护理、农业、交通等领域的结构变革，继续保持日本机器人大国的领先地位；机器人与信息技术、大数据、互联网深度融合，建立世界机器人技术创新基地 |
| 物联网在制造业中的运用 | 开发适应“日本制造”的软件工具；建立通信和安全技术的标准化；构建跨行业的互联机制 |
| 大数据发现创造新附加值 | 开发开放性软件平台，提高数据收集的全面性和分析的准确性 |
| 构建新的产品制造系统 | 构建运用物联网和大数据、人工智能、机器人等多样化需求的新型制造系统，2020年实现产业化 |

① 《日本提出发展工业4.0的政策措施》，中国科学院科技战略咨询研究院，2016年5月8日，http：//www.casipm.ac.cn/zt/ydkb/201610/t20161025_4685179.html。

**4. 日本装备制造业技术发展现状**

（1）“全固态锂二次电池”开发成功。

2017 年 3 月，日本产业技术综合研究所先进镀膜技术研究中心在材料中采用氧化物单结晶，开发出了电池内部不易产生短路的“全固态锂二次电池”。相比于液态锂离子，“全固态锂二次电池”的优势更加明显，主要包括抑制锂枝晶、循环性好、安全、内阻稳定、功率衰减慢、可靠性高、寿命长、能量密度高、高电压、模组和系统设计简化、易于灵活配组等。“全固态锂二次电池”未来将在汽车电池、医疗机械电池等领域产生重要影响。①

（2）无人驾驶农业机械将投入使用。

2017 年初，日本大型农机企业久保田（KUBOTA Corporation）公布了最新研发的无人驾驶自主的农业机械，该设备能与全球定位系统（GPS）和农场的特定信息等云计算系统联动，它的成功研制使人们农业作业的强度得到减轻。2017 年 6 月，久保田宣布开始试销部分自动驾驶的拖拉机及配套的农机具，并在 2020 年推出能够完全自动运行的农业机械。目前，日本在农业机械自动化领域需求迫切的主要原因，一方面是日本农村劳力老龄化及人手不足；另一方面有农业规模化发展及产业界积极介入的趋势。因此，许多大型农机制造企业都在加速开发自动运行农机产品。②

（3）功率半导体关键技术获突破。

2017 年初，日本三菱化学及富士电机、丰田中央研究所、京都大学、产业技术综合研究所的联合团队成功解决了在氮化镓（GaN）晶片上形成 GaN 元件功率半导体的关键技术。新功率半导体技术的突破，将帮助家电、汽车、电车等设备在节能领域取得巨大提升，其产业需求市场广阔。③

---

① 《日本开发出不易短路和起火的锂电池》，中华人民共和国科学技术部，2017 年 3 月 27 日，http：//www. most. gov. cn/gnwkjdt/201703/t20170327_ 132168. htm。

② 《日本开发无人驾驶全自动运行农业机械》，中华人民共和国科学技术部，2017 年 3 月 2 日，http：//www. most. gov. cn/gnwkjdt/201703/t20170302_ 131546. htm。

③ 《日本研发在晶片上形成 GaN 元件功率半导体的关键技术》，中华人民共和国科学技术部，2017 年 2 月 23 日，http：//www. most. gov. cn/gnwkjdt/201702/t20170222_ 131159. htm。

## 参考文献

蔡和芩：《美国制造业的发展及面临的挑战》，中共中央党校出版社，2016，第25～34页。

巫云仙：《德国制造模式、特点、成因和发展趋势》，《政治经济学评论》2013年第3期，第144～166页。

国家制造强国建设战略咨询委员会：《中国制造2025蓝皮书》2017年，附录A美国，第432～446页。

国家制造强国建设战略咨询委员会：《中国制造2025蓝皮书》2017年，附录B日本，第447～460页。

国家制造强国建设战略咨询委员会：《中国制造2025蓝皮书》2017年，附录C德国，第461～472页。

# B.2
# 2016年中国装备制造业发展概况

聂秀东　唐建国*

摘　要：　本章从产业规模、经济运行、产业结构、对外经济、技术创新五个方面回顾了2016年我国装备制造业的发展概况。2016年，我国装备制造业规模稳步上升，行业经营效益良好，但投资增速大幅回落；企业自主创新亮点频发，国内技术逐步成为重要来源；汽车行业、电工电器行业表现突出。2016年我国装备制造业进出口额继续下降，贸易顺差有所减小，对外投资合作力度加大，各地加大装备制造业对外开放力度。同时，通过本章研究发现，在新常态背景下，我国装备制造业的经济下行压力依然存在，化解产能过剩任务繁重，生产要素成本较高，企业投融资面临较多问题；技术创新方面，面临创新资源配置分散、低效，创新成果转化通道不畅，创新服务平台建设滞后，“重创业、轻创新”等问题；装备制造业民营企业发展面临多种困难，中小企业政策仍存在不足，“僵尸企业”处置面临障碍；进出口产品结构仍需调整、外商直接投资制度尚待完善，对外投资存在较大阻力等。

关键词：　中国装备制造业　新常态　投资增速　要素成本

---

* 聂秀东，研究员，经济学博士，机械工业经济管理研究院副院长，兼任产业经济研究所所长、采购研究中心主任、PPP研究中心主任、工业互联网研究中心主任；主要研究领域为产业经济、区域发展、国际贸易、企业战略、品牌战略、政府采购等。唐建国，北京市经济和信息化委员会产业结构调整处（区域合作处）处长，主要从事产业结构调整、产业经济方面研究。

# 一 2016年装备制造业[①]产业规模情况

## （一）增加值增速稳步回升

2016 年，我国全部工业增加值为 247860 亿元，同比增长 6%；其中规模以上工业增加值增长 6%。2016 年，我国装备制造业增加值增长 9.5%，占规模以上工业增加值的比重为 32.9%，增速高于同期全国规模以上工业增速 3.5 个百分点。2016 年，我国机械工业增加值增长 9.6%，分月份看，机械工业增加值自年初就呈现逐月升高的态势，且增速波动趋向稳定（见表 1）。

**表 1 2016 年工业和机械工业增加值增速**

单位：%

| 月份 | 工业 | | 机械工业 | |
|---|---|---|---|---|
| | 该月 | 累计 | 该月 | 累计 |
| 1～2 | 0 | 5.40 | | 6.40 |
| 3 | 6.80 | 5.80 | | 7.10 |
| 4 | 6.00 | 5.80 | | 7.30 |
| 5 | 6.00 | 5.90 | | 7.60 |
| 6 | 6.20 | 6.00 | | 7.80 |
| 7 | 6.00 | 6.00 | | 8.20 |
| 8 | 6.30 | 6.00 | | 8.70 |
| 9 | 6.10 | 6.00 | | 9.10 |
| 10 | 6.10 | 6.00 | | 9.30 |
| 11 | 6.20 | 6.00 | | 9.60 |
| 12 | 6.00 | 6.00 | | 9.60 |

资料来源：国家统计局网站。

① 全书所指装备制造业按照《国民经济行业分类与代码》（GB/T/4754－2011）分类，主要包括：34通用设备制造业，35专用设备制造业，36汽车制造业，37铁路、船舶、航空航天和其他运输设备制造业，38电气机械和器材制造业，40仪器仪表，43金属制品、机械和设备修理业。按照传统行业管理分为农业机械行业、内燃机行业、工程机械行业、仪器仪表行业、文化办公设备行业、食品包装机械业、石化通用行业、重型机械行业、机床工具行业、电工电器行业、汽车行业、通用基础件行业、铁路设备制造业、船舶业、航空航天业、其他运输设备制造业、其他民用机械行业等17个行业。

2016年，经济发展延续“新常态”。与2015年相比，装备制造业主要行业增速均有所上升。汽车制造业增加值增速高于15%，通用设备制造业、电气机械及器材制造业、专用设备制造业和仪器仪表制造业增加值增速在5%～10%之间，但铁路、船舶、航空航天和其他运输设备制造业增加值增速明显放缓，增速比2015年下降3.60个百分点。汽车制造业增加值增速幅度上升较大，超过5%，说明装备制造业主要行业在进行产业结构调整方面取得了成效，行业增长速度逐渐回暖，发展态势逐步向好（见表2）。

**表2　2016年装备制造业工业主要行业增加值对比**

| 行业种类 | 增速(%) | 同比增减(个百分点) |
|---|---|---|
| 通用设备制造业 | 5.90 | 3.00 |
| 专用设备制造业 | 6.70 | 3.30 |
| 汽车制造业 | 15.50 | 8.80 |
| 电气机械及器材制造业 | 8.50 | 1.20 |
| 铁路、船舶、航空航天和其他运输设备制造业 | 3.20 | -3.60 |
| 仪器仪表制造业 | 9.40 | 4.00 |

资料来源：国家统计局网站。

### （二）资产规模稳定提升

2016年，我国装备制造业资产规模达227916.06亿元，同比增长9.06%，增速同比上升0.41个百分点。分月份看，2016年全年装备制造业资产规模增速上半年呈先上升后下降的态势，6月份资产规模增速达到全年最低，为7.54%，之后呈现缓慢上升的趋势，12月份资产规模增速最高，达到9.06%（见图1）。

### （三）固定资产投资增速大幅回落

2016年，装备制造业累计完成固定资产投资53062.11亿元，同比仅增加1.03%，相较于2015年下降8.2个百分点，装备制造业固定资产投资增速大幅回落。分月份看，2016年的固定资产投资同比增速整体呈快速下降

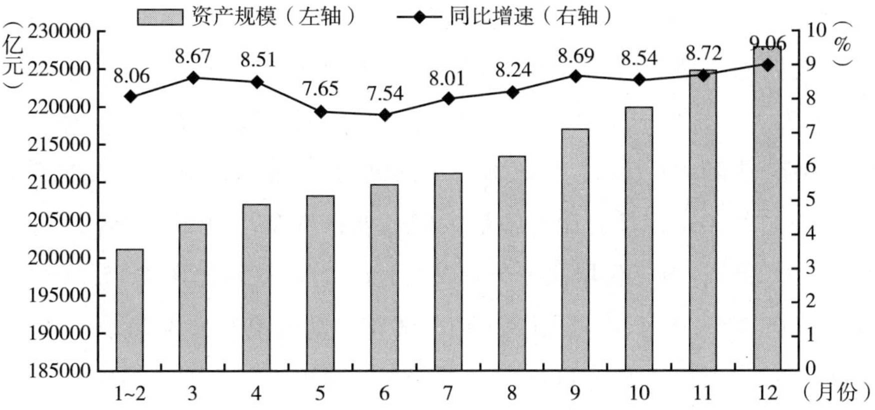


**图1　2016年装备制造业资产规模及同比增速**

资料来源：国家统计局网站。

趋势，3月份最高，为9.59%，随后迅速回落，10月份之后有轻微回升（见图2）。

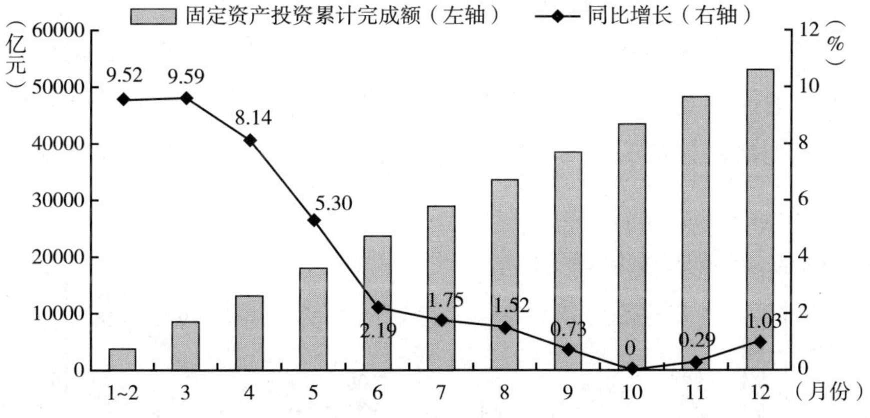


**图2　2016年装备制造业固定资产投资累计完成额**

资料来源：国家统计局网站。

## （四）主要产品产量增长趋势向好

2016年全年，装备制造业68个主要产品类别中，增长的产品多于下降的产品，主要产品产量增长趋势逐渐向好。

代表性的产品包括：发动机 2016 年累计产量 226001.13 万千瓦，同比增长 11.23%；金属成形机床产量 31.84 万台，同比增长 4.91%；大气污染防治设备产量 49.07 万台，同比增长 38.60%；工业机器人产量 7.24 万套，同比增长 119.50%，是同比增幅最大的行业；汽车产量 2811.88 万辆，同比增长 13.20%；电工仪器仪表产量 20411.68 万台，同比增长 15.21%；大型拖拉机产量 6.30 万台，同比减少 18.60%；动车组产量 3474 辆，同比减少 8.53%；发电机组产量 11453.74 万千瓦，同比减少 7.93%。

## 二　2016年装备制造业经济运行情况

### （一）总体运行情况良好

**1. 主营业务收入增速上升**

2016 年，我国装备制造业主营业务收入为 261925.81 亿元，同比增长 6.45%，增速同比上升 2.93 个百分点，高于制造业主营业务收入增速（4.73%）1.72 个百分点，由此可见，装备制造业主营业务收入情况较好（见图 3）。

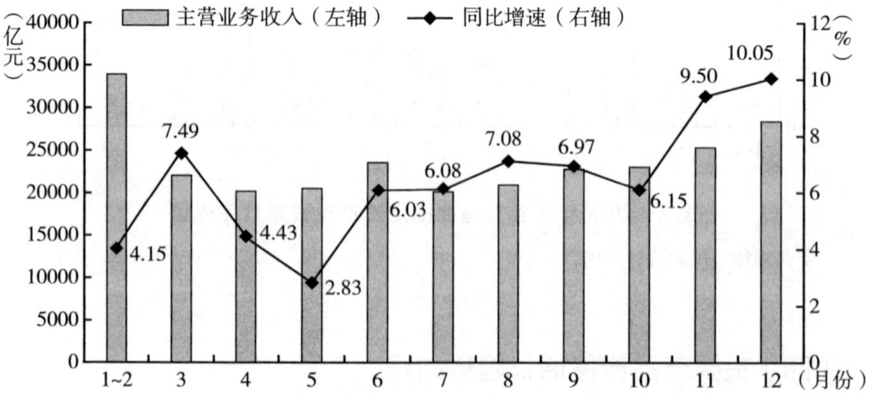


**图 3　2016 年装备制造业主营业务收入及增速**

### 2. 主营业务成本增速略低于收入

2016 年，我国装备制造业主营业务成本为 222534.26 亿元，同比增长 6.40%，增速同比提高了 2.43 个百分点，主营业务成本增速略低于收入 0.05 个百分点，但是高于制造业主营业务成本增速（5.03%）1.37 个百分点，说明装备制造业主营业务成本增长较快。分月份看，装备制造业主营业务成本同比增速整体呈波动上升趋势，5 月份出现下滑后，逐渐回升，12 月份增速达全年最高（见图 4）。

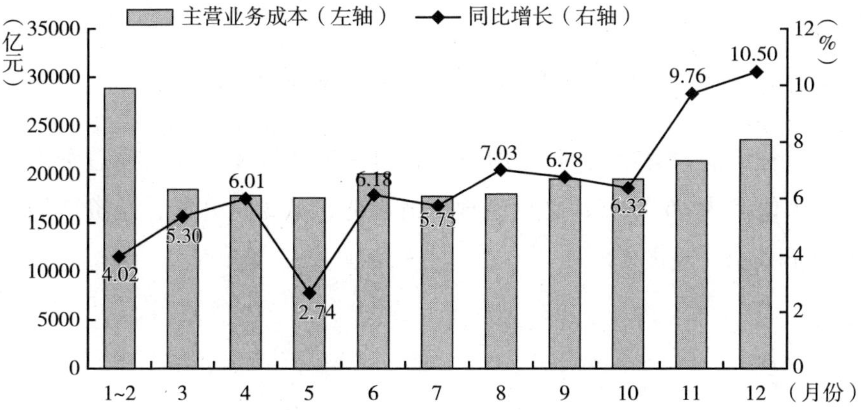


图 4　2016 年装备制造业主营业务成本及增速

### 3. 利润增速低于主营业务收入

2016 年，我国装备制造业实现利润为 17881.32 亿元，同比增长 5.23%，同比增速上升了 2.50 个百分点，但是低于制造业利润增速（7.63%）2.4 个百分点，说明装备制造业运行能力有待提高。分月份看，装备制造业总利润单月增速 8 月份出现大幅回升，9 月份和 12 月份增速出现大幅下滑，12 月份增速为全年最低（见图 5）。

## （二）营运能力有待提高

总资产周转率较低。2016 年，我国装备制造业总资产周转率为 11.17%，比 2015 年周转率降低了 0.71 个百分点，装备制造业资产使用效

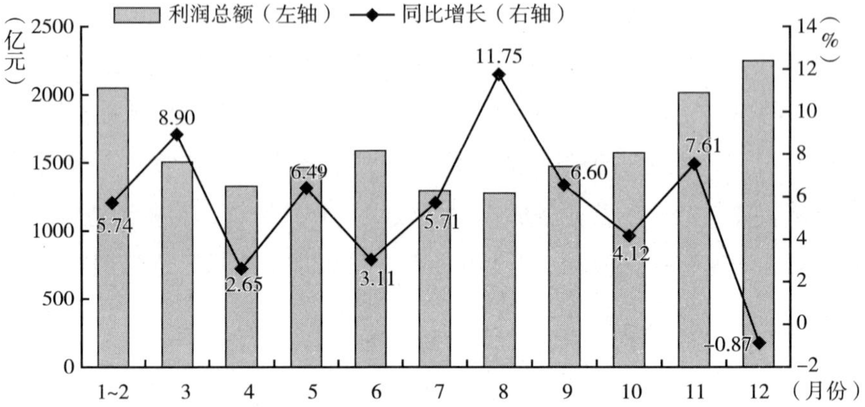


**图5　2016年装备制造业利润总额及增速**

率较低，营运能力有待提高。分月份看，1～2月份装备制造业总资产周转率达最大值，为16.88%，之后呈现下滑趋势，从3月开始，总资产周转率基本趋于平稳（见图6）。

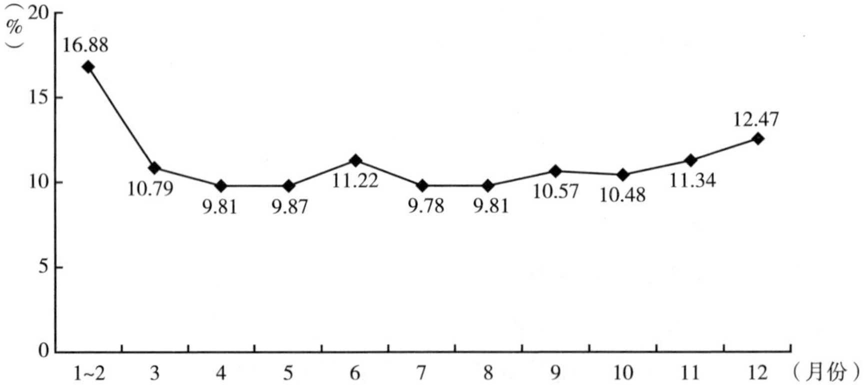


**图6　2016年装备制造业总资产周转率**

## （三）盈利能力有待提高

**1. 总资产利润率小幅回落**

2016年，我国装备制造业总资产利润率为0.76%，同比增速下降0.09

个百分点。与制造业总资产利润率 7.60% 相比，装备制造业资产利润率较低，盈利能力有待提高。分月份看，装备制造业总资产利润率第一季度逐月下降，第二季度略有回升，1 ~2 月份资产利润率最高，为 1.02% （见图 7）。

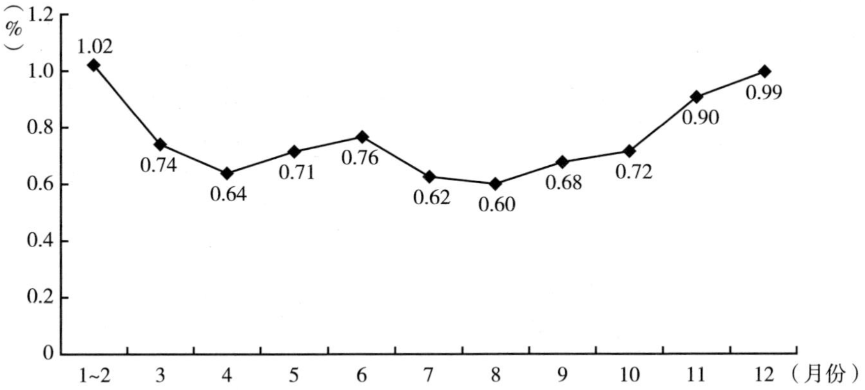


**图 7　2016 年装备制造业总资产利润率**

### 2. 主营业务成本率持续下降

2016 年，我国装备制造业主营业务成本率为 84.96% ，同比降低 0.03 个百分点，略低于制造业主营业务成本率（85.48% ）0.52 个百分点。分月份看，装备制造业主营业务成本率上半年呈现小幅波动，4 月份成本率达最高值 86.92% ，随后开始持续下降，12 月份为全年最低 82.96% （见图 8）。

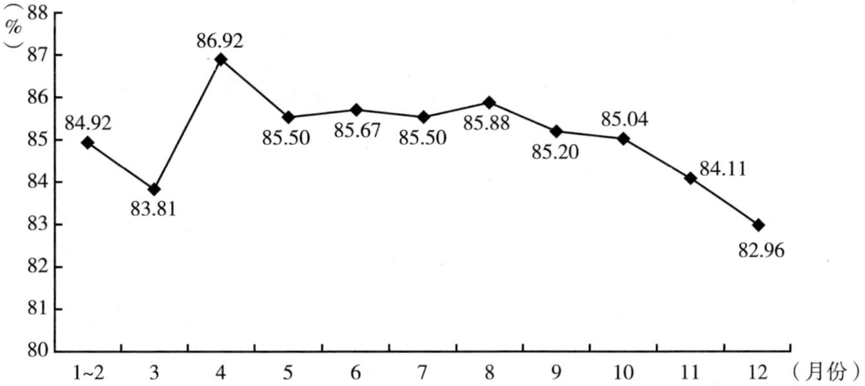


**图 8　2016 年装备制造业主营业务成本率**

### （四）偿债能力略有提高

资产负债率有所下降，偿债能力略有提高。2016 年，我国装备制造业资产负债率为54.75%，比2015 年下降0.64 个百分点，偿债能力略有提升。装备制造业资产负债率比制造业资产负债率（54.25%）高0.50 个百分点。分月份看，装备制造业偿债压力在第一季度呈现上升趋势，5 月份为最高值55.20%，6 月份负债率呈现下降趋势，12 月份达到全年的最低值54.28%（见图9）。

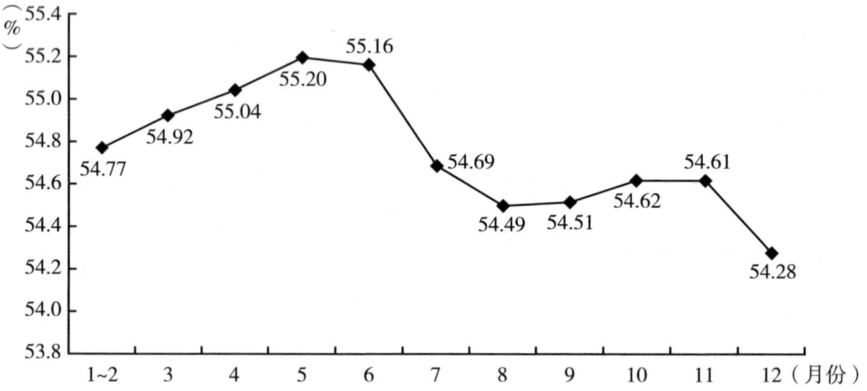


**图9　2016 年装备制造业资产负债率**

## 三　装备制造业产业结构现状

### （一）各行业资产较快增长

2016 年，我国装备制造业资产规模实现较快增长。农业机械行业、机床工具行业、仪器仪表行业和其他民用机械行业等十余个行业的资产总额均呈现上升趋势。从资产规模方面看，汽车行业积极转型升级，顺应市场变化，产品稳定增长，资产规模最大，为69804.05 亿元。从资产增速上来看，汽车行业顺应国家产业结构调整方向，在严峻的市场竞争中保持了较为稳定的发展态势，其行业增速最大，为15.82%，同比增速上升了4.88个百分点。受经济回暖的影响工程机械行业资产总量小幅上升，但仍是上升幅度最小的行业，增速仅为0.76%（见表3）。

**表3　2016年装备制造业细分行业资产对比**

| 行业分类 | 资产总计(亿元) | 同比增减(%) |
|---|---|---|
| 农业机械行业 | 2897.74 | 4.09 |
| 内燃机行业 | 2968.21 | 6.41 |
| 工程机械行业 | 6428.93 | 0.76 |
| 仪器仪表行业 | 8382.61 | 9.57 |
| 文化办公设备行业 | 1356.49 | 7.99 |
| 石化通用行业 | 21464.61 | 5.77 |
| 重型矿山行业 | 13112.92 | 6.63 |
| 机床工具行业 | 9714.95 | 9.48 |
| 电工电器行业 | 50901.61 | 7.24 |
| 通用基础件行业 | 14571.85 | 6.12 |
| 食品包装机械行业 | 755.85 | 8.46 |
| 汽车行业 | 69804.05 | 15.82 |
| 其他民用机械行业 | 8649.53 | 5.67 |
| 铁路、船舶、航空航天和其他运输设备行业 | 16906.70 | 3.59 |

资料来源：国家统计局网站、机经网。

## （二）各行业收入逐年上升

2016年，我国装备制造业行业收入逐年上升，仪器仪表、机床工具和汽车等十余个行业收入增加。从主营业务收入方面来看，汽车行业主营业务收入最高，为83603.55亿元。从收入增速上来看，汽车行业受国家支持新能源发展、购置税优惠等政策的影响发展迅速，增速最大，为13.93%，相比2015年上升了8.88个百分点。受智能手机、电子支付发展的影响，照相机及器材、计算器及货币专用设备需求减少，导致文化办公设备行业主营业务收入降幅最大，为-7.10%（见表4）。

**表 4　2016 年装备制造业行业收入对比**

| 行业分类 | 主营业务收入(亿元) | 同比增减(%) |
|---|---|---|
| 农业机械行业 | 4745.30 | 4.90 |
| 内燃机行业 | 2389.68 | 4.27 |
| 工程机械行业 | 5310.09 | 1.08 |
| 仪器仪表行业 | 9261.11 | 7.71 |
| 文化办公设备行业 | 1662.40 | -7.10 |
| 石化通用行业 | 22415.67 | 2.78 |
| 重型矿山行业 | 12541.59 | 0.86 |
| 机床工具行业 | 11592.41 | 8.37 |
| 电工电器行业 | 58409.99 | 4.32 |
| 通用基础件行业 | 20257.45 | 2.92 |
| 食品包装机械行业 | 862.55 | 8.58 |
| 汽车行业 | 83603.55 | 13.93 |
| 其他民用机械行业 | 12466.03 | -0.53 |
| 铁路、船舶、航空航天和其他运输设备行业 | 16408.00 | 0.78 |

资料来源：国家统计局网站、机经网。

## （三）各行业成本增幅较大

2016 年，我国装备制造业行业主营业务成本基本持平，而主营业务收入增速较快的企业成本也增幅明显。从成本费用规模上来看，汽车行业成本费用规模最大，为 70012.64 亿元。从成本增速方面来看，汽车行业的增速最大，为 13.81%。文化办公设备行业成本降幅最大，为 -8.53%（见表 5）。

## （四）各行业利润出现上升

2016 年，我国装备制造业利润总体呈上升趋势。除了石化通用行业、重型矿山行业外，其他细分行业均出现利润上升态势。从利润规模方面来看，汽车行业利润最高，为 6894.59 亿元。从利润增速方面看，机床工具行业利润增速最大，为 11.70%。重型矿山行业降幅最大，为 -15.36%，与 2015 年相比下降了 27.35 个百分点。工程机械行业增幅上升，比 2015 年提高了 49.43 个百分点（见表 6）。

**表5　2016年装备制造业细分行业成本对比**

| 行业分类 | 成本费用总额(亿元) | 同比增减(%) |
|---|---|---|
| 农业机械行业 | 4092.56 | 5.23 |
| 内燃机行业 | 2007.03 | 4.14 |
| 工程机械行业 | 4591.30 | 0.79 |
| 仪器仪表行业 | 7518.96 | 8.83 |
| 文化办公设备行业 | 1432.72 | -8.53 |
| 石化通用行业 | 18988.82 | 2.95 |
| 重型矿山行业 | 10572.39 | 0.91 |
| 机床工具行业 | 9878.60 | 8.43 |
| 电工电器行业 | 50274.98 | 4.39 |
| 通用基础件行业 | 17458.44 | 2.78 |
| 食品包装机械行业 | 704.45 | 9.42 |
| 汽车行业 | 70012.64 | 13.81 |
| 其他民用机械行业 | 10911.39 | -0.26 |
| 铁路、船舶、航空航天和其他运输设备行业 | 14090.00 | 0.47 |

资料来源：国家统计局网站、机经网。

**表6　2016年装备制造业细分行业利润对比**

| 行业分类 | 利润总额(亿元) | 同比增减(%) |
|---|---|---|
| 农业机械行业 | 261.25 | 0.57 |
| 内燃机行业 | 178.08 | 1.85 |
| 工程机械行业 | 231.64 | 10.27 |
| 仪器仪表行业 | 786.35 | 7.53 |
| 文化办公设备行业 | 97.72 | 8.76 |
| 石化通用行业 | 1336.58 | -2.73 |
| 重型矿山行业 | 653.97 | -15.36 |
| 机床工具行业 | 740.77 | 11.70 |
| 电工电器行业 | 3627.03 | 4.79 |
| 通用基础件行业 | 1274.60 | 5.82 |
| 食品包装机械行业 | 54.22 | 3.57 |
| 汽车行业 | 6894.59 | 9.72 |
| 其他民用机械行业 | 723.61 | 1.22 |
| 铁路、船舶、航空航天和其他运输设备行业 | 1020.90 | 2.09 |

资料来源：国家统计局网站、机经网。

# 四 中国装备制造业对外经济现状分析

## （一）装备制造业进出口双双下降

2016 年，我国装备制造业进出口总额为 8025.32 亿美元，同比下降 8.16%，增速较 2015 年下降 0.02 个百分点；进出口贸易顺差为 843.73 亿美元，比 2015 年减少 340.14 亿美元。

2016 年，我国装备制造业出口为 4434.53 亿美元，同比下降 10.61%，增速较 2015 年下降 8.43 个百分点。分月份看，1 月份同比增速最低，为 -0.70%，随后开始回升，4 月份后出口额态势较为平稳（见图 10）。

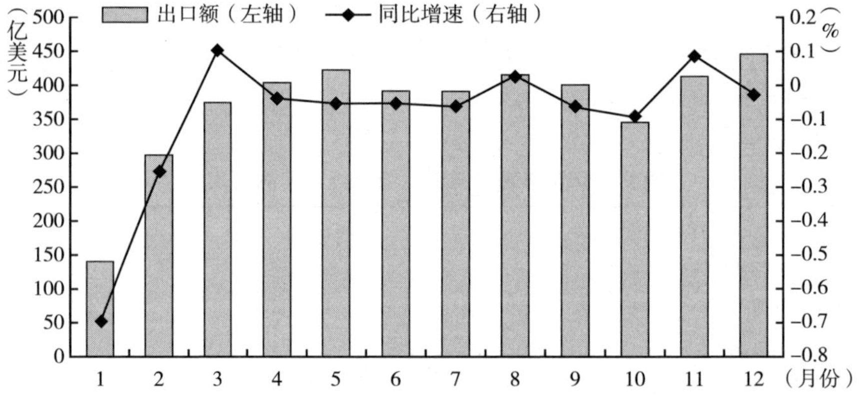


图 10　2016 年装备制造业出口额及同比增速

2016 年，我国装备制造业进口额为 3590.79 亿美元，同比下降 4.94%，增速较 2015 年上升 10.01 个百分点。分月份看，装备制造业进口额增速呈波浪式上升趋势，1 月份同比增速最低，为 -0.57%（见图 11）。

分行业来看，2016 年进出口总额最高的三个行业分别是：铁路、船舶、航空航天，电工电器，汽车，分别是 4515.11 亿美元、1549 亿美元、1210 亿美元。从进出口增速来看，2016 年，仅汽车行业和铁路、船舶、航空航天行业为正值，其他行业均为负值（见图 12）。

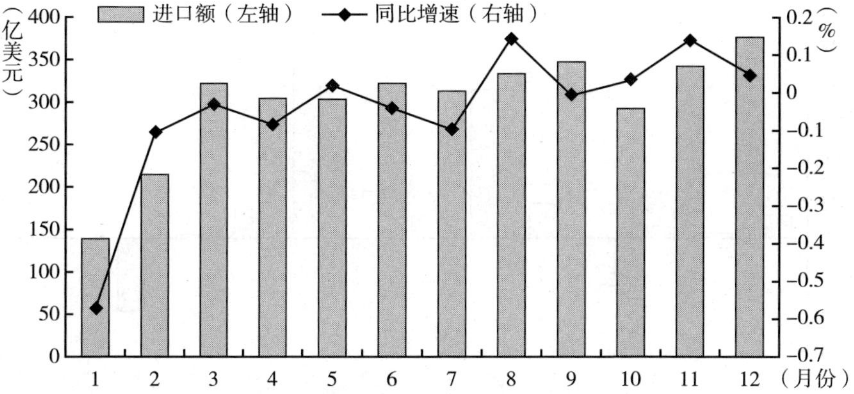


**图 11　2016 年装备制造业进口额及增速**

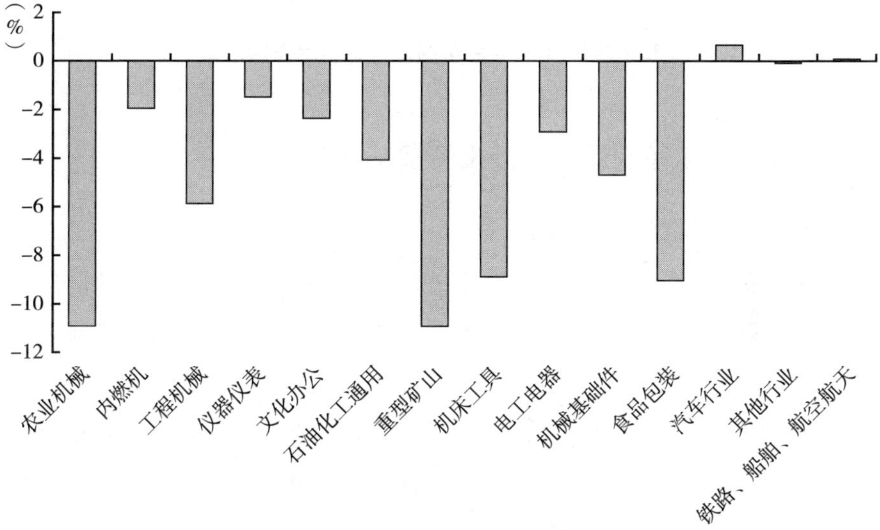


**图 12　2016 年主要装备制造行业进出口增速对比**

2016 年实现贸易顺差前三位的是：电工电器、石化通用和工程机械，分别为 514. 08 亿美元、395. 93 亿美元和 126. 42 亿美元。2016 年贸易差额为负的行业为汽车行业、仪器仪表和机床工具行业，其贸易逆差分别为：－193. 63亿美元、－125. 77 亿美元和－25. 58 亿美元。2016 年大部分装备制造业行业贸易差额为正，对外贸易表现良好（见图 13）。

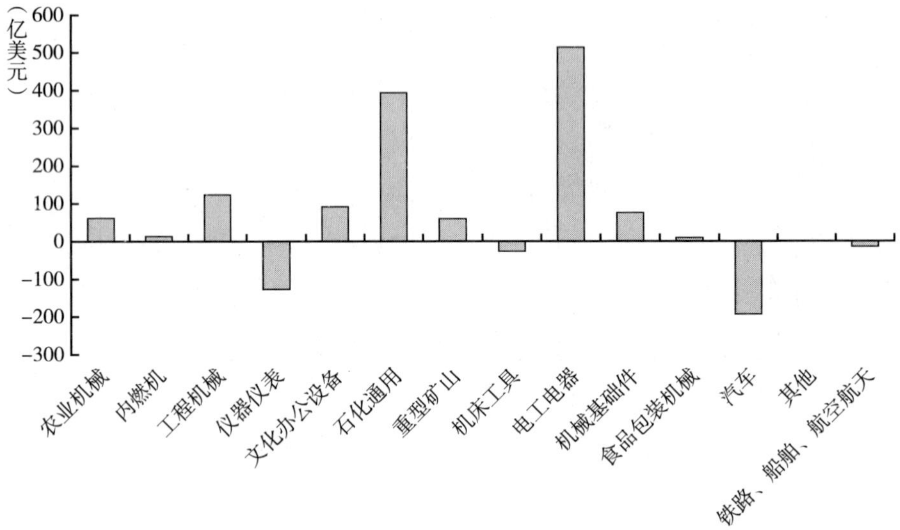


**图 13　2016 年主要装备制造行业贸易差额对比**

## （二）我国装备制造业对外投资情况

### 1. 对外直接投资①力度加大

装备制造业对外直接投资呈爆发式增长。2016 年，中国对外非金融类直接投资达到 1701.10 亿美元，同比增长 44.10%；中国装备制造业②对外直接投资 178.60 亿美元，同比增长 150.00%，占同期总投资额的 10.50%。分月份看，装备制造业 2016 年 1 月的对外直接投资额同比增速最慢，为 128.30%，5 月的对外直接投资额同比增速最快，达到 564.30%（见图 14）。

---

① 对外直接投资是指我国企业、团体等（简称境内投资者）在国外及港澳台地区以现金、实物、无形资产等方式投资，并以控制国（境）外企业的经营管理权为核心的经济活动。对外直接投资的内涵主要体现在一经济体通过投资于另一经济体而实现其持久利益的目标。——该解释来自商务部《对外直接投资统计制度》。

② 商务部确定的装备制造业包括机械工业（含航空、航天、船舶和兵器等制造行业）和电子工业中的投资类产品。包括通用设备制造业、专用设备制造业、金属制造业、汽车制造业、铁路/船舶/航空航天和其他运输设备制造业、电气机械和器材制造业、计算机/通信和其他电子设备制造业、仪器仪表制造业等。

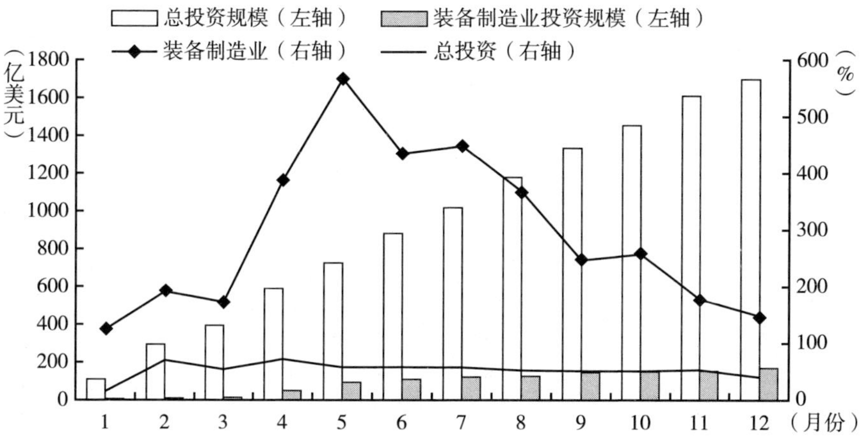


**图 14　2016 年我国装备制造业对外直接投资累计完成额及同比增速**

资料来源：商务部国外经济合作统计数据。

美、德、意是对外并购的热点地区。根据投资中国数据终端统计，2016 年装备制造业在对外并购投资市场中披露并购投资（简称并购）案例 127 起，披露投资金额的有 87 起，披露总投资规模达 95.40 亿美元，同比提高了 245.24%，占中国装备制造业对外直接投资①的 53.41%。

从投资地区分布看，2016 年中国装备制造业境外并购案例分布最多的地区为美国、德国和意大利，案例数分别为 24 起、10 起和 9 起，占全部投资案例的 49.43%，是境外并购的热点国家。

从投资规模看，投资规模最大的地区是美国，达 49.35 亿美元，占全部境外并购的 64.69%，其中，珠海艾派克科技股份有限公司投资了 25.50 亿美元用于收购美国上市企业利盟国际的 100.00% 股权，该投资占全部境外并购的 33.42%。紧随其后的是中国香港和澳大利亚，分别以 19.11 亿美元和 10.84 亿美元排第二名和第三名（见表 7）。

仪器仪表及文化、办公用机械制造业在投资规模方面居首位。从 2016 年全年境外并购的行业分布看，仪器仪表及文化、办公用机械制造业投资规模

① 商务部统计的中国装备制造业对外直接投资规模。

**表 7　2016 年中国装备制造业对外并购市场不同国家/地区的投资规模及案例数量**

| 国家/地区 | 案例数量（起） | 投资规模（亿美元） | 国家/地区 | 案例数量（起） | 投资规模（亿美元） |
|---|---|---|---|---|---|
| 美国 | 24 | 49.35 | 以色列 | 2 | 0.18 |
| 中国香港 | 6 | 19.11 | 印度尼西亚 | 3 | 0.11 |
| 澳大利亚 | 2 | 10.84 | 墨西哥 | 1 | 0.07 |
| 德国 | 10 | 5.16 | 芬兰 | 1 | 0.06 |
| 卢森堡 | 1 | 3.11 | 印度 | 2 | 0.05 |
| 西班牙 | 5 | 1.90 | 比利时 | 1 | 0.05 |
| 英国 | 4 | 1.86 | 土耳其 | 1 | 0.04 |
| 法国 | 1 | 1.84 | 日本 | 5 | 0.04 |
| 意大利 | 9 | 0.82 | 俄罗斯 | 1 | 0.03 |
| 加拿大 | 4 | 0.56 | 瑞典 | 1 | 0.03 |
| 韩国 | 2 | 0.20 | 斯洛文尼亚 | 1 | 0.02 |

资料来源：CVSource 投中数据终端。

最大，电气机械及器材制造业案例数量最多。

从投资规模来看，仪器仪表及文化、办公用机械制造业投资规模为 28.06 亿美元，居首位，而 2015 年的投资规模仅为 1453 万美元，同比提高 191 倍；紧随其后的是汽车制造业，投资规模为 24.59 亿美元；轴承、齿轮、传动和驱动部件的制造业排第三，投资规模为 17 亿美元，该交易为丰盛控股要约收购中国高速传动案，此次交易丰盛控股有限公司共收购了中国高速传动的 73.91% 的股权。排名前三的行业投资规模占全行业对外并购的 73.00%。

分投资案例看，电气机械及器材制造业的投资案例 24 起，同比增加 26.00%，占全行业投资案例的 27.59%，居首位；汽车制造业为 16 起，仪器仪表及文化、办公用机械制造业和医疗仪器设备及器械制造业紧随其后，均为 9 起（见表 8）。

对外并购类型多以收购为主。2016 年装备制造业在对外并购市场中交易类型最多的是收购，为 59 起，且投资规模最大，达 83.40 亿美元，占全部交易类型投资额的 87.43%，其中最大的三笔收购交易是艾派克收购利盟国际股权案、丰盛控股要约收购中国高速传动案和中安消拟全资收购澳大利

**表 8　2016 年我国装备制造业境外并购市场分行业的投资规模和案例数**

| 行业 | 案例数量(起) | 投资金额(亿美元) |
|---|---|---|
| 仪器仪表及文化、办公用机械制造业 | 9 | 28.06 |
| 汽车制造业 | 16 | 24.59 |
| 轴承、齿轮、传动和驱动部件的制造业 | 1 | 17.00 |
| 环保、社会公共安全及其他专用设备制造业 | 4 | 10.87 |
| 电气机械及器材制造业 | 24 | 7.03 |
| 医疗仪器设备及器械制造业 | 9 | 2.01 |
| 电子和电工机械专用设备制造业 | 4 | 1.50 |
| 矿山、冶金、建筑专用设备制造业 | 4 | 1.45 |
| 机械和设备修理业 | 2 | 1.34 |
| 锅炉及原动机制造业 | 5 | 0.44 |
| 食品、饮料、烟草及饲料生产专用设备制造业 | 1 | 0.33 |
| 泵、阀门、压缩机及类似机械的制造业 | 4 | 0.23 |
| 起重运输设备制造业 | 1 | 0.16 |
| 光学仪器及眼镜制造业 | 1 | 0.15 |
| 金属加工机械制造业 | 1 | 0.13 |
| 印刷、制药、日化生产专用设备制造业 | 1 | 0.10 |

资料来源：CVSource 投中数据终端。

亚安保集团案，投资规模分别为 25.50 亿美元、17.00 亿美元和 10.82 亿美元。按并购数量看，紧随其后的是增资并购和合资设立，案例数量分别为 16 起和 8 起。从并购规模看，吸收合并交易类型以 9.20 亿美元排名第二；增资并购以 1.89 亿美元排名第三（见表 9）。

**表 9　2016 年中国装备制造业境外并购市场不同交易类型投资规模**

| 交易类型 | 案例数量(起) | 投资金额(亿美元) |
|---|---|---|
| 收　　购 | 59 | 83.40 |
| 吸收合并 | 1 | 9.20 |
| 增资并购 | 16 | 1.89 |
| 资产收购 | 3 | 0.66 |
| 合资设立 | 8 | 0.24 |
| 总　　计 | 87 | 95.40 |

资料来源：CVSource 投中数据终端。

2. 重点国家（地区）投资合作情况

2016年，中国对外直接投资呈爆发式增长，美国、德国成为热门投资国家，但由于全球经济复苏缓慢，西方贸易保护主义抬头，反全球化浪潮不断高涨，因监管加强和外汇限制，中国价值逾750亿美元的海外交易被取消，30笔对欧美企业收购交易落空。[①]

（1）美国是我国对外直接投资最多的国家。

2016年，中国对美国的直接投资总额达456.25亿美元，同比增长204.00%，呈爆发式增长。并购是主要投资方式，投资规模达442.27亿美元，占直接投资总额的96.94%，绿地投资仅为13.98亿美元。直接投资以私营企业为主，投资规模达360.14亿美元，占中国对美投资的78.93%。

与装备制造业相关的投资项目主要包括中国最大的海外打印机收购案，此次收购由珠海艾派克科技公司和太盟投资集团（PAG）牵头、联想控股旗下的朔达投资参与，分别以51.18%、42.90%和5.88%的比例筹资，最终以39亿美元成功收购美国中高端打印设备及服务企业利盟国际的100%股权，[②] 以实现优势互补、共同发展；宁波均胜电子以9.20亿美元收购了美国安全系统龙头供应商之一的美国KSS，以实现自身在安全系统和车联网领域的布局。[③]

同时，中国多项交易因美国外国投资委员会（Committee on Foreign Investment in the United States）阻挠而取消，如荷兰集团飞利浦（Philips）美国照明设备收购案，中资集团出资30亿美元，最终因美国外国投资委员会以国家安全为由阻挠而取消。[④]

---

① 《2016年中国逾750亿美元海外交易被取消》，FT中文网，2017年2月6日，http://www.ftchinese.com/story/001071251。

② 《蛇吞象！珠海民企260亿收购美国利盟100%股权》，新浪财经，《南方日报》，2016年11月30日，http://finance.sina.com.cn/stock/usstock/c/2016-11-30/doc-ifxyiayq1855464.shtml?cre=sinapc&mod=g。

③ 《均胜电子：弯道超车并购欧美　下一目标日本高田》，2017年2月6日，搜狐财经网，http://mt.sohu.com/business/d20170206/125537740_481520.shtml。

④ 《美国否决中资收购飞利浦照明资产》，凤凰网，中国经济网，2016年2月18日，http://finance.ifeng.com/a/20160218/14221710_0.shtml。

（2）对德投资以先进制造业为主。

2016 年中国对欧洲的直接投资额超过 350 亿欧元，同比增长 77%，其中对德国的投资额为 110 亿欧元，占对欧洲投资总额的 31.43%，居首位。①

德国的先进制造业是中国投资的重点，且逐渐以核心科技收购为主，投资力度加大，大型项目显著增多。2016 年共有 16 起超亿欧元的并购案，其中 3 起 10 亿欧元以上的并购案，与装备制造业有关的案例是美的公司收购德国机器人企业库卡，投资规模为 46 亿欧元。②

投资项目与装备制造业相关的主要包括上海电气集团以 1.74 亿欧元收购工业自动控制系统装置制造企业 TEC4 AERO GmbH 的 100% 股权，中鼎股份以 1.30 亿欧元全资收购汽车零部件及配件制造企业 AMK，上海电气集团以 9292.90 万欧元通过下属子公司收购电子工业专用设备制造企业 Manz AG 的部分股权，等等。

同时，因多起大规模并购项目引起争论，德国对“是否应当呼吁中欧投资市场准入条件对等”及“是否应当升级欧洲范围内对外资的审查制度”展开了讨论，并加强对中国投资的阻挠，如中国美的企业对德国机器人制造商库卡的收购先后被多次否决，中国福建宏芯投资基金（FGC）拟以 7.29 亿美元收购德国芯片制造商爱思强（Aixtron）交易被取消。

（3）对“一带一路”沿线国家投资小幅下降。

2016 年，我国企业对“一带一路”沿线 53 个国家进行了直接投资，总投资额合计为 145.3 亿美元，同比下降 2%，占同期总额的 8.5%，投资主要流向新加坡、印度尼西亚、印度、泰国、马来西亚等国家和地区。③投资集中在基础设施领域，装备制造业投资比重相对较小。

投资项目与装备制造业相关的主要包括以岭健康城科技公司以 1500 万

---

① 《中国 2016 对外投资增长 4 成，创纪录达近 2000 亿美元》，《国际金融报》2017 年 2 月 3 日，http：//finance. sina. com. cn/roll/2017 -02 -03/doc - ifyafenm2589815. shtml。

② 《中企对德国投资并购持续发力（国际视点）》，《人民日报》2016 年 1 月 6 日，人民网，http：//world. people. com. cn/n1/2017/0106/c1002 -29002426. htm。

③ 商务部：《2016 年对“一带一路”沿线国家投资合作情况》，2017 年 1 月 19 日，http：//www. mofcom. gov. cn/article/tongjiziliao/dgzz/201701/20170102504429. shtml。

美元认购以色列医疗诊断、监护及治疗设备制造企业 Health Watch 的23.15%股份，凌云工业股份公司和北方凌云工业集团分别投资578万美元和30万美元在印度尼西亚合资设立汽车零部件及配件制造企业凌云印度尼西亚，漳州灿坤实业公司增资500万美元给印度尼西亚家电类制造企业SCI，江苏通光电子线缆公司和阿德维特装备技术私有公司分别投资337万美元和119万美元在印度合资设立光纤、光缆制造企业通光阿德维特。

## （三）外资对装备制造业投资状况

### 1. 高技术制造业引进小幅增长

2016年，吸收外资规模小幅下降，高技术制造业小幅增长。2016年制造业实际使用外资2303亿元人民币（折合为346.83亿美元[①]），同比减少6.1%，在全国实际使用外资总金额中的比重为28.32%。[②] 其中，高技术制造业实际使用外资598.1亿元人民币（折合为94.1亿美元），同比增长2.5%，实现持续增长，占制造业实际使用外资总额的23.80%。[③]

### 2. 国家加大制造业对外开放力度

2016年，我国大力推进制造业对外开放，着力推动进一步扩大外资合作，为装备制造业进入我国提供法治化、国际化、便利化营商环境。

一是修订《外商投资产业指导目录》。商务部会同相关部门对2015年版《外商投资产业指导目录》进行了修订，在2015年大幅度开放的基础上，将限制性措施从93条减少到62条，进一步放宽外资准入限制，重点取消轨道交通设备制造、摩托车制造等领域外资准入限制。

二是发布利用外资工作的指导性文件。2016年12月，国务院通过《关于扩大对外开放积极利用外资若干措施的通知》，重点加强制造业对外资的吸引，促进引资、引技，鼓励外商投资制造业。

---

① 1美元=6.640125元人民币（2016年平均汇率）。

② 国家统计局：《2016年国民经济和社会发展统计公报》，国家统计局网站，2017年2月28日，http://www.stats.gov.cn/tjsj/zxfb/201702/t20170228_1467424.html。

③

**3. 各地加大装备制造业对外开放力度**

一是广东省大力引进先进装备制造业优质企业。2016 年，广东省以先进装备制造业为主开展产业招商，将引资与引技相结合，引进投资总额 1 亿美元以上的外资大项目预计为 147 个。一方面，加强将优质企业“引进来”。广东省商务厅在底特律举办了先进装备制造业对接会，在广州、深圳、佛山三地举办中美机器人产业合作交流活动，组织 150 多家机器人企业与美方对接，推动马萨诸塞州机器人中心与广东省相关机构达成系列战略合作协议。另一方面，组织企业上门招商。广东省机器人协会和智能制造企业赴欧美日韩等地举办先进装备制造业对接交流活动，实地考察韩国海坚电机、日本生田产机工业、中国台湾的机械工业同业公会等行业领头企业，并与英国、德国开展多项合作。①

二是辽宁省加强中德高端装备制造业产业园与德国的合作。2016 年 6 月 15 日，商务部投资促进事务局和辽宁省经济合作局共同举办了第二届德国企业沈阳行暨中国机会——中德制造业合作论坛，中德（沈阳）高端装备制造产业园与沈阳通用机器人减速机制造、美国西屋轨道交通设备制造项目等签约，德国的 Innomot 公司、Viva Lite 公司等中德企业家纷纷发布各自合作项目，项目涉及智能制造、高端装备、汽车制造等，开启德国企业与中德（沈阳）高端装备制造产业园全面合作新篇章。②

三是山东省部分装备制造业外企投资大幅增加。2016 年，山东省制造业实际使用外资 588.85 亿元，同比增加 1.58%。其中通信设备、计算机及其他电子设备制作业实际使用外资 64.10 亿元，同比增加 98.47%，涨幅最大；通用设备制造业实际使用外资 86.49 亿元，同比增加20.03%。③

① 广东省人民政府：《去年粤引进外资超 1 亿美元项目 147 个》，《南方日报》（网络版）2017 年 1 月 20 日，http://www.gd.gov.cn/govpub/zwwgk/201701/t20170120_246395.htm。

② 《13 个新项目签约中德高端装备制造产业园》，人民网，2016 年 6 月 16 日，http://ln.people.com.cn/n2/2016/0616/c340418-28515375.html。

③ 山东省外国投资管理处：《山东省分行业外商直接投资（2016～12）》，2017 年 2 月 10 日，http://www.shandongbusiness.gov.cn/public/html/news/201702/390323.html。

四是天津市大力发展装备制造业招商引资。滨海新区以中欧先进制造产业园等载体为依托，充分发挥各功能区优势，聚焦高端装备、汽车制造、航空航天等优势产业，[①] 吸引瑞士席勒（天津）医疗设备公司等装备制造业企业落户新区，[②] 大陆汽车新项目等装备制造业项目签约落户，大众自动变速器、森精机等企业增资扩产，[③] 推动新区装备制造业发展。

**4. 各行业招商引资差异明显**

装备制造业引进项目占制造业引进项目总数比重较大。2016 年，装备制造业细分行业计划引资总数达 303 项，占制造业计划引资总数的 88.08%。其中，汽车制造业计划引资数目最多，为 153 项，占装备制造业引进项目总数的 50.4%，紧随其后的是电气机械和器材制造业，为 99 项，占装备制造业引进项目总数的 32.7%。其他行业计划引资项目数较少，专用设备制造业有 27 项，金属制品、机械和设备修理业有 12 项，铁路、船舶、航空航天和其他运输设备制造业有 10 项，通用设备制造业最少，只有 2 项。仪器仪表制造业没有引进项目（见图 15）。

计划总引资金额较高，汽车制造业资金需求旺盛。2016 年，装备制造业细分行业计划总引资金额达 393.98 亿美元，其中，汽车制造业计划引资金额为 235.59 亿美元，占比 59.80%，为七大行业最高；电气机械和器材制造业计划引资金额为 93.42 亿美元，紧随其后；通用设备制造业计划引资金额最小，仅有 8030 万美元（见图 16）。

江苏、河南、吉林资金需求旺盛。从引资地区分布来看，2016 年装备制造业引资项目最多的三个地区为河南、吉林、江西，项目数量分别为 91 项、68 项和 54 项，其他地区计划引资项目数较少（见表 10）。从引资规模看，引资规模最大的三个省是江西、河南和吉林，四川、浙江紧随其后。其

① 《新区装备制造业抢占“制高点”》，天津市滨海新区投资促进网，2016 年 12 月 27 日，http://www.bh.gov.cn/html/zsw/CYDT24992/2016-12-27/Detail_919749.htm。

② 《19 个优质项目集中落户滨海新区　总投资近 150 亿》，凤凰网，2016 年 6 月 17，http://tj.ifeng.com/a/20160617/4659063_0.shtml。

③ 《开发区上半年投增资千万美元以上项目 21 个》，天津市滨海新区投资促进网，2016 年 7 月 20 日，http://www.bh.gov.cn/html/zsw/CYDT24992/2016-07-20/Detail_906378.htm。

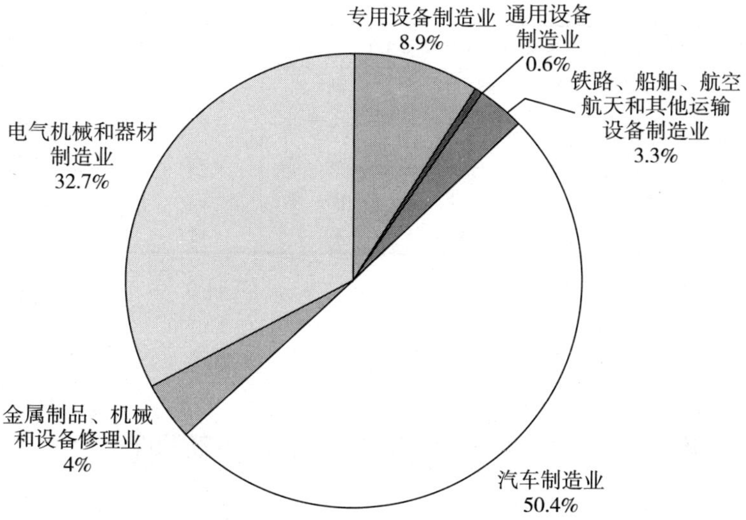


**图15　装备制造业七大行业2016年计划引资数比例分布**

资料来源：商务部网站。

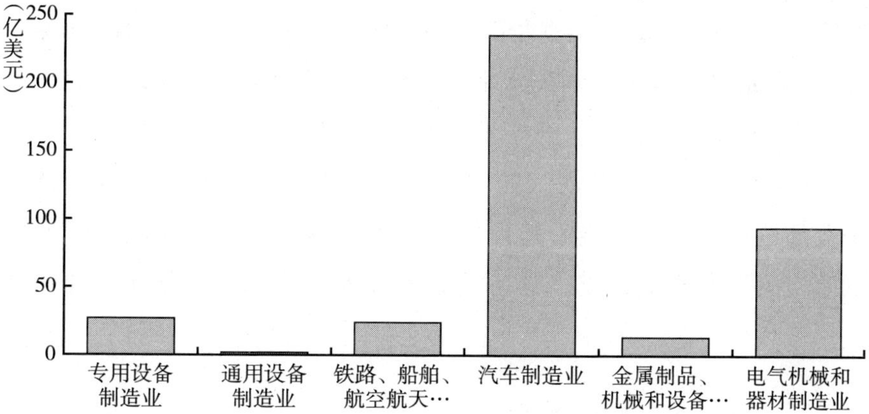


**图16　装备制造业七大行业2016年计划引资金额**

资料来源：商务部网站。

中，四川省内江市沱江（内江段）复航工程项目对资金的需求最高，达20.74亿美元，占装备制造业计划引资金额的5.26%。

表 10　2016 年我国装备制造业计划引资规模及项目梳理

| 省份 | 项目数量(项) | 引资金额(亿美元) | 省份 | 项目数量(项) | 引资金额(亿美元) |
|---|---|---|---|---|---|
| 江　西 | 54 | 87.04 | 湖　北 | 5 | 17.38 |
| 河　南 | 91 | 82.66 | 内蒙古 | 1 | 9.78 |
| 吉　林 | 68 | 82.42 | 陕　西 | 9 | 8.83 |
| 四　川 | 6 | 37.88 | 山　东 | 7 | 7.41 |
| 浙　江 | 6 | 22.95 | 重　庆 | 14 | 6.80 |

资料来源：商务部网站。

## 五　中国装备制造业技术创新现状

### （一）自主研发亮点频现

在《中国制造 2025》战略引导下，装备制造业发展持续推进，高端设备自主研发取得突破。如上海电气核电设备有限公司自主研制的全球首座第四代核电站反应堆压力容器在华能石岛湾核电厂吊装成功；中国一拖集团有限公司研制成功具有国内领先水平，以检测拖拉机性能试验用的 200kN 负荷车；特高压输变电装备关键零部件技术取得新突破。

“创新驱动、创新引领”的“双创”的公共服务平台已成为越来越多企业的选择，对创新能力建设的实际投入持续提升。新产品研发的基础试验检测平台相继建成，具备世界先进水平的试验检测平台陆续开始建设。

### （二）研发投入稳步增长

**1. 研发经费内部投入整体趋增**

研发经费内部支出总额及各行业数额普遍增长。2015 年装备制造业规模以上企业研究与开发（R&D）经费内部支出总额为 3745.24 亿元，同比增长 7.72%。装备制造业规模以上企业的研究与开发（R&D）经费内部支出均有所提升。其中，支出最高的行业为电气机械和器材制造业，支出额达1012.73亿元；增速最快的为金属制品、机械和设备修理业，同比增长了17.04%。

日常性支出仍为主要内部经费支出。从支出方向看，R&D经费内部支出包括日常性支出和资产性支出两部分。2015年，我国装备制造业日常性支出为3388.37亿元，同比增长8.85%，占研发经费内部支出的90.47%；资产性支出为356.87亿元，同比减少1.88%，占研发经费内部支出的9.53%。分行业看，在支出额度方面，电气机械和器材制造业的日常性支出和资产性支出额度均为最高，分别为918.70亿元和94.03亿元；金属制品、机械和设备修理业的日常性支出和资产性支出额度均为最低，分别为10.50亿元和1.25亿元。在支出增速方面，主要行业日常性支出均有提升，大部分行业资产性支出有所下降，其中，汽车制造业日常性支出增幅最大，同比增长16.85%；金属制品、机械和设备修理业资产性支出增幅最大，同比增长57.85%；电气机械和器材制造业资产性支出降幅最大，同比减少5.98个百分点（见表11）。

**表11　2015年装备制造业R&D经费内部支出**

单位：亿元，%

| 行业 | 日常性支出 | | 资产性支出 | | 经费内部支出 | |
|---|---|---|---|---|---|---|
| | 支出额 | 同比增长 | 支出额 | 同比增长 | 总额 | 同比增长 |
| 通用设备制造业 | 556.87 | 2.50 | 75.78 | -1.97 | 632.65 | 1.94 |
| 专用设备制造业 | 514.26 | 5.44 | 52.87 | -0.49 | 567.14 | 4.86 |
| 汽车制造业 | 819.35 | 16.85 | 84.80 | -1.38 | 904.16 | 14.86 |
| 铁路、船舶、航空航天和其他运输设备制造业 | 404.31 | 1.92 | 31.58 | 7.28 | 435.90 | 2.29 |
| 电气机械和器材制造业 | 918.70 | 11.65 | 94.03 | -5.98 | 1012.73 | 9.74 |
| 仪器仪表制造业 | 164.38 | 8.15 | 16.55 | -2.88 | 180.93 | 7.04 |
| 金属制品、机械和设备修理制造业 | 10.50 | 13.55 | 1.25 | 57.85 | 11.75 | 17.04 |

资料来源：《中国科技统计年鉴2015》；《中国科技统计年鉴2014》。

企业内部支出研发强度略有提升。[①] 2015 年规模以上行业研发强度最大的是铁路、船舶、航空航天和其他运输设备制造业，研发强度达到 2.28；研发强度最小的是金属制品、机械和设备修理业，研发强度为 1.22。与 2014 年相比，除了铁路、船舶、航空航天和其他运输设备制造业同比增长为负（-2.69%）外，其他六大行业研发强度较 2014 年均有所提升，其中汽车制造业同比增长幅度最大，达到 9.61%（见图 17）。

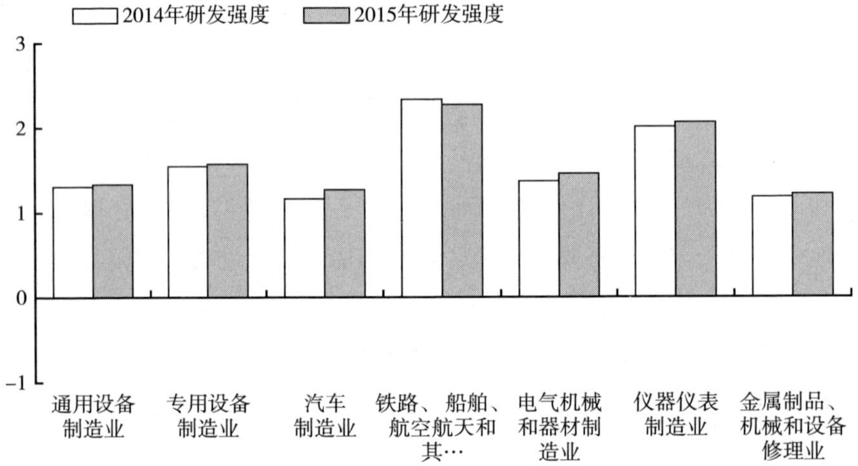


**图 17　2015 年装备制造企业研发强度及同比增长**

**2. 研发经费内部资金来源以企业为主**

企业资金为主要资金来源。分支出来源看，R&D 经费内部支出资金来源（以下简称资金来源）包括政府资金、企业资金、国外资金和其他资金四部分。2015 年，企业资金来源为 3459.55 亿元，同比增长 7.97%，占研发经费内部支出资金来源的 92.37%；政府资金来源为 228.41 亿元，同比增长 8.13%，占研发经费内部支出资金来源的 6.10%；国外资金来源为 19.88 亿元，同比增长 -15.86%，占研发经费内部支出资金来源的 0.53%；其他资金来源为 37.40 亿元，同比增长 -0.40%，占研发经费内部支出资金来源的 1%（见图 18）。

① 国家统计局：《中国科技年鉴 2015》，http：//www.stats.gov.cn/tjsj/ndsj/。

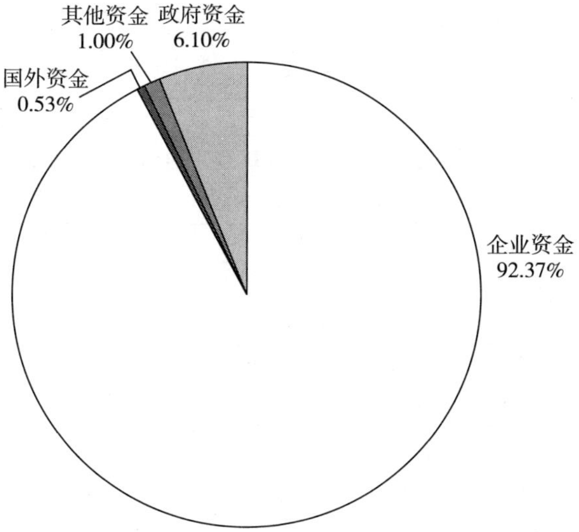


**图 18　2015 年装备制造企业资金来源分布**

大部分行业企业资金来源增长趋势显著。2015 年，金属制品、机械和设备修理制造业企业 R&D 经费内部支出企业资金来源总额为 10. 83 亿元，增幅最大，相较于 2014 年增长 19. 03%；电气机械和器材制造业资金来源总额为 976. 39 亿元，支出金额最高，占企业资金来源总额的 28. 00%；仅铁路、船舶、航空航天和其他运输设备制造业资金来源总额有轻微的下降，降幅为 -0. 14%。

政府资金来源受政策环境影响明显。2015 年，政府资金来源数额最高的行业为铁路、船舶、航空航天和其他运输设备制造业，金额达到 112. 82 亿元，占政府资金来源总额的 49. 00%；增速最快的行业为仪器仪表制造业，同比增长达到 30. 89%；增速下降的有两个行业，分别为通用设备制造业和电气机械和器材制造业，较 2014 年分别下降 5. 49% 和 3. 74%。

国外资金来源降幅较大。2015 年，国外资金来源最高的是汽车制造业，金额达到 8. 82 亿元，占国外资金总额的 44. 00%；增幅最大的行业是仪器仪表制造业，同比增长 32. 12%；降幅最大的行业是电气机械和器材制造业，达 45. 93%。

其他资金来源降幅较大。2015 年，金属制品、机械和设备修理业获得其他资金最少，为 71 万元，降幅最大，为 85.46%（见表 12）。

**表 12 2015 年装备制造业 R&D 经费内部支出资金来源**

单位：亿元，%

| 行业 | 企业资金 | | 政府资金 | | 国外资金 | | 其他资金 | |
|---|---|---|---|---|---|---|---|---|
| | 支出额 | 同比 | 支出额 | 同比 | 总额 | 同比 | 支出额 | 同比 |
| 通用设备制造业 | 593.00 | 2.51 | 29.19 | -5.49 | 1.81 | -41.67 | 8.65 | 6.14 |
| 专用设备制造业 | 533.16 | 4.58 | 25.83 | 10.83 | 2.10 | -0.60 | 6.05 | 7.19 |
| 汽车制造业 | 868.05 | 15.19 | 22.93 | 3.26 | 8.82 | 16.63 | 4.35 | 14.58 |
| 铁路、船舶、航空航天和其他运输设备制造业 | 312.17 | -0.14 | 112.82 | 13.82 | 2.59 | -25.92 | 8.32 | -23.81 |
| 电气机械和器材制造业 | 976.39 | 10.53 | 24.63 | -3.74 | 3.57 | -45.93 | 8.14 | 11.30 |
| 仪器仪表制造业 | 165.95 | 5.46 | 12.10 | 30.89 | 0.98 | 32.12 | 1.89 | 12.18 |
| 金属制品、机械和设备修理制造业 | 10.83 | 19.03 | 0.91 | 2.37 | | | 0.0071 | -85.46 |

资料来源：《中国科技统计年鉴 2015》；《中国科技统计年鉴 2014》。

### 3. 研发经费外部投入波动趋增

研发经费外部支出总额稳定增长。2015 年装备制造业规模以上企业 R&D 经费外部支出总额为 230.12 亿元，同比增长 20.92%。其中，经费外部支出总额最高的行业为汽车制造业，支出额为 75.63 亿元，增速最快的为金属制品、机械和设备修理业，较 2014 年增长 584.67%，增速最慢的为专用设备制造业，较 2014 年仅增长 0.23%。

对国内研究机构和高校的支出仍为最主要的外部支出。从支出方向来看，R&D 经费外部支出包括对国内研究机构和高校的支出、对境外的支出和其他支出三个部分。2015 年，对国内研究机构和高校的支出为 101.63 亿元，同比增长 8.55%，占研发经费外部支出的 44.16%。

不同行业对国内研究机构和高校支出根据自身产品开发需求有所不同。

从主要支出方向看，2015 年装备制造业规模以上企业对国内研究机构和高校支出占比与 2014 年相比，呈现增减不一的情况。其中，金属制品、机械和设备修理制造业 2015 年对国内研究机构和高校分行业看支出同比增长最快，达到 620.70%；同比增长下降最快的为专用设备制造业，较 2014 年下降 14.29%（见表 13）。

**表 13　2015 年装备制造业 R&D 经费外部支出**

单位：亿元，%

| 行业 | 总额 | 同比增长 | 对国内研究机构和高校支出 | 同比增长 |
|---|---|---|---|---|
| 通用设备制造业 | 25.40 | 38.49 | 9.80 | -6.73 |
| 专用设备制造业 | 10.82 | 0.23 | 6.57 | -14.29 |
| 汽车制造业 | 75.63 | 2.65 | 28.50 | 12.45 |
| 铁路、船舶、航空航天和其他运输设备制造业 | 74.60 | 58.11 | 33.73 | 18.45 |
| 电气机械和器材制造业 | 33.39 | 0.27 | 16.75 | -7.89 |
| 仪器仪表制造业 | 9.70 | 40.05 | 5.73 | 69.73 |
| 金属制品、机械和设备修理制造业 | 0.57 | 584.67 | 96.42 | 620.70 |

资料来源：《中国科技统计年鉴 2015》。

**4. 项目经费投入增加**

2015 年，装备制造业规模以上企业项目总数为 12.97 万项，同比减少 11.80%；项目人员折合全时当量为 94.66 万人，同比减少 1.98%；项目经费支出 3426.82 亿元，同比增长 12.23%。

项目投入规模与行业规模紧密相关。从数额来看，2015 年电气机械和器材制造业项目数量最多，为 3.57 万项；大部分行业 R&D 项目人员折合全时当量呈现下降趋势，其中电气机械和器材制造业 R&D 项目人员折合全时当量人数最多，为 24.39 万人；R&D 项目经费支出最高的三个行业为电气机械和器材制造业、汽车制造业和通用设备制造业，分别为 941.65 亿元、850.15 亿元和 581.04 亿元。从增速来看，汽车制造业在项目经费支出上同比增长较快，为20.13%；仪器仪表制造业项目人员折合全时当量增速为七大行业最低，同比下降8.90%；铁路、船舶、航空航天和其他运输设备制造业项目数量降幅最大，同比下降26.25%（见表14）。

**表14　2015年装备制造业R&D项目情况**

| 行业 | 项目 | | 项目人员折合全时当量 | | 项目经费支出 | |
|---|---|---|---|---|---|---|
| | 数量（万项） | 同比（%） | 数量（万人） | 同比（%） | 数额（亿元） | 同比（%） |
| 通用设备制造业 | 2.96 | -6.27 | 18.57 | -4.77 | 581.04 | 5.27 |
| 专用设备制造业 | 2.42 | -18.68 | 15.43 | -2.56 | 516.67 | 9.82 |
| 汽车制造业 | 2.13 | -5.51 | 19.63 | 2.29 | 850.15 | 20.13 |
| 铁路、船舶、航空航天和其他运输设备制造业 | 0.88 | -26.25 | 9.98 | 2.69 | 358.34 | 6.93 |
| 电气机械和器材制造业 | 3.57 | -10.83 | 24.39 | -3.05 | 941.65 | 13.43 |
| 仪器仪表制造业 | 0.98 | -9.67 | 6.11 | -8.90 | 168.18 | 13.01 |
| 金属制品、机械和设备修理制造业 | 0.04 | -15.16 | 0.54 | 19.73 | 10.79 | 16.56 |

资料来源：《中国科技统计年鉴2015》；《中国科技统计年鉴2014》。

项目人均经费支出多数行业处于增长状态。从项目效率的角度分析，2015年规模以上装备制造业行业R&D项目平均每个项目每人经费支出最高和最低的行业分别为汽车制造业与金属制品、机械和设备修理制造业，分别为43.32万元和19.89万元。增速大部分行业为正值，增长最快的为仪器仪表制造业，增速达到24.05%；呈现负增长的为金属制品、机械和设备修理制造业，增速为-2.65%（见图19）。

**5.新产品开发数量大幅下降**

2015年装备制造业规模以上企业新产品开发项目总数达14.05万项，同比减少14.88%；新产品开发经费总支出为4144.47亿元，同比增长1.19%；新产品销售总收入为58152.67亿元，同比增长4.47%；出口总额达7161.51亿元，同比增长6.52%。

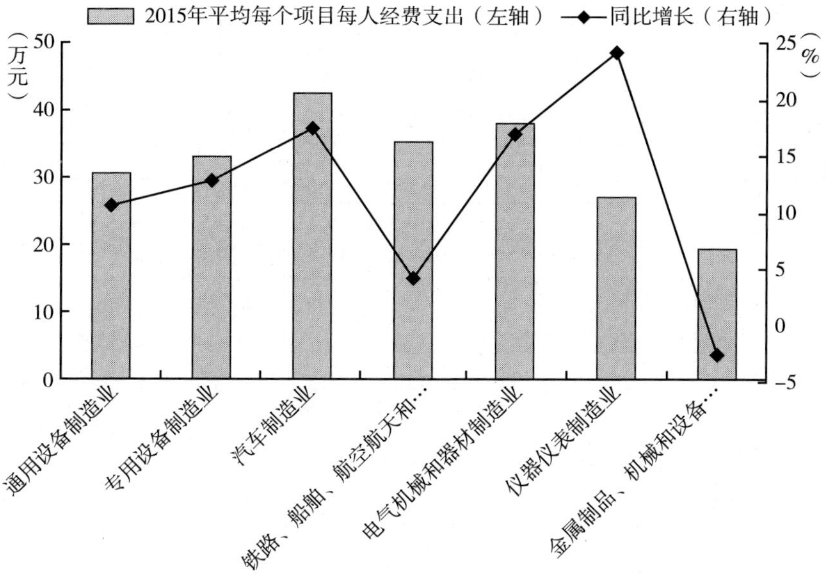


**图19　2015年装备制造企业R&D项目人均经费支出及同比增长**

新产品开发和生产与行业基础规模以及产品需求关联度大。其中，电气机械和器材制造业在新产品开发项目、新产品开发经费和新产品出口收入方面均为最多，分别为3.96万项、1129.01亿元和2940.79亿元；汽车制造业的新产品销售收入最高，为19082.63亿元。从增速看，各分行业新产品开发项目同比均呈现下降趋势，且降幅均为两位数，降幅最大的是金属制品、机械和设备修理业，同比减少46.87%；在新产品开发经费方面，汽车制造业支出增速最高，同比增加13.95%；金属制品、机械和设备修理业与专用设备制造业分别在新产品销售收入和新产品出口收入方面的增速最高，分别为16.79%和13.35%（见表15）。

## （三）组织化程度提升

### 1. 研发机构建设进程加快

2015年，我国装备制造业企业办研发机构总数为23905个，同比增长9.18%；机构经费总支出为2502.91亿元，同比增长5.48%；仪器和设备原

表 15　2015 年装备制造企业新产品开发与生产情况

| 行业 | 新产品开发项目 | | 新产品开发经费 | | 新产品销售 | | 新产品出口 | |
|---|---|---|---|---|---|---|---|---|
| | 数量（万项） | 同比（%） | 支出（亿元） | 同比（%） | 收入（亿元） | 同比（%） | 收入（亿元） | 同长（%） |
| 通用设备制造业 | 3. 23 | -10. 84 | 669. 01 | -4. 64 | 8043. 57 | 5. 27 | 1005. 83 | 2. 65 |
| 专用设备制造业 | 2. 67 | -18. 66 | 610. 87 | -4. 11 | 6027. 65 | -1. 39 | 855. 05 | 13. 35 |
| 汽车制造业 | 2. 49 | -10. 47 | 1048. 83 | 13. 95 | 19082. 63 | 4. 96 | 755. 14 | 10. 18 |
| 铁路、船舶、航空航天和其他运输设备制造业 | 0. 96 | -28. 30 | 472. 17 | -3. 52 | 6478. 65 | 14. 02 | 1351. 87 | 1. 04 |
| 电气机械和器材制造业 | 3. 96 | -13. 68 | 1129. 01 | 0. 03 | 16502. 59 | 2. 14 | 2940. 79 | 8. 73 |
| 仪器仪表制造业 | 1. 16 | -14. 54 | 204. 24 | -0. 86 | 1873. 44 | 5. 96 | 216. 44 | -1. 91 |
| 金属制品、机械和设备修理制造业 | 0. 04 | -46. 87 | 10. 33 | -18. 48 | 144. 15 | 16. 79 | 36. 40 | -10. 04 |

资料来源：《中国科技统计年鉴 2015》；《中国科技统计年鉴 2014》。

价总额为 2281. 72 亿元，同比增长 14. 82%。2015 年装备制造业企业办研发机构人员为 107. 84 万人，同比增长 5. 42%；其中博士和硕士为 12. 10 万人，同比增长 6. 21%，占研发机构总人数的 11. 22%。

研发机构建设与行业性质以及行业规模联系紧密。从 2015 年装备制造业规模以上企业的研发机构建设情况看，电气机械和器材制造业研究机构数量最多、仪器和设备原价最高，分别为 6947 个和 688. 52 亿元；汽车制造业研究机构经费支出最高，为 689. 22 亿元。从增速来看，铁路、船舶、航空航天和其他运输设备制造业在机构数量上增长最快，为 13. 31%，仪器仪表制造业的经费支出同比增长最多，为 17. 71%，但其仪器和设备原价同比增长 -4. 46%，行业最低；金属制品、机械和设备修理业在研究机构数量上同比增幅最小，在仪器和设备原价上同比增幅最大，分别为 3. 57% 和 58. 81%（见表 16）。

研发机构人员与行业技术需求程度关联明显。从 2015 年装备制造业规模以上企业的研发机构人员情况来看，博士和硕士占研发机构人员比重最高的行业是铁路、船舶、航空航天和其他运输设备制造业，达到 14. 54%，占比最低的行业为金属制品、机械和设备修理业，比重为 9. 01%。从增速来看，仅有仪器仪表制造业同比增长为负（-1. 77%），其他行业均为正值，

**表16　2015年装备制造企业办研发机构情况**

| 行业 | 机构 | | 机构经费支出 | | 仪器和设备原价 | |
|---|---|---|---|---|---|---|
| | 数量（个） | 同比（%） | 数额（亿元） | 同比（%） | 数额（亿元） | 同比（%） |
| 通用设备制造业 | 5965 | 8.55 | 423.48 | 0.47 | 446.36 | 16.66 |
| 专用设备制造业 | 4806 | 7.28 | 336.86 | 3.22 | 300.37 | 0.99 |
| 汽车制造业 | 3107 | 11.64 | 689.22 | 7.66 | 504.22 | 4.09 |
| 铁路、船舶、航空航天和其他运输设备制造业 | 1277 | 13.31 | 223.92 | 4.91 | 240.44 | 11.10 |
| 电气机械和器材制造业 | 6947 | 9.80 | 683.92 | 5.58 | 688.52 | 37.13 |
| 仪器仪表制造业 | 1745 | 7.25 | 140.10 | 17.71 | 96.04 | -4.46 |
| 金属制品、机械和设备修理制造业 | 58 | 3.57 | 5.41 | 17.03 | 5.76 | 58.81 |

资料来源：《中国科技统计年鉴2015》；《中国科技统计年鉴2014》。

铁路、船舶、航空航天和其他运输设备制造业与金属制品、机械和设备修理制造业位列前两位，增速分别为30.00%和19.27%（见图20）。

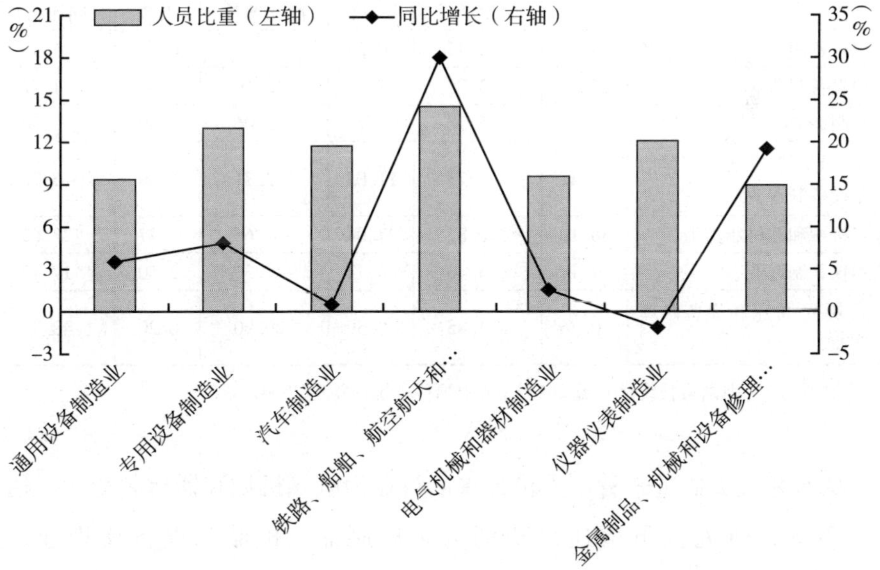


**图20　2015年装备制造企业博士和硕士占研发机构人员比重及同比增长**

2. 人员部署渐趋合理

2015 年装备制造业规模以上企业 R&D 人员总数为 144.10 万人，同比减少 0.17%；R&D 人员全时当量总额为 104.78 万人，同比增长 -1.01%；研究人员总数为 33.52 万人，同比增长 14.61%。

R&D 人员数量小幅下降，研究人员占比大幅上升。2015 年，装备制造业大部分行业 R&D 人员数量呈小幅下降，其中专用设备制造业 R&D 人员数量同比下降最多，下降 3.71%；金属制品、机械和设备修理制造业 R&D 人员数量最少，为 0.76 万人，但同比人数增幅最大，为 12.85%。从 R&D 人员全时当量来看，人员数量最多的行业为电气机械和器材制造业，达到 27.04 万人；增速最快的行业为金属制品、机械和设备修理业，达到 20.90%（见表 17）。

**表 17　2015 年装备制造业 R&D 人员情况**

单位：万人，%

| 行业 | R&D 人员 | | R&D 人员全时当量 | | 研究人员 | |
|---|---|---|---|---|---|---|
| | 人数 | 同比增长 | 人数 | 同比增长 | 人数 | 同比增长 |
| 通用设备制造业 | 28.45 | -2.45 | 20.57 | -3.53 | 6.63 | 6.79 |
| 专用设备制造业 | 24.26 | -3.71 | 17.01 | -2.10 | 5.86 | 1.72 |
| 汽车制造业 | 29.02 | 5.78 | 21.77 | 3.06 | 7.39 | 40.90 |
| 铁路、船舶、航空航天和其他运输设备制造业 | 14.41 | -1.73 | 11.05 | 2.71 | 4.09 | -5.72 |
| 电气机械和器材制造业 | 38.10 | 0.82 | 27.04 | -1.66 | 8.47 | 23.62 |
| 仪器仪表制造业 | 9.10 | -3.40 | 6.77 | -7.30 | 2.50 | 17.79 |
| 金属制品、机械和设备修理制造业 | 0.76 | 12.85 | 0.59 | 20.90 | 0.20 | 48.77 |

资料来源：《中国科技统计年鉴 2015》；《中国科技统计年鉴 2014》。

从研究人员数量来看，人员最多的行业为电气机械和器材制造业，达到 8.47 万人；研究人员增速最快的为金属制品、机械和设备修理业，为 48.77%，仅铁路、船舶、航空航天和其他运输设备制造业研究人员数量呈下降趋势，同比增速为 -5.72%；2015 年，装备制造业大部分行业研究人员数量占 R&D 人员比重有所提高，其中，占比最高的为铁路、船舶、航空航天和其他运输设备制造业，达 28.38%（见图 21）。

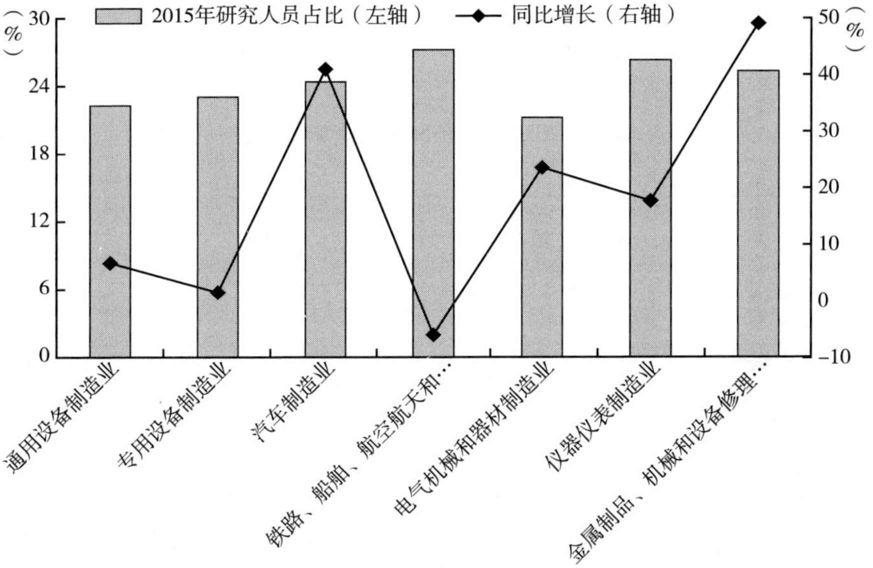


**图 21　2015 年装备制造业 R&D 研究人员占比及同比增长**

## （四）国内技术逐步成为重要来源

**1. 企业专利质量进一步提升**

2015 年装备制造业专利申请总数达 28.56 万件，较 2014 年下降 0.95%；发明专利数量为 9.45 万件，较 2014 年增长 2.38%；有效发明专利数为 21.25 万件，较 2014 年增长 25.19%，增幅明显。

企业有效专利大幅增加，专利质量进一步提升。专利研发主要通过专利申请、发明专利和有效发明专利三个尺度衡量。电气机械和器材制造业在专利申请、发明专利和有效发明专利数量三方面的数量均为最高，分别为 9.29 万件、3.09 万件和 6.38 万件。与 2014 年相比，七大主要行业在专利申请和发明专利数量上呈现较大差别，铁路、船舶、航空航天和其他运输设备制造业在这两方面的涨幅均最大，同比增长率分别为 8.69% 和 18.11%，而仪器仪表制造业的专利申请和发明专利数量均出现较大跌幅，同比为-19.56%和-15.93%。在有效发明专利数量方面，装备制造业各行业均呈现两位数以上的增长，增长幅度最大的是金属制品、机械和设备修理制造业，同比增长了117.81%（见表18）。

表18 2015年装备制造企业专利情况

单位：万件，%

| 行业 | 专利申请 | | 发明专利 | | 有效发明专利 | |
|---|---|---|---|---|---|---|
| | 数量 | 同比增长 | 数量 | 同比增长 | 数量 | 同比增长 |
| 通用设备制造业 | 5.29 | -0.51 | 1.67 | 6.49 | 4.04 | 22.41 |
| 专用设备制造业 | 5.23 | -4.25 | 1.82 | 1.72 | 4.97 | 25.73 |
| 汽车制造业 | 4.68 | 5.73 | 1.28 | 9.54 | 2.32 | 23.11 |
| 铁路、船舶、航空航天和其他运输设备制造业 | 2.21 | 8.69 | 0.90 | 18.11 | 1.80 | 46.79 |
| 电气机械和器材制造业 | 9.29 | -0.10 | 3.09 | -1.35 | 6.38 | 24.03 |
| 仪器仪表制造业 | 1.80 | -19.56 | 0.66 | -15.93 | 1.67 | 16.66 |
| 金属制品、机械和设备修理制造业 | 0.06 | 2.28 | 0.02 | 17.96 | 0.06 | 117.81 |

资料来源：《中国科技统计年鉴2015》；《中国科技统计年鉴2014》。

### 2. 企业技术获取和技术改造势头趋缓

2015年，我国装备制造业技术获取和技术改造的总支出为1168.48亿元，同比下降7.34%，表明企业技术获取和技术改造势头有所放缓。

企业技术获取和技术改造“重引进、轻消化”。从来源看，技术获取和技术改造支出具体可分为引进技术经费支出、消化吸收经费支出、购买国内技术经费支出和技术改造经费支出。2015年，技术改造经费支出为833.98亿元，同比减少9.68%，占技术获取和技术改造支出的71.37%；引进技术经费支出为236.04亿元，同比增长3.77%，占技术获取和技术改造支出的20.20%；购买国内技术经费支出为54.23亿元，同比减少2.69%，占技术获取和技术改造支出的4.64%；消化吸收经费支出为44.22亿元，同比下降18.86%，降幅最大，占技术获取和技术改造支出的3.78%（见图22）。

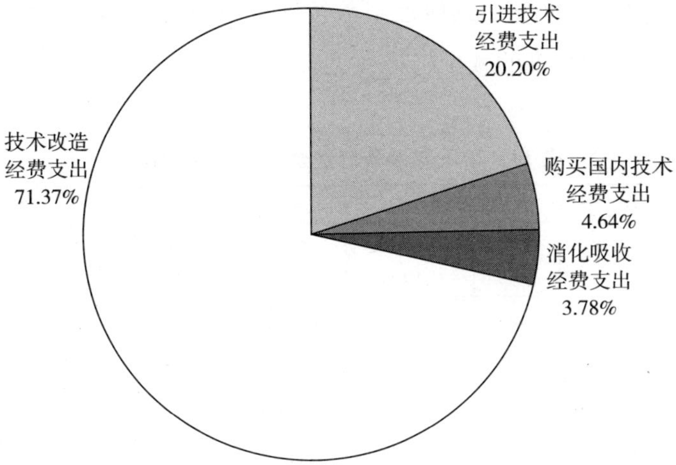


**图 22　2015 年装备制造企业技术获取和技术改造资金分配**

分行业看，汽车制造业在引进技术经费支出、消化吸收经费支出、购买国内技术经费支出和技术改造经费支出额均为最高，分别为 174. 57 亿元、25. 99 亿元、26. 73 亿元和 283. 73 亿元。从增速来看，技术改造经费支出各行业均呈现不同降幅，降幅最大的是金属制品、机械和设备修理业，为 -38. 70%；购买国内技术经费支出汽车制造业和金属制品机械和设备修理制造业同比有所增长，增长幅度分别为 115. 99% 和 62. 12%；消化吸收经费支出仅专用设备制造业呈现增长态势，同比增长 41. 04%；汽车制造业在引进技术经费支出中涨幅最大，同比增长 14. 14%，而仪器仪表制造业跌幅最大，达 -52. 81%。

**3. 企业开发课题数量显著增加**

2015 年，我国规模以上装备制造业企业课题开发状况总体趋好，R&D 课题数总数为 6217 项，同比增长 134. 16%；投入人员总计 111903 人，同比增长 1416. 91%；投入经费总计 725. 53 亿元，同比增长 2152. 51%。

分行业看，铁路、船舶、航空航天和其他运输设备制造业在 R&D 课题数、投入人员和投入经费方面数量均最高，分别为 4075 项、105873 人和 705. 90 亿元，而且与 2014 年相比呈现极大增幅，分别为 1010. 35%、

11514.01%和8145.86%。其他近半数行业在R&D课题数、投入人员和投入经费方面呈不同程度的减少趋势（见表19）。

**表19　2015年装备制造企业开发课题情况**

| 行业 | R&D课题 | | 投入人员 | | 投入经费 | |
|---|---|---|---|---|---|---|
| | 数目（项） | 同比增长（%） | 数目（人） | 同比增长（%） | 数额（亿元） | 同比增长（%） |
| 通用设备制造业 | 331 | 7.47 | 1286 | 13.71 | 3.74 | -7.50 |
| 专用设备制造业 | 826 | -22.44 | 2080 | -14.90 | 5.08 | -37.15 |
| 汽车制造业 | 40 | -27.27 | 201 | -43.38 | 0.17 | -32.10 |
| 铁路、船舶、航空航天和其他运输设备制造业 | 4075 | 1010.35 | 105873 | 11514.01 | 705.90 | 8145.86 |
| 电气机械和器材制造业 | 177 | 10.63 | 393 | -30.85 | 0.92 | -30.16 |
| 仪器仪表制造业 | 764 | 11.21 | 2068 | 5.82 | 9.70 | -2.24 |
| 金属制品、机械和设备修理制造业 | 4 | -69.23 | 2 | -86.86 | 0.02 | -24.11 |

资料来源：《中国科技统计年鉴2015》；《中国科技统计年鉴2014》。

## 六　中国装备制造业存在的问题

### （一）中国装备制造业经济运行中存在的问题

**1.经济运行压力依然存在**

（1）投资增速下降过快。

装备制造业固定资产投资增速低于全社会及制造业。2016年，全国固定资产投资（不含农户）596501亿元，增长8.10%，增速下降1.90个百分点；其中，制造业完成固定投资额187835.98亿元，同比增长4.20%，增速下降3.90个百分点，而装备制造业固定资产投资同比仅增加1.03%，增速相较于2015年下降8.20个百分点，增速继续低于全国和制造业，是近年来少有的低点，虽然下滑的势头有所放缓，但投资意愿仍较低（见图23）。

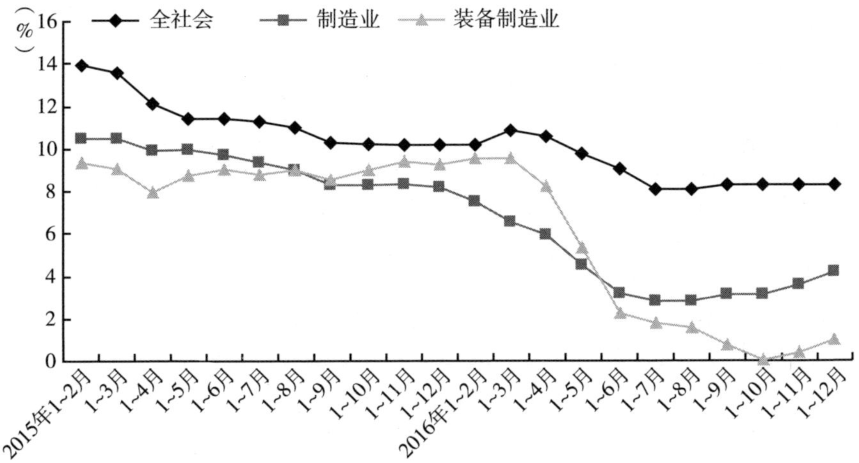


**图 23　全社会、制造业及装备制造业固定资产投资增速比较**

分行业投资明显分化。从投资额看，主要分行业投资额超过 1 万亿元的有：汽车行业 12427 亿元，电工电器行业 10852 亿元；超过 5000 亿元的有：石化通用行业 6079 亿元，机械基础件行业 5841 亿元，四个行业共计占装备制造业投资总额的 66.34%。从增速看，有 7 个分行业实现同比增长，其中投资增速排在前三位的分别是：食品及包装机械，同比增长 13.00%，电工电器行业，同比增长 8.83%，仪器仪表行业增长 4.40%；7 个分行业投资同比下降，降幅在两位数的是：内燃机行业同比下降 15.54%（见图 24）。

（2）企业亏损形势不容乐观。

2016 年装备制造业企业亏损面为 11.99%，同比下降 0.91 个百分点，与制造业企业亏损面（11.27%）相比，亏损面略大。2016 年装备制造业亏损额为 1470.46 亿元，同比增长 0.39%，增速同比下降 20.62 个百分点，与制造业亏损额增速大幅下降（-21.21%）相比，装备制造业亏损企业亏损额仍在上升，这表明装备制造业企业整体经营情况仍不容乐观。

（3）应收账款仍在高位。

2016 年，装备制造业应收账款为 43451.30 亿元，同比增长 10.04%，增速同比上升 0.15 个百分点，占制造业应收账款的 37.33%，且应收账款

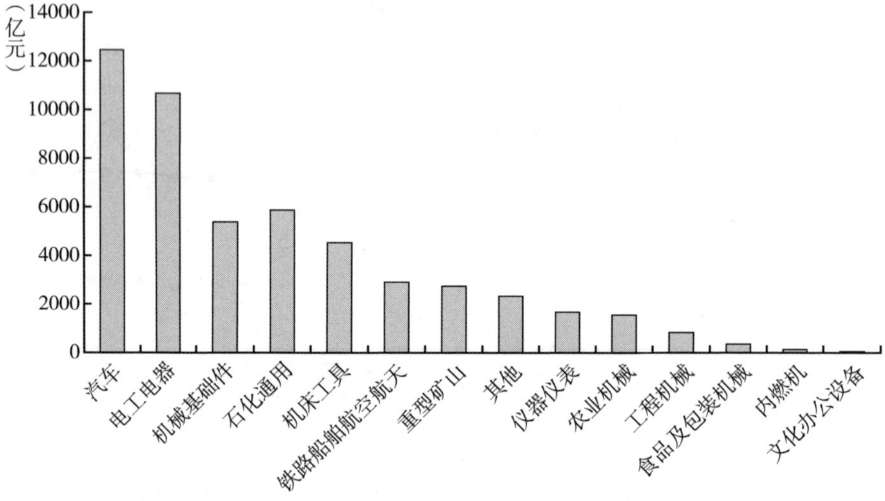


**图 24　2016 年装备制造业分行业固定资产投资额**

增速高于同期装备制造业主营业务收入及利润增速 3.59 个、4.81 个百分点，说明应收账款仍在高位。

**2. 化解产能过剩任务依然繁重**

（1）存货持续增加。

2016 年，装备制造业存货为 24798.65 亿元，同比增长 5.01%，占制造业存货的 24.83%，与制造业存货增速大幅度下降（-27.05%）相比，装备制造业存货仍在高位。2016 年，我国装备制造业产成品存货为 10512.41 亿元，同比增长 6.28%，[①] 增速上升 1.76 个百分点，占全国制造业产成品的 27.59%。与制造业存货中的产成品（3.37%）相比，装备制造业产成品存货增速较快，占比较大，这说明装备制造业产能过剩形势依然严峻。

（2）资产利润效率依然较低。

2016 年我国装备制造业总资产利润率为 0.76%，同比下降 0.02 个百分

① 国家统计局网站，http：//data. stats. gov. cn/index. htm。

点，与制造业总资产利润率（7.6%）相比，装备制造业资产利润率较低，资产的利用效率仍然有待提高，说明装备制造行业产能过剩问题依然严峻，同时，产能过剩问题反过来也会给利润率带来下行压力。

（3）价格指数回升艰难。

从国家统计局公布的数据看，12 月工业生产者出厂价格同比上涨 5.5%，生产资料价格同比上涨 7.2%，其中原材料工业价格上涨 9.8%。

2016 年 12 月，装备制造业价格指数降幅收窄，从年初同比下降 1.7% 收窄至 12 月同比下降 0.2%，降幅收窄 1.5 个百分点，远低于工业及原材料价格指数回升的幅度，价格回升艰难。

**3. 生产要素成本依然较高**

装备制造业的生产要素成本既包括劳动力成本、资金成本、土地成本、能源原材料成本和税费成本等直接生产成本，也包括物流成本和汇率成本等流通成本，还包括整体营商环境和政府廉洁程度等外部交易成本。

（1）制度性交易成本仍有改善空间。

根据《2016 年营商环境报告》显示，中国的营商环境在 189 个经济体中仅位居第 84 位，相比较发达国家，中国的营商环境在审批、许可、信贷等方面仍有较大提升空间（见表 20）。

**表 20　中国营商环境各项指标排名及变化**

| 指标 | 2016 年排名 | 2015 年排名 | 排名变化 |
|---|---|---|---|
| 开办企业 | 136 | 127 | 下降 9 位 |
| 办理施工许可 | 176 | 177 | 提升 1 位 |
| 获得电力 | 92 | 86 | 下降 6 位 |
| 登记财产 | 43 | 41 | 下降 2 位 |
| 获得信贷 | 79 | 71 | 下降 8 位 |
| 保护中小投资者 | 134 | 133 | 下降 1 位 |
| 纳税 | 132 | 133 | 提升 1 位 |
| 跨境贸易 | 96 | 96 | 无变化 |
| 执行合同 | 7 | 7 | 无变化 |
| 解决破产 | 55 | 53 | 下降 2 位 |

资料来源：世界银行。

（2）用工成本上升较快。

在用工成本方面，中国工资上涨速度明显快于世界其他主要经济体（见图25）。同时，中国企业还要负担占职工工资总额33%～40%的“五险一金”等费用，这些都削弱了中国装备制造业的竞争力。

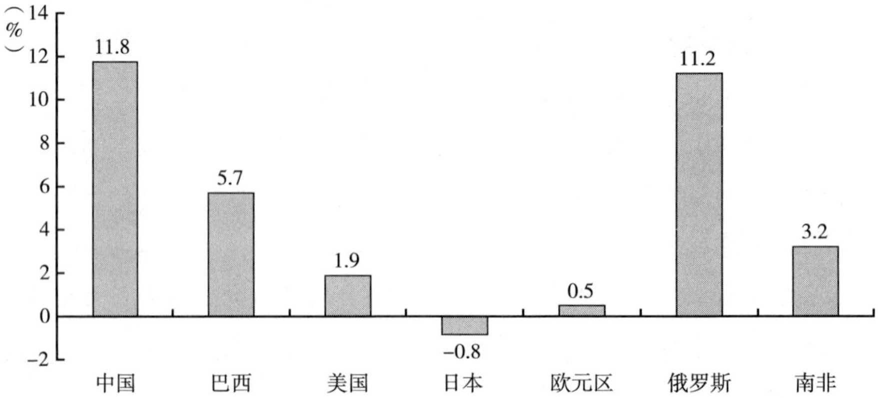


**图25　2008～2014年世界主要经济体工资年均增长率**

资料来源：Wind数据库，其中中国与俄罗斯为名义增长率。

（3）税费成本偏高。

以流转税为主体的税制结构决定了中国企业承担90%以上的各种税费。2016年，中国的宏观税负达到35.20%，超过发达国家30%～35%的平均水平，这十分不利于企业投资和创新（见图26）。

（4）能源原材料成本偏高。

中国工业电价超越部分发达国家，总体处于中等水平。目前，我国全国平均销售电价为每千瓦时0.66元，其中大工业电价0.66元/千瓦时，一般工商业电价0.81元/千瓦时，居民电价0.56元/千瓦时，农业生产电价0.46元/千瓦时。从工商业电价水平看，我国工商业电价超越了部分发达国家，处于中等水平。中国工商业电价高于美国、越南、韩国，低于德国、法国、日本等国家（见图27）。

中国石油价格属于世界中等水平。目前，北京汽油价格约为0.96美

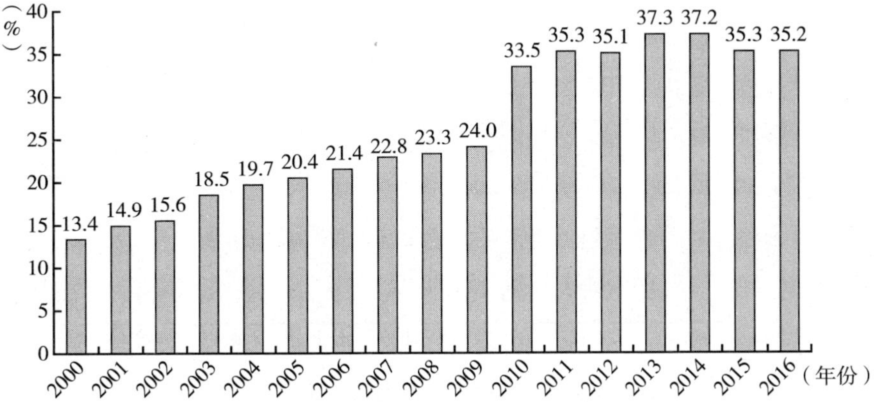


**图 26　2000～2016 年中国宏观税负水平变化**

说明：宏观税负水平 =（公共财政收入 + 政府性基金收入 + 国有资本经营预算收入 + 社保基金收入）/GDP。

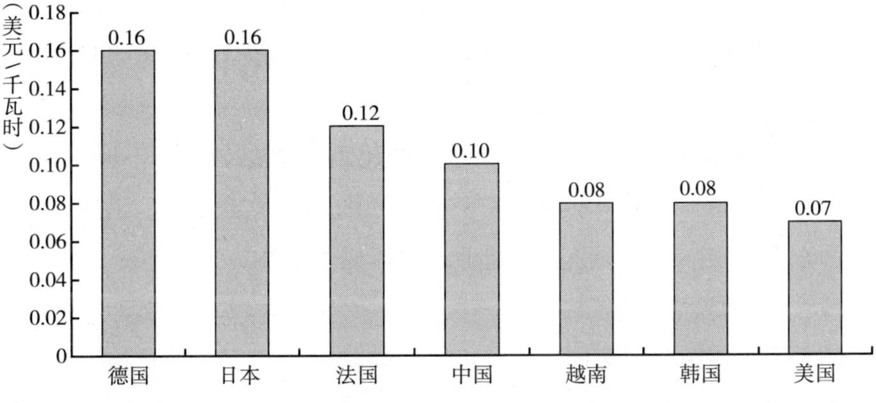


**图 27　中国与部分其他国家工业电价对比**

资料来源：国际能源署、国家能源局。

元/升，高出同期美国和加拿大汽油价格 17.39% 和 9.09%。主要是因为中国汽油价格中包含约 30% 的税费，而美国和加拿大的燃油税较低（见图 28）。

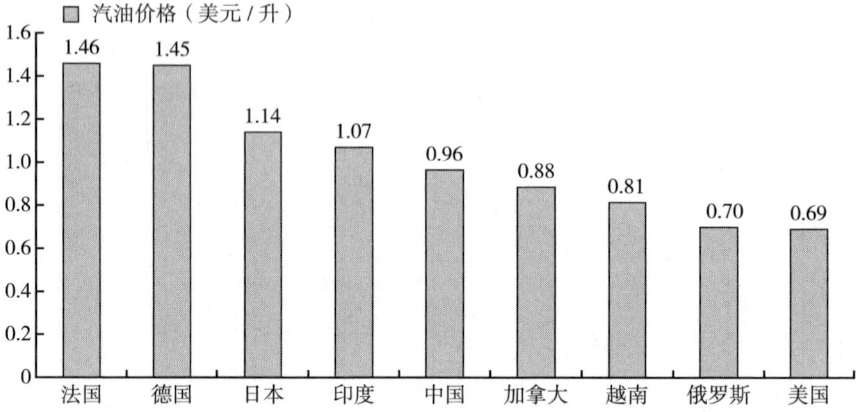


**图 28　部分国家汽油价格比较**

（5）资金成本高于发达经济体。

截止到 2016 年，中国短期贷款实际利率（4.35%）[①] 高于美国和日本这样的发达国家。如果考虑中国工业生产者出厂价格（PPI），[②] 中国企业的贷款实际利率为 5.75%，那么中国的贷款实际利率[③]明显高于除巴西以外的其他国家。此外，中国企业贷款的实际利率同样普遍高于其他国家（见图 29）。

（6）物流成本偏高。

虽然中国物流成本占国内生产总值的比重由 2009 年的 17.60% 下降到 2014 年的 14.80%，但同发达国家 8% ~9% 的物流成本相比，仍然非常高，这一因素直接影响了中国装备制造业的总体成本偏高。

（7）土地成本上升较快。

随着我国城镇化快速推进以及商品房市场的增长，土地价格不断上涨，企业用地成本明显提高。从全国主要城市土地出让监测价格来看，2008 年以来出现加速上升态势，尽管 2012 年以后有所放缓，但是土地出让价格仍

① 《2016 年 12 月 7 日中国银行贷款利率表查询》，南方财富网，2016 年 12 月 6 日，http：//www. southmoney. com/lilv/yinhangdaikuanlilv/201612/919939. html。

② 邢志宏：《2016 年 CPI 温和上涨　PPI 由降转升》，中国投资咨询网，2017 年 1 月 22 日，http：//www. ocn. com. cn/hongguan/201701/twxqr22201122. shtml。

③ 中国贷款实际利率 = 贷款基准利率 - 工业生产者出厂价格指数。

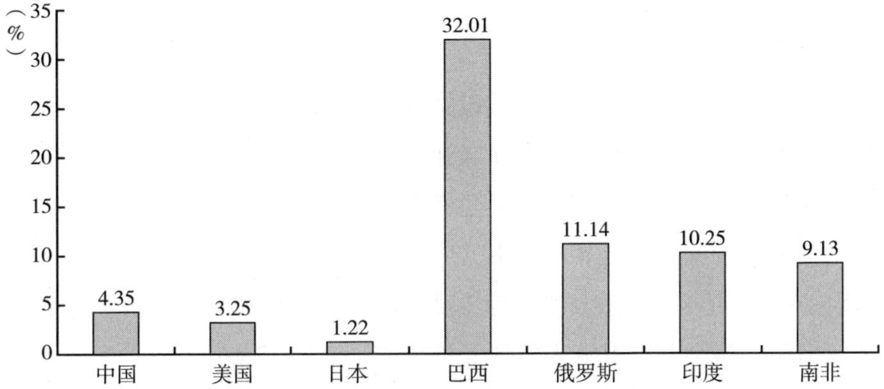


**图 29　2016 年中国与世界主要国家短期贷款实际利率**

资料来源：世界银行。

然保持上升趋势。综合地价由 2012 年三季度的 3093 元/平方米上升至 2016 年四季度的 5918 元/平方米。工业用地价格则由 2012 年三季度的 662 元/平方米上升至 2016 年四季度的 782 元/平方米（见表 21）。

**表 21　中国主要城市土地出让价格**

单位：元/平方米，%

| 项目 | 2012 年三季度 | | 2013 年 | | 2014 年 | | 2015 年三季度 | | 2016 年四季度 | |
|---|---|---|---|---|---|---|---|---|---|---|
| | 地价 | 同比增速 | 地价 | 同比增速 | 地价 | 同比增速 | 地价 | 同比增速 | 地价 | 同比增速 |
| 综合 | 3093 | 1. 77 | 3349 | 7 | 3522 | 5. 16 | 3606 | 3. 30 | 5918 | 5. 30 |
| 商业 | 5793 | 3. 15 | 6306 | 7. 90 | 6552 | 3. 90 | 6701 | 2. 55 | 6937 | 3. 09 |
| 工业 | 662 | 2 | 700 | 4. 50 | 742 | 6. 03 | 757 | 3. 48 | 782 | 2. 84 |

资料来源：根据历年《全国主要城市地价状况分析报告》整理。

（8）汇率升值带来出口压力。

近年来，世界许多国家和经济体为了自身经济复苏和刺激出口纷纷推动本币贬值，而人民币实际有效汇率大幅升值给国内制造业企业出口带来了巨大压力，造成出口产品竞争力明显下降，出口需求减少，甚至影响到部分外贸企业的生存。

**4. 企业投融资面临的问题**

一是民营企业实际融资成本过高。2016 年，中央政府积极缩小地方政府债务规模，同时，还增加了基础设施以及一些重大项目的投资，这些投资项目的主力军往往是国有企业。在这样的背景下，银行信贷更多地流向国有企业或回流金融体系，产生了对民间资本的挤出效应，再加上诸多不时暴露的民企债务违约问题，让银行对民营企业的贷款更加谨慎。二是产业资本“脱实向虚”。近年来，我国坚持实施稳健的货币政策，尽管市场间流动性充足，但很多资金并没有流入实体经济，而是流向了虚拟经济。三是地方政府及融资平台投资能力受限。受财政收入低速增长、土地出让收入大幅减少以及偿债高峰期等因素影响，地方政府可用于投资建设的财力明显不足，引导带动社会资本的能力相应走弱。另外，地方政府融资平台尽管正在转型改制，但是由于普遍缺少主营业务和充足的固定资产，参与市场化竞争存在先天不足，转型改制难度较大。

## （二）中国装备制造业技术创新方面存在的问题

**1. 创新载体彼此独立**

自 20 世纪 80 年代开始，我国建设了一大批制造业创新载体。截至 2015 年底，科技部牵头建设了 481 个国家重点实验室、478 家国家工程技术研究中心，国家发展和改革委员会牵头建设了 158 个国家工程实验室、132 家国家工程研究中心、1187 家国家认定企业技术中心，教育部牵头建设了 38 家 2011 协同创新中心等创新载体。这些创新载体为推动我国的科技创新和产业创新发挥了重要作用。但同时，这些已建成的创新载体基本上处在“技术产生—扩散—首次商业化—产业化”链条上的不同位置，彼此相对独立，并且这些创新载体多为事业单位或依托高校、科研院所或国有企业而建，创新力量比较分散，难以适应网络化协同创新的新趋势和新要求，亟需组建新型创新载体，打造制造业协同创新网络。

**2. 资源配置分散低效**

由于体制机制原因，各领域、各部门、各方面科技创新活动普遍存在分散封闭、交叉重复等碎片化现象。政府各部门多头管理，重复投入，各自为战、单打独斗的现象突出。产业创新活动分散在各个部门的研究单位中进行，这些单位彼此独立，只需完成技术研发任务，而不考虑成果能否与产业链其他环节的技术匹配衔接，科研成果的技术突破往往只是某个领域的单项技术，造成产业创新的“孤岛”现象严重。例如，在增材制造领域，目前国内西安交通大学、北京航空航天大学、西北工业大学、清华大学和华中科技大学、西北有色研究院等单位在增材制造领域均有稳定的研究团队，但由于研究力量分散，研究内容有重复交叉，资源不能共享，进展较慢，无法满足增材制造行业对技术供应的需求，难以迎接国际发展的挑战。

**3. 创新成果转化通道不畅**

这突出表现为科技成果向产业转移转化不够，主要原因在于产业共性关键技术供给主体的缺失和产学研合作不够紧密。原有的行业科研院所转制后，为了自身生存和应付资产保值增值等考核要求，无暇更无力顾及共性技术研发，专业人才队伍不断弱化、流失。同时，产学研协同创新的有效机制尚未形成。高等院校、科研院所与企业拥有不同的评价机制和利益导向，各自创新活动的目的严重分化，导致了创新链上研发与产业化环节出现脱节。例如，尽管我国在增材制造方面的论文专利总量全球第二，有很多很好的基础研究和技术成果，但这些研究和成果往往停留在实验室技术阶段，离产业化应用技术还有一段距离，缺乏强有力的产业化技术研究，与欧美等发达国家相比产业化规模及增材制造在各领域的推广应用差距依然很大。

**4. 创新服务平台建设滞后**

我国制造业创新服务体系建设尚不完善，技术创新服务资源分散，各类技术创新服务机构能力不足、服务模式陈旧，无法对产业技术创新提供有效服务。特别是大多数平台主要提供信息咨询、产品检测、产业信息宣传等单一服务，而对于融资担保、人才交流、质量检测技术指导、培训服务、国际合作等提供不足，服务和支撑产业创新的能力亟需提升。

**5. “重创业、轻创新”问题凸显**

我国目前的“双创”活动存在明显的“重创业、轻创新”特点。具体表现为新创企业质量不高、成功率低，实体经济占比较低，产品、服务科技含量较低等。根据全球创业观察（GEM）的研究，尽管中国的创业活动指数高于发达国家，但创业中“产品采用新技术”（25.63，第50名）和开发“新市场”（24.60，第69名）的指数远低于这些国家。这表明，我国的创业者对技术创新的重要性认识不足，在基于创新的创业方面亟待加强。目前，高校、科研机构和国有企业中的创业意愿仍然较低，创新创业活力没有得到激发。创业企业十分活跃，但技术创新水平、科技成果转化水平不高的问题较为突出。

**6. 大型企业的“双创”参与度较低**

提升全民创业热情只是“大众创业、万众创新”活动的第一步，最终目的是提升我国的科技创新水平和创新成果转化能力，打造经济增长新引擎。作为主要创新投资主体的大型企业，同样是“双创活动”的重要参与者。以收购方式“接盘”创业企业和推动内部创业，是大型企业“双创”的两种主要方式。与我国新创企业井喷式增长相对应的，是我国的大型企业在创新创业方面鲜有成功案例。

不仅如此，大型企业如今面临着新一轮工业革命的冲击，实现传统业务和互联网融合的“互联网+”，是所有大型企业都面临的紧迫问题。互联网不仅对传统企业的商业模式产生冲击，也在加速传统企业技术创新和应用范式的过时。鼓励员工进行内部创业（Interneral Entrepreneur），将创新创业相结合，以创新促进创业，以创业带动创新，将创新活动与市场需求紧密联系起来，是大型传统企业在互联网时代实现转型的有效途径。

## （三）中国装备制造业产业结构方面存在的问题

**1. 民营企业发展仍面临多种困难**

（1）民间投资增速回落。

2016年，受制造业产能过剩的大环境影响，装备制造业企业利润受到挤压，我国民间投资增速持续下降。2016年，我国装备制造企业民间固定资产投资额为52385亿元，同比增长3.07%，增速较2015年下降7.95个百分点。2013～2016 年装备制造业民间固定资产投资增速持续下降，增速由 21.48% 下降至 3.07%，总体下降 18.41 个百分点（见图 30）。

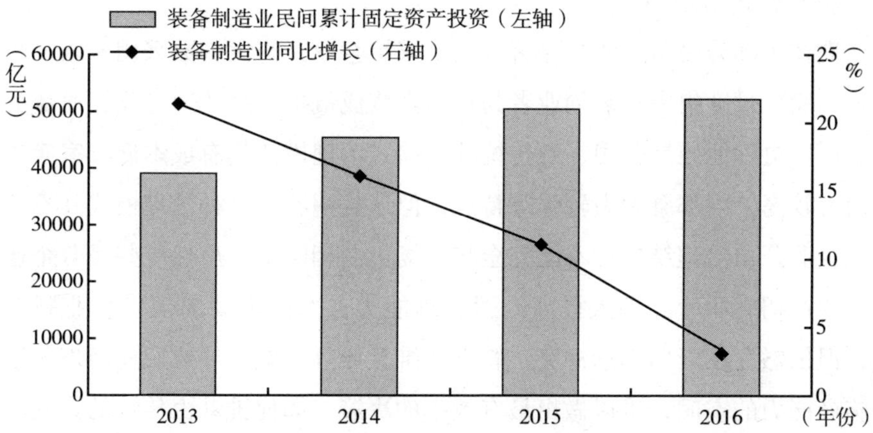


**图 30　2013～2016 年装备制造业民间固定资产投资情况**

资料来源：国家统计局。

（2）资本结构不合理。

2016 年我国 440 家民营装备制造企业上市公司总资产负债率为 0.49%，处在较为合理的水平，但行业流动负债率较高，达 0.39%，流动负债占总负债额的 80.84%。企业资本结构存在短期负债过多、长期负债不足的情况，容易导致企业财务压力增大，偿债风险增加，企业运用外部资金的能力较差。以三一重工集团为例，三一重工集团也存在依赖短期负债的问题，2016 年三一重工集团的资产负债率达 0.62，其中流动负债率为 0.39，流动负债占总负债额的 62.46%。

（3）缺乏品牌意识。

民营装备制造业企业缺乏品牌意识和品牌战略，民营企业家缺乏远见，导致在世界很难找到中国装备制造业的知名品牌。很多企业更倾向于为大型企业贴牌生产，这样既可以利用国内廉价劳动力和土地成本，又省去了创造自身品牌所需的资本。但这种企业运营模式缺乏持续盈利的能力，企业进行重复的劳动，只能分得小部分利益。在世界品牌实验室 2016 年发布的世界品牌 500 强企业中①，中国仅有 36 家企业入选，而美国有 227 家企业入选，而在中国入选的 36 家企业中，仅海尔集团属于装备制造业。

（4）公司治理不健全。

现在大部分民营企业的显著特点是家族企业，绝大多数采用家族式治理模式，股权过度集中在以创业者为首的家族成员中。虽然通过家族血缘关系纽带可以更好地控制公司，且传统的家族式治理模式具有成本低、家族成员可信度较高、内部凝聚力较强等特点，但从长期看，这种治理模式并不符合现代企业公司治理结构，不能完全与市场机制相匹配。虽然一些民营企业也开始通过招聘职业经理人提高经营管理能力，力图推动向现代企业制度转型，但依然存在新旧观念冲突，管理思维差异等问题，导致职业经理人很少有施展能力的空间，难以做出最有效率的决策。如何推动由传统的家族治理模式向现代治理模式转型，建立规范的公司法人治理结构，解决好股东机构、董事机构和经理机构之间的组织关系也是当前民营企业面临的关键问题。

（5）内部管理制度结构不完善。

很多民营企业在发展初期，主要任务和精力都放在对外部市场的开发上，对于企业内部管理制度建设关注不够，未能建立健全激励机制、约束机制和监督机制等。当前，民营企业的制度建设依然还存在三个方面的问题：一是公司内部的分工协调没有得到很好的处理，需要重点解决公司内部的组织关系，建立横向联系，建立垂直系统；二是公司总部集权与内部各单位分权之间的关系还有待进一步加强，需要重点建立合理的公司组织结构，做到集权与分权有机结合；三是集团公司作为母公司与其子公司的组织关系也有待完善，尤其是大型集团公司需要建立合适的集团管控机制。在经济“新常态”下，民营企业要想真正具备市场竞争优势，必须加快推动制度创新，建立现代企业制度，走制度转型升级之路，加强以质量、产品、科技、营销

① 《2016 年世界品牌 500 强：中国 36 个品牌入榜》，凤凰财经，2016 年 12 月 26 日，http://finance.ifeng.com/a/20161226/15103751_0.shtml。

等为重点的企业内部管理制度体系建设。

虽然部分民营企业开始走向国际市场，开展国际化经营互动，但是在制度建设方面民营企业依然与国际水平还存在一定的距离，在管理活动中还缺乏量化标准、执行力不足，导致对当地法律法规适应不善、文化融合能力差等，加上应对国外政策障碍及文化差异的经验、国际化人才储备不足，都成为民营企业海外发展中面临的严峻问题。为此，民营企业需要加快制度创新，遵守国际规则，做到与国际接轨，如此才能保障国际化经营的顺利开展。特别是跨国经营绝非简单的资本运作、文化融合、团队重组、环境适应等，而是“全方位、立体化、过程化、全员参与”的制度体系建设，这些都是需要重点解决的现实问题。

**2. 中小企业政策仍存在不足**

（1）政策体系不完善。

长期以来，大型国有企业一直是我国国民经济运行的主体，因此，我国现行的各种法律制度都是围绕着这些大企业的权利与义务建立起来的，而对于中小企业的权利与义务缺乏应有的法律规范和法律保障。2003 年颁布实施的《中小企业促进法》，是唯一直接针对中小企业的一部法律，尽管我国多数法律法规对中小企业加以规定，但其针对性较差，对中小企业发展的引导性和规范性不强。配套政策方面，目前，我国推动中小企业发展的配套措施均为国务院及各部委以通知、意见等形式发布，这些措施大多是针对特定时期内中小企业发展过程中的突出问题而出台，但不同时期的政策又缺乏连贯性。随着经济社会发展，我国中小企业立法体系暴露出越来越多的不完善之处。如税收政策方面，我国的税收优惠是针对所有企业的，范围较广，缺乏对中小企业税收优惠的专门立法支持。目前我国中小企业的河道工程维护管理费、水资源费等非税负担依然很重，减轻劳动密集型行业的社保负担政策亟待出台。创新政策中，缺乏对有关科研成果定价、技术中介机构的服务管理、科技成果产业化等方面的规定，优化中小企业创新创业的扶持政策和方式任重道远。融资政策方面，对银行等金融机构的设置、职能发挥的要求标准、直接融资市场的构建等均无明确规定。对金融机构服务中小企业的优惠政策不多，风险分担机制尚未建立，导致金融机构对服务中小企业的主动性不强。公共服务政策方面，缺乏推动中小企业公共服务体系建设的有力措施，中小企业中介服务发育不全，中小企业政策需求上传不畅，中央政策下达后在各种因素的影响下效果难免会打折扣，影响了政策的实际效果。

（2）“多头管理”问题突出。

2003 年颁布实施的《中小企业促进法》中并没有明确中小企业管理与协调的机构，对促进中小企业发展的职能和手段的规定较为分散，对地方政府促进中小企业发展的工作职责表述较为原则宽泛。尽管目前我国在国务院下设置了国务院促进中小企业发展工作领导小组，在工信部下设中小企业局，其他部委根据各自职责也负责出台中小企业相关政策，共同推动中小企业发展，但由于立法层面并未对其职责加以明确，导致其组织领导和综合协调能力发挥受限；同时，随着政府机构改革和职能调整，负责企业工作的政府部门分散，法律实施责任主体界定不清，导致政策零散、职能弱化、存在交叉和缺位等现象，不利于法律实施。

（3）政策合力尚未形成。

目前，我国关于中小企业的法律仅有《中小企业促进法》，其余配套政策都是由国务院、各部委发布。近年来，针对中小企业发展面临的困难，国家层面陆续出台了许多政策，地方各级政府和部门也出台了相应举措，这一系列政策文件的出台虽从不同角度促进了中小企业的发展，但客观上也造成“政出多门”，不少企业家反映政策知晓度不高、落实不到位，难以形成有效的政策合力。如长期以来我国出台了众多支持中小企业发展的专项资金，分散在发改、科技、工信、商务、国资等多个部门，且分布不均。由于隶属于不同主管部门，各级各类管理主体之间权责义务不明确，存在博弈和寻租空间，从而出现了缺乏统筹规划、种类杂多、交叉重复等问题。

（4）政策差异化不足。

中小企业有很多种类型，处于不同发展阶段的企业对政策的需求不同，发达国家普遍制定了多层次的政策扶持体系，如美国对不同类型的中小企业制定不同的扶持计划，并在具体的扶持计划中对处于发展初期、成长期、壮大期的中小企业制定了更为具体的差异化扶持政策，有效地激发了中小企业的发展活力。而目前我国制定的支持中小企业发展相关政策基本上是“一刀切”，没有进行分类分阶段管理，政策最终的效果就会大打折扣。

**3. 处置“僵尸企业”面临的困难**

（1）行业主管部门对“僵尸企业”判不准。

“僵尸企业”第一次在国内官方文件中出现是在2014年，在《国务院关于加强金融监管防范金融风险工作情况的报告》中明确指出，“对经营难以为继，且产品缺乏竞争力的‘僵尸企业’和项目，实施破产或兼并重组。”2015年国务院总理李克强首次在国务院会议上对“僵尸企业”提出了具体的清理标准，定义“僵尸企业”为持续亏损三年以上且不符合结构调整方向的企业。但是很多新兴行业和成长型企业在创建之初同样也面临持续亏损的情况，例如，装备制造业中的沈机集团昆明机床股份有限公司，这家公司自2014年起连续三年年利润为负值，但其主营业务中的智能机器人在我国仍然有很大的发展空间，不能单凭利润亏损来判定是否为“僵尸企业”。国家有关部门给出的“僵尸企业”的定义是很笼统的，不同部门如发改委、经信委、国资委等对“僵尸企业”的调查范围和口径标准都不一致，“僵尸企业”在我国缺少精确和可操作性的认定标准，这使得主管部门不能对“僵尸企业”进行有效的判断。

（2）银行和地方政府对“僵尸企业”舍不得。

从银行的角度分析，“僵尸企业”是银行信贷的主要来源，一方面，在有政府担保的情况下，银行为了保证贷款的数量，会在“僵尸企业”发生危机时第一时间给予资金支持；另一方面，装备制造类“僵尸企业”属于产能过剩的行业，行业利润空间受到挤压，短时期内难以复苏，很容易使银行信贷系统陷入恶性循环。另外，随着房地产市场价格的上涨，很多“僵尸企业”凭借其资产价格的上涨能偿还部分银行贷款。而一旦“僵尸企业”进行破产清算，会使得商业银行的不良贷款大幅增加，严重影响银行的业绩。

据统计，银行60.00%左右的不良贷款来源于数量不足4%的“僵尸企业”，这一部分“僵尸企业”带来的企业贷款期限近70%在一年以上。2016年四季度末，我国商业银行的不良贷款余额已达15123亿元，较上一季度末增加183亿元，商业银行不良贷款率达1.74%，较上一季度末降低0.02个百分点。从企业所有制角度看，“僵尸企业”中占比最多的为国有企业，2016年装备制造业中上市国有企业总资产负债率为0.62%，企业整体负债水平较高，其中，沈阳机床的资产负债率高达0.97%，企业银行资本结构中贷款比重极高。分地区来看，在装备制造业相对集中的地区，银行行不良贷款率较高。2016年末，全国主要地区商业银行不良贷款率最高的为东北地区，吉林省、黑龙江省和辽宁省的不良贷款率分别为3.85%、3.40%和2.96%（见图31）。[①]

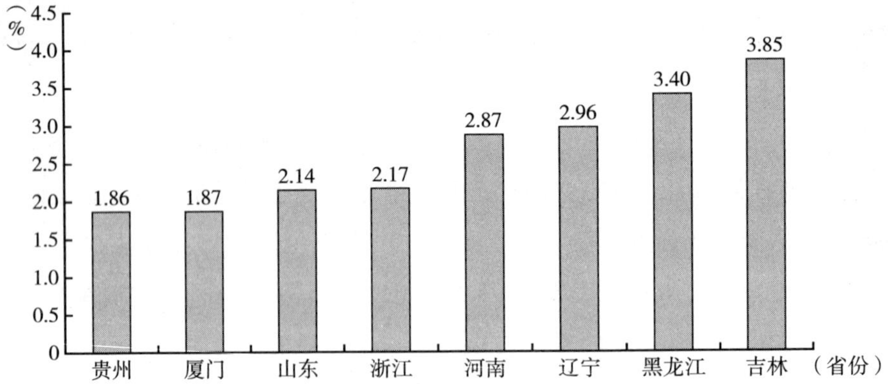


**图31　2016年全国主要城市商业银行不良贷款率水平**

从政府的角度分析，首先，“僵尸企业”多为当地的装备制造业，能吸纳大量当地居民就业，一旦倒闭会对当地的就业率和社会稳定产生消极的影响。其次，装备制造类“僵尸企业”关联企业较多，并涉及很多产业链上下游关联的企业，“僵尸企业”的倒闭必然会对这些企业产生连锁反应，对当地产业和经济产生较大影响。最后，很多“僵尸企业”在经济繁荣时期

① 中国银监会。

曾是纳税大户，为当地的经济发展做出过很大的贡献，政府为了支持企业转型发展，维持当地的财政稳定和政绩，会对这些企业进行财政补助。从2016年公布的上市公司企业年报来看，A股3222家上市企业中，共有2893家企业获得政府补助，总补助额达1655.65亿元，其中，制造业上市公司2016年获得政府补助达896.33亿元，[①] 占总补助额的54.14%，汽车制造业以149.76亿元占补助金额的第一名。

（3）“僵尸企业”因法律和手续问题退不出。

我国市场机制不够完善，很多本该退出市场的企业不能有效退出。尽管我国在2006年十届人大第二十三次会议已经通过了《中华人民共和国破产法》，但是我国企业破产退出机制并不完善，破产流程中仍然存在很多问题没有解决，例如，企业破产后员工的安置问题、企业资产的处置问题等。“僵尸企业”想要通过破产渠道退出非常困难。此外，企业通过司法程序退出的过程也过于复杂，破产法与现行执法体制存在冲突。据调查，法院在审理企业破产案件时，从诉讼环节到最终执行的环节，通常需要2~3年的时间，而部分“僵尸企业”涉及资产规模庞大，资产来源混乱，涉及人员较多，破产执行起来非常困难。

（4）“僵尸企业”职工安置问题较多。

装备制造类的“僵尸企业”一般为建立多年的老企业，这些企业员工数量庞大，涉及人员较多。2016年，人社部部长在国新办举办的新闻发布会上表示，要对部分制造业类的“僵尸企业”的员工进行人员分置，而仅煤炭和钢铁两个行业就涉及人员180万人。目前我国对“僵尸企业”的员工安置并没有一个统一的标准，员工安置存在争议，而下岗员工补助和再就业培训系统发展也并不完善。企业员工在企业进行破产程序时也经常出现抵触情绪，并出现人为转移财产和隐瞒真实债务的违法行为。

---

① 《去年A股公司获政府补助1656亿元　同比降5.00%》，《新京报》（电子报）2017年第4期，http：//epaper. bjnews. com. cn/html/2017 -05/15/content_ 681648. htm? div =0。

## （四）中国装备制造业对外贸易方面存在的问题

### 1. 出口结构不合理

我国装备制造业出口结构不合理，出口产品产业附加值低。我国装备制造业在产业结构和生产技术方面与发达国家还有很大差距，装备制造业发展得益于我国的人口红利，但大量的人口资源也会使我国行业生产集中在劳动密集型产品，产品过于低端化。而我国装备制造业缺乏资本和高新技术，很多技术密集型和资本密集型的高端产品依赖于进口。

### 2. 技术性贸易壁垒较多

2016 年，我国出口产品因技术性壁垒被召回的有 230 次，涉及产品数量达 617.63 万件，召回数量与 2015 年同期相比增加了 621%，其中涉及装备制造业的产品召回 41 次，涉及产品数量 303.93 万件。[①] 中国装备制造业产品面临很多欧美发达国家的技术性贸易壁垒，发达国家对中国产品设定较高的技术和环保指标，凭借其自身的技术优势来保护本国的装备制造类产品，例如，欧盟针对消费品发布的《化学品的注册、评估、授权和限制》（REACH）[②] 一直在不断更新和提高商品的化学含量标准，2016 年欧盟发布的不符合 REACH 产品的次数有 299 次，其中中国制造占比超过七成。

### 3. 风险管理能力薄弱

我国装备制造企业在对外贸易中缺乏抗风险能力，我国企业缺乏风险管理意识和产权保护意识，不熟悉国外相关法律条款，导致经常在国外的贸易纠纷中处于被动的地位。例如，在美国对中国企业多次发起的 337 调查中，[③] 约有 80% 为装备制造业产品，而在 2006 年进行的第一次大规模 337

---

① 中国 TBT 研究中心。

② TBT 研究中心：《海外法规密集更新，出口产业需密集关注》，新华网，2017 年 3 月 21 日，http://tbt.testrust.com/react/detail/18420.html。

③ 冯伟业、卫平：《中美贸易知识产权摩擦研究——以“337 调查”为例》，《中国经济问题》2017 年 3 月，第 118 ~ 124 页。

调查中的17家公司中，仅有1家应对诉讼，其他16家公司为了节省高额的诉讼成本而放弃了应诉，结果导致17家公司全部败诉，失去了大部分美国市场，损失惨重。

**4. 创建自主品牌动力不足**

我国装备制造业长期处于产业链的中下游，产品面临同质化严重，技术含量低等问题，行业整体准入条件低，行业规范不够完善，装备制造业整体形象不佳，同业之间恶性竞争现象频发；此外，我国装备制造业缺乏创建国际知名品牌的实力，很多企业通过跨国低价收购来直接购买国外知名品牌，这种获得品牌的快捷方式会使得企业失去自主创新的能力，不利于企业的长期发展。例如，我国的三一重工收购德国普茨迈斯特，以及中联重科收购意大利CIFA公司等。

## 参考文献

江飞涛、耿强、吕大国、李晓萍：《地区竞争、体制扭曲与产能过剩的形成机理》，《中国工业经济》2012年第6期，第44~56页。

贺俊：《调整新经济结构性产业政策指向》，《中国社会科学报》2016年9月21日，第4版，第1~2页。

中国进出口银行战略规划部课题组：《政策性金融助力“一带一路”建设》，《海外投资与出口信贷》2017年第2期，第3~6页。

国家制造强国建设战略咨询委员会：《中国制造2025蓝皮书》2016年第2章，第16~24页。

国家制造强国建设战略咨询委员会：《中国制造2025蓝皮书》2017年第2章，第26~35页。

# B.3
# 中国装备制造业发展展望

史仲光　李河新*

**摘　要：** 本章分别对我国装备制造业的未来发展前景、投资形势、投资风险进行预测和展望。通过对国内外经济形势的分析，预计2017年我国装备制造业将延续2016年趋稳向好的态势，行业运行保持平稳增长，但增速将低于2016年，但仍会高于全国工业和制造业。通过对2016年我国装备制造业投资特点的分析，本章认为，我国在商业航天、通用航空、新能源汽车、机器人四个领域有更多投资机会和更高投资价值。最后，本章还进一步分析了我国装备制造业面临的宏观调控风险、市场风险、人才风险、管理风险和金融工具风险。

**关键词：** 发展前景　投资机会　投资风险

## 一　中国装备制造业发展前景展望

### （一）国内外经济形势分析

**1. 国际经济形势分析**

主要发达经济体经济持续低迷。2016年末，发达经济体的国内生产总值

* 史仲光，高级工程师，机械工业经济管理研究院副院长，兼职业发展与评价研究所所长、机械工业职业技能鉴定指导中心执行主任；李河新，博士，机械工业经济管理研究院发展战略研究所所长。

增速回落至1.6%，同比降低0.5个百分点，经济处于低迷状态。2016年，美国国内生产总值增速为1.6%，同比下降了1个百分点；欧元区国内生产总值增长1.6%，同比下降了0.4%；日本经济较2015年有所回落，国内生产总值增速降至1.0%，同比下降了0.2%。

新兴市场和发展中经济体经济运行出现分化。欧洲新兴市场和发展中经济体、印度、南非、沙特阿拉伯等经济增长放缓。2016年，欧洲地区生产总值增长为3.3%，同比下降3.3%；印度国内生产总值增长达7个百分点，同比下降了0.6个百分点；南非国内生产总值增长0.4个百分点，继2015年下降后，2016年同比又下降0.9个百分点。2016年，沙特阿拉伯国内生产总值增长2.7%，同比降低了0.5个百分点。俄罗斯、巴西、尼日利亚经济则呈现负增长。油价暴跌和国际制裁对俄罗斯冲击较大，2015年俄罗斯国内生产总值呈3.7%的负增长，在俄罗斯政府及时采取各种措施应对衰退后，增长模式转型已初步有效，2016年经济增长呈0.6%的负增长。巴西深陷经济危机，国内生产总值继2015年出现负增长后，2016年又出现了3.4%的负增长。尼日利亚因石油产业受创、通货膨胀率上升、外汇储备不足及本国货币奈拉贬值等影响，经济持续衰退，2016年GDP出现了1.7%的负增长。

世界贸易持续低迷。2016年世界贸易增长量创7年来新低，增速自2010年的14%、2015年的2.8%，降至2016年的2.3%，同比下降了0.5个百分点，已连续5年低于世界经济增长速度。其中，发达经济体进口增幅放缓，为2.4%，同比降低1.8%；出口增长出现明显下降，为1.8%。新兴市场和发展中经济体进口增长速度逐渐增长，达2.3%，同样，出口增速也稳步上升，达2.9%。

世界经济体投资下降显著。受全球经济增长疲软和世界贸易增长乏力等因素影响，2016年全球外国直接投资（FDI）流入量降至13%。流入发达经济体的FDI流入量也出现下降，同比降低了9%，但各国反差较大。欧洲FDI流入量降幅达29%，是发达经济体跌幅最大的地区；英国FDI流入量大幅提高，同比增长了近6倍；流入美国的FDI增幅达11%，跨境并购大幅增加。发展中经济体FDI流入量下降，亚洲、拉美降幅较大。受经济增长放缓和大宗商品价格下跌影响较大的发展中经济体，2016年FDI流入量减少20%。其中，亚太发展中经济体 FDI 流入量普遍下降，同比减少 22%；拉美和加勒比地区受初级商品价格下跌、经济衰退影响，2016 年该区域 FDI 下降 19%。①

主要发达经济体通胀水平差别较大。2016 年，主要发达国家通胀水平出现分化。美国告别低通胀，2016 年美国居民消费价格指数（简称 CPI）连续 5 个月增长，至 12 月末上升至 2.1%，为近两年来最高增幅。欧元区 CPI 上升为 1.1%，德国 CPI 为 1.7%，均创下 2013 年以来最高水平，但仍处在较低通胀水平。日本通胀率仍维持在零附近，同比减少 0.10%，仅为 0.1%。②

大宗商品价格低位运行。国际市场大宗商品价格触底反弹但总体涨幅不大，全年处于中低价运行状态。2016 年，能源价格同比下降 15.39 个百分点，非能源价格同比下降 2.44%。③

三大经济体就业形势均有所改善。美国、欧元区劳动力市场向好。美国 2016 年失业率为 4.8%，同比降低 0.5 个百分点；平均每月新增就业岗位 18 万个，劳动参与率逐渐升至 62.8%。欧元区失业率为 10%，同比下降 0.9 个百分点。④ 日本 2016 年 12 月份失业率为 3.1%，同比持平；就业率为 58.4%，同比上升 0.8 个百分点。⑤

**2. 国内经济形势分析**

（1）国民经济发展新常态。

2016 年，我国国内生产总值（GDP）为 744127 亿元，比上年增长 6.7%，增速较 2014 年下降 0.2 个百分点。尽管增速略有放缓，但从世界范围看，6.7% 的增速在全球主要经济体中仍然是较高的。而且从近 20 年的数

---

① 《联合国贸易和发展会议报告：中国吸引外资逆势增长》，人民网，2017 年 2 月 3 号，http://finance.people.com.cn/n1/2017/0203/c1004-29055030.html。

② 《专家：全球基本走出通缩阴影》，《经济参考报》2017 年 2 月 7 日，新浪财经网，http://finance.sina.com.cn/roll/2017-02-07/doc-ifyaexzn9115071.shtml?cre=financepagepc&mod=f&loc=2&r=9&doct=0&rfunc=27。

③ 世界银行：《大宗商品市场前景》，http://www.worldbank.org/en/research/commodity-markets。

④ 商务部：《欧盟委员会上修欧元区今年经济增长预估并预期失业率下降》，2017 年 5 月 12 日，http://www.mofcom.gov.cn/article/i/jyjl/m/201705/20170502573680.shtml。

⑤ 《一周财经》，国际财经中心，2017 年 1 月 14，http://iefi.mof.gov.cn/pdlb/yzcj/201702/t20170203_2528532.html。

据可以看到,[①] 中国经济在2007年国内生产总值增速达到了一个阶段性峰值14.2%，接近上一个峰值（1992年的14.3%），且在2007年后开始下行，虽在2010年又回到了10.6%，但此后并未反弹到原来的高度，近几年持续回落。中国经济正在由高速增长转为中高速增长，并将在未来一段时间保持“L形”，这说明中国迈入经济发展的新常态（见图1）。

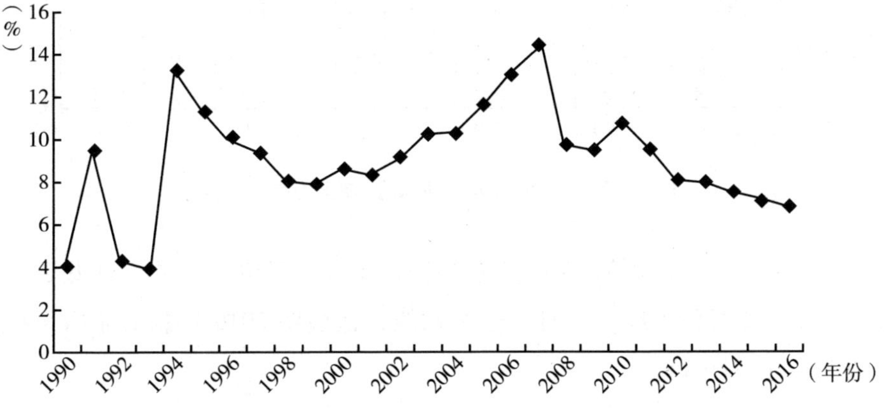


**图1 1990～2016年国内生产总值（GDP）年度增速**

（2）工业增长呈现减速态势。

2016年全年全部工业增加值为247860亿元，比上年增长6%，增速较2015年上升0.1个百分点。2011～2015年各年工业增加值分别为191571亿元、204540亿元、217264亿元、228123亿元、228974亿元，同比增长速度分别为10.8%、7.9%、7.6%、6.9%和5.9%，增速持续回落，2016年增速回升。规模以上工业增加值增长6%（见图2）。

（3）制造业经济增长。

2016年的制造业采购经理指数[②]（PMI）所示，自2016年1～2月低于

① 国家统计局：《2016年〈国民经济和社会发展统计公报〉》，http：//www. stats. gov. cn/tjsj/zxfb. /201702/t20170228_ 1467424. html。

② 中国金融信息网。制造业PMI指数是基于对样本企业采购经理的月度问卷调查所得数据合成得出，对生产、新订单、雇员、供应商配送与库存五项类指标加权计算得到制造业PMI综合指数。PMI指数，50为荣枯分水线。一般来说，汇总后的制造业综合指数高于50，表示整个制造业经济在增长，低于50表示制造业经济下降。

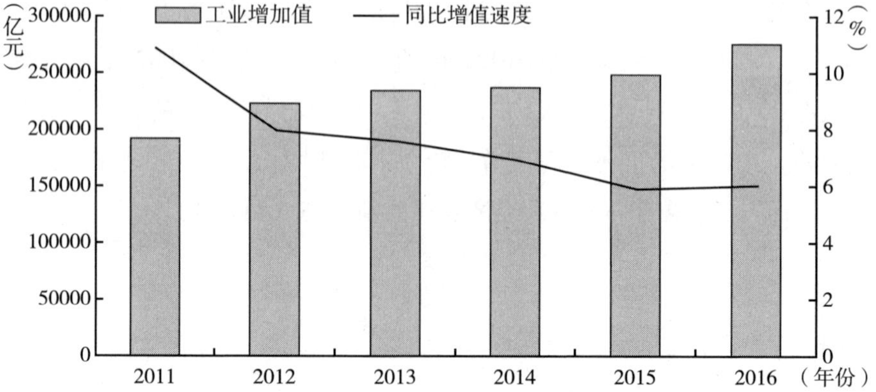


**图 2　2011～2016 年工业增加值及其增长速度**

荣枯线，3～11 月呈增长趋势，连续 4 个月高于荣枯线，虽 7 月低于荣枯线，但 8～12 月份连续 5 个月高于荣枯线，这说明 2016 年制造业增长在不断地上升（见图 3）。

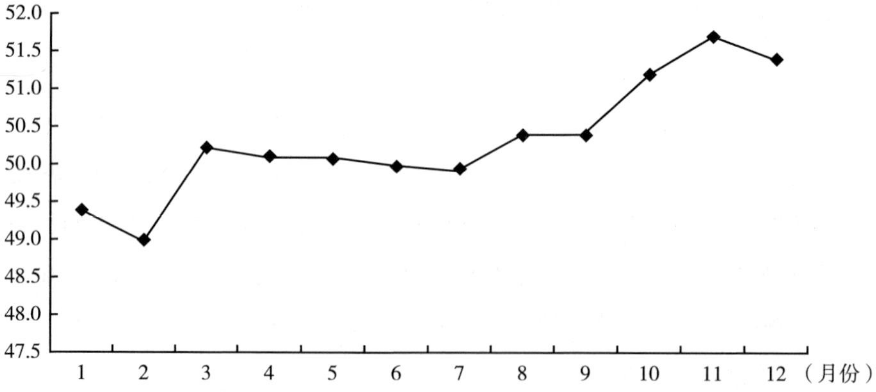


**图 3　2016 年制造业采购经理（PMI）指数**

（4）经济结构和增长动力发生变化。

产业结构优化，转型升级步伐加快。2016 年高技术产业和装备制造业的增加值分别同比增长了 10.80% 和 10.20%，占规模以上工业增加值的比重为 31.80% 和 32.90%。在信息化、居民消费升级的多重因素推动下，第三产业发展迅速。第三产业增速比第二产业高 1.70 个百分点，增加值占国内生产总值的比重比第二产业高了 11.80 个百分点。我国经济正处在持续向中高端演化的过程，说明我国高端制造业和现代化服务业正在蓬勃的发展。

### （二）2017年我国装备制造业发展前景预测

2017 年，我国装备制造业发展机遇与挑战并存。尽管国际经济形势仍然严峻，但随着我国中长期制造强国建设战略及加快国际产能和装备制造合作等战略的逐步深入落实，国内经济将延续 2016 年趋稳向好的态势，保持平稳增长，各项产业政策逐步完善。特别是《中国制造 2025》五大专项工程的实施，加快推动装备制造业结构调整和转型升级。预计全年装备制造业增加值增速在 7% 左右，实现主营业务收入和利润增速在 6% 左右，力争减少对外贸易出口总额的降幅。

分行业来看，影响行业经济运行的不确定因素仍然较多。但随着国家宏观调控政策的完善，经济形势开始好转，行业经济运行有望延续 2016 年平稳态势。同时，一些机械行业将延续增长分化走势，产能相对过剩行业将延续下降趋势，国家重点支持的新兴产业设备将加快增长。

## 二　中国装备制造业投资机会分析

### （一）2016年装备制造业投资现状分析

**1. 创业投资①市场表现**

根据投资中国统计，2016 年装备制造业在创业投资市场（简称创投）中国披露投资案例为 152 起，披露投资金额的有 88 起，披露总投资规模达 23.43 亿美元，平均投资金额为 2662.61 万美元，与 2015 年相比，2016 年

① Venture Capital，VC，国内一般翻译为创业投资、风险投资，本文中简称创投。

披露金额的案例增加了12起，披露总投资规模提高131.07%。[①] 分月度看，2016年8月份单月投资规模为11.65亿美元，排名第一；1月份单月投资金额为2.26亿美元，排名第二。从案例数量看，3月案例数量最多，达12起；10月份案例数量紧随其后，达到了10起（见图4）。

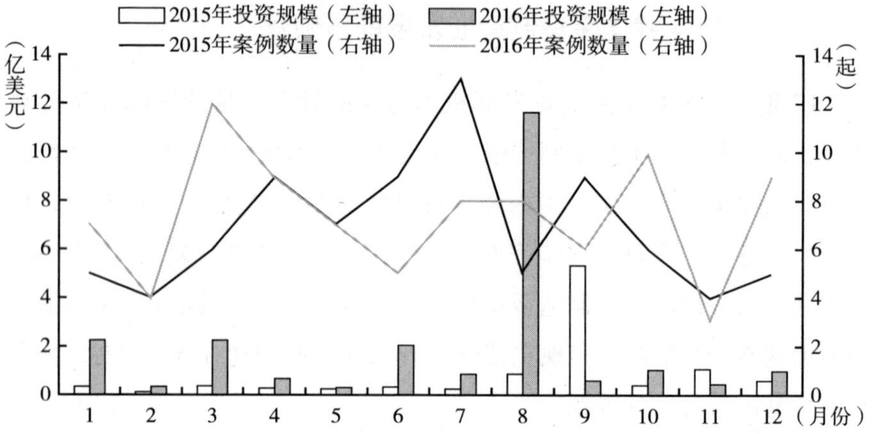


**图4　2015～2016年我国装备制造业创业投资市场投资规模和案例数***

说明＊本部分除特别说明外，所有投资金额均采用美元计值，单位为亿美元。

（1）汽车制造业在投资规模方面居首位。

从行业分布看，汽车制造业和医疗仪器设备及器械制造业是投资者看好、大力追捧的行业，2016年全年披露的汽车制造业投资规模高达14.20亿美元，占整个制造行业的60.62%；与2015年相比，汽车制造业投资规模提高了2.3倍，仍排在第一，随着新兴造车行业和汽车金融行业的大受追捧，汽车制造业投资金额再创新高。

分投资规模看，紧随汽车制造业的是电气机械及器材制造业及医疗仪器设备及器械制造业，投资规模分别是3.05亿美元和2.46亿美元。分投资案例来看，医疗仪器设备及器械制造业全年披露的投资案例21起，排名第一，电气机械及器材制造业以披露案例15起，排名第二（见表1）。

① 如果没有特殊说明，本部分数据均来自CVSource投中数据终端，http：//www.cvsource.com.cn/index.jsp。

**表1　2016年我国装备制造业创业投资市场分行业的投资规模和案例数**

| 行业 | 案例数量(起) | 融资金额(亿美元) |
|---|---|---|
| 汽车制造业 | 7 | 14.20 |
| 电气机械及器材制造业 | 15 | 3.05 |
| 医疗仪器设备及器械制造业 | 21 | 2.46 |
| 仪器仪表及文化、办公用机械制造业 | 6 | 0.98 |
| 铁路、船舶、航空航天和其他运输设备制造业 | 7 | 0.72 |
| 电子和电工机械专用设备制造业 | 10 | 0.72 |
| 泵,阀门、压缩机及类似机械的制造业 | 1 | 0.45 |
| 机械和设备修理业 | 5 | 0.41 |
| 环保、社会公共安全及其他专用设备制造业 | 11 | 0.23 |
| 金属加工机械制造业 | 1 | 0.09 |
| 农、林、牧、渔专用机械制造业 | 1 | 0.07 |
| 风机、衡器、包装设备等通用设备制造业 | 1 | 0.04 |
| 锅炉及原动机制造业 | 1 | 0.01 |
| 起重运输设备制造业 | 1 | 0.01 |

资料来源：CVSource投中数据终端。

（2）北京、上海、广东、江苏投资最活跃。

从投资地域分布看，2016年全年投资最活跃的地区是江苏、广东、上海、浙江、北京。与2015年相比，江苏地区投资规模提高了28倍，占前10名地区融资金额的45.15%，排名由第五上升至第一；广东、上海、北京地区案例数量有不同程度的增加，2016年仍然是投资最活跃地域（见表2）。

**表2　2016年我国装备制造业创业投资市场融资规模和案例数的前10名**

| 地区 | 案例数量(起) | 融资金额(亿美元) | 地区 | 案例数量(起) | 融资金额(亿美元) |
|---|---|---|---|---|---|
| 江苏 | 13 | 10.57 | 福建 | 4 | 0.28 |
| 广东 | 29 | 4.93 | 贵州 | 1 | 0.07 |
| 上海 | 12 | 2.96 | 重庆 | 1 | 0.03 |
| 浙江 | 9 | 2.94 | 辽宁 | 1 | 0.03 |
| 北京 | 16 | 1.58 | 湖北 | 1 | 0.02 |

资料来源：CVSource投中数据终端。

(3) 首轮融资占主导[①]。

从投资轮次看，2016 年 A 轮融资 56 起，融资规模为 16.13 亿美元，B 轮融资 18 起，融资规模为 2.29 亿美元。与 2015 年相比，除了 A 轮融资，2016 年创投的各个轮次的案例数量均增加；除 B 轮融资规模减少，其他轮次的融资规模分别有不同程度的提高，特别是 A 轮融资，投资规模高达 16.13 亿美元。从披露的创投案例数目来看，种子期的投资案例数目比成长期和成熟期之和还多，可见投资者对早期阶段企业的投资热衷程度（见表 3）。

**表 3　2016 年我国装备制造业创业投资类型分布**

| VC 类型 | 案例数量(起) | 融资金额(亿美元) |
|---|---|---|
| VC-Series A | 56 | 16.13 |
| VC-Series B | 18 | 2.29 |
| VC-Series C | 10 | 3.82 |
| VC-Series D | 2 | 0.60 |
| VC-Series E | 2 | 0.60 |
| 总　计 | 88 | 23.4310 |

资料来源：CVSource 投中数据终端。

### 2. 私募股权市场表现

2016 年装备制造业在私募股权市场（简称 PE）共披露的案例 169 起，披露金额的有 165 起，投资规模高达 64.74 亿美元，与 2015 年相比，投资案例数量增加 44 起，投资规模提高了 29.46 个百分点。分月度看，2016 年 6 月单月披露案例 25 起，投资规模 14.82 亿美元，披露的案例数量和投资规模均为全年之首；4 月单月披露案例数量 21 起，8 月单月投资规模达 9.59 亿美元，紧随其后各排名第二（见图 5）。

① VC-Series A：创业投资的 A 轮融资，主要是种子期；VC-Series B：创业投资的 B 轮融资，主要是种子期融资后，进行二轮融资，可能发生在种子期，也可能发生在成长期；VC-Series C：创业投资的 C 轮融资，一般发生在成熟期，上市前最后一轮融资；也有个别企业需要进行 D、E 轮融资。

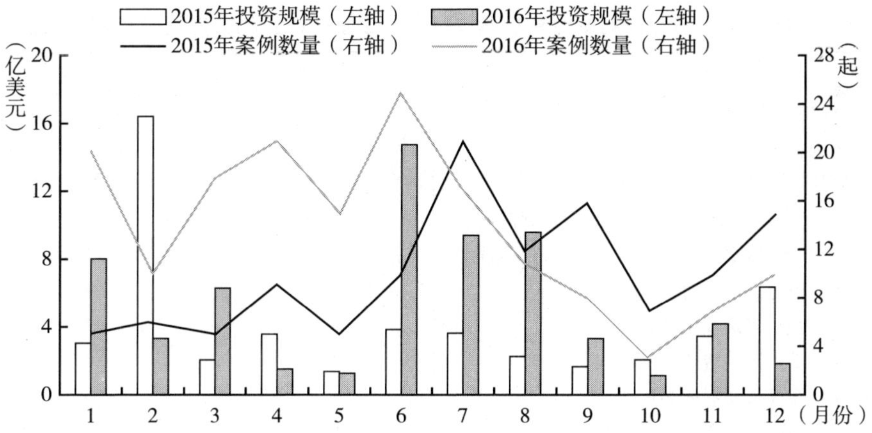


**图 5　2015～2016 年我国装备制造业私募股权投资市场投资规模和案例数量**

（1）电气机械及器材制造业投资规模最大。

从 2016 年全年 PE 投资的行业分布看，PE 投资涉及子行业众多，其中电气机械及器材制造业投资规模最大，且案例数量最多。

从投资规模看，电气机械及器材制造业投资规模高达 29.96 亿美元，占全行业投资金额比重的 46.28%，占首位，比 2015 年提高了近 106 倍；紧随其后的是汽车制造业和仪器仪表及文化、办公用机械制造业，投资规模分别为 7.09 亿美元和 4.35 亿美元，两者分别占全行业投资金额比重的 10.95% 和 6.72%。

从投资案例看，电气机械及器材制造业的投资案例为 57 起，占全行业投资案例比重的 34.55%，占首位；汽车制造业和仪器仪表及文化、办公用机械制造业紧随其后，分别为 17 起和 15 起（见表 4）。

（2）广东、江苏投资最活跃。

从投资地区分布看，2016 年装备制造业私募股权投资案例最多的地区是广东、江苏和北京，案例数为 28 起、25 起和 20 起。与 2015 年相比，2016 年全年的投资案例数量增多了 34 起，总共完成 130 起；投资规模提高了 19.55%，实现投资规模 56.83 亿美元。

从投资规模看，投资规模最大的三个地区分别是广东、江苏和浙江，与

表 4　2016 年我国装备制造业私募股权投资市场不同行业的融资规模和案例数量

| 行业 | 案例数量(起) | 融资金额(亿美元) |
|---|---|---|
| 电气机械及器材制造业 | 57 | 29.96 |
| 汽车制造业 | 17 | 7.09 |
| 仪器仪表及文化、办公用机械制造业 | 15 | 4.35 |
| 环保、社会公共安全及其他专用设备制造业 | 14 | 3.26 |
| 铁路、船舶、航空航天和其他运输设备制造业 | 7 | 3.11 |
| 起重运输设备制造业 | 2 | 2.69 |
| 矿山、冶金、建筑专用设备制造业 | 3 | 2.67 |
| 金属加工机械制造业 | 4 | 2.50 |
| 医疗仪器设备及器械制造业 | 8 | 2.26 |
| 轴承、齿轮、传动和驱动部件的制造业 | 2 | 1.16 |
| 纺织、服装和皮革工业专用设备制造业 | 1 | 1.03 |
| 化工、木材、非金属加工专用设备制造 | 4 | 1.00 |
| 印刷、制药、日化生产专用设备制造业 | 2 | 0.95 |
| 泵、阀门、压缩机及类似机械的制造业 | 6 | 0.85 |
| 机械和设备修理业 | 3 | 0.71 |
| 风机、衡器、包装设备等通用设备制造业 | 4 | 0.50 |
| 金属铸、锻加工制造业 | 2 | 0.29 |
| 电子和电工机械专用设备制造业 | 9 | 0.27 |
| 烘炉、熔炉及电炉制造业 | 1 | 0.06 |
| 非金属矿物制品业 | 1 | 0.02 |
| 锅炉及原动机制造业 | 2 | 0.02 |
| 粮油机械设备制造业 | 1 | 0.01 |

资料来源：CVSource 投中数据终端。

2015 年相比，投资规模都有不同程度的提高。广东地区投资规模 9.60 亿美元，同比提高了 90.79 个百分点，排名为第一；江苏和浙江地区投资规模分别为 8 亿美元和 6.93 亿美元，同比分别提高 152.11% 和 118.48%（见表 5）。

（3）即将上市企业①成为投资热点。

从投资类型看，成长型股权投资（PE-Growth）的投资数量最多，但

① PE-Growth：投资扩张期及成熟期企业；PE-PIPE（private investment in public equity）：投资临上市企业；PE-Buyout：企业并购，欧美许多著名私募股权基金公司主要业务，属于控股型投资。

表 5　2016 年我国装备制造业私募股权投资市场融资规模及案例数前 10 名

| 地区 | 案例数量(起) | 融资金额(亿美元) | 地区 | 案例数量(起) | 融资金额(亿美元) |
|---|---|---|---|---|---|
| 广东 | 28 | 9.60 | 安徽 | 7 | 5.92 |
| 江苏 | 25 | 8.00 | 河北 | 3 | 4.62 |
| 浙江 | 15 | 6.93 | 吉林 | 3 | 3.88 |
| 北京 | 20 | 6.18 | 河南 | 6 | 3.05 |
| 上海 | 11 | 6.04 | 山东 | 12 | 2.62 |

资料来源：CVSource 投中数据终端。

是临上市企业（PE-PIPE）的股权投资规模较大，逐渐成私募投资的主流类型。2016 年，装备制造业成长型股权投资披露的投资案例 99 起，数量最多，同比增加了 28 起，但投资规模减少了 59.96%。临上市企业的投资规模最大，为 52.14 亿美元，占装备制造业私募股权投资的 80.53%，同比提高了 124.47%。从投资类型可看出，投资临上市的装备制造企业更受投资者追捧（见表 6）。

表 6　2016 年我国装备制造业私募股权市场融资类型分布

| PE 类型 | 案例数量(起) | 融资金额(亿美元) |
|---|---|---|
| Buyout | 4 | 3.24 |
| Growth | 99 | 9.37 |
| PIPE | 62 | 52.14 |
| 总计 | 165 | 64.74 |

资料来源：CVSource 投中数据终端。

### 3. 发行情况分析

（1）首次公开募股（IPO）情况分析。

2016 年装备制造行业 IPO 发行呈波动上升趋势。根据 CVSource 投中数据终端统计，随着 IPO 市场改革目标明确，即逐步向注册制过渡，证监会加大了对发行市场的核查，审核工作落实到财务、业绩等多个环节，使 IPO 终止审核数有所上升，2016 年装备制造企业上市的数量有所减少。2016 年共 65 家装备制造企业披露上市信息并成功上市，同比减少 18 家，募集资金

39.09 亿美元，同比减少 28.35%。2016 年初，由于 IPO 上市节奏放缓，致使 63.00% 的企业在后半年上市。

从月度数据看，11 月和 12 月为 2016 年 IPO 企业数最多的两个月，均有 12 家企业上市。从融资金额看，11 月单月融资金额达 9.02 亿美元，居全年之首（见图 6）。

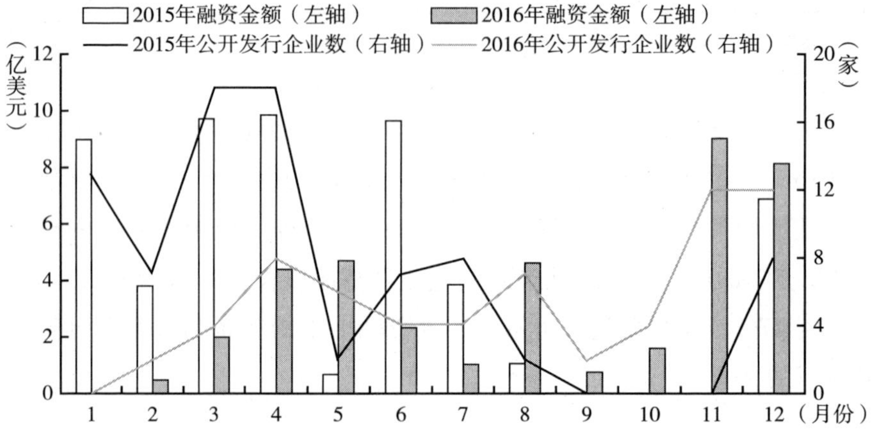


**图 6　2016 年我国装备制造业全球资本市场融资规模及上市企业数**

电气机械及器材制造业 IPO 企业数量最多，融资规模最大。从分行业 IPO 企业数量看，2016 年 65 家 IPO 的装备制造企业中，电气机械及器材制造业为 IPO 数量最多的行业，企业有 15 家，仪器仪表及文化、办公用机械制造业以 8 家上市企业紧随其后。

从分行业融资规模看，2016 年融资金额最高的仍为电气机械及器材制造业，融资总额达 8.08 亿美元，占据 2016 年装备制造业融资金额的 20.67%，其中欧普照明、天能重工和飞科电器 3 家企业融资金额都超过 1 亿美元，分别为 1.32 亿美元、1.32 亿美元和 1.19 亿美元；仪器仪表及文化、办公用机械制造业和汽车制造业分别融资 6.22 亿美元和 3.66 亿美元，排名第二和第三（见表 7）。

56 家装备制造业企业在国内 A 股上市。2016 年，装备制造业在 A 股主板市场共有 32 家企业上市，募集资金 23.44 亿美元，创业板上市企业达 24 家，

**表7　2016年我国装备制造业IPO融资市场不同行业的投资规模**

| 行业 | 企业数量(家) | 融资金额(亿美元) |
|---|---|---|
| 电气机械及器材制造业 | 15 | 8.08 |
| 仪器仪表及文化、办公用机械制造业 | 8 | 6.22 |
| 汽车制造业 | 6 | 3.66 |
| 铁路、船舶、航空航天和其他运输设备制造业 | 4 | 3.54 |
| 风机、衡器、包装设备等通用设备制造业 | 4 | 2.44 |
| 医疗仪器设备及器械制造业 | 4 | 1.96 |
| 环保、社会公共安全及其他专用设备制造业 | 3 | 1.88 |
| 泵、阀门、压缩机及类似机械的制造业 | 4 | 1.85 |
| 起重运输设备制造业 | 1 | 1.67 |
| 电子和电工机械专用设备制造业 | 3 | 1.64 |
| 金属铸、锻加工业 | 1 | 1.49 |
| 化工、木材、非金属加工专用设备制造业 | 3 | 1.16 |
| 食品、饮料、烟草及饲料生产专用设备制造业 | 1 | 0.80 |
| 轴承、齿轮、传动和驱动部件的制造业 | 1 | 0.68 |
| 矿山、冶金、建筑专用设备制造业 | 1 | 0.53 |
| 金属加工机械制造业 | 2 | 0.50 |
| 机械和设备修理业 | 2 | 0.37 |
| 印刷、制药、日化生产专用设备制造业 | 1 | 0.34 |
| 金属制品业 | 1 | 0.29 |

资料来源：CVSource投中数据终端。

融资金额12.21亿美元，分别占IPO企业融资额的59.96%和31.23%。

从月度数据看，11月单月企业上市数量达到11家，融资金额为8.85亿美元，居全年之首；12月以9家上市企业排名第二，融资金额也排名第二，达6.83亿美元（见图7）。

从上市板块看，装备制造企业在主板市场IPO企业数量最多。2016年，共25家企业在上交所上市，募集金额19.86亿美元，平均募集金额0.79亿美元；共7家企业在深交所上市，募集金额3.58亿美元，平均融资金额0.51亿美元；创业板上市24家，募集金额12.21亿美元，平均募集金额0.51亿美元。与2015年相比，创业板上市企业成倍减少，募集资金也大幅度减少；主板上市企业及融资金额变化较小。

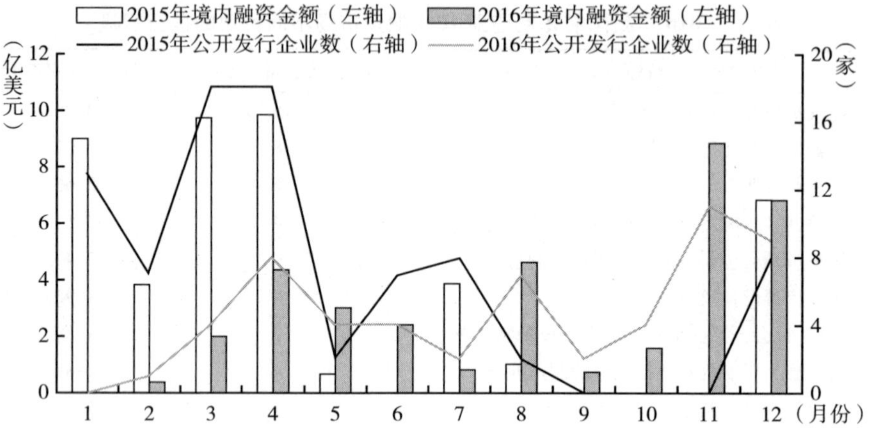


**图 7　2015～2016 年我国装备制造业 IPO 市场境内新股融资规模及上市企业数**

9 家装备制造企业选择在港交所上市。2016 年全年共有 9 家企业在香港上市，募集资金 3.44 亿美元，占 IPO 企业融资额的 8.81%。从月度数据看，与 2015 年相比，2016 年在香港上市的企业较为分散，12 月上市企业最多，有 3 个；而 5 月融资规模最高，为 1.69 亿美元。2016 年，A 股 IPO 平均募集金额达 0.64 亿美元，而港交所 IPO 平均募集金额仅为 0.38 亿美元，相差近 1 倍。

从上市板块看，装备制造业企业在香港主板 IPO 的企业数量最多。2016 年，香港证券交易所共有 5 家企业上市，募集金额 3.44 亿美元，平均募集金额 0.69 亿美元；香港创业板共有 4 家企业上市，募集金额 0.28 亿美元，平均融资金额 707 万美元。与 2015 年相比，在香港上市企业数量增加了 2 个，但募集资金大幅减少，同比下降 64.33%（见图 8）。

（2）非公开发行募资情况分析。

2016 年，进行了非公开发行募资的装备制造业企业共有 137 家，且全部披露了金额，披露金额为 303.71 亿美元，同比增长 146.98%；其中 122 家企业已完成资金募集，3 家企业正在进行中，12 家企业非公开发行失败。已完成的 122 家企业共募集资金 250.90 亿美元，占披露金额的 82.61%，企业平均融资金额为 2.06 亿美元。与 2015 年相比，2016 年成功进行非公开

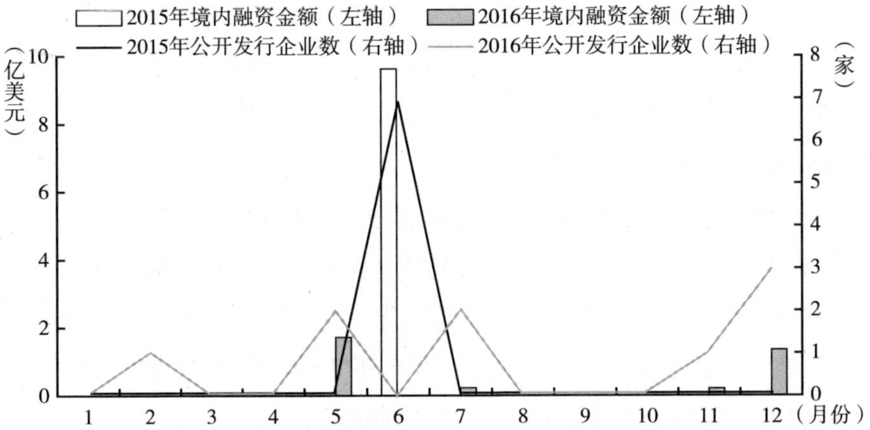


**图8　2015～2016年我国装备制造业IPO市场香港新股融资规模及上市企业数**

发行的企业增加了50家，除第二季度外，其他季度非公开发行企业数量及募资金额同比均有提高。

从月度数据看，2016年9月有18家装备制造企业进行非公开发行募资，7月融资金额高达60.66亿美元，属于活跃度最高的两个月份。从案例数量上看，紧随其后的是12月份和1月份，分别为16例和13例。从融资金额上看，1月份以25.50亿美元融资额排名第二，8月排名第三，融资金额为24.65亿美元（见图9）。

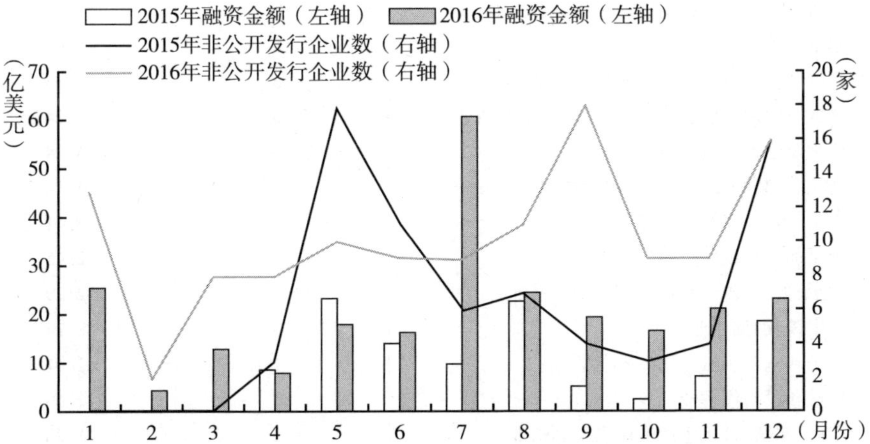


**图9　2015～2016年我国装备制造业全球非公开融资规模及发行企业数**

电气机械及器材制造业数量最多，融资规模最大。分行业融资数量看，2016 年，进行非公开发行的电气机械及器材制造业企业共有 38 家，为数量最多的行业。与 2015 年相比，数量最多的三个行业排名没有改变，非公开发行企业数量同比增长 73.68%。

从融资规模上看，电气机械及器材制造业企业融资高达 117.72 亿美元，占全行业的 46.92%，排名首位；汽车制造业企业的非公开发行融资金额达 31.83 亿美元，排名第二；仪器仪表及文化、办公用机械制造业企业融资达 20.60 亿美元，排名第三（见表 8）。2016 年 7 月，比亚迪股份有限公司和中国船舶重工集团动力股份有限公司分别融资 22 亿美元和 20.49 亿美元，是电气机械及器材制造业最大的两笔融资案，也是本年度非公开发行市场最大的两笔融资案。

**表 8　2016 年我国装备制造业非公开发行市场分行业的投资规模**

| 行业 | 案例数量(起) | 融资金额(亿美元) |
|---|---|---|
| 电气机械及器材制造业 | 38 | 117.72 |
| 汽车制造业 | 14 | 31.83 |
| 仪器仪表及文化、办公用机械制造业 | 14 | 20.60 |
| 医疗仪器设备及器械制造业 | 8 | 11.12 |
| 化工、木材、非金属加工专用设备制造业 | 3 | 8.59 |
| 非金属矿物制品业 | 2 | 8.19 |
| 风机、衡器、包装设备等通用设备制造业 | 7 | 7.89 |
| 起重运输设备制造业 | 6 | 7.67 |
| 泵、阀门、压缩机及类似机械的制造业 | 5 | 6.33 |
| 环保、社会公共安全及其他专用设备制造业 | 6 | 6.24 |
| 锅炉及原动机制造业 | 3 | 5.24 |
| 纺织、服装和皮革工业专用设备制造业 | 1 | 4.10 |
| 矿山、冶金、建筑专用设备制造业 | 3 | 3.41 |
| 金属加工机械制造业 | 2 | 2.45 |
| 轴承、齿轮、传动和驱动部件的制造业 | 2 | 2.29 |
| 金属铸、锻加工业 | 3 | 2.24 |
| 电子和电工机械专用设备制造业 | 1 | 2.01 |
| 机械和设备修理业 | 2 | 1.69 |
| 印刷、制药、日化生产专用设备制造业 | 2 | 1.28 |

资料来源：CVSource 投中数据终端。

2016 年 A 股定增募资金额大幅增加。表 8 中的 122 家已完成募资的装备制造企业均是在 A 股市场进行非公开发行，与 2015 年相比，A 股定增募资的企业增多，融资金额成倍增加，同比增加了 123.48%。

在非公开发行市场的板块分布上，装备制造企业选择在深交所进行非公开发行的数量最多，共 58 家，融资金额为 64.20 亿美元。上交所有 24 家企业进行非公开发行，融资金额最大，融资金额为 68.13 亿美元；创业板有 40 家企业进行非公开发行，融资金额为 57.07 亿美元。

2016 年港股市场上，长城汽车宣布在香港证券交易所进行非公开募资，但以失败告终。与 2015 年一样，A 股市场仍是装备制造企业非公开募资的首选。

**4. 装备制造业企业并购情况分析**

2016 年装备制造业在兼并收购市场（简称兼并）中共披露投资案例 1144 起，披露金额的有 988 起，披露总投资规模达 435.95 亿美元，与 2015 年相比，案例数目减少了 85 起，但投资规模同比增加 25.60%。分月度看，3 月投资规模达 63.35 亿美元，兼并案例数量为 113 起，是兼并活动最活跃的月份。分投资规模看，4 月排名第二，投资规模为 55.51 亿美元，8 月以 44.91 亿美元的投资规模排名第三。从案例数量来看，4 月案例数量最多，达到 116 起（见图 10）。

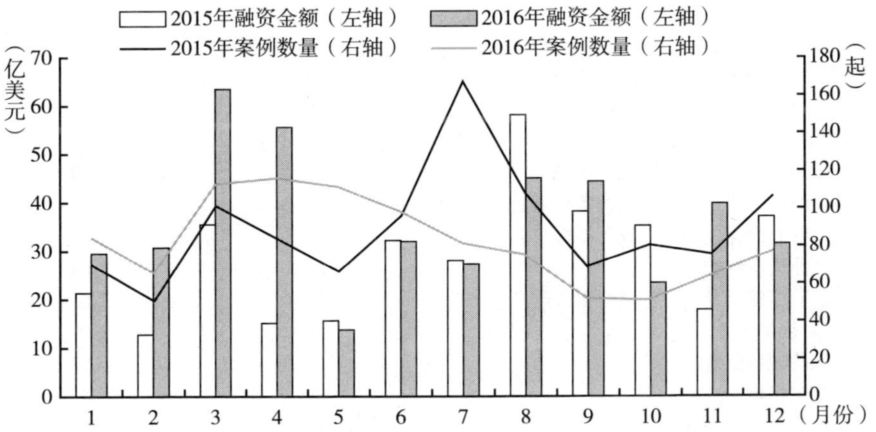


**图 10　2016 年我国装备制造业并购市场融资规模及案例数**

（1）电气机械及器材制造业在投资规模和活跃度方面均居首位。

从2016年全年兼并收购的行业分布来看，并购涉及全部子行业，其中，电气机械及器材制造业不论是在投资案例的数量方面还是在规模方面，都远远高于其他行业，是竞争较为激烈的行业，2016年全年披露的电气机械及器材制造业并购交易达333起，披露金额高达122.78亿美元，分别占整个制造行业的33.70%和28.16%。与2015年相比，并购数量减少11起，但并购规模提高19.69%。

从并购规模来看，紧随其后的是汽车制造业和仪器仪表及文化、办公用机械制造业，投资规模分别是93.11亿美元和44.33亿美元，同比均有大幅提高。分并购数量看，汽车制造业以披露案例151起排名第二，仪器仪表及文化、办公用机械制造业排名第三，兼并案例为70起（见表9）。

**表9　2016年我国装备制造业并购市场分行业的投资规模**

| 行业 | 企业数量(起) | 融资金额(亿美元) |
|---|---|---|
| 电气机械及器材制造业 | 333 | 122.78 |
| 汽车制造业 | 151 | 93.11 |
| 仪器仪表及文化、办公用机械制造业 | 70 | 44.33 |
| 轴承、齿轮、传动和驱动部件的制造业 | 11 | 23.42 |
| 环保、社会公共安全及其他专用设备制造业 | 51 | 22.34 |
| 医疗仪器设备及器械制造业 | 69 | 22.03 |
| 机械和设备修理业 | 30 | 20.60 |
| 铁路、船舶、航空航天和其他运输设备制造业 | 48 | 17.19 |
| 矿山、冶金、建筑专用设备制造业 | 19 | 16.33 |
| 非金属矿物制品业 | 19 | 11.14 |
| 风机、衡器、包装设备等通用设备制造业 | 30 | 9.65 |
| 电子和电工机械专用设备制造业 | 31 | 7.62 |
| 金属制品业 | 12 | 3.77 |
| 纺织、服装和皮革工业专用设备制造业 | 6 | 3.49 |
| 化工、木材、非金属加工专用设备制造业 | 18 | 2.99 |
| 印刷、制药、日化生产专用设备制造业 | 15 | 2.74 |
| 锅炉及原动机制造业 | 16 | 2.69 |
| 泵、阀门、压缩机及类似机械的制造业 | 22 | 2.62 |
| 金属铸、锻加工业 | 4 | 2.03 |
| 起重运输设备制造业 | 8 | 1.97 |
| 金属加工机械制造业 | 13 | 1.13 |
| 农、林、牧、渔专用机械制造业 | 7 | 1.06 |
| 食品、饮料、烟草及饲料生产专用设备制造业 | 4 | 0.77 |

资料来源：CVSource投中数据终端。

（2）境内并购交易依旧最活跃。

2016 年境内并购交易数量减少，但交易规模增加。2016 年有 894 家装备制造企业在境内并购，并购规模达 357.90 亿美元，平均募资 4003 万美元。与 2015 年相比，并购数量减少了 8.96%，但募资总额增加了 15.05%。

从月度数据来看，3 月并购规模最大，共投资 47.91 亿美元，且并购事件最多，共 106 起。5 月以 103 家企业进行并购排名第二，4 月排名第三，有 98 家企业选择在这个月进行并购（见图 11）。

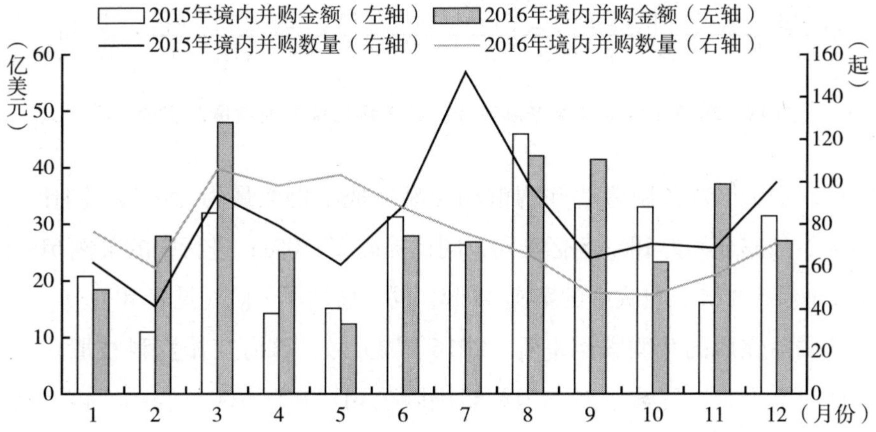


**图 11　2016 年装备制造业并购市场境内并购数量及资金规模**

94 家装备制造企业选择跨境并购。2016 年全年装备制造业发生 94 笔跨境并购交易，并购金额达 78.05 亿美元，与 2015 年相比，跨境并购数量提高了 3 个，并购金额同比提高 116.74%。其中，共有 81 笔出境并购交易，并购金额为 76.29 亿美元，在总量中分别占比为 86.17% 和 97.75%，同比均有提高。

从月度数据来看，4 月份并购交易规模最大，达 30.11 亿美元，交易数量为 14 起，平均交易额 2.15 亿美元，3 月份以 15.44 亿美元交易额紧随其后，1 月份排名第三（见图 12）。2016 年入境并购交易 13 笔，并购金额 1.76 亿美元，在总量中分别占比为 13.83% 和 2.25%，同比均大幅减少。

（3）并购市场交易多数案例为进行中状态。

2016 年装备制造业并购市场交易完成案例数量大幅减少，但交易规模大

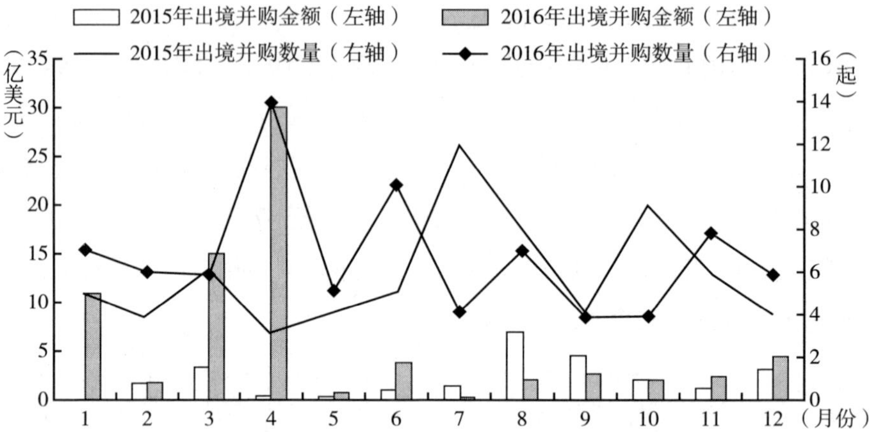


**图 12　2015～2016 年装备制造业并购市场出境并购数量及资金规模**

幅提升。2016 年装备制造业并购市场交易完成案例数量为 350 起，同比减小 27.84%，披露金额为 186.45 亿美元，同比提高 22.50%；进行中的案例 614 起，同比仅增多 5.86%；已失败的案例 24 起，同比增加了 2 倍（见表 10）。

从实际完成的并购案例来看，2016 年 11 月，珠海艾派克科技股份有限公司历时 7 个月，完成了对美国利盟国际公司股权的 100% 收购，该次协议收购出资 25.50 亿美元，为 2016 年完成交易中规模最大的一起。同年 9 月，丰盛控股有限公司提出收购中国高速传动设备集团有限公司全部已发行的 16.35 亿股份，该次收购中国高速传动以每 2 股自身股份转化为丰盛控股 5 股新增股份，受要约人股份每股 10.95 港元，该次要约收购出资 16.75 亿美元，历时 3 个月，在 2016 年度交易规模中排第二。黄山金马股份有限公司出资 16.75 亿美元协议收购永康众泰汽车有限公司，在 2016 年度交易规模中排第三，此次收购于 2016 年 3 月开始，通过发行股份及支付现金的方式进行收购，于 2017 年 4 月 11 日完成。

从已失败的并购案例看，2016 年 8 月珠海格力电器股份有限公司拟收购珠海银隆新能源有限公司，出资 19.76 亿美元，是 2016 年度排名第二的一起收购案。该事件受到了市场高度关注。随后珠海格力电器股份有限公司发布的收购方案，拟通过发行股份购买资产和发行股份募集配套资金两种方

表 10　2016 年装备制造业并购市场不同交易状态融资规模

| 交易状态 | 案例数量(起) | 融资金额(亿美元) |
|---|---|---|
| 进行中 | 614 | 213.49 |
| 已失败 | 24 | 36.00 |
| 已完成 | 350 | 186.45 |
| 总　计 | 988 | 435.95 |

资料来源：CVSource 投中数据终端。

式收购珠海银隆新能源有限公司的 100% 股权，使其成为格力电器全资子公司，但由于股东及广大投资者建议，格力重新调整了收购方案，并降低出资金额，最终因新收购方案未能获得珠海银隆股东会的审议通过，交易终止。尽管收购案已经失败，但可以发现格力电器对新能源相关领域的重视程度。

## （二）装备制造业投资机会展望

**1. 商业航天领域凸显投资良机**

（1）全球商业航天投融资火爆，商业航天市场前景看好。

近年来，全球商业航天领域不断出现新的突破和进展，通过应用低成本发射、可复用火箭、微小卫星等创新技术，全球航天科技逐步实现了低成本、高效率。传统的应用模式和商业模式不断革新，创新技术与新应用场景和新商业模式的结合，开发出很多具备巨大商业回报潜力的项目，受到了资本的热捧。根据美国陶锐咨询公司（Tauri Group）数据显示，2000 ~ 2015 年，全球商业航天领域总共募集了超过 133 亿美元的投资，其中 2011 ~ 2015 年风险投资总额为 23 亿美元，与 2006 ~ 2010 年相比，增长了 516.6%。[①]

近年来，全球商业航天投融资的火爆，说明投资者对于投资商业航天企业的风险承受力逐渐增强，并对商业航天的未来发展潜力和发展空间趋于乐观。特别是社会风险资本对全球商业航天领域出现的低成本发射火箭、互联网通信卫星的前景相对看好。

① 唐天石：《全球商业航天投融资呈井喷式增长》，《卫星应用》2017 年第 3 期，第 69 ~ 71 页。

（2）多条政策大力支持，我国商业航天投资机会显现。

政策支持是我国商业航天产业发展的基础。近年来，我国发布多项政策大力支持我国商业航天发展，鼓励民营资本进入。商业航天领域显现投资布局良机。2014 年国家开始鼓励民营资本进入航天领域；2015 年 3 月，我国军民融合战略上升为国家战略；2016 年 12 月，国务院新闻办发表《2016 中国的航天》白皮书，书中提出要完善航天多元化投入体系，鼓励引导民间资本和社会力量参与航天科研等活动，大力发展商业航天。2016 年 6 月，国务院新闻办公室发表的《中国北斗卫星导航系统白皮书》也指出要积极培育北斗系统的应用开发，改善产业环境，鼓励军民融合发展。2016 年我国明确提出将积极推动商业卫星系统发展，并鼓励社会资本参与，加强资金支持力度。

（3）国企民营双管齐下，部分企业提前布局。

在多重政策利好刺激下，我国部分国企涉足商业航天业。2015 年 10 月，航天科工集团宣布总投资 1500 亿元，打造武汉国家航天产业基地①，获得国家发改委批复。目前，我国首家商业火箭公司航天科工火箭已于 2016 年 2 月在该基地成立，并在 2016 年珠海航展上拿下全国商业火箭发射首单，未来将持续为国内外客户提供商业航天发射服务。

近年来，部分社会资本已提前布局商业航天项目。2014 年 12 月 1 日，我国第一家商业遥感卫星公司长光卫星技术有限公司成立，并于 2015 年 10 月成功发射我国第一颗商业化运营卫星“吉林一号”。此后，由浙江利驰电子科技有限公司研制的“丽水一号”商业遥感微小卫星先后发射升空。我国第一家经营运载火箭及其他航天器的民营企业零壹空间也于 2016 年 10 月完成超过 1 亿元 A 轮融资。我国民间商业航天领域迎来春天。

**2. 大力发展通用航空产业**

（1）产业仍在发展初期，未来市场空间巨大。

我国通用航空业目前仍处于产业发展初期阶段，目前，我国通用航

---

① 工信部：《武汉国家航天产业基地建设即将启动》，2016 年 11 月 10 日，http：//www.miit.gov.cn/newweb/n1146285/n1146352/n3054355/n3057613/n3057639/c5351504/content.html。

空产业总量尚不足美国的10.00%，一些基础设施水平可能只是美国的4%～5%，[①] 通航产业基地仍集中于发达地区，空白较多，但随着我国经济转型和消费升级，我国通用航空市场面临着日益增长的社会需求，产业发展潜力巨大。预计到2024年，中国将成为全球最大的航空客运市场，到2035年，中国旅客数量将达13亿人次。[②]

（2）规划逐步落地实施，多领域显现投资机会。

《近期推进通用航空业发展的重点任务》提出要加快中央和地方共建，推动通用航空业发展示范省建设。国家民航局也本着“放管结合、以‘放’为主”的通航管理改革思路，逐步推动低空空域开放、通用机场建设、通勤航空、通用航空器适航审定标准、运动飞行、航空娱乐消费、应急救援和医疗救护等试点工作落地，推动通用航空发展。未来通用航空产业在机场建设、航空运输、航空旅游、航空运动、航空应急、低空飞行等领域将迎来投资机会。

**3. 新能源汽车值得关注**

（1）中国成为新能源汽车最大的增量市场。

目前，我国已成为全球最大的新能源汽车的增量市场。2016年新能源汽车新增51.20万辆，[③] 产量同比增长35.09%，保持在一个较高水平。2016年10月26日，中国汽车工程学年会发布《节能与新能源汽车技术路线图》，指出我国新能源汽车销量将逐年增长。[④] 未来，新能源汽车市场有望继续保持高速增长。

（2）政策重心向推动行业可持续发展转变。

政策支持依然是推动新能源汽车发展的有力条件。我国在“十三五”

---

① 《解读〈关于促进通用航空业发展的指导意见〉》，民航资源网，2016年5月18日，http：//news.carnoc.com/list/345/345568.html。

② 《国际航协：2024年中国将成为全球最大航空客运市场》，新华网，2017年2月17日，http：//news.xinhuanet.com/air/2017－02/17/c_1120486417.htm？from=singlemessage&isappinstalled=1。

③ 杨藻、李恩国、李丹丹：《电气设备行业投资策略：新能源汽车穿过隧道》，《驶向光明·天风证券》，2017年6月18日。

④ 中国汽车工程学年会：《节能与新能源汽车技术路线图》，2016年10月26日。

期间制定的新能源汽车相关政策共计 30 余项，国家推动新能源汽车发展的工作重心已经向推动行业可持续的发展转移。

一是新能源汽车财政补贴政策收紧。2016 年出台《关于调整新能源汽车推广应用财政补贴政策的通知》提出次年结算和三万公里的指标，逐步提高新能源汽车的财政支持政策的技术门槛。

二是行业监管逐步趋严。2016 年初，财政部等四部门发布了《关于开展新能源汽车推广应用核查工作的通知》，加强对新能源汽车推广应用补助资金管理使用情况的专项检查，并陆续公布了一批新能源汽车领域谋补、骗补企业。各地方新能源汽车的监管措施将逐步实施，未来在企业及产品准入方面也将更加严格。

三是充电基础设施加快突破。充电基础设施建设的滞后已经影响到我国新能源汽车的推广。2015 年以来，我国陆续发布多项充电基础设施建设的相关政策，加快突破充电桩的应用及电价等方面问题。

（3）部分领域投资机会值得期待。

一是纯电动乘用车仍是主要增长点。从整个乘用车市场容量来看，乘用车占我国传统汽车市场的 84.00%，并有超过 90% 为私人购买。而新能源汽车渗透率仅有 1%，[①] 未来增长空间很大。目前，随着新能源汽车私人购买的比例逐渐提高，国内外优秀车企的电动化战略加速推行，表明新能源汽车正由外在政策性驱动向内在市场需求转变。

二是我国商用车充电站市场化程度提升。随着新能源车保有量的增加，充电网区域覆盖密度和市场份额成为判断运营商价值的最直接指标之一。

三是动力电池未来依然有非常广阔的发展空间。动力锂电池需求高速增长。2015 年开始，动力锂电池供不应求，导致动力电池行业高速扩产，2016 年动力锂电池相继投产。快速下降的动力电池价格也带来了产业化的曙光，老牌动力锂电池生产商 CATL、力神、波士顿等投资扩建产能，随着

① 陈璐璐、黄若菲、方好：《新能源汽车行业投资分析报告》，《经济研究导刊》2017 年第 3 期，第 20～23 页。

产业与技术优势的显现，我国有望在动力电池领域实现弯道超车，成为全球动力电池产业链供应商。

**4. 机器人产业仍值得投资**

市场细分和差异化发展成为新方向。在消费市场越来越细化的情形下，具有细分市场优势和具有核心技术优势的企业往往能率先抢占市场，并且能够持续提供改进的产品和服务。因此，对于未来的机器人投资，在相关领域或某一细分市场上具有核心优势的企业具有较大的投资前景。

机器人产业链上游市场投资机会多。一是国产核心零部件市场投资潜力大。目前，国内机器人产业主要集中在下游的系统集成，上游关键核心零部件，包括控制器、伺服系统、减速器和本体占据了机器人近 90% 的成本。二是伺服电机市场前景看好。目前，国产伺服电机及其全数字式伺服驱动器基本开发成功，随着全数字式交流永磁伺服系统的性价比提高，交流伺服电机的市场需求将持续增长。三是减速机行业发展迅速。近年来，国产优秀减速机产品质量已达到国外先进工业国家同类产品水平，部分产品还出口至境外。我国工业机器人对精密减速器的需求将继续提升，未来国内精密减速器的年市场销售额将突破 100 亿元。

## 三　中国装备制造业发展风险分析

### （一）宏观调控风险

**1. 国际宏观风险**

全球经济持续低迷。2017 年全球经济低增长格局不变，最大问题在于尚未找到强劲增长点。IMF 在 2017 年 1 月的《世界经济展望》中，预测 2017 年全球经济增长为 3.4%，比 2016 年 4 月预测下调 0.1 个百分点，但比 2016 年全球经济增长预期高了 0.3 个百分点。对发达经济体 2017 年地区生产总值增速预测为 1.9%，对新兴市场和发展中经济体经济增速预测为 4.5%，分别比 2016 年实际经济增速提高了 0.3 个百分点和 0.4 个百分点。

尽管世界各大官方机构和分析机构对全球经济增速预期有所下降，但与2016年全球经济增速相比，对发达经济体及新兴市场和发展中经济体2017年经济增速预测均有所提高，表明对全球的经济信心在缓慢上升。随着2017年上半年欧洲、亚洲经济增长超过预期，世界经济确实呈现复苏趋势，但由于发达国家贸易发展不确定性因素增加，新兴市场、发展中国家的经济形势好转程度差别较大，导致全球经济下行风险依然存在。

全球贸易有所回暖。整体来看，国际贸易连续5年低速增长，2016年显现最弱增长表现。根据世界银行统计数据显示，2016年世界商品贸易增长仅略高于1%，低于2015年的2%和2014年的2.7%。分季度看，自2016年四季度，全球贸易呈现回暖迹象。受亚洲、欧洲经济体复苏影响，2017年一季度全球贸易延续上年回暖势头，全球贸易景气指数为102，高于荣枯线100。但是制约世界经济增长的长期结构性问题仍存在，全球政治不确定性增多，新矛盾和新问题涌现，逆全球化和国际贸易及投资保护主义抬头，逐渐成为全球经济复苏的重大风险之一，致使世界经济增长前景并不明朗，2017年全球贸易回暖有限。

全球投资反弹力度较小。由于全球经济增长复苏乏力、世界贸易量持续疲软、商品价格下跌、投资风险提高，2016年全球外国直接投资流量大幅下滑，同比减少13%。随着全球经济回暖，在经济基本面支持下，2017年全球对外直接投资有望出现一定程度的反弹。但是，外国直接投资的复苏之路仍困难重重，由于制造业投资项目集聚减少、主要经济体政策及政治不确定性增长、私人债务高企等因素影响，2017年外国直接投资流动的风险仍未降低，增长势头及增长幅度的不确定性仍较大。

主要经济体货币政策仍存在分化。自2008年金融危机以来，全球主要经济体为刺激经济增长采取了极为宽松的货币政策，然而全球宽松货币政策也带来全球流动性过剩。至2014年6月，主要经济体货币政策出现分化，美国开始实行紧缩性货币政策，而日本和欧洲等区域仍沿用宽松性货币政策。2016年随着美联储货币政策正常化，全球流动性状况发生较大转变，资本开始回流美国，欧洲、亚洲及新兴市场国家面临较大资本外流压力。随着世界经济出现反弹，全球主要央行开始显露货币政策收紧信号，全球货币政策或将退出量化宽松步入正常化进程。但由于经济复苏还不稳定，主要发达经济体通胀目标还未达到预期，2017 年全球将仍然以宽松货币政策为主，资金泡沫风险仍未降低。

全球债务风险不断提升。受扩张性财政政策及超宽松货币政策影响，发达经济体和新兴经济体债务明显上升。据国际金融协会（IIF）统计，2016 年全球债务占地区生产总值的比例升至 325.00%，同比提高 100 个百分点。其中，发达经济体债务总额约占全球债务总额的 74.40%，为其地区生产总值的 390.00%，其中政府债务呈快速增长趋势；新兴市场的债务总额为其地区生产总值的 215.00%。2017 年，全球债务不断累积将对全球经济增长构成负面影响。债务累积又会使政府使用积极财政政策刺激经济的空间逐步缩小，降低其对经济进行干预和调节的能力，形成经济低速增长与债务不断累积的恶性循环。随着美联储不断加息，全球货币政策出现收紧趋势，利率水平升高将会进一步加剧债务问题，部分经济体出现债务违约风险。

政治动荡对经济影响加深。与 2015 年相比，2016 年国际政策频现“黑天鹅”事件。6 月，英国全民公投结果意外支持脱离欧盟，英国首相卡梅伦宣布辞职，英镑开启暴跌模式；目前，“脱欧”程序已启动，但双方在移民和贸易政策等关键问题上分歧难以弥合，使 2017 年欧洲在投资和贸易等方面不确定性增加。11 月，特朗普意外赢得 2016 年美国总统选举，一方面其减税措施和财政措施增长了美国经济投资信心，另一方面增加了美国政府的债务负担，2017 年美国经济或面临因政府换届而导致的政策磨合问题。其他政局动荡还包括：韩国总统朴槿惠被迫下台；法国总统奥朗德宣布放弃连任，马克龙当选法国和全球历史上最年轻的总统；意大利总理伦齐因宪法改革公投受挫而辞职。2017 年，意大利和德国均面临大选，而民粹主义抬头的趋势，或将影响世界经济增长。2017 年，如果发达经济体政策发生重大转变，会导致全球失衡扩大、汇率变动加剧，对世界经济发展不利。

**2. 国内宏观风险**

国内经济下行压力依旧较大。2016 年，我国继续推进供给侧结构性改革，使我国长期积累的矛盾和风险进一步显现，出口、基础设施建设、房地产需求减弱，民间投资和制造业投资乏力，金融风险提升，“三去一降一补”进展缓慢，使我国仍处在“L 形”经济运行的筑底阶段。2017 年，我国经济处在增速换挡、结构调整阵痛、新旧动能转换相互交织的时期，需求不振和产能过剩矛盾依然突出，而短期内也很难改变稳增长依靠投资的局面。预计 2017 年后较长一段时间我国经济下行压力依然较大。

实体企业生产经营增长阻力较大。我国工业品出产价格指数（PPI）在维持了连续 54 个月的紧缩状态后，自 2016 年 9 月恢复上涨，呈持续涨幅趋势。但从工业增加值看，实体经济仍未走出低谷。2016 年前三季度第二产业累计值占国内生产总值的份额为 43.60%，对国内生产总值增长的贡献率仅为 36.90%。2017 年，随着供给侧改革不断深入，重工业部门结构调整力度将不断增加，在经济下行压力增大、内外需求拉力不足的情况下，预计实体经济企业整体仍将面临较大增长阻力。

我国对外贸易形势严峻。2016 年我国外贸发展面临国际市场需求疲弱、国内综合成本不断上升的形势，但是全国进出口贸易降幅仍在收窄。2016 年全国进出口额负增长 0.90%，降幅同比收窄 6.10 个百分点，进口和出口数量实现正增长。2017 年，我国对外贸易发展仍面临严峻复杂形势。虽然主要发达国家和新兴经济体进口普遍呈现回暖态势，但世界经济深层次结构性矛盾没有根本解决，中国产品出口需求增长缺乏有力支撑，回升幅度有限。同时，世界各国更加重视发展实体经济特别是制造业，纷纷采取措施提高制造业竞争力，使新一轮产业竞争更加激烈。贸易保护主义势力上升，贸易摩擦凸显，我国可能成为贸易保护主义的最大受害国。

工业民间投资增速难以快速回升。2012 年以来，我国民间投资增速出现逐年下滑的态势，2016 年更是下滑至 3.20%（扣除价格因素实际增长

3.80%)。其中，工业民间固定资产投资增速为3.40%，制造业民间固定资产投资增速为3.60%。2016年10月，国家为促进民间投资回暖，解决制约民间投资发展重点难点问题，从金融服务、财政政策、降低成本等方面出台促进民间投资的政策。不过政策效果还需时间检验，目前，传统行业产能过剩、市场环境偏紧、融资环境不佳、信用体系不健全等问题还将继续阻碍民间投资大幅增长。预计2017年短期内工业民间投资增速将有小幅回升，但难以出现快速回升态势。

降低金融风险难题仍突出。自2012年我国逐渐放松金融管制起，整个经济和金融系统的风险就在不断积累。至2015年，我国金融业产值增速达15.90%，远远超过当年国内生产总值增速。为防范金融风险，我国从2016年开始，逐步进入加强金融管制的阶段。现阶段我国经济结构性矛盾突出，过度扩张总需求可能会导致固化结构扭曲和失衡。再加上通货膨胀预期增强，部分领域资产泡沫严重，非金融企业部门债务增加，去杠杆、抑泡沫、防风险等将是2017年中国人民银行货币政策需兼顾的重要任务。预计2017年中国人民银行将更加谨慎的运用货币政策降低金融风险。

债务利息负担进一步加重。2016年，我国实体部门杠杆率为227%，同比降低了1个百分点，而实体部门利息支出是其国内生产总值增量的1.40倍。其中，非金融企业部门杠杆率上升虽然暂时中止，但其杠杆率仍然较高。2017年，在总需求趋弱、工业品价格存在止涨回落压力的背景下，企业偿债能力将趋于下降，其中传统周期性行业下降压力更大，企业债务利息负担加重。而政府部门虽然微弱去杠杆，但考虑到2017年政府仍将大幅提高支出以刺激经济增长，同时继续减税降费，将会加剧债务情况，甚至有可能爆发债务危机或地方政府破产的情况。2017年，债务风险不容忽视。

### （二）市场风险

行业竞争不断加强。现阶段我国装备制造业市场有了小幅回暖迹象，这是因为国家对新能源汽车等产业的大力支持，带动了汽车产业及与其相关的电池、机械零部件行业的快速回暖。但整体而言，装备制造业仍面临较大的行业竞争风险。2017 年国内企业仍延续资源优化配置、重组整合的趋势，以期调整业务结构、提升技术和设备水平。但是与其他国家装备制造业相比，我国企业自主创新能力不足，仍处于较低水平。而外资企业凭借技术、设备和资金等方面的优势占据有利竞争地位，不断挤占我国装备制造业的市场份额。同时，随着大宗商品市场的回暖，原材料价格呈上升式波动，进一步增加我国装备制造业的生产成本，挤占企业盈利空间，易引发恶性竞争。因此，我国装备制造业不仅要与国内其他企业竞争，而且要与国外先进企业抢占市场份额，在此过程中，转型失败、技术落后、管理模式传统的企业势必被淘汰，我国装备制造业会面临一定的行业竞争风险。

新产品开发难度增加。装备制造业的新产品、新工艺的开发，需要经过产品设计、工艺设计、产品试制、工业认证等多个环节，需要投入大量的人力物力，开发周期长。同时，技术进步使产品的更新换代加快，如果装备制造业企业不能准确预测市场需求和技术发展趋势，前瞻性布局新产品研发，将导致新产品开发失败。

### （三）人才风险

高技术人才缺失及流失态势没有得到根本改变。2016 年，随着装备制造业技术进步和产业转型升级加快，新的知识结构、技术技能、工艺方法不断融入其中，装备制造业企业进一步提高对技术人员的职业技能要求，高技能人才需求增加。但是，装备制造业存在人才培养和实际需求脱节、高技术人才总量短缺、技能劳动者总量不足的问题。而装备制造业行业的高速发展和行业竞争加剧使人才问题更加凸显，当企业现有技术人才储备不足又无法快速补充时，就会面临人才匮乏的风险。而人力资源管理战略失效、应对措施不积极等情况的存在，又将增加企业现有人才流失的风险。而高技术人才的缺失或流失将增加装备制造业的发展难度。

### （四）管理风险

企业扩张使管理工作难度持续加大。装备制造业企业普遍存在经营管理水平不高的问题，而大型企业的经营管理问题随着企业规模的扩大更加明显。2016 年，我国装备制造业大型企业业务发展快速、并购增加，其资产规模、业务范围、经营地域进一步扩大，相应增加了企业经营管理工作的难度。这些企业未来不仅要在原有的基础上进一步加强管理，而且要解决新增业务以及新增子公司如何在合规的基础上融入公司体系的问题。而涉及海外并购的装备制造业企业，还面临如何尽快适应和熟悉境外法律环境、商业环境、文化环境，以及更好地与境外经营团队沟通配合的问题。企业应不断改善和优化管理结构，制定有针对性的管理模式，以避免多个业务、多元文化给企业发展带来的管理风险。

### （五）金融工具风险

2016 年大宗商品价格小幅回升，原材料价格波动明显。我国装备制造业企业为降低现货市场价格波动给企业发展带来的不确定性风险，利用银行金融工具或外汇资金业务来规避汇率和利率的波动风险。在稳定企业原材料成本，减少外汇负债，实现资产保值增值工作中，仍有诸多潜在因素影响金融工具的使用。我国装备制造业使用金融工具面临的风险主要表现在以下两个方面。

一是操作风险。装备制造业企业可能因为期货或外汇交易公司的操作风险，造成经济损失。员工报错、敲错客户指令；结算系统及电脑运行系统出现差错；没有严格按照有关规章制度操作，同时，缺乏监督或制约，都会造成操作风险。

二是期货操作损失与违约风险。由于大宗商品价格变动和外汇市场汇率波动的不确定性，导致期货业务与外汇资金业务存在较大的市场风险，同时，以装备制造业企业在期货操作中因无法及时筹措资金以满足建立和维持保值头寸，或在外汇资金业务中用于履约的外汇资金不能按时到账，均可能导致期货操作损失与违约风险。

## 参考文献

何哲、孙林岩、李刚:《中国制造业发展战略的研究评述和展望》,《科学学研究》2008 年第 26 期,第 83 ~ 92 页。

黄群慧、李晓华:《中国工业发展“十二五”评估及“十三五”战略》,《中国工业经济》2015 年第 9 期,第 5 ~ 20 页。

张厚明:《“一带一路”战略下我国装备制造业“走出去”研究》,《工业经济论坛》2015 年第 6 期,第 9 ~ 15 页。

# B.4

# 中国装备制造业发展政策建议

徐静冉　李 辉*

摘 要：本章主要针对我国装备制造业的发展环境与动力、产业结构调整、科技创新、对外贸易与投资等方面的问题，向我国政府及相关决策机构提出政策建议。在行业发展环境方面，我国装备制造业应该增加有效投资比例，降低企业运行成本、改善企业投资环境。在产业结构调整方面，我国装备制造业应当加快去产能的步伐，发展新兴产业，提高产品质量，优化生产力布局，积极调动中小企业的活力。在科技创新方面，我国装备制造业应当加快建设创新中心和创新服务平台，推动人才队伍建设和“双创”工作的开展，实施军民融合的发展战略。在对外贸易方面，我国装备制造业应推动“引进来”与“走出去”协调发展，调整出口产品的产业结构，降低外资进入门槛，同时要加快“走出去”的步伐，建立产业联盟，加快产业标准化建设。

关键词：降低成本　“引进来”和“走出去”　产业结构调整

* 徐静冉，副研究员，经济学博士，机械工业经济管理研究院产业经济研究所副所长，主要从事宏观经济、发展规划、产业经济研究；李辉，北京市经济和信息化委员会研究室（政策法规处）处长，主要从事产业政策研究。

## 一　优化发展环境，增强发展后劲

### （一）提振有效投资

**1. 加快促进民间投资政策落地**

以推进供给侧结构性改革为契机，明确相关责任主体，构建投资引导协同机制，加快各项政策落地，破除不合理的进入壁垒，促进民资发展、降低企业成本、拓展融资渠道，调动民间投资积极性。进一步清理与“民间投资36条”及其细则相冲突的规章制度，加强投资引导和监督，充分发挥政府、企业、金融机构的作用。

**2. 畅通银企间融资渠道**

建议政府搭建沟通银行资本与优质项目的桥梁，制定优质工业投资项目目录，增加投资信心。健全信用担保机制，筛选效益好、信誉度高的企业，制定信用担保目录。政府可以设立融资担保基金，以股权投资方式参股主要政策性担保机构。建立企业转贷应急机制，帮助短期资金紧张的企业化解危机。加强对小微企业的融资支持，落实银行业金融机构对小微企业金融服务的目标要求；鼓励金融机构使用特许经营权、政府购买服务协议等无形资产开展质押贷款。建立中小微金融服务平台，推广“互联网+银行”“互联网+保险”的新模式，为企业提供与风险投资机构或银行进行投融资对接的服务平台。

**3. 加强先进制造业投资基金的投资力度**

充分利用国家部门和社会资本共同投资成立的先进制造业投资基金，加大资本向《中国制造2025》中提到的轨道交通设备、高端船舶和海洋工程、工业机器人及新能源汽车等先进装备制造业的投资力度；[①] 加强先进制造业投资基金的风险管理和专业化设计，将投资规模和投资方向与政策导向和市

---

① 戴正宗：《我国设立先进制造业产业投资基金》，《中国财经报》2016年7月14日。

场需求相结合，结合装备制造业的生产周期设置基金的存续期；向社会发放部分优先股，发挥投资基金对社会资本的“撬动”作用，将基金收益分配优先向社会资本倾斜，提高社会资本的参与度和利用效率，充分发挥中央财政基金的杠杆效应。

## （二）降低企业成本

为了贯彻落实中央“降成本”的任务，化解企业经营面临的巨大挑战，在经济新常态下更好地推进经济结构调整，提升中国制造的核心竞争力，建议在以下几个方面加快改革创新。

**1. 降低制度性交易成本**

进一步加快简政放权，提高管理效率，促进政府公共服务职能的转变，为企业的经营营造良好的环境。此外，继续大力惩治各级政府和官员“吃拿卡要”问题和预防腐败案件的发生，切实降低企业制度性交易成本。

**2. 防止劳动力绝对成本过快提高**

拓宽社会保险资金的筹集渠道，增强收支平衡能力，理顺社会统筹和个人账户的基金结构，指导地方根据情况降低养老和医疗保险费率。在确保失业保险保障生活、预防失业、促进就业的前提下，合理降低失业保险费率。细化工伤保险行业费率，强化费率的浮动机制。结合出台生育保险办法，将现行生育保险费率适当下调。通过进一步调高国有资本经营收入上缴比例，补充社保资金不足，为降低企业社保缴费提供空间。此外，研究降低住房公积金的缴费比例，或者成立国家住房银行，建立政策性住宅金融体系，解决中低收入居民住房问题，减轻企业公积金缴存负担。

**3. 推进税收改革和完善收费机制**

一是通过税收制度改革实现减税，继续推广“营改增”。二是推进税制结构改革和税率优化，降低 2 个百分点的各类企业增值税税率。三是针对特定行业和“三农”小微企业出台更多的税收优惠政策。四是将不合理收费和各项政府性基金进行清理。

**4. 切实降低企业财务成本**

改革银行业现有的盈利模式，使金融资本真正服务于实体经济。进行市场化改革，大力发展股票和债券市场，增加企业融资渠道的多元化。加强对银行业务的管理，完善资金流通的环节，抑制不合理的金融机构筹资成本的上升。

**5. 深化能源价格机制改革**

理顺能源产品价格关系，了解市场供求变化，深化能源价格机制改革。加快在能源经营企业成本监审方面的改革步伐，从而降低企业能源成本。同时，在电力价格调整过程中，对产能严重过剩、污染大、资源消耗多的行业，原则上不降或少降，倒逼这些行业按照市场化要求转型或整合。此外，不能因能源价格走低反而提高相关税费，应努力降低能源行业经营成本，从而降低能源价格进而降低企业经营成本。

**6. 降低物流运输成本**

短期内应加快传统物流业转型升级，完善物流服务体系，形成一批有较强竞争力的物流企业，提升产业规模和发展水平。优化通行环境，加强和规范收费公路管理，保障车辆高效通行，全面推进全国主要高速公路不停车收费系统（ETC 系统）建设。

## （三）改善投资环境

**1. 优化整体投资市场环境**

以深化简政放权、放管结合、优化服务改革为契机，取消民间投资的附加条件和歧视性条款，进一步降低民间投资的准入门槛，给予民资与国资同等待遇。加快政府职能转变，完善政务服务机制，提高对民间工业投资的服务水平，根据地方条件探索建立固定资产投资项目审批基础数据共享库，扩大并联审批范围。

加强对民间投资的市场引导。增强基础设施建设力度，增加工业园区建设数量，增加民间投资机会；鼓励民间资本理性对待股市及房地产市场等虚拟经济市场，加快股市和房地产市场的去泡沫化速度，促进民间资本回归实体经济市场。

**2. 发展多层次资本市场**

提高企业上市融资效率，实施严格的退市制度，防止“僵尸企业”吸收资金，引导资本流向优质企业；培育和发展二板市场，支持有真实经济活动支撑的资产证券化，盘活存量资产，优化金融资源配置；提升装备制造企业在境外的经营信誉和知名度，实现境外资本市场的直接融资。大力推动区域性股权交易市场发展，在监管层面和政策方面给予更多的优惠，为更为广泛的中小型企业提供有效金融服务的平台。加快完善资本市场转板机制建设，对在股转系统挂牌的公司，在审批时间、手续、所需费用方面可建立类似的绿色便捷通道；对创业板、中小企业板与主板之间的转板制度做出进一步的安排与完善。挖掘多层次资本市场的服务能力，开展全方位、多层次、宽领域的金融业务合作，提高金融综合服务能力。

## 二　加快结构优化调整，提升供给质量和水平

### （一）优化去产能政策体系

坚持市场经济原则，提高政策的高效，综合运用行政手段促进市场出清。处置“僵尸企业”，化解过剩产能的问题。鼓励优势企业加大兼并重组力度，提升行业整体素质和核心竞争力。

**1. 疏通过剩产能退出机制**

一是强化出资人在市场主体出现破产时履行的清算责任，否则需要承担相应的法律责任；二是增强破产程序的司法属性，明确司法权和行政权在企业破产中的边界，增强法院在企业破产中的主导作用，避免地方政府对企业破产程序的直接介入；三是对于债权债务涉及面广、涉及金额大、有重大影响的破产案件，交由巡回法庭审理，避免地方政府干预破产司法程序；四是优化破产程序，完善破产管理人的相关规定，降低破产财产评估、审计、拍卖费用，减少破产清算成本，提高破产清算收益，提高债务人、债权人申请

破产的积极性；五是适时修改《商业银行法》，赋予商业银行在处置不良资产过程中的投资权利，促进商业银行创新不良资产处置方法。

**2. 建立辅助退出机制**

对于严重产能过剩行业，还需建立辅助退出机制，重点做好失业职工的安置与社会保障工作，并对失业人员提供再就业培训等帮助。如破产资产不足以安置失业职工时，政府应减免破产企业土地处置应缴土地增值税，并以腾退与在开发破产企业土地时所产生的部分收益用于职工安置。对于产能过剩行业集中的地区，中央政府还应给予一定财政支持，安置失业职工，并在土地开发利用方面提供支持；对严重产能过剩和落后地区还可以提供特别的税收优惠政策，支持这些地区发展经济。

**3. 切实为兼并重组创造良好的外部环境**

对企业的兼并重组可以给予税收的优惠政策。切实落实促进兼并重组的金融政策，加强金融企业对兼并重组的融资支持。规范区域之间横向税收分配，降低地方政府由于担心企业被兼并导致税源流失而产生的阻力。适当放松管制，鼓励金融资本多渠道参与产能过剩行业的兼并重组。

**4. 加快建立公平竞争的市场环境**

公平市场准入，放松并逐渐取消不必要的审批，让不同经营模式的企业具有公平进入市场的权利。制定完善的公平竞争法，切实保障各种所有制企业依法平等使用生产要素、公平参与市场竞争、同等受到法律保护，并将地方政府为本地企业提供的损害公平竞争的各类补贴及优惠政策，与其他地方保护主义行为列入可诉范围。公平税负与社会责任，按统一标准使企业在税收负担、劳动者权益、环境保护等方面承担相应的责任和义务。

**5. 妥善解决“僵尸企业”处置问题**

出台统一的“僵尸企业”认定标准。建立科学统一的“僵尸企业”认定办法，联合行业主管部门对该行业进行深入调查、实地评估，重点考察企业的资产负债率和利润率变化，关注企业工资发放情况和银行贷款还款率，关注企业员工流动情况和企业纳税变化，将指标量化，针对不同行业总结出不同的认定标准，结合产业发展前景和产能分析做出判断；

修正学术界流行的卡巴雷罗—豪什—卡施亚普（CHK）模型，加强认定标准的可操作性。

明确处置“僵尸企业”中政府的定位。明确政府在“僵尸企业”处置中的责任和定位，避免出现政府用行政手段干预企业的行为，发挥市场在“僵尸企业”处置中的作用，发挥政府的积极引导作用，完善市场竞争机制；对部分暂时亏损的朝阳行业实施税收优惠和政府补贴，积极引导产能过剩的落后装备制造业进行破产清算。

加强对银行不良贷款的监管。确保银行不良贷款率的真实性，对部分银行为了业绩指标将不良贷款划分为正常或关注类贷款的行为给予惩罚；对因部分“僵尸企业”破产导致的不良贷款率骤升的银行实行财政补贴，鼓励银行积极扩充资本金，提高资本充足率，以防止信贷萎缩现象的出现；增加前景较好的装备制造类企业的贷款额度，实施差额利率，加强风险控制。积极使用金融创新工具，帮助“僵尸企业”化解不良资产，探索绿色高效的融资工具。

提高企业破产处置司法效率。严格遵守《中华人民共和国公司法》《中华人民共和国企业破产法》《中华人民共和国劳动合同法》的有关规定①，简化《破产法》的司法程序，提高“僵尸企业”的破产处置效率，降低司法成本，建立暂时的针对“僵尸企业”的破产审判机制和专门的审判机构，将破产司法流程控制在一年之内；灵活运用破产处置方法，合理审判，企业慎重选择进行兼并重组还是破产清算；加强政府、银行和相关部门在司法处置中与司法部门的配合，杜绝出现干扰司法程序的行为；完善破产企业员工的后续安置规定，与金融部门和人社部门建立沟通协商机制，对员工的工资和社保问题做出合理的司法规定。

完善企业员工破产安置。建立专项基金解决“僵尸企业”下岗员工的失业问题；与新兴产业合作，搭建下岗员工再就业的培训平台，鼓励员工学习新的技能，对员工进行就业指导；鼓励员工回乡自主创业，对自主创业人员提供

① 中国社会科学工业经济研究所：《中国工业发展报告》，经济管理出版社，2016。

补贴，建设试点创业平台，对自主创业人员提供技术支持和创新教育。

鼓励国有企业深化改革。鼓励大型国有装备制造类企业主动淘汰过剩产能，引进中高端产能，加大供给侧改革的力度，增加企业的全要素生产率，优化企业产品结构；加快对小型国有装备制造业中的“僵尸企业”的兼并重组步伐，加快企业的破产清算和人员安置；鼓励企业明晰产权结构，加强国有企业的危机意识和风险管理的能力，鼓励企业管理人员增加自有资本，转移企业中非主业资产，鼓励贷款银行和相关债权人主动进行债务重组，减少资金链断裂的可能。

## （二）培育壮大新兴产业

### 1. 推进装备制造业与信息技术融合发展

一是深入实施智能制造工程。以智能制造综合标准化与新模式应用工作为主，积极推进产学研用联合创新，突破高档数控机床与工业机器人等一批关键技术装备，推动数字化、网络化、智能化技术和智能装备在企业的全流程和全产业链的集成应用。夯实核心支撑软件与标准，加快五种智能制造新模式的推广应用，建设一批数字化车间和智能工厂。

二是持续推进智能制造试点示范。积极探索人工智能等新技术在智能制造新模式当中的应用，积极推进国家智能制造的示范区建设，推进智能工厂建设，重点培育智能化特色产业应用、智能技术与装备创新、智能化综合解决方案集成三类主体，构建多领域融合的产学研用协同创新机制和由龙头企业带动中小企业转型的产业协同机制及区域内外资源集聚共享的开放合作的三种机制。

### 2. 深化装备制造业与互联网的融合发展

一是支持装备制造企业与互联网企业跨界融合。建立适应融合发展的技术体系、标准规范、商业模式和竞争规则，形成优势互补、合作共赢的发展格局。深入推进工业化和信息化融合管理体系建设，培育推广网络化协同研发制造、大规模个性化定制、服务型制造等“互联网＋制造业”新模式。

二是推动中小企业制造资源与互联网平台对接。实现制造能力的在线发布、协同和交易，积极发展面向制造环节的分享经济，提升中小企业快速响应和柔性高效的供给能力。

三是支持装备制造企业与电子商务企业开展多领域合作。在战略投资、品牌培育、网上销售和物流配送等多领域开展合作，整合线上线下交易资源，拓展市场，打造生产流通一体化新生态。

**3. 全面推行绿色制造**

全面推行绿色制造，打造以绿色标准、绿色工厂、绿色产品、绿色园区和绿色供应链为核心的绿色制造体系。分行业建立全国范围内统一的绿色标准体系；建立绿色低碳工业示范园区和工业示范项目，实行区域间的协调持续发展，积极利用产业投资基金推动绿色节能环保项目建设；推动绿色清洁能源技术的研发，设计绿色工艺品和低碳环保型工艺装备，提高资源回收利用率；实施绿色化、智能化方向发展，打造绿色数据中心试点，为绿色制造提供实时监控和数据支持。

**4. 大力发展服务型制造**

引导制造业企业由生产型制造向“制造 + 服务”“产品 + 服务”转变。以创建国家级工业设计中心为首，大力提升工业设计的能力和水平，创新设计理念，在装备制造业产业链的各个环节增加服务型设计理念；引导和支持供应链管理服务，探索供应链管理新模式；完善制造业信息技术服务，加快大数据服务的实践应用；使绿色制造、智能制造与服务型制造协调发展，推广定制服务模式，[①] 增加制造环节的产业附加值，实施制造业服务高端化，调动消费者的积极性。

## （三）全面提高产品质量

**1. 提升企业品牌价值**

提升中国制造整体形象，打造“百年老店”。形成具有自主知识产权的

---

① 国家制造强国建设战略咨询委员会：《中国制造 2025 蓝皮书（2017）》，第十八章服务型制造，电子工业出版社，2017，第 270 ~ 281 页。

品牌产品，建立品牌管理体系国家标准，完善品牌保护制度建设；建立完整的品牌经营团队，引进专业的品牌建设人员，做好品牌的日常维护和评估考核，设立品牌经营、危机、传播、无形资产管理和应用多方面的流程管理体系；结合装备制造业整体政策导向和市场需求，制定长期的品牌战略，对品牌的策划、设计、推广、管理和保护等多方面做总体规划；增强企业的品牌文化建设，提升装备制造业产品和服务的质量，加大品牌的宣传力度，重视企业在消费者中的信誉建设，关注企业在行业内的口碑和影响力；根据企业发展和产品更新，不断创新和扩充企业品牌，在维护原有品牌形象的同时，建设新的品牌形象；加强国际品牌建设的意识，生产符合国际质量标准的产品，并结合当地的法律和消费者习惯调整品牌设计，结合国内媒体资源，增强品牌的国际宣传力度。

**2. 提高质量标准**

建立详细的装备制造业全国行业认证标准和质量管理体系，完善相关的法律法规，增强处罚的力度；完善企业质量监管体系，实行企业内部监管与社会监管相结合的监督模式，建立中介监测机构，发挥行业协会的监管作用；加快建设质量品牌专业服务和信息共享平台，及时披露劣质产品和落后生产方式，加强质量标杆企业的示范作用；关注装备制造业产品的国际质量标准，重点关注国际上对绿色节能环保方面的要求，使本国产品质量达到国际标准；加强对企业员工的职业教育与培训，培养员工精益求精的意识，树立产品“质量为先”的企业文化；降低消费者的维权成本，简化维权的流程，增加消费者的维权意识，增加社会舆论的监督作用。

**3. 加强知识产权的保护和管理**

完善相关法律建设，严厉打击装备制造业内恶意侵权和模仿造假行为，规范行业市场秩序，营造良好的保护知识产权的氛围；对不同行业、不同规模的企业制定相对灵活的政策，引导大型企业对知识产权进行规范化管理，增强中小企业的知识产权保护意识；建立专业的专利评价标准体系，完善无形资产的交易体制，建立合法的专利交易平台，促进专利技术实践程度的提高，完善专利实施转化的相关政策，[1] 促进专利技术发挥最大的价值；创新知识产权质押融资模式，强化企业知识产权的融资意识，完善无形资产质押模式管理，为中小型装备制造业融资提供新的路径。

**4. 研究完善招投标制度**

完善国内招投标制度和法规，依法对投标人和中标人进行资格审查，设计招投标的规范细则和统一的诚信评级体系，建设装备制造业的招投标诚信记录平台，对信用评级较低的企业实施重点监管，对多次违反相关规定的企业，禁止其进入招投标市场；遏制以降低质量为代价的恶性竞争，禁止“围标”“串标”的行为，提高招标过程的透明度，保证招投标过程中的公平、公正和公开；采用多样化的招标方式，可以增加询价和竞争性谈判等招标方式，满足招标市场需求；完善招投标过程中的投诉制度，简化投诉流程，分层次设立投诉渠道。

## （四）优化生产力合理布局

**1. 引导地方发展优势产业**

我国装备制造业应着力形成东部地区转向高端装备制造、中部地区推动产业升级、西部地区实现优势产业突破的“新三极”格局。加快东部地区淘汰落后产能的进度，合理规划产业布局，利用人才优势，打造人工智能等先进装备制造业产业集群模式，利用地理位置优势，加强全套产业链建设，补齐配套产业短板，增加产业集群输出；加强中部地区的政策引导，加大产业投资资金的投入力度，推动产业园区建设，整合创新型资源，加快传统装备制造企业的转型升级；充分利用西部地区丰富的资源，发展新能源型的装备制造产业，继续推行西部地区的资金和人才支持计划，积极配合“一带一路”倡议，扩大国际产能合作平台。[2]

---

① 万东华、于洋：《我国工业企业知识产权保护状况分析》，《调研世界》2017 年第 2 期，第 3 ~ 5 页。

② 国家制造强国建设战略咨询委员会：《中国制造 2025 蓝皮书（2017）》，电子工业出版社，2017。

**2. 打造具有国际竞争力的装备制造企业**

优化企业兼并重组的政策环境，引导企业间进行合理的兼并重组，增加装备制造业中大企业的数量，利用制造业规模经济效应，发挥不同规模企业的自身优势，促进装备制造企业的协同创新；在传统的装备制造体系较为完善的地区建立工业园区，引进产业链上下游企业，提高产业集中度，形成完整的产业集群；提高核心制造装备的自主研发能力，降低重大技术装备的对外依存度，借助"一带一路"平台输出国内优质高端装备制造产品，搭建国际技术交流平台，增强国内产品的国际认可度；利用丰富的创新型融资工具，帮助国有企业解决不良债务的问题，为中小企业提供技术研发资金支持；建设装备制造业国际信息平台，即时了解全球消费者的需求变化，在新兴装备制造业领域积极创新，填补国际市场空白，在国际市场中占据主导地位。

## （五）激发中小微企业活力

**1. 优化财政政策**

（1）加大财政资金投入力度。

以制度性规定保障各级政府每年都投入一定的财政资金用于扶持中小企业发展。同时，充分发挥中央财政政策的引导作用，通过国家中小企业发展基金，引导金融机构、民间资本等参与基金建设与运营，依靠市场作用，帮助解决中小企业资金难题，避免直接投入或政府干预，减少对民间资本的挤出与替代效应，增强基金的持续性效益。鼓励地方积极设立中小企业发展基金，加强与国家中小企业发展基金的协调配合和联动运转，形成多层次的基金体系，带动更多社会资金投向创新引领型中小企业，为企业转型升级，创新发展提供有力的资金支持。

（2）加大对初创期中小企业财政扶持力度。

处于初创期的中小企业，面对的风险及不确定性较大，应加大对此类中小企业的财政补贴和扶持。一方面，要制定细化的政策体系，可借鉴美国、日本等国家经验，采取逐步减少贷款上限的做法，重点加大对处于创业期的中小企业的扶持力度。另一方面，可充分发挥政府引导作用，鼓励地方通过参股，以吸引社会资本共同发起设立创业投资引导基金，重点支持初创期中小企业，尤其是科技型中小企业发展。

（3）优化对扶持中小企业发展的财政资金的使用管理。

一方面，对中小企业发展专项资金的使用方向进行优化。特别是改变传统资金使用上的“多点开花、分散使用”的模式，重点对有限的资金进行整合，加大对中小企业发展的市场环境、研发投入、融资机制建设、人才培养等共性需求进行补贴，而不是对某一特定地区、特定企业、特定产品进行补贴。另一方面，对现行的财政资金使用方式进行优化，将资金用于支持中小企业在市场前沿领域的发展，特别是对具有良好发展前景的行业进行财政支持。对政府建设的各类基金，应提升基金的管理专业化水平，提高财政资金的使用效率。同时，尽快建立资金使用监管制度、激励制度和使用绩效评估制度，提高基金管理团队的资金管理水平，保障资金安全。

**2. 完善税费政策**

（1）丰富中小企业税收优惠形式。

在地区优惠、经济性质优惠为主的基础上，考虑增加产业的优惠政策，加大对战略性新兴产业的减税力度，尤其要加大对科技创新型中小企业的扶持力度，更好地发挥政策引导作用。具体地说，是应根据创新的不同领域、不同环节，细化税收优惠政策，明确可享受优惠政策的适用对象和具体措施，鼓励中小企业技术创新。可借鉴发达国家经验，通过允许设备加速折旧、进行投资抵免、科研费用扣除等措施，鼓励中小企业技术创新。同时，也应在税收优惠体系中加大直接优惠的力度，如增加研发费用的扣除比例，允许科技型中小企业按照销售收入或营业收入的一定比例设立风险准备金及亏损准备金，并允许准备金在所得税前扣除等。

（2）规范和清理各项中小企业收费政策。

一方面，对各类行政事业性收费和政府性基金进行全面清理和规范，对合法合规的项目，统一收费标准；另一方面，要严格控制各级政府针对中小企业的行政性收费项目，要深入推行清单管理制度，推动各级政府建立行政事业性收费和政府性基金，明确政府定价的涉企经营服务性收费、财政补助事业单位收费目录清单，清单之外的项目一律不得收费，从源头上防范乱收费。此外要进一步加强对违规收费的查处力度，制止乱收费、罚款、摊派的行为。

**3. 细化政府采购政策**

（1）细化中小企业采购的相关政策措施。

根据中小企业的类型、发展阶段及政府采购规模等制定具体的地方政策，构建从中央到地方、从主体法到实施细则的全方位政府采购，以促进中小企业创新发展，不断降低中小企业参与政府采购的隐性壁垒。加大对政府采购工程招标投标活动的监督管理，解决差别待遇或者歧视性待遇等问题，保护政府采购中的中小企业份额。进一步明确现有政策条款，增强可落地性。此外，中小企业自身实力决定其很难单独开展与政府招标采购，更多的是以联合体或分包商的形式参与，因此，可进一步明确，在大型企业政府采购项目中，给予中小企业分包份额，以提高中小企业参与政府采购机会。

（2）提高政府采购规模。

目前，发达国家对中小企业的政府采购规模一般占到国内生产总值的10%、占财政支出的30%。而我国2014年政府采购规模占国内生产总值的比重为2.72%，占财政支出的比例仅为11.40%。政府采购规模是实现政策功能的前提，没有规模就无法形成市场需求，更谈不上形成政策效应。因此，我国应进一步加大对中小企业的政府采购规模，凸显对中小企业的扶持。

（3）加强对中小企业政府采购的管理。

负责中小企业的政府主管部门应将服务中小企业参与政府采购作为一项重要职能，向中小企业提供政府采购运作流程等相关公共服务，提高中小企业政府采购的可获得性。如美国中小企业局就通过“搁置购买”“拆散购买”“提供能力认证书”等措施，帮助中小企业从联邦政府的采购计划中获得合理份额。我国政府部门也应加强履职能力建设，尽力为中小企业争取政府采购份额和各项优惠政策。同时，要增强对中小企业30%采购规模执行情况的考核力度，明确追责机制，确保中小企业政府采购政策得到有效落实。

**4. 创新金融政策**

（1）拓宽间接融资渠道。

发展专门为中小企业服务的政策性金融机构。通过提供低息贷款、税收优惠、财政补贴等方式，在向政策性金融机构注资，为中小企业提供投资、信贷、担保、咨询等综合服务的同时，应最大限度地诱导商业性融资和社会资金进入政府支持和鼓励发展的领域。

引导商业性金融机构服务中小企业发展。通过将优先股息率与银行中小企业贷款额直接挂钩、实行总信贷限额贷款等方式，鼓励商业银行向中小企业放贷。结合中小企业对融资的需求，有针对性地建立符合中小企业特点的信贷管理机制，适当放宽审批权，提高信贷灵活度。

鼓励发展以民间资本为主的中小金融机构。探索创新差异化、特色化经营模式，更好地满足中小企业融资需求。鼓励开发适合中小企业的新型金融服务产品，以适应中小企业多样化融资需求。推动建立全国统一的动产融资登记互联网公示系统，支持金融机构为中小企业提供动产担保融资。进一步推动银行业金融机构开展对科创中小微企业的投贷联动业务，推动知识产权融资新模式，助力中小科技型企业发展。实施小微企业应收账款融资专项行动，全面推进应收账款融资工作。

（2）鼓励发展直接融资。

在科学平衡、评估融资效率和监管绩效，确保不发生系统性金融风险的前提下，结合我国实际，推动信贷市场、股权市场、债券市场等金融主体，在金融产品、融资服务、制度设计等方面加强创新，以满足中小企业多样多变的融资需求。鼓励中小企业通过种子基金、天使基金、风险投资基金、私募基金等融资项目，不局限于现有的金融体系能够提供的工具，使更多的优秀中小企业能够适时进入资本市场融得资金。充分发挥我国现阶段大数据、互联网、共享经济等发展优势，更多地依靠新技术、新手段、新机制解决中小企业融资问题。

（3）完善信用担保体系。

完善以政府为主导的担保机构体系。一是以省级、地市级为重点，发展一批以政府出资为主的政府性融资担保机构，逐步形成不同类型、不同目的的担保机构分工互补的发展格局，扩大覆盖面，提高担保倍数，以满足中小企业日益增长的融资需求。二是建立政策性再担保机构，形成由再担保机构、直保机构、银行和中小企业共同分担风险的机制，缓解信用担保机构承担的风险压力。建议推动建立国家级政策性再担保机构，作为担保机构担保风险的最后承接人，提高分散风险的能力。研究设立国家融资担保基金，支持构建国家融资担保基金、省级再担保机构、辖内融资担保机构的三层组织体系，减少担保风险。三是积极鼓励中小企业间互助担保组织的建立和发展。地方政府对于互助担保机构应给予一定的财政金融和政策支持，提供包括启动资金支持、激励资金支持、担保代偿损失补偿等，促进互助担保机构发展。重点支持社团性质的互助担保机构，特别是鼓励其通过制度创新走向规范的合作制。

完善社会征信制度。构建中小企业信用评级制度和社会征信体系。划分中小企业的信用等级，建立中小企业信用信息共享平台，督促中小企业提高自身信用等级，减轻银行与企业之间的信息不对称，缓解中小企业融资约束。大力开展信用评级工作。鼓励发展一批社会信用评价、评级类机构，通过对其提供必要的财政税收优惠、贴息贷款等，提供部分启动资金支持，改善社会信用中介服务业的发展环境，为信用评级工作提供基础支撑。

## 三　补齐科技成果转化短板，提升核心竞争力

### （一）加快建设创新中心

一是完善装备制造业创新生态，弥补装备制造业创新链从实验室产品到产业化之间的缺失环节，打通创新链、产业链、资金链、政策链。整合已有创新资源，强化企业主体地位，充分发挥国有大型企业在技术创新体系中的龙头作用，鼓励和支持民营企业建立研发机构、实验室和中试基地。鼓励开展产学研联合攻关，发挥骨干企业主导作用、中小企业协同配套作用、高校

科研院所技术支撑基础作用和行业中介组织的保障服务作用，形成联合开发、优势互补、成果共享、风险共担的产学研协同创新机制。

二是依托装备制造业基础雄厚、研发创新实力强的省市，探索创建一批区域级制造业创新中心，在现有的基础上加快推进新材料、机器人等创新中心的建设，开展共性关键技术的研究和产业化的应用示范，充分发挥溢出效应，优化装备制造业创新生态环境，破解行业共性技术供给不足的难题，构建装备制造业多层次、网络化创新体系，提高创新生态系统开放协同性。

### （二）实施军民融合发展战略

在政策制定上，在国家军事战略层面和社会经济战略层面做好统筹规划，促进军民两用装备制造产品研发，支持民营企业参与产品的设计研发，加快军民两用技术的使用和生产；消除军民企业间的政策差异，消除企业间的制度壁垒，减少军民企业的融合阻力。

在创新策略制定上，鼓励民营企业充分利用军工院校的科研资源和优势，实现军队、高校、装备制造企业和科研机构多方合作的模式，利用技术优势研发高端装备制造产品；建立军民融合资源共享平台，提高资源利用率，促进军民企业间技术和人才的双向转移，完善企业间的转移体系，促进军工企业和优秀民营企业协同发展。

在产业策略上，推进军民融合产业基地和产业示范园区建设，在军工企业较多的重点区域，开展军民融合产业试点工作，整合军民企业融合后形成的产业链，延长产业链条，发挥产业链条的规模优势，促进装备制造业向产业链两端延伸，增加产业链的附加值。

### （三）加强人力队伍建设

明确“人才为先”理念，以弘扬创新精神、企业家精神、工匠精神为出发点，以打造高层次科技创新人才队伍、高素质技术技能人才队伍为目标，建立和完善公开、平等、竞争、择优的人才培育机制，积极创新人才“引培”手段，充分用好“柔性引智”“以智引智”“项目引智”等引智模式，开展“订单式”“处方式”。

一是建立适应产业发展需要的教育体系和相应机制。增加职业教育的财政投入，扩大中等职业学校招生规模。推进由政府、企业和学校共同承担费用的校企合作新机制。政府为减轻企业负担应为实习学生提供补贴，同时为促进职业教育与企业对接，应鼓励更多企业参与职业教育。此外，还应对企业办学提供减税等优惠政策，鼓励经济实力强、在特殊技术领域有培训能力的企业进入职业教育领域。

二是优化技术技能人才培养的制度环境。健全技术技能人才服务体系和评价方式。对于新职业应不断完善发布制度、加强调查研究、及时制定技能标准。鼓励多元化评价方式。提高职业技能鉴定考试中的实操部分比重。定期开展技术技能人才状况和需求情况调查，并发布一些预测及相关指导。加大政策支持力度。

三是激励企业发挥岗位培训主体作用。为引导企业加大培训投入，通过借鉴国外事后减免税的方式，对企业完成规定培训且取得技术等级证书后，免除相当于一定比例培训费的企业所得税。为能更好的让高技能人才解决相关服务及技术难题，应加大支持企业建立首席技师工作室。同时鼓励企业设置技师技术攻关项目，对取得成效的可获得不低于专业技术系列、管理系列的工资增幅，提高技能人才工资水平。

### （四）搭建创新服务平台

加快搭建四类装备制造业创新服务平台。一是建设促进装备制造业创新协同的公共服务平台，规范服务标准，开展技术研发及评价等专业化服务，促进科技成果转化和推广应用；二是建设重点领域制造业工程数据中心，为企业提供创新知识和工程数据的开放共享服务；三是建设大型科学仪器设备共享平台，针对装备制造业企业共性需求，推动非涉密和无特殊规定限制的科研设施与仪器向社会开放；四是建设装备制造业金融服务平台，创新产融结合方式，引入多元化投资机制，发挥金融资本和产业资本助推器作用。

### （五）推动“双创”工作

一是建立健全功能完善的创新创业服务体系。发挥传统孵化器在基础设施方面和新型创业服务机构在专业服务方面的互补优势，促进其深层融合，从“重资产、轻服务”逐步转向“轻资产、重服务”。引导创新创业服务向市场化、专业化、网络化、开放化发展，为初创企业提供全流程服务，满足新时期大众创新创业的新需求。

二是加强创新创业人才的培养。一方面，与全球其他地区相比，接受过创业教育的中国青年相对较少，要在高校中加强创新精神和创业技能教育；另一方面，聚焦于作为“双创”生力军的科技人员，引导科技人员在产学研协同创新中发挥更大的作用，让科技人员依靠科技致富，激发高校、科研院所和大型（国有）企业科技人员创新创业的积极性。

## 四　统筹兼顾“引进来”与“走出去”

### （一）提高“引进来”效率

**1. 调整产品出口结构**

调整装备制造业“走出去”的产品结构，由劳动密集型向资本密集型和技术密集型转变，积极开发拥有自主知识产权的产品，在新兴领域和发展空间较大的领域投入技术人才和科研基金，培养装备制造行业的竞争优势；完善装备制造业出口配套行业服务，积极开发配套产业链，提高配套行业出口比例，提高制造业的国家口碑和售后服务的质量；充分发挥我国在高铁、航空、机器人等新兴领域的竞争优势，积极打造国际知名品牌；鼓励社会资本向高端装备制造领域投资，使用创新型融资模式。

**2. 提高海外工程总包能力**

提高海外工程总包能力，将贸易方式由加工贸易向总工程承包贸易转变，通过海外出口承包贸易搭建国外产业链和技术的学习平台，学习国外先进技术和管理模式；通过海外承包贸易向国外输出国内产业链和技术标准，在质量认定标准上掌握主动权；通过海外承包推动整个行业集群的发展，促进工程设计到施工生产再到后续服务等环节的能力同步提升，同时可以推动配套产业发展，扩大国内原材料市场，提高装备制造业国际承包能力的综合竞争力，将工程承包能力提升到国际先进水平。

**3. 加强国际技术交流与协作**

促进先进生产技术的“走出去”与“引进来”，努力应对国外技术贸易壁垒，把加强技术创新放在发展的首位，可以通过引入国外先进的技术进行吸收再开发，也可以引进国外的专家团队进行合作交流，与国内技术人员共同研发创新，努力提高产品性能和生产参数标准，开创自主研发品牌，增加自主知识产权保护意识，用技术优势打破国外贸易壁垒；同时提高中国产品的标准化体系建设，与欠发达地区共同组成区域性的产品标准联盟，采取适当的外交手段，化解国际间的技术性贸易壁垒。

**4. 增强企业风险防范意识**

在企业“走出去”与“引进来”的过程中，增强贸易产权保护的法律意识，了解主要合作国家的相关法律法规，增加工作人员的法制教育；设立专门的法律咨询机构帮助企业解决跨国贸易诉讼问题，鼓励企业间多方面的合作，共同应对贸易摩擦，减少不必要的资本流失；鼓励企业与国外当地企业进行深层次的交流与合作，了解当地的文化风俗和消费习惯，采取品牌间的协作和联合，分散企业风险。

**5. 减少外资准入的限制性措施**

积极拓宽各种渠道将外资“引进来”，鼓励外商投资高端、绿色和智能制造业领域，取消外商进入机器人和新能源汽车等新兴装备制造业领域的限制性条款，政策引导外资投向技术含量较高的行业，充分发挥外商资本的技术溢出效应，创造良好的投资环境；简化外商资格审查流程，缩短海关登记和发票认领的时间，降低外商投资的交易成本，取消外资公司最低注册资本要求，实行全国内外统一的经营牌照申请标准和统一的时限；对在中西部投资的外商给予税收优惠政策，转变政府对外商的监管模式，逐步由审批型向服务型模式转变，提高外资的监管服务水平。

## （二）加快“走出去”步伐

**1. 建立产业联盟，形成竞争合力**

在“走出去”大趋势下，我国高端装备企业要应对激烈的国际竞争，必须进行优势互补，形成合力。一是整体布局，鼓励优势行业和新兴产业加快“走出去”步伐，并不断完善协调规划和政策引导。二是尽快成立“走出去”产业联盟，联盟成立后企业可把更多精力用于技术创新，根据自身特点和优势，集中优势资源、协调合作攻关高精尖项目，提高行业的国际市场竞争力。三是加强“产业+金融”合作创新，鼓励大型企业、金融机构开展战略合作，成立金融服务公司，培育发展“产业+金融控股”集团。

**2. 完善保障体系建设，创造优质投资环境**

一是根据目前国际形势，制定对外投资相关法律法规，加快制定企业应对经济纠纷、贸易摩擦等问题法律法规的步伐，保证我国企业“走出去”过程中有法可依。二是政府要协助企业对投资对象进行风险评估，制定适用于不同国家和地区的风险评估机制，供企业参考，同时推动海外投资担保业务的发展，鼓励国内商业保险公司拓展海外投资保险业务。三是积极与相关国家和地区开展贸易磋商与多边谈判，在建立合作机制的同时形成贸易争端的解决机制。四是简化海外投资审批流程，提高服务效率，努力为企业消除各种贸易和投资壁垒，创建良好的国际投资环境。

**3. 加快标准化建设，大力推广中国标准**

一是认识到标准的重要性，使标准切实成为科研技术成果转化为生产力的纽带，加大国家公共财政对标准化研究的投入。二是改变企业在标准制定过程中的被动地位，制定企业标准投资利益回报机制，发挥行业协会在政府与企业间的桥梁作用，使标准能够准确反映市场需求变化。三是提高我国标准的国际化程度，融合国外先进标准，制定与国际接轨的标准。四是积极参与国际标准的制定，大力输出中国标准，加大在国际的推广力度，鼓励企业以总承包的形式“走出去”，从技术、标准、设计、施工、装备到运营管理全方位“走出去”，以此来推动中国标准的“走出去”。

## 参考文献

陈彬：《制造业生产要素成本的变化、影响及对策》，《宏观经济管理》2016 年第 3 期，第 14 ~ 18 页。

高燕：《对我国民营企业国际化经营发展的探究》，《经济研究导刊》2015 年第 19 刊，第 16 ~ 17 页。

黄群慧、李晓华：《“僵尸企业”的成因与处置策略》，《中国中小企业》2016 年第 5 期，第 37 ~ 39 页。

江泓、贺俊：《“十三五”期间促进中小企业仓（新发展的政策思路与措施)》，《学习与探索》2015 年第 9 期，第 100 ~ 106 页。

曲玥：《劳动力成本上升对我国制造业出口和产业升级的影响》，《西部论坛》2016 年第 5 期，第 90 ~ 99 页。

原磊：《工业经济增长动力机制转变及“十二五”展望》，《经济问题》2013 年第 4 期，第 4 ~ 11 页。

张志超：《关于新常态下我国民营企业转型发展的主要任务》《海峡科技与产生》2016 年第 5 期，第 42 ~ 44 页。

国家发展和改革委员会产业经济与技术经济研究所课题组：《降低我国制造业成本的关键点和难点研究》，《经济纵横》2016 年第 4 期，第 15 ~ 30 页。

财政部财政科学研究所课题组：《我国中小企业发展支持政策研究》，《经济研究参考》2015 年第 8 期，第 3 ~ 22 页。

# 行　业　篇

Industry Reports

# B.5
## 机床工具行业

郭文娜　周楚楚*

摘　要：本章在梳理国际机床行业发展现状和趋势的基础上，重点研究分析了2016年我国机床工具行业的发展规模、经济运行情况、产业结构、贸易情况、技术水平及行业存在的问题。分析表明，我国机床工具行业经历了十几年的高速发展，取得了巨大成就。2016年我国机床工具行业总体发展趋势向好，各研究指标增速有所回升，技术方面取得重大突破，但传统用户领域市场需求仍然表现低迷，行业结构性矛盾凸显。为此，我国机床工具产业应加速弥补现实存在的短板，把加快结构调整作为战略发展重点，尤其要着力提升中高档数控机床的市场竞争力。

* 郭文娜，硕士，助理研究员，机械工业经济管理研究院研究部主任；周楚楚，硕士，工程师，机械工业经济管理研究院研究部。

关键词： 智能化 数控系统 复合加工 再制造

## 一 机床工具行业的定义和分类

### （一）定义

机床工具行业是机械工业的重要组成部分，主要为国民经济各部门的机器制造和修理提供技术装备。机床工具工业的产品和技术服务水平，对于机械工业产品生产技术和经济效益的提高具有决定性的作用，因此，常称机床工具行业是机械工业的“总工艺师”。①

### （二）分类

**1.《机床工具行业“十二五”发展规划》的分类**

《机床工具行业“十二五”发展规划》，把机床工具行业分为八类：金切机床、锻压机械、铸造机械、木工机床、量刃具、磨料磨具、机床附件（含滚动功能部件）、机床电器（含数控系统）。

**2. 机械工业联合会分类**

机械工业联合会把机床工具行业分为九类：金属切削机床制造、金属成形机床制造、铸造机械制造、金属切割及焊接设备制造、机床附件制造、木材加工机械制造、切削工具制造、其他非金属矿物制品制造、其他专用设备制造。

**3.《中国机床工业年鉴》的分类**

《中国机床工业年鉴》将机床工具行业分为八类：金属切削机床制造、金属成形机床制造、铸造机械制造、木工机械、机床附件制造、工量具及量仪、磨料磨具、其他金属加工机械。

---

① 邓力群、马洪、武衡：《当代中国》，中国社会科学出版社，1990，第117页。

**4. 中国机床工具工业协会的分类**

按照中国机床工具工业协会的分类标准，机床工具分为金属切削机床、金属成形机床、工具及附件三类。①

**5. 国家统计局的分类**

国家统计局也对机床工具行业进行了分类，具体分类如表1所示。

**表1　机床工具行业分类及代码**

| 国家统计局代码 | 分类 | 国家统计局代码 | 分类 |
|---|---|---|---|
| 3421 | 金属切削机床制造 | 3524 | 木材加工机械制造 |
| 3422 | 金属成形机床制造 | 3321 | 切削工具制造 |
| 3423 | 铸造机械制造 | 3099 | 其他非金属矿物制品制造 |
| 3424 | 金属切割及焊接设备制造 | 3429 | 其他金属加工设备制造 |
| 3425 | 机床附件制造 | | |

本文根据机床工具行业的重要性和数据可得性，以及相关子行业在机床工具行业中的重要性和代表性，选取金属切削机床制造、金属成形机床制造这两个子行业，作为机床工具行业主要分析的子行业。

## 二　国际机床工具行业的发展概况

### （一）国际机床工具行业发展现状

**1. 市场现状**

伴随着德国“工业4.0”、美国工业互联网浪潮及“中国制造2025”的巨大推动力，伴随着世界经济发展速度减缓和转型带来的压力与机遇，全球机床工具产业开始了新一轮的转型升级和积极变化：新的市场需求不断显现，新的产品供给不断丰富，促使行业重获新的增长动力。

① 《2014年中国金属成形机床行业产值及前景预测分析》，中国产业信息网，2014年1月26日，http://www.chyxx.com/industry/201401/227906.html。

国际机床工具市场格局已经形成，集中于亚洲、欧洲与北美洲。2015年全球机床消费量为791亿美元，比2014年下降106亿美元，同比下降11.80%。其中，亚洲消费量为455亿美元，占世界消费量的58.00%，欧洲消费量为211亿美元，占世界消费量的25.00%，北美洲消费量为108亿美元，占世界消费量的15.00%。2015年国际机床消费市场份额按国家排名的前五位分别是中国、美国、德国、日本和意大利，合计占全球68.00%的市场份额（见图1）。

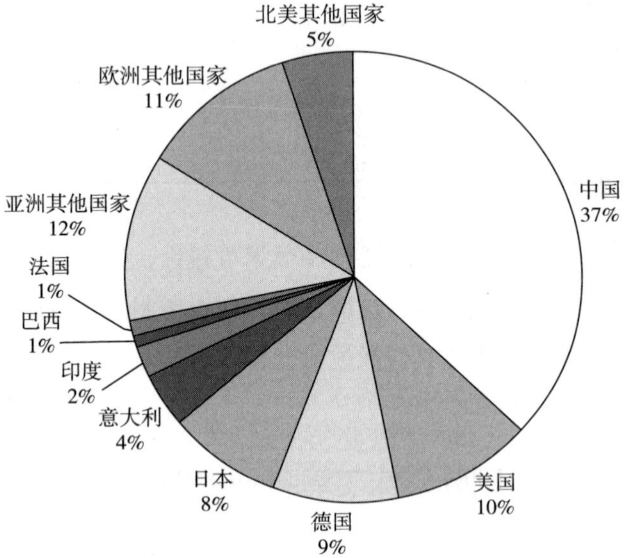


**图1　2015年国际机床市场份额分布情况**

从企业看，世界机床生产企业主要包括中国的沈阳机床集团、大连机床集团，日本的山崎马扎克、天田、小松、森精机、大隈，以及德国的通快、西门子公司等。

2. **技术现状**

（1）高速化

数控机床多采用直驱技术，直驱比用滚珠丝杠驱动的进给速度提高了1倍以上，从而减少了辅助时间，提高了生产效率。例如，德国德玛吉森精机

（DMG）公司每年产出的数控机床中采用直驱技术的达1500多台。国外先进的电主轴单元转速最高可达15000～100000圈/分钟，一般用到40000～50000圈/分钟的较多。

（2）智能化

智能化技术在数控系统的融入更加丰富，西门子、发那科、三菱都是该领域行业的佼佼者。如西门子的SINUMERIK 828D BASIC M具有圆柱形零件加工智能坐标转换功能，具有工艺包（SINUMERIK MDynamics），含有全部“精优曲面”功能，可以实现高效加工和获得加工最佳表面质量。

（3）网络化

互联网技术越来越多地应用在机床制造过程中，不仅为企业提供完整的生产数据信息，还可对机床进行远程诊断，并能把分散在各地的数控机床联系在一起，对其统一优化调整，实现社会化生产。目前，日本企业更是将物联网技术引入生产，马扎克、天田、发那科、牧野和三菱电气都已将先进制造技术向物联网方向拓展。

## （二）国际机床工具行业的发展趋势

**1. 市场趋势**

2016～2020年国际机床工具消费市场将总体趋于平稳，并呈现温和回升的态势。在新一轮产业链重构和国际产业转移的带动下，未来国际市场中将出现新的增量。如德国“工业4.0”战略，在航空、电气设备和汽车领域会有新的增长；印度市场得益于国际产业转移、快速增长的基础建设投入和汽车工业的发展；美国市场在贸易保护主义反弹和重返制造业的带动下提升中高端机床工具消费需求；墨西哥将面向美国市场，依托汽车制造业实现快速增长。

从航空、电气设备、精密和光学仪器、汽车等国际主要消费领域的投资预测看，未来机床工具行业消费量也将呈现温和增长。

**2. 技术趋势**

（1）更加智能、高效，融入更多复合加工新技术

为适应新兴技术间的融合，加工中心和复合机床更加智能、高效，通过

模块化和功能化实现在产品线上的自由组合和拓展，不仅降低技术应用成本，而且还提升了面向制造需求快速形成最优解决方案的能力。国际磨削技术研究和工程应用领域在不断追求极限制造的同时，也在向智能、高效和复合加工等方向拓展。

（2）根据新兴制造需求和市场需求拓展技术新方向

作为制造技术领域中前沿技术的代表和风向标，特种加工技术和机床在新兴制造需求的拉动下，大力发展以激光增材制造为代表的新技术，拓展了特种加工技术发展的新方向。而金属成形机床普遍提高了自动化水平，产品功能扩展到自动补偿、自动托扶、自动夹紧、自动更换安装模具、自动上下料等，不断突破效率和精度极限。

（3）基本单元技术、数控控制和测量技术追赶“工业 4.0”

切削刀具和机床功能部件作为机床和制造系统实现功能和性能的最基本单元技术，正在努力适应自动化、柔性化和智能化背景下的先进制造要求，提升技术水平，实现对“工业 2.0”和“工业 3.0”的跨越。而与“工业 4.0”关系最紧密的数字控制和测量技术领域也在加大对“工业 4.0”的研究力度，相关应用成果不断丰富、成熟和渐成体系。

（4）齿轮加工技术和工业机器人的应用使制造系统更加完备

齿轮加工技术正在向系统化制造体系发展，实现一体化，促进制造系统内的上下游紧密衔接，达到最优配置。而随着少人化和无人化制造需求的不断增加，工业机器人在整个制造系统中的应用将更加普遍和深入，形式也更加丰富。

## 三　我国机床工具行业的规模分析

### （一）工业增加值稳步增长

2012～2016 年，我国机床工具主要子行业工业增加值增速整体表现为稳步增长，增长速度前 3 年相对稳定，呈小幅震荡，2015 年增长速度下降明显，2016 年又开始回升。其中，2015 年是机床工具 4 个主要子行业工业增加值增长水平最低的一年，相比 2012 年的数据，石墨及其他非金属矿物制品制造行业，金属工具制造行业，金属加工机械制造行业，化工、木材、非金属加工专用设备制造行业分别下降 6.70%、7.00%、5.70%和 6.40%。2016 年，增速回升明显，同比分别增加 5.80%、3.60%、3.40%和 2.30%（见表 2）。

**表 2　2012～2016 年机床工具主要子行业工业增加值增速**

单位：%

| 年份 | 石墨及其他非金属矿物制品制造行业 | 金属工具制造行业 | 金属加工机械制造行业 | 化工、木材、非金属加工专用设备制造行业 |
|---|---|---|---|---|
| 2012 | 13.90 | 10.20 | 6.40 | 10.20 |
| 2013 | 9.90 | 10.90 | 8.80 | 8.70 |
| 2014 | 10.90 | 9.50 | 9.20 | 7.70 |
| 2015 | 7.20 | 3.20 | 0.70 | 3.80 |
| 2016 | 5.80 | 3.60 | 3.40 | 2.30 |

## （二）资产规模保持增长态势

2016 年 12 月，我国机床工具行业资产规模基本保持持续增长，资产规模达 9714.95 亿元，同比增长 13.46%。与 2015 年相比，前 5 个月的资产规模平均增长 5.63%，5 月同比增速下降明显，但 6 月资产同比增速较快，随后 7 个月平均增长 8.85%，尤其是 11 月同比增长最高，达 10.41%（见图 2）。

## （三）固定资产投资规模整体下降

2016 年，我国机床工具行业固定资产投资规模累计为 4580.57 亿元，同比降低 3.92%。月度数据显示，全年 6 月份投资额最高，达 565.79 亿元，而整体从 4 月开始，行业投资同比持续下降，7 月小幅抬升后，8 月达到全年最低值，同比降低 12.33%，之后该比例逐步上升，11 月开始由负转正。每月固定投资完成额主要集中在 400 亿～450 亿元之间变化，比较稳定（见图 3）。

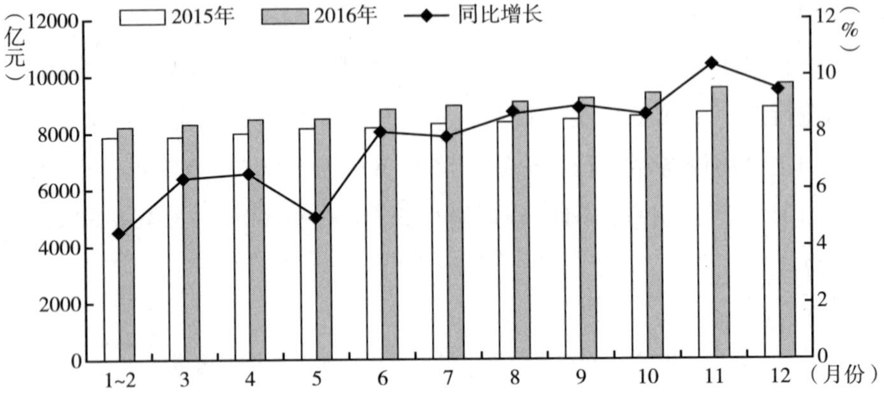


**图 2　2016 年我国机床工具行业资产规模及同比增速**

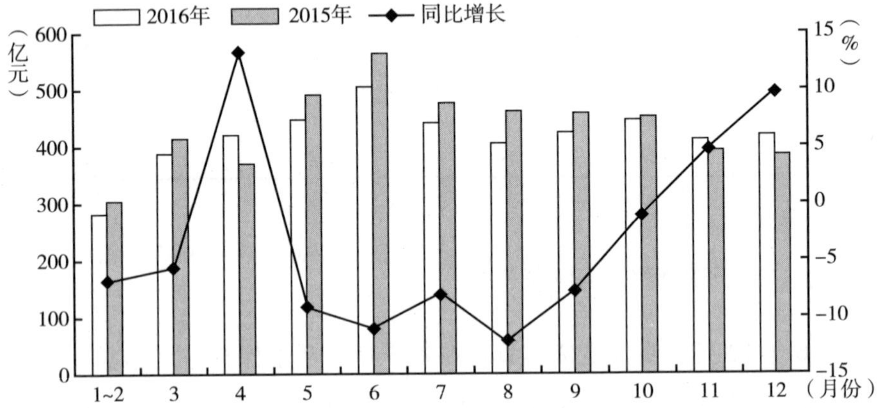


**图 3　2016 年我国机床工具行业固定资产投资完成额及同比增速**

## （四）产量产值规模

我国机床工具行业近三年主要产品产量基本呈现 2015 年同比下降明显、2016 年同比小幅回升的变化态势。

2016 年，金属切削机床、金属成形机床、金属切削工具、铸造机械这四类产品的产量分别为 78. 32 万台、31. 84 万台、89. 36 万件、224. 35 万台，同比分别增长 3. 67%、4. 91%、1. 21%、115. 38%，显示出机床工具行业整体回暖的态势。其中铸造机械产品产量增幅迅猛，相比2015年产量翻番；2015年在其他产品产量都下降的情况下，还同比增长了12.90%；说明用铸造机械代替人工铸造已成为趋势，高精度和自动化的铸造机械逐渐得到市场的青睐（见表3）。

**表3　2014～2016年我国机床工具行业主要产品产量及同比增速**

| 年份 | 金属切削机床 | | 其中:数控金属切削机床 | | 金属成形机床 | | 金属切削工具 | | 铸造机械 | |
|---|---|---|---|---|---|---|---|---|---|---|
| | 产量（万台） | 同比增长(%) | 产量（万台） | 同比增长(%) | 产量（万台） | 同比增长(%) | 产量（万件） | 同比增长(%) | 产量（万台） | 同比增长(%) |
| 2014 | 85.93 | 3.06 | 26.09 | 14.78 | 34.65 | 6.16 | 95.79 | 17.66 | 92.26 | -6.52 |
| 2015 | 75.55 | -12.08 | 23.52 | -9.88 | 30.35 | -2.40 | 88.29 | -7.83 | 104.16 | 12.90 |
| 2016 | 78.32 | 3.67 | 25.00 | 6.32 | 31.84 | 4.91 | 89.36 | 1.21 | 224.35 | 115.38 |

## 四　我国机床工具行业的运行情况

### （一）总体运行情况分析

**1. 主营业务收入稳步增长**

2016年，我国机床工具行业实现主营业务收入11592.41亿元，同比增长6.12%。全年行业的主营收入基本保持稳步增长，月度同比增速数值均为正数，其中5月份同比增长4.08%，为全年最低水平，其余月份同比增速都在6.06%以上，表现比较突出的是4月、11月和12月，同比增速分别达9.72%、14.58%和14.53%，无论从月度主营业务收入还是同比增量都表现得较为强劲，营业收入有较大的提升（见图4）。

**2. 主营业务成本保持稳步增长**

2016年，我国机床工具行业实现主营业务成本9878.60亿元，同比增长6.33%，增速略高于主营业务收入。全年行业的主营业务成本基本保持稳步增长，月度同比增速数值均为正数，其中5月、11月、12月同比增速

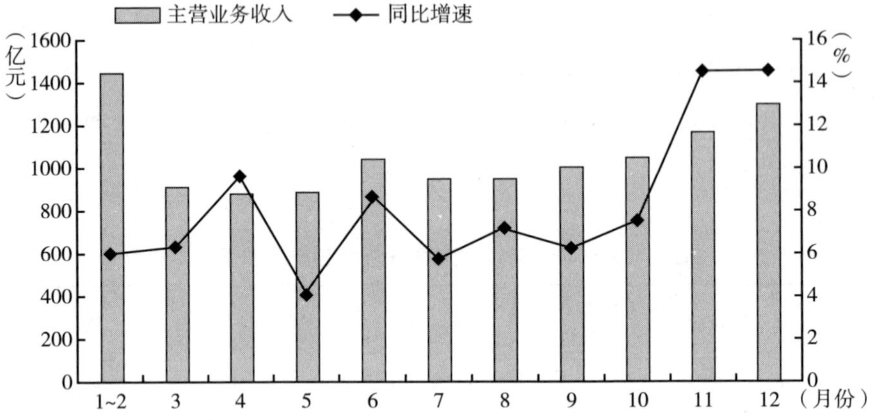


**图 4　2016 年我国机床工具行业主营业务收入及同比增速**

明显高于其他月份，分别是 9.06%、10.18% 和 12.21%，而其余月份除了月度主营业务成本同比增速表现最低的 3 月（数值为 3.93%），其他月份的同比增速基本维持在 4.00% ~6.00% 这一范围（见图 5）。

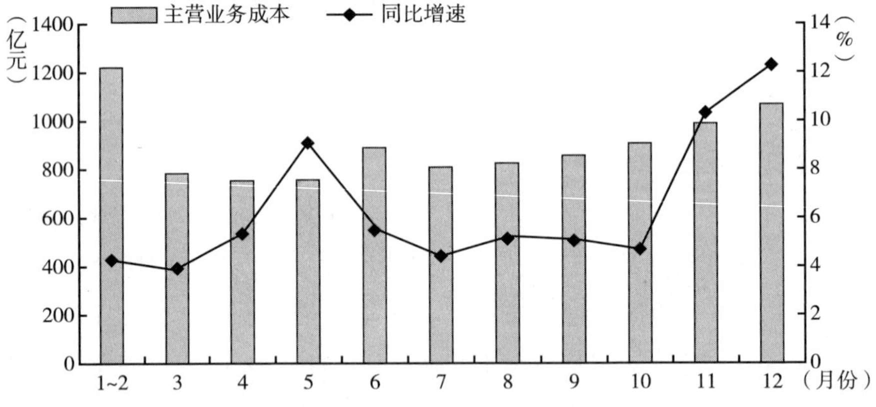


**图 5　2016 年我国机床工具行业主营业务成本及同比增速**

3. **利润总额总体表现增长**

2016 年，我国机床工具行业累计利润为 740.77 亿元，同比增长 6.88%。全年行业的利润整体经历两轮增长和回落，分别在 6 月、11 月和 12 月，月度同比增速数值达到全年最高，分别为 22.91%、22.30% 和 29.59%，而在 4 月和9月分别降至两轮利润回落期的最低位置，分别为-7.70%和4.80%。全年除了4月和5月的同比增速数值为负，其余月份的同比增速数值均为正数，其中11月、12月的月度利润总额达到全年最高，这与2016年的主营业务收入数值和主营业务成本数值达成一致，全年表现出增长态势（见图6）。

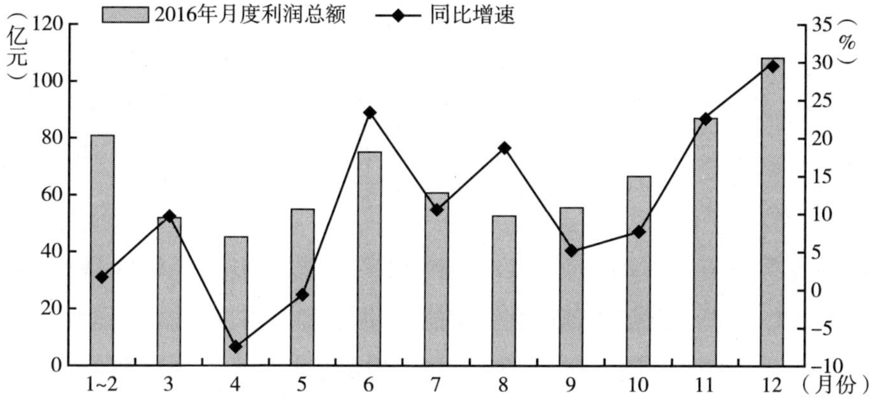


**图6　2016年我国机床工具行业月度利润总额及同比增速**

## （二）营运能力增强

2016年我国机床工具行业总资产周转率整体高于2015年全年水平，平均约0.11次，2015年该项指标的平均数值为0.03次。说明行业2016年总资产周转快于2015年总资产周转，销售能力有所增强，整体行业经营质量和总资产利用效率得到提升。根据月度数据，2016年除了6月、11月、12月数值略高于平均值外，其余月份均表现得平稳，尤其是11月、12月的总资产周转率明显提高，呈现周转能力进一步增强的趋势（见图7）。

## （三）盈利能力略微增强

从总资产利润率来看，2016年我国机床工具行业整体企业盈利能力有所增强，全年总资产利润率为0.75%。根据月度数据分析，2016年行业总资产利润率前5个月略低于2015年同期指标数值，之后每月基本高于2015

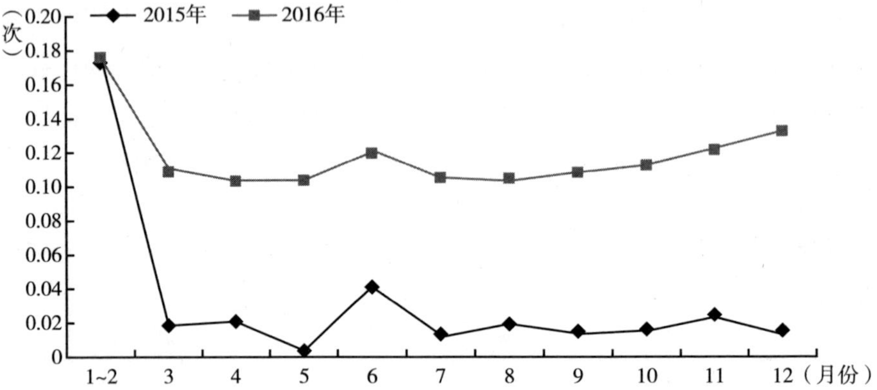


**图7　2015 年、2016 年各月我国机床工具行业总资产周转率**

年同期该项数值，其中 6 月、11 月和 12 月的数值较高，分别是 0.86%、0.91% 和 1.12%。全年总资产利润率的变化与 2015 年趋同，均是在相同月份节点经历了两轮先降后升，后两个月达到全年最高水平（见图 8）。

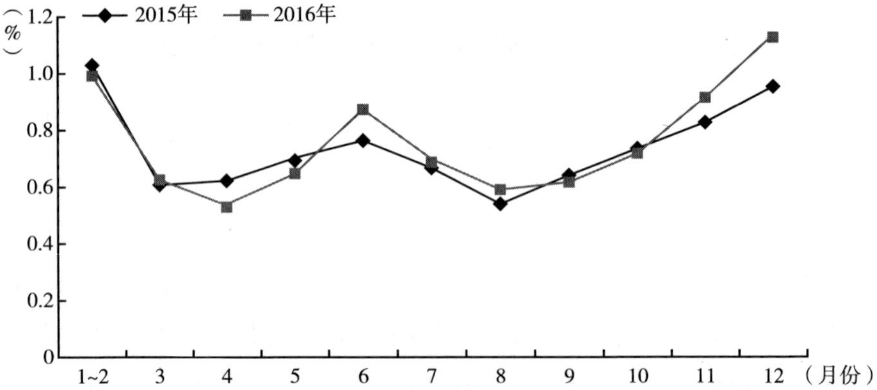


**图8　2015 年、2016 年各月我国机床工具行业总资产利润率**

从主营业务成本率看，2016 年机床工具行业整体变化表现得较平稳，全年主营业务成本率为 85.22%。从月度指标看，前 11 个月均保持在 85.57% 左右，直到 12 月该数值下降明显，为 82.74%，结合 11 月份的数值 85.00%，整体该数值表现为下降趋势。2016 年，除 5 月份主营业务成本率高于 2015 年同期数值，其余月份均低于同期水平，说明 2016 年行业整体主营业务收入的盈利贡献比 2015 年有所提高（见图 9）。

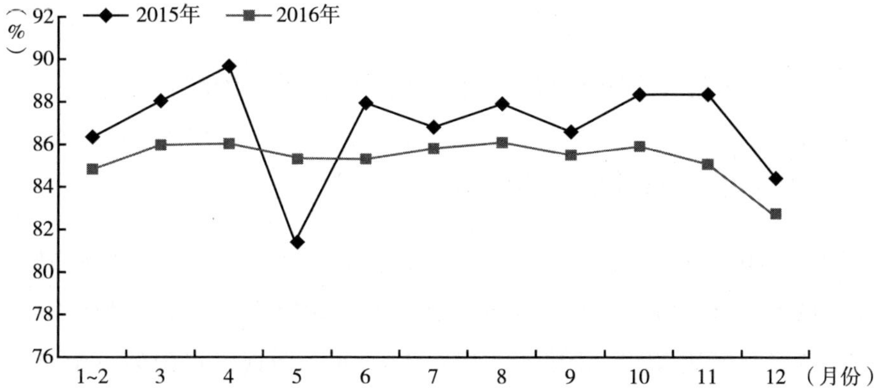


**图 9　2015 年、2016 年各月我国机床工具行业主营业务成本率**

## （四）偿债能力略有增强

2016 年，机床工具行业平均资产负债率为 50.82%，略低于 2015 年平均资产负债率 52.94%，全年走势与 2015 年趋同，整体平稳且呈下降趋势。从 2015～2016 年这两年的行业资产负债率来看，无论对经营者还是对债权人来说，行业企业的资产负债水平均处于较为适宜的 40%～60% 范围内，企业具备较强的偿债能力，并能通过举债经营，扩大生产规模，开拓市场，增强企业活力，获取较高利润（见图 10）。

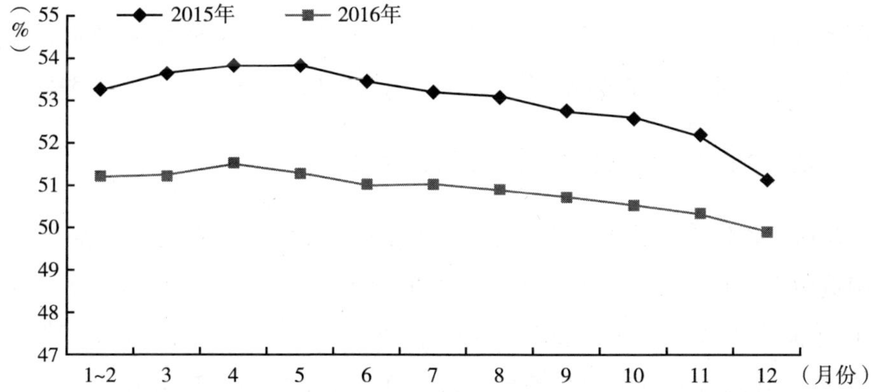


**图 10　2015 年、2016 年各月我国机床工具行业资产负债率**

## 五　我国机床工具行业产业结构分析

### （一）两大子行业资产规模逐年微幅扩大

2014～2016年，我国机床工具行业的金属切削机床制造和金属成形机床制造两大子行业资产规模呈逐年扩大趋势。2016年，金属切削机床制造子行业资产规模达2279.22亿元，相比2014年，增长了6.61%；金属成形机床制造子行业资产规模达778.67亿元，相比2014年，增长了13.26%。

### （二）两大子行业主营业务收入呈分化发展趋势

2014～2016年，我国机床工具行业的金属切削机床制造和金属成形机床制造两大子行业主营业务收入呈不同的发展趋势。2016年，金属切削机床制造子行业主营业务收入为1673.47亿元，相比2014年降低2.14%；金属成形机床制造子行业主营业务收入为928.74亿元，相比2014年增长9.56%。

### （三）两大子行业主营业务成本逐年微幅上涨

2014～2016年，我国机床工具行业的金属切削机床制造和金属成形机床制造两大子行业主营业务成本呈逐年增大趋势。2016年，金属切削机床制造子行业主营业务成本为1432.17亿元，相比2014年上浮0.75%；金属成形机床子行业主营业务成本为785.69亿元，相比2014年上浮9.34%。

### （四）两大子行业利润呈分化发展趋势

2014～2016年，我国机床工具行业的金属切削机床制造和金属成形机床制造两大子行业利润总额呈不同的发展趋势。金属切削机床制造子行业近三年利润总额逐年下降，2016年降至68.32亿元，相比2014年降低了10.52%；金属成形机床制造子行业利润总额先增后降，2016年为58.54亿元，相比2014年增长了2.02%，总体表现为小幅增长。

## 六　我国机床工具行业贸易分析

### （一）进出口规模有所下降

2016 年，我国机床工具行业进出口总额为 221.73 亿美元，同比下降 8.89%。从进口方面看，2016 年机床工具行业进口总额为 123.79 亿美元，同比下降 12.28%；月度数据显示机床工具行业进口额变化起伏较大，3 月份进口额为全年最高，达到 12.23 亿美元，10 月份的进口额为全年最低，仅有 8.10 亿美元。从出口方面看，2016 年机床工具行业出口总额为 97.94 亿美元，同比增长 2.23%；月度数据显示机床工具行业出口额呈震荡状态，整体基本维持在 7 亿～8 亿美元区间。此外，2016 年机床工具行业无论进口额还是出口额月度同比增速大多为负数，行业进出口贸易水平降低（见图 11）。

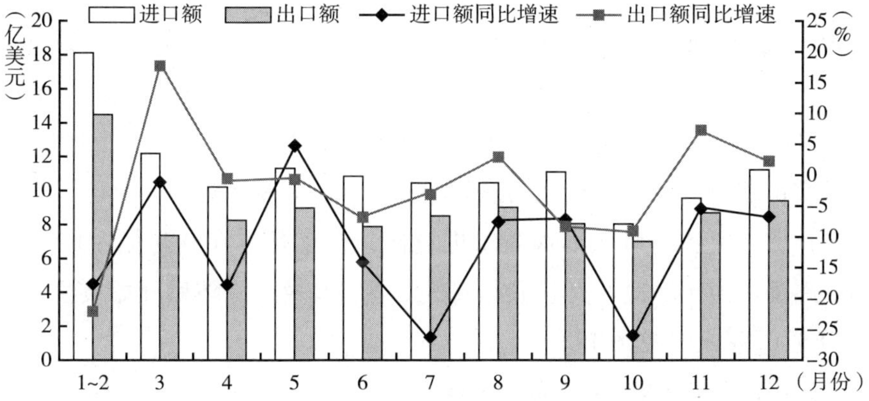


**图 11　2016 年各月机床工具行业进出口额及同比增速**

**1. 一般贸易占主导地位**

2016 年我国机床工具行业一般贸易进口额为 101.17 亿美元，同比下降 10.74%；一般贸易出口额为 79.48 亿美元，同比下降 6.07%，整体显示一般贸易交易萎缩。月度数据显示，一般贸易进口额变化起伏较大，同比增速除了5月、11月和12月分别为7.48%、3.45%和1.39%外，其他月份均为负值。一般贸易出口额起伏也较大，同比增速除了3月、8月、9月、11月和12月分别为19.21%、1.98%、9.04%和4.59%外，其他月份均为负值（见图12）。

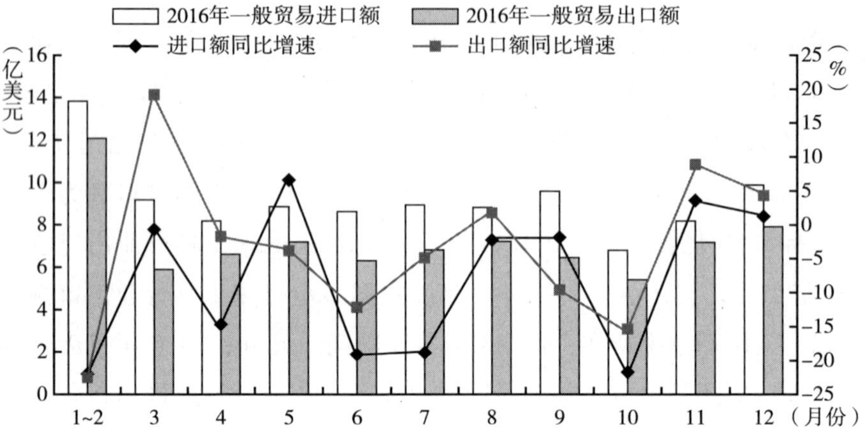


**图12　2016年机床工具行业一般贸易进出口情况**

2016年我国机床工具行业加工贸易进口额为1.71亿美元，同比降低5.49%；加工贸易出口额为10.28亿美元，同比增长0.31%；显示为贸易顺差。月度数据显示，加工贸易进口额虽然全年处于低位震荡，但同比增速全年呈增长态势，1~2月份仅为-29.65%，到12月已达16.18%，进口贸易回暖；加工贸易出口额远远高于进口额，全年基本在0.8亿~1亿美元范围内震荡，同比增速6月达到最高位，为19.94%，随后开始震荡回落，12月降至0.98%（见图13）。

**2. 进出口贸易多集中在东部沿海地区**

进口方面，江苏省、上海市和广东省的机床工具进口额位列全国三甲，并且遥遥领先于其他省份。2014~2016年，机床工具进口额排名前10位的省市，除了湖北省和重庆市2016年相比2014年进口额有所增长，其他省份均有不同幅度的下降。其中下降最大的三个省市中北京市下降幅度最大，达47.89%，其次是广东省，为39.89%，上海市为35.22%（见图14）。

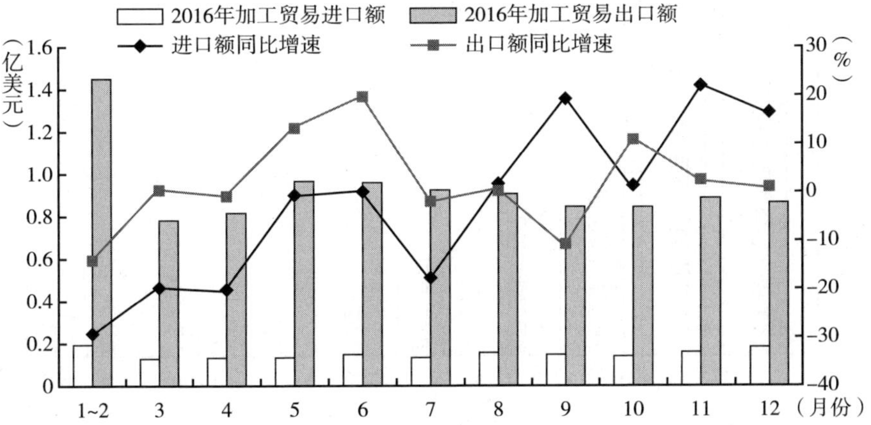


**图 13　2016 年机床工具行业加工贸易进出口情况**

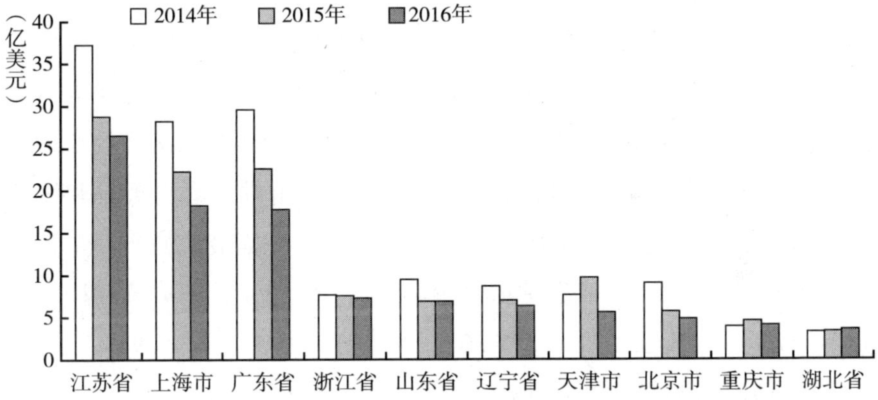


**图 14　2014～2016 年机床工具进口额排名前 10 位的地区**

出口方面，广东省、江苏省、浙江省的机床工具出口额位列全国三甲，且远高于其他省份。近 3 年来，机床工具出口额排名前 10 位的省市，除了前 3 位及河北省以外，其他省市 2016 年相比 2014 年出口额都有不同程度的下降。其中下降最多的 3 个省市中天津市下降比率最大，为 26. 54%，接下来依次是福建省 26. 45%，辽宁省 25. 37%。而广东省、河北省和浙江省 2016 年的出口额相比 2014 年增速比率最高，依次增长了 36. 96%、15. 09% 和 13. 50%（见图 15）。

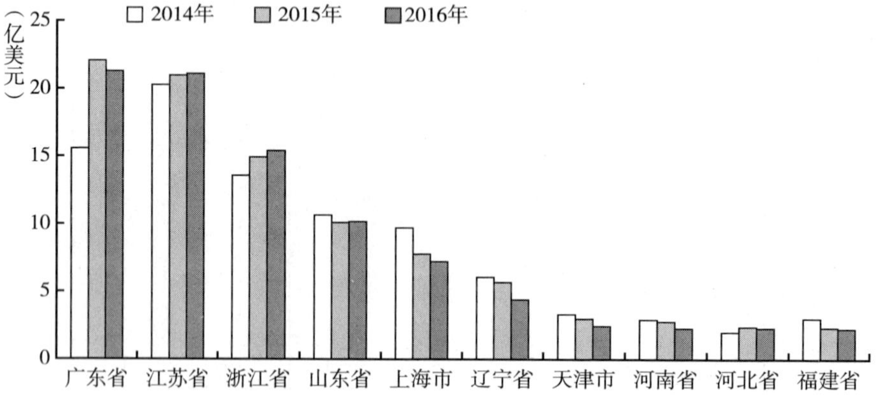


**图 15　2014～2016 年机床工具出口额排名前 10 位的地区**

## (二)进出口产品结构变化不大

2014～2016 年，我国机床工具行业主要产品占进口额比例基本保持不变，各产品进口额呈现逐年下降趋势。2016 年我国机床工具行业进口额最大的产品是金属加工机床，进口额为 73.71 亿元，以下依次为数控机床、加工中心、刀具、非金属加工机床、工夹具及机床附件、磨料磨具和铸造机械。相比 2014 年，进口额都有较大的降幅。其中降幅最大的产品是铸造机械，下降 39.10%，以下依次是加工中心下降 36.55%，工夹具及机床附件下降 34.67%，金属加工机床下降 30.98%，数控机床下降 25.94%，非金属加工机床下降 25.71%（见图 16）。

2014～2016 年，我国机床工具行业主要产品所占出口额比例基本保持不变，各产品出口额呈现整体下降趋势。2016 年我国机床工具行业出口额最大的产品是金属加工机床，出口额为 28.42 亿元，以下依次为刀具、非金属加工机床、磨料磨具、数控机床、工夹具及机床附件、加工中心和铸造机械。相比 2014 年，进口额都有一定的下降。其中，降幅最大的产品是加工中心，下降 34.13%，以下依次是非金属加工机床下降 17.43%，金属加工机床下降 12.77%，数控机床下降 11.74%，铸造机械下降 7.69%，磨料磨具下降 1.64%（见图 17）。

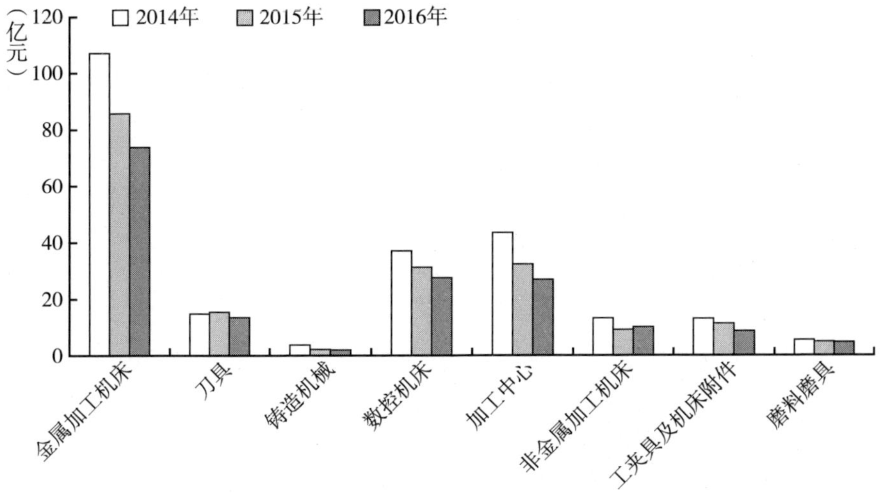


**图 16　2014～2016 年我国机床工具行业主要产品进口额**

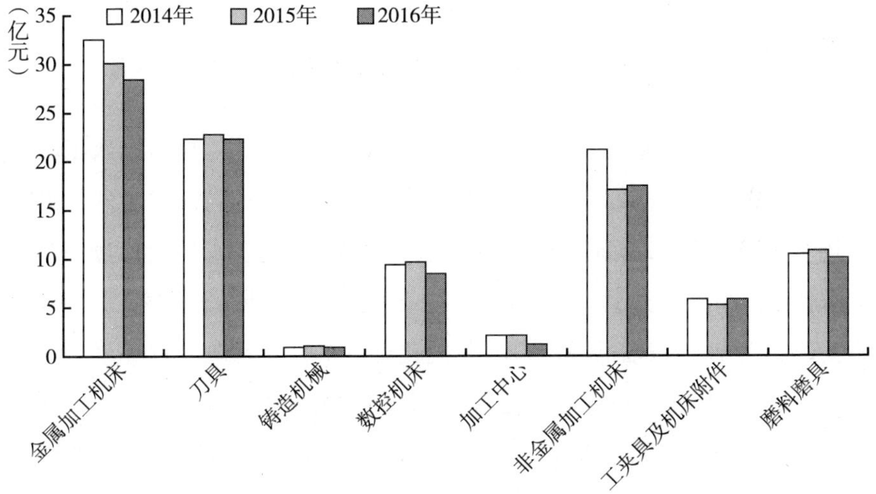


**图 17　2014～2016 年我国机床工具行业主要产品出口额**

## （三）主要贸易国家没有变化

日本、德国和中国台湾地区为主要进口来源地。2014～2016 年我国机床工具行业主要进口来源地位列前三位的国家及地区始终都是日本、德国和中国台湾省，没有发生变化，但同这三个主要进口来源国家及地区的交易额却逐年下降。2016 年，同日本进口交易额达 34.67 亿美元，相比 2014 年下降了 33.98%；接下来是中国台湾省，相比 2014 年下降了 29.60%；最后是德国，相比 2014 年下降了 25.56%（见图 18）。

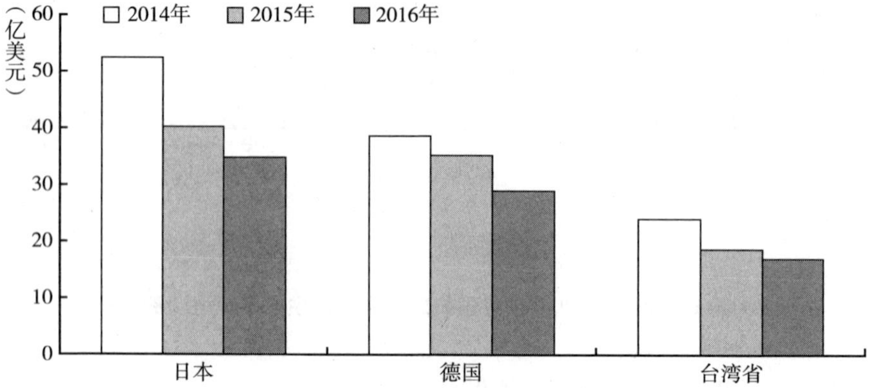


**图 18　2014～2016 年我国机床工具行业主要进口来源地的情况**

美国、越南、日本为主要出口目的国。2014～2016 年我国机床工具行业出口额最大的国家始终都是美国，越南除了在 2015 年排名第三位外，2014 年和 2016 年都排名第二，而日本同时期也位列三甲。向美国的出口额三年来逐年小幅上涨，2016 年达到 16.13 亿美元，相比 2014 年增长 3.33%；同越南的交易额 2015 年开始大幅下降，2016 年同比略有提升，实现 7.17 亿美元，相比 2014 年降低 36.49%；同日本的交易额，2014 年与 2015 年几乎持平，到 2016 年有所下降，降至 6.73 亿美元，相比 2014 年，降低 13.83%（见图 19）。

## 七　我国机床工具行业技术水平分析

### （一）主要产品技术水平

#### 1. 金属切削机床技术水平有所提高

近年来，我国金属切削机床行业的产能规模不断上升，金属切削机床产

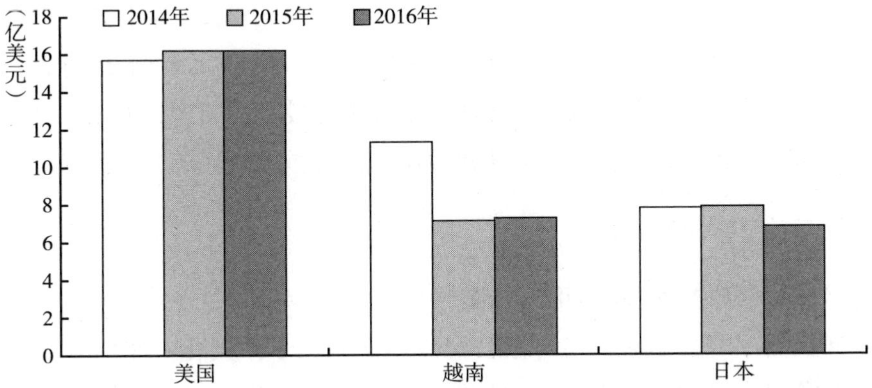


**图19　2014～2016年我国机床工具行业主要出口国的情况**

品在高速化、复合化、精密化、多轴化等方面也取得显著进步。但还需要进一步了解用户需求结合改进产品工艺，开发出高水平加工设备；加强对关键零部件的实验研究；加强对新产品的整顿和完善工作，缩小从展品到商品以及形成产业化的时间。

**2. 五轴联动加工中心发展迅速**

作为数控机床的先进代表，生产五轴联动加工中心的厂家不断增加。对该产品两个技术难度较大的关键核心部件，一个是双摆角万能加工头，另一个是双轴回转台均已由国内厂家开发出来，目前，这两种部件都采用直驱力矩电机，为提高动态性能和精度都装有编码器。但我国还未形成双摆角万能加工头系列化产品，有待进一步完善和商品化。

**3. 自动化产品技术日新月异**

单机自动化、柔性制造单元、自动生产线等都是机床行业自动化技术发展的成果。在单机自动化方面，形成以工业机器人和机械臂与机床的相结合的自动装载方式。自动生产线、柔性制造单元也为批量生产模式和基于成组工艺生产模式提供了高效装备，例如，国产自动生产线的最新代表，重庆机床公司推出的汽车变速箱齿轮加工自动生产线，实现了高效柔性运行。

**4. 关键部件研制滞后**

我国所需的全数字高档数控装置，高速、高刚度大功率电主轴及驱动装置，大推力直线电动机及驱动装置，大转矩力矩电动机及驱动装置，双摆角数控万能铣头，大型刀库及自动换刀装置，高速、精密数控回转工作台，高速、重载、精密滚珠丝杠及直线导轨，全功能数控动力刀架，大型、精密轴承等大都依靠国外进口，国产品牌难以满足高端数控机床的应用需求。

### （二）重大技术突破

**1. 高性能数控系统取得重大突破**

2016 年，华中数控股份有限公司成功研制出了系列化“华中 8 型高性能数控装置”、“伺服驱动”和“伺服电机”成套产品，拥有自主知识产权。该系统各项指标满足国际主流高档数控系统的要求，性能、功能和可靠性也达到国外同类系统水平，可替代进口。

**2. 全伺服高速自动冲压技术打破国外垄断**

济南二机床集团有限公司再次打破了国外技术垄断，冲压技术比肩国际领先水平。济南二机床自主研制成功国内首条全伺服高速自动冲压线，与传统全自动冲压线相比，应用了伺服驱动、漱口液压等多项核心技术，效率提高了 20.00%，生产柔性更加优越，能够实现“绿色、智能、融合”的全伺服高速冲压生产。

**3. 沈阳机床集团推出世界首创平台型机床 i5M8**

2016 年 4 月，在“第九届中国数控机床展览会”（CCMT）上，沈阳机床集团推出了工业化、信息化、网络化、智能化、集成化的拥有完全自主知识产权的世界首创的平台型机床 i5M8。i5M8 在研发过程中，修正了多达 1917 个版本共计 1032 条测试用例，原创数控系统 CNC 运动控制技术、总线技术等数控核心技术，并拥有整体代码 20 余万行，9 项发明专利和 11 项软件著作权等。

## 八　我国机床工具行业存在的主要问题

### （一）传统用户领域需求继续低迷

机床工具行业在经历十多年快速增长后，近几年来市场需求一直低迷。

由于机床消费受货币供应量和供需关系的综合影响，传统用户产能过剩、机床占有量大、机床消费需求下行压力将持续增大。2011 年至今，机床行业的景气度并没有明显提升；机床工具市场也持续多年下行，2016 年，行业企业发展分化更趋明显。

### （二）行业运行质量下降

国家统计局相关数据显示，全行业主营业务收入和利润总额增速呈现下降趋势，负债和应收账款增速则明显增长，行业运行质量显著下滑，债务风险增大。2016 年金属加工机床主营业务利润率约为 4.90%，相比 2011 年下降 1.60%；工具主营业务利润率约为 7.50%，与 2011 年相比持平。

### （三）行业结构性矛盾凸显

“需求总量明显减少，需求结构加速升级”是我国机床工具行业较为长期的市场特征。致使国内机床工具需求、产出和进口走弱的原因是传统重化工业领域需求低迷、投资曾都放缓，但新兴需求在推动结构升级的过程中凸显动力不足，供需结构性矛盾成为困扰行业运行的突出问题。

### （四）产业短板依然存在

产业短板长期得不到解决，企业的现实能力与市场需求和未来发展需要间存在落差。表现在企业资金、技术、条件和能力等短板问题制约着与国外的产业竞争。最为突出的短板是核心功能部件和数控系统，目前，用于中高端机床产品的上述部件基本依赖国外厂商，而五轴以上数控系统、高速高精电主轴、高精度反馈元件国内尚无替代商品。

## 九　我国机床工具行业发展前景分析

### （一）我国机床工具行业发展前景预测

**1. 产业政策和转型需求有利于行业发展**

近几年，国家出台一系列经济和产业政策，这些政策对机床工具行业的发展起到了很好的推动作用。同时，国内的工业化进程正在加速，产业升级存在巨大的空间；高效的生产模式取代低效的生产模式将推动产业转型升级；经济增速放缓和人口老龄化日趋严重将倒逼机床数控化率的提升；中国成为世界第二大经济体后的刚性需求增多，如安全领域、经济领域、可持续发展领域和国际责任方面等。这些积极因素均有利于行业的发展。

**2. 机床工具行业短期趋稳，压力犹存**

从2011年起，我国机床工具行业进入下行通道。2016年行业运行呈现回升态势，行业景气度指数为53.90，[①] 比2015年大幅回升19.40，处于荣枯线以上。2016年，国内机床消费总额达到275亿美元，同比持平，结束了自2011年以来的连续下降。同时，行业产出呈现恢复性增长，达到229亿美元，同比增长3.60%，实现由负转正。

目前，为应对市场趋势变化行业内企业均已进行不同程度的转型升级和产品结构调整。预计2017年我国机床工具消费市场和产业运行趋势预计仍将处于下行区间，降幅会有所缓和，但仍可能存在反复挑战底部的问题。

## （二）我国机床工具行业投资机会

**1. 数控机床行业进口替代空间大**

国内数控机床的消费日益增长，符合制造业升级的需求。统计数据表明，2003年以后数控金切机床在金切机床中的比例达10.00%以上，且逐年提升。截至2016年12月，数控金切机床产量同比增速为5.07%，超过金切机床整体同比增速2.26%，占比也提升至31.92%。预计到2020年，高档数控机床的装备率将达到80.00%。

**2. “三航两机”成为机床工具行业重要机遇**

“十三五”期间我国将全面启动航空发动机和燃气轮机重大专项，突破“两机”关键技术，推动产品的研制，初步建立航空发动机和燃气轮机的基

---

① 中国机床工具协会：《中国机床工具消费市场和产业形式》，机床商务网，2017年1月12日，http://www.machine35.com/news/2017-30800.html。

础研究、技术与产品的研发和产业体系。“三航两机”将成为机床工具行业特别是高端机床的重要机遇。

**3. 再制造给行业带来新的增长机遇**

机床再制造是一个新兴产业，是机床维修改造行业的升级版。近几年，国家不断出台相关政策支持再制造，《中华人民共和国循环经济促进法》明确表示，支持机床等产品的再制造。2014 年，《绿色制造金属切削机床再制造技术导则》作为国家标准，为机床行业再制造企业的生产实施提出了具体的规范性要求。目前，我国机床保有量超过 800 万台，如果按 3.00% 的年机床报废淘汰率计算，每年将会有超过 20 万台的机床报废、闲置和淘汰，约占每年我国新机床年产量的一半。这些机床如果通过再制造实现重新循环再利用，那么再制造市场需求将是巨大的。

## 十　我国机床工具行业发展建议

### （一）加大产业扶持力度

**1. 出台政策促进设备采购**

随着用户行业去产能的力度逐步加大，用户企业预期利润下降，仅仅靠固定资产加速折旧和企业所得税政策以刺激，以增加设备采购是远远不够的。从用户的存量产能结构看，国家还需通过采取标准升级、强制退出、调整存量及做优增量等方式加速淘汰落后产能，促进产能结构升级，提升设备采购的“含金量”，支撑机床工具产业健康发展。

**2. 继续加大专项支持力度**

国家重大科技专项是通过核心技术和资源集成的方式，在一定时限内完成的重大战略产品、关键共性技术和重大工程，从而实现国家目标。重大专项课题可以为企业新产品的开发提供更多的资金支持，支撑企业更好地进行转型升级。例如，国家重大科技专项的高档数控机床与基础制造装备专项。“十三五”期间该项目还将增加国拨资金，此将惠及行业相关企业。

## （二）加快行业结构调整

**1. 加快推进结构调整，完善产业链**

各行各业的产业升级要求我国机床工具行业唯有加快产品结构调整，适应市场需求才有生存和发展的空间。总的发展原则是逐步淘汰落后、污染、高耗能产品；不断减少低档、普通产品的生产；大力发展技术含量高、市场潜力大的高端产品；由提供单机产品向提供成套成线设备乃至成套解救方案的方向发展。自动化、智能化的高端数控机床为发展重点，逐渐提高数控系统、功能部件在产业中的比重；鼓励发展数控刀具、精密量仪、高档磨具磨料和超硬材料及制品。

**2. 加强国际合作，实现结构的优化升级**

机床行业需要加强与国外知名企业的国际经济技术合作，尤其与拥有先进技术的中小企业合作，积极开展国际化经营和海外并购。通过与国际制造资源的合作与整合不断调整我国机床行业的产品产业机构，实现产品结构的转型和产业结构的优化。

**3. 发挥行业协会的纽带作用**

行业协会作为联系政府和企业的纽带，要主动担当，凝聚行业诉求，就行业存在问题做好各项工作，探索创新发展新路，提升行业自身能力，加强机制建设，加强行业文化培育，为行业如何转型升级等提出建议。同时，行业协会作为信息交流的平台，应帮助企业转变思想观念，应对时艰，帮助企业合理、优化配置资源，提高企业的市场竞争能力，扩大市场占有率。

## （三）加强企业自身建设

**1. 调整产品结构，转移服务对象**

面对行业需求总量明显减少，传统需求市场低迷的现状，企业要大力调整产品结构，不断提高服务水平，将服务对象从传统制造业逐步转向航空航天、汽车制造、发电装备、精密模具、电子产品等高端新兴制造业领域。由单一的制造商向提供整体解决方案的服务商转变。

2. **着重技术升级，补齐企业短板**

面对机床行业企业在市场开发、科研条件、制造能力和人才队伍方面都与现实市场需求和未来发展需要之间存在落差和短板的现状，企业要通过选择优秀的合作伙伴、优化加工工艺、搭建系统平台等手段不断提升自己，尤其对于具备转型条件的企业来说，加强技术升级、国内外市场开拓和内部管理等方面投入和关注度，才有可能在这一轮洗牌过程中立于不败之地。

3. **大力发展工业机器人，降本增效**

随着生产成本上涨问题日益凸显，工业机器人参与生产制造已被广泛认知和使用。机床行业需紧跟时代潮流，深刻认识“机器换人”已经是企业生产发展的必然阶段，尤其对正向中高端迈进的机床产业来说，不能再走靠成本竞争的老路，应该在“腾笼换鸟”、产业升级上多动脑筋，通过倡导“机器换人”的理念，用工业机器人开展技术改造，控制生产成本，转变生产方式，提高作业效能。

## 参考文献

康晓洁、夏萍：《磨床制造企业应多管齐下，加快实现替代进口的步伐》，《数控机床市场》2012 年第 10 期，第 32 ~ 34 页。

索菲亚：《数控机床智能化发展路线图——访北京机电研究所副总工程师、高级顾问盛伯浩》，《金属加工：冷加工》2012 年第 12 期，第 18 ~ 20 页。

《2016 年世界机床消费调查报告》，《现代制造》，《现代金属加工》2016 年第 12 期。

盛伯浩：《中国战略性新兴产业研究与发展——数控机床》，机械工业出版社，2013。

中国机床工具协会：《中国机床工具市场和产业形式》，中国机床网，2017 年 3 月 2 日，http：//www. machine35. com/news/2017 – 31068. html。

# B.6
# 机器人行业

吕汉阳　宋 嘉*

摘　要：　本文首先分析了2016年国际机器人行业的发展现状和趋势，着重分析了我国机器人行业的行业规模、运行情况、产业结构及贸易情况，总结了我国机器人行业的技术水平和存在的主要问题。由分析可知，我国机器人行业正处于上升阶段，产业技术在中高端领域发展迅速，但也存在低端产能过剩、自主创新能力不足的问题。由市场趋势分析可知，工业机器人和服务机器人行业发展潜力仍然很大，人工智能仍然是机器人发展的主要方向。最后，建议我国机器人行业应该加大人才队伍建设，提高自主研发能力，加强智能制造的示范效应，优化产业布局。

关键词：　工业机器人　服务机器人　智能制造

## 一　机器人行业的定义和分类

### （一）定义

机器人行业是随着智能化、信息化及自动化而不断发展延伸的一个高科技新型行业。按照国际机器人联合会（IFR）的定义，机器人是具有半自主

* 吕汉阳，副研究员，法学博士，机械工业经济管理研究院产业经济研究所执行所长、采购研究中心副主任，主要从事宏观政策、产业经济、政府采购、PPP项目研究；宋嘉，中国电子商会常务副秘书长，主要从事智能制造、物联网等方面研究。

或全自主工作的机器，是对传统的非智能系统进行智能化编程及改造，使其具有自动化、多线程的操作能力，以代替人工和提高生产效率。

工信部对机器人的定义为：工业机器人是集机械、电子、控制、计算机、传感器、人工智能等多学科先进技术于一体的自动化装备，代表着未来智能装备的发展方向。

从体系结构分析，机器人由三大部分和六个系统构成，其中三大部分包括机械部分（用于实现各种动作）、传感部分（用于感知内部和外部的信息）及控制部分（控制机器人完成各种动作）；六个系统包括人机交互系统、控制系统、驱动系统、机械机构系统、感受系统、机器人—环境交互系统。

## （二）分类

根据国际机器人联合会的统计分类标准，将机器人按照应用方向分为：工业机器人、专业服务机器人和个人/家庭服务机器人。我国的机器人专家从应用环境出发，将机器人分为：工业机器人和服务机器人。从机器人产业链出发，机器人主要包括四大环节：核心零部件生产、机器人本体制造、系统集成及行业应用。表 1 是按照我国机器人专家对机器人的分类，将机器人行业分为工业机器人和服务机器人。

**表 1　机器人按用途分类及其应用领域**

| 大类 | 小类 | 应用领域及场合 |
| --- | --- | --- |
| 工业机器人 | 装配机器人 | 汽车及零件装配线、分类、装配、贴标等 |
| | 焊接机器人 | 汽车和电子产品的点焊、弧焊 |
| | 喷涂机器人 | 汽车、仪表、电器、搪瓷等工艺生产部门进行喷码、打码和喷涂操作 |
| | 物流机器人 | 搬运、上下料、码垛 |
| | 材料加工机器人 | 切割、打磨、抛光等加工进程 |
| 服务机器人 | 农业机器人 | 耕种、施肥、喷药、蔬菜嫁接、苗木株苗移栽、收获、灌溉、养殖和各种辅助操作 |
| | 探索机器人 | 在水下(海洋)、太空以及在放射性、有毒或高温等恶劣环境中进行作业,或者在需要真空或洁净的环境中作业 |
| | 家政机器人 | 清洁、护理、执勤、救援、娱乐和代替人对设备维护保养 |
| | 医疗机器人 | 手术,人体探测,放射、造影等 |
| | 娱乐机器人 | 老人智能娱乐 |
| | 教育机器人 | 少儿教育、辅助教育、竞赛 |
| | 军用机器人 | 消防、搜救 |

### （三）小结

本文结合子行业的重要性和数据的可得性，主要选取了工业机器人和服务机器人两个子行业，作为报告主要分析的子行业。分析数据主要来自68家主营业务为机器人的上市公司的年报数据，其中的上市公司包括43家主板上市企业和25家新三板上市企业。

## 二 国际机器人行业的发展概况

### （一）国际机器人行业发展现状

**1. 市场现状**

（1）全球机器人市场规模不断扩大

据国际机器人联合会统计，2015年全球工业机器人销量为254千台，同比增长15.00%，其中亚洲销量占近2/3（见图1）。2015年全球工业机器人市场市值达111亿美元，同比增长9.00%，如果考虑到机器人配套的软件和工程等服务，全球市值将达到350亿美元。①

2015年全球服务机器人销量超过500万台。2015年全球专用服务机器人销量达41060台，同比增长25.00%。销售额同比增长14.00%，达46亿美元。2015年个人/家用服务机器人销售量约为540万台，同比增长16.00%，销售额同比增长4.00%，达22亿美元。②

物流机器人销量在专用服务机器人中占比最重。2015年全球专用服务机器人销量构成中，物流机器人系统销量为19000台，同比增长50.00%，占专用服务机器人销量的46.00%，销售额占比为17.00%。2015年国防机

---

① Executive Summary World Robotics Industrial Robots 2016, *International Federation of Robotics*, https://ifr.org/img/uploads/Executive_ Summary_ WR_ Industrial_ Robots_ 20161.pdf。

② Executive Summary World Robotics 2016 Service Robots, *International Federation of Robotics*, https://ifr.org/downloads/press/02_ 2016/Executive_ Summary_ Service_ Robots_ 2016.pdf。

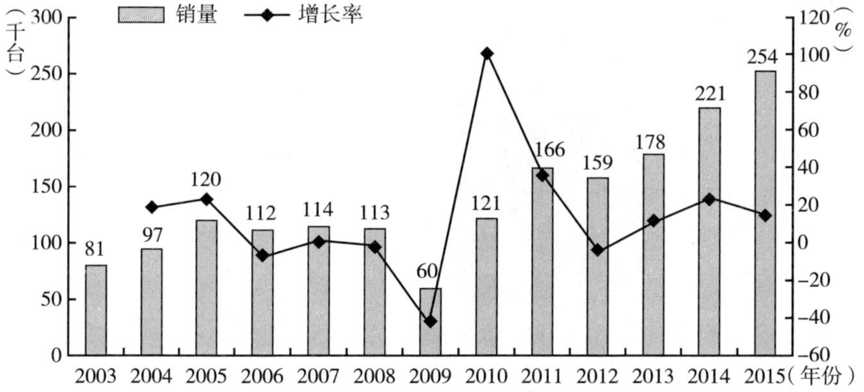


**图 1　2003～2015 年全球工业机器人销量**

资料来源：国际机器人联合会，本部分若无特殊说明，数据均来自于 IFR。

器人销量为 11207 台，占专用服务机器人销量比重为 27.00%，销售额占比为 23.00%，销量与销售额与 2014 年大致持平。2015 年售出 5665 台挤牛奶机器人，同比增长 9.00%。售出 160 台其他种类畜牧机器人，与 2014 年持平。2015 年售出的田间机器人总数达 6440 台，占专用服务机器人销量的 16.00%，销售额占比为 24.00%。2015 年售出了 1324 台医疗机器人，同比提升 7.00%，占全部专用服务机器人销量的 3.00%，销售额占比为 32.00%，医疗机器人是单价最高的专业服务机器人（见图 2 和图 3）。

家政机器人在个人/家用服务机器人中占比最重。2015 年，家政机器人包括扫地机器人、修草坪机器人、擦窗户机器人等，销量约为 370 万台，同比增长 11.00%，销售额增长 1.00%。娱乐机器人销量达到 170 万台，同比增长 29.00%。科技含量更高的家政机器人中助残机器人近几年逐步进入市场，2015 年售出 4713 台助残机器人，同比增长 7.00%。

（2）亚洲市场保持全球最高份额

中、美、日、韩、德五大工业机器人市场占据了 2015 年全球市场销量的 75.00%，同比增长 70.00%。亚洲和大洋洲仍然是全球增长势头最强劲的市场，16.06 万台工业机器人在 2015 年销往亚洲和大洋洲市场，同比增长 19.00%，2010～2015 年亚洲和大洋洲工业机器人部署量达 887440 台，

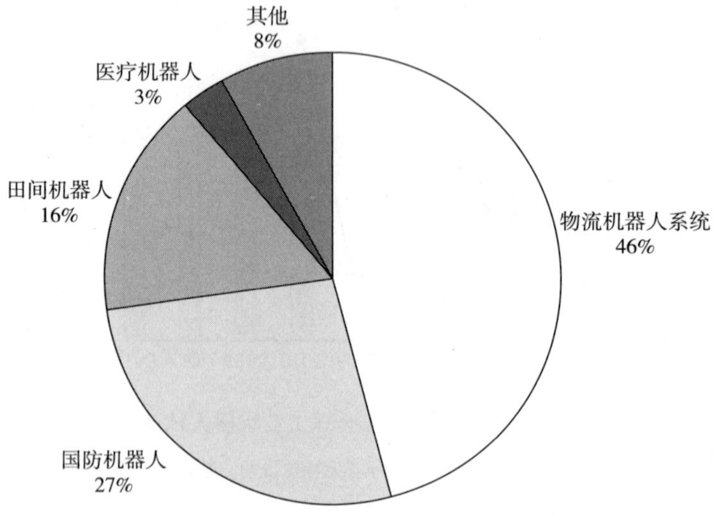


**图 2　2015 年全球专用服务机器人应用领域分布**

资料来源：国际机器人联合会。

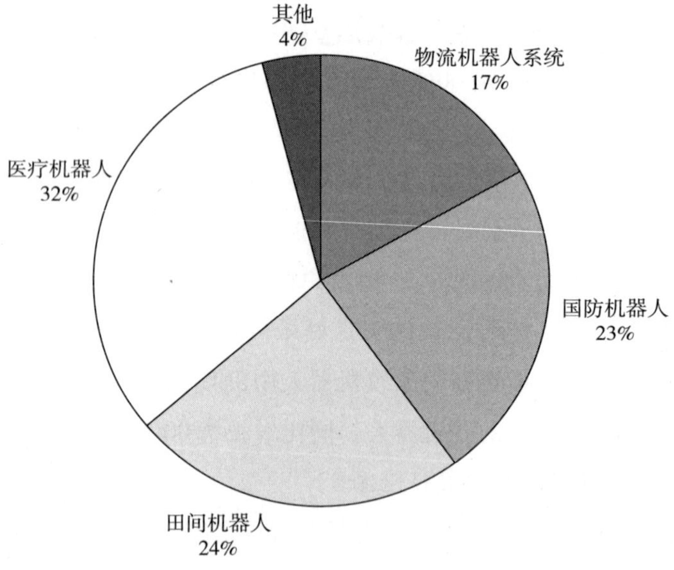


**图 3　2015 年全球专用服务机器人销售额分布**

资料来源：国际机器人联合会。

增幅为70.00%。

韩国市场销量大幅增长。2015年3.80万台工业机器人销往韩国，同比增长50.00%，由于部分韩国公司在2015年才汇报2014年的数据，导致部分2014年机器人被记入2015年，经过调整后，2015年的实际增长率为30.00%。

日本市场购买了3.50万台工业机器人。2015年日本市场的工业机器人销量同比增长20.00%，达到3.50万台，这是日本市场自2007年（3.61万台）以来达到的最高值。日本工业机器人市场在2005年（4.40万台）至2009年（1.28万台）不断萎缩，在2010～2015年间恢复到年平均增长率10.00%。

美国工业机器人市场持续增长。2015年美国工业机器人市场继续增长，销售量达到峰值2.75万台，同比增长5.00%。美国市场自2010年来的增长动力主要归因于生产自动化的发展趋势和美国启动“制造业回归”战略。

德国是全球第五大工业机器人市场。2015年德国的工业机器人销量小幅度增长，达到2.01万台，比2014年增长大约50台，创造了销售量最高记录。尽管德国的工业机器人使用密度已经达到每万人301台，工业机器人年销售量仍然很高，2010～2015年间工业机器人的年平均增长率达7.00%。

（3）外资企业纷纷在华布局

中国市场目前已成长为全球第一大工业机器人市场，目前，在我国新增的工业机器人当中，约70.00%依赖国外进口。① 主要原因：一是对于使用量较大、对设备要求较高的汽车和电子制造业产品，很多用户已习惯使用国外品牌，自主品牌产品的市场化投入不足，本体和零部件与进口品牌存在技术和质量差距；二是我国机器人产业的发展相对不足，缺乏知名品牌和产品。为了抢占中国市场，国际知名工业机器人企业纷纷在华布局，如ABB、发那科、安川电机和库卡等（见表2）。

---

① 中国电子信息产业发展研究院：《2015～2016年中国机器人产业发展蓝皮书》，人民出版社，2016。

**表 2 外资机器人企业在中国投资布局情况**

| 企业名称 | 进军中国时间 | 企业性质 | 投资布局情况 |
|---|---|---|---|
| 北京发那科机电有限公司 | 1992 年 | 中、日、美合资(中、外资各持股 50.00%) | 产品:数控装置和机器人、智能化设备、驱动电机等。是 FANUC CNC 在中国大陆及香港,澳门地区的专属代表<br>重要举措:2015 年引进 Oi – F 系统 |
| 上海 ABB 工程有限公司 | 1995 年 | 瑞士 ABB 独资 | 产品:工业机器人及系统业务(离散自动化与运动控制,过程自动化、电力系统)<br>重要举措:从 2005 年起,上海成为 ABB 机器人业务全球总部 |
| 安川首钢机器人有限公司 | 1996 年 | 中日合资(日本株式会社安川电机和中国首钢总公司共同投资,投资比例分别为 55% 和 45%) | 产品:从事工业机器人及其自动化生产线设计、制造及销售,主营日本安川 MOTOMAN 系列机器人产品,广泛应用于弧焊、点焊、涂胶、切割、搬运、码垛、喷漆、科研及教学<br>重要举措:2013 年安川电机(中国)在中国建立了全球首个海外机器人生产基地 |
| 上海发那科机器人有限公司 | 1997 年 | 中日合资(发那科公司与上海电气集团联合投资) | 产品:机器人产品系列多达 240 种,广泛应用在装配、搬运、码垛等不同生产环节<br>重要举措:在广州、天津、深圳、武汉、成都等地均设立分公司 |
| 库卡机器人有限公司 | 2000 年 | 德国 KUKA AG 独资 | 产品:全套系列的工业机器人和机器人系统<br>重要举措:库卡(上海)母公司 KUKA AG 在 2017 年初被中国美的公司完成收购 |
| 川崎机器人(天津)有限公司 | 2006 年 | 日本独资(日本川崎重工业株式会社 100% 投资) | 产品:负责川崎重工生产的工业机器人在中国境内的工业用机器人及其零部件、相关设备的设计、加工、生产、组装、销售等相关工作 |
| 优傲机器人贸易(上海)有限公司 | 2013 年 | 丹麦 Universal Robots 公司独资(母公司成立于 2005 年) | 产品:优傲协作机器人,有六个关节连接点,具备广泛的灵活性,包括 UR3、UR5 和 UR10 机器人。于 2013 年获得丹麦工业联合会授予的“丹麦最佳企业奖”。2013 年获得山东制博会“产品金奖” |
| 那智不二越贸易有限公司(上海) | 2012 年 | 日本独资[株式会社不二越(NACHI) 100% 出资的子公司] | 产品:NACHI 品牌工业机器人的销售以及售后服务<br>重大举措施:在 2017 年初竣工的张家港基地开设介绍 NACHI 产品和相关工业链的展示厅 |

**续表**

| 企业名称 | 进军中国时间 | 企业性质 | 投资布局情况 |
| --- | --- | --- | --- |
| REIS 机器人（上海）有限公司 | 2013 年 | 德国独资（上海公司于 2006 年下半年开始筹建，2007 年起正式开展业务，REIS 昆山新工厂于 2013 年 4 月正式开业，公司主要部门迁往昆山高新区） | 产品：提供全套机器人自动化生产线，包括焊接机器人、铸造机器人、搬运机器人、激光机器人等，提供标准的外围模块和完善的技术服务；交钥匙系统供应商，为客户规划并实施全套自动化系统方案<br>重要举措：2014 年与江苏亚威机床股份有限公司合资设立亚威徕斯机器人制造（江苏）有限公司，打造中国顶级线性机器人制造商 |
| 纳博特斯克精密机器有限公司 | 2015 年 | 中日合资（日本纳博特斯克株式会社与上海机电股份有限公司合资，落户武进高新区，用地 11.87 万平方米，注册资本 5000 万美元） | 产品：一期规划产能 10 万台/年，最终形成年产 20 万台精密减速机的产能，主要供应 ABB、安川电机、库卡以及发那科四大机器人企业<br>重要举措：先后投资 3 家公司，分别为纳博特斯克（上海）精密机器有限公司、常州纳博特斯克精密机械有限公司、江苏纳博特斯克今创轨道设备有限公司。于 2015 年在武进高新区签约、奠基。该项目主要生产工业机器人精密 RV 减速机。2016 年正式投入生产，最终预计形成年产 10 万台精密减速机的产能 |

**2. 技术现状**

国际机器人技术发展以日本、美国、德国及韩国为代表。截至 2015 年，全球工业机器人领域的专利申请量已超过 8 万项，美、日、德、韩以及中国的专利申请占其中的近 80%。

（1）日本机器人配套体系完备

日本拥有完备的机器人配套产业体系，在关键零部件、精密减速机、仿人机器人等方面技术优势明显，多项技术处于世界领先地位。

精密减速机技术领先。日本企业纳博特斯克（Nabtesco）生产的高性能减速机和中空轴减速机，在兼备高精密的回程间隙同时，还具备了高刚性、高扭矩和高耐过载冲击荷载能力。[1] 日本哈默纳科公司研发了一款采用独特

① 《国内外工业机器人精密减速机制造商有哪些?》，中国智能制造网，2016 年 7 月 6 日，http：//www. gkzhan. com/news/Detail/88969. html。

的内齿圈形变工艺的精密行星齿轮箱型谐波减速机，使传动误差达到精密级别，行星齿轮与其啮合得更紧。[①] 该公司生产的组合型谐波减速机，具备高转矩容量和无齿轮间隙，而且具有体积小、重量轻的特点，被广泛应用在工业机器人等尖端领域。

仿人型服务机器人已投入使用。本田汽车开发的仿人机器人阿西莫（Asimo）的五根手指可实现复杂精细的动作，腿部动作轻快，具备敏捷的运动能力和稳定的平衡性，在家庭和公共场所服务方面具备广阔前景。受日本老龄化、少子化国情所迫，老年人护理机器人发展迅速，早稻田大学研发的 Twendy-One 护理机器人具备出色的顺从性，在人机互动中可以确保使用者的安全。日本软银集团的机器人 Pepper 可以与使用者交流，能读懂人类情感并做出反应，并支持声音指令。[②]

（2）美国机器人智能化水平领先

美国的机器人在语言研究方面位居世界之首，在技术领域更能凸显出其全面性、精确性、适应性等，这些技术与固有的信息网络技术优势融合，为机器人智能化奠定了先进、可靠的基础。[③]

人工智能研究领域世界第一。一方面，在语音识别技术上，美国的苹果、谷歌、微软三家科技公司都在加紧布局，Siri、Google Now、Cortana 智能语音助手，Siri，Google Now 及 Cortana 已经成为各家操作系统的一大卖点；另一方面，以微软为首的互联网科技公司在图像识别领域表现突出。微软的人工智能图像识别技术，利用神经网络人工智能配合深度学习技术，提升对于图像的文字描述能力，当用户在文件插入图像的时候，就可以自动得到建议的文字描述。[④]

---

① 《精密减速机：日本人说跪　全球机器人没几个能站着》，机械美学，2015 年 1 月 6 日，http：//robot. ofweek. com/2015 －01/ART －8321201 －8500 －28920696. html。

② 《谈谈机器人领域不得不提的日本》，机器人网，2015 年 11 月 25 日，http：//archive. roboticschina. com/www. roboticschina. com/ART_ 8800697727_ 500001_ NT_ 96e061c9. HTM。

③ 《各国机器人发展现状》，中国智能制造网，2016 年 4 月 26 日，http：//www. ck365. cn/news/9/41306. html。

④ 《微软带来人工智能图像识别技术，可以让盲人看懂图片》，动点科技，2016 年 12 月 4 日，http：//cn. technode. com/post/2016 －12 －04/microsoft －news －2/。

互联网巨头进军机器人行业。以谷歌为代表的美国互联网公司开始试图融合虚拟网络能力和现实运动能力逐步进军机器人领域，推动机器人的智能化发展，一方面，加大对新材料的研发力度，力争大幅降低机器人自重与负载比；另一方面，加快发展视觉、触觉等人工智能技术。

（3）德国推动人机交互

机械臂等协作机器人精度极高。德国库卡（KUKA）研发的协作机器人（LBR iiwa）首次实现了人类与机器人之间的直接合作，以完成高灵敏度需求的任务。iiwa 可以每秒 10 毫米和 50 毫米的速度抵近物体，当遇到意外的阻碍后会以十分敏捷的状态瞬间撤回。① 博世（Bosch）推出了首个协作机器人解决方案：APAS 助手。它不仅能够和当今市场上的其他协作机器人媲美，而且是工业界第一个通过认证的协作机器人系统——可以协助人类工作，且无须任何额外的防护。这在人机合作方面开辟了全新应用领域并突破了以往无法跨越的界限，为工业机器人的潜力赋予了最新定义。②

带动传统产业改造升级。机器人除了应用于技术密集型产业外，德国工业机器人还广泛应用于塑料、橡胶、冶金、家具和纺织等传统产业，积极带动传统产业改造升级。德国运动品牌阿迪达斯的第一家机器人制造工厂（Speed Factory）在 2016 年建成投产，在运动鞋的整个制造过程中，人和机器人在同一环境下协同工作，不仅能够提高工作效率，还能实现从设计到成品的低成本、个性化生产。

## （二）国际机器人行业的发展趋势

### 1. 市场趋势

（1）亚洲等新兴市场保持强劲增长势头

据国际机器人联合会估计，2017 ~2019 年全球工业机器人装机量年平

---

① 《装备制造：KUKA 机器人到底牛在何处?》，新设计科技最前线，2016 年 7 月 14 日，http：//www. 360doc. com/content/16/0714/22/29552388_ 575573859. shtml。

② 《近几年比较热门的六款德国工业机器人》，德国工业智库，2016 年 7 月 14 日，http：//gongkong. ofweek. com/2016 －07/ART －310058 －8500 －30009524_ 2. html。

均增长率将至少保持在13%，其中亚洲和大洋洲市场将至少保持15%的增长率，除中、日、韩三大市场持续增长外，中国台湾和东南亚市场潜力巨大；美洲和欧洲市场增长率均为8%，其中北美市场将持续保持增长，巴西待经济复苏后增长也将恢复，中欧和东欧市场的销量将大幅增加，西欧市场也将稳步增长。

（2）电子制造等行业将成为机器人市场主要推动力

未来电子制造业及金属、橡胶和塑料等行业将成为工业机器人市场的主要推动力。目前来看，汽车工业仍为工业机器人的主要用户，2015年全球工业机器人在汽车行业的销量同比增长4.00%，占全部行业工业机器人销量的38.00%。[①] 随着对电子产品需求量的不断攀升，尤其是低收入国家人群对电子产品的需求量极大，电子加工和制造业对工业机器人的需求将大幅增加，2015年电子制造业工业机器人采购量同比增长41.00%，比2010年翻了一番，占全行业销售量的25.00%。同时，金属和机械制造业、橡胶和塑料等行业工业机器人采购量全部增长势头强劲，2015年金属和机械制造业工业机器人销量同比增长39.00%，橡胶和塑料行业销量从2009年的5800台上升到2015年的17300台，几个行业工业机器人销量合计占全部行业销量的近20%。"工业4.0"时代的到来、制造业大国劳动力人口的短缺，以及工人对作业环境要求的提高等因素，都会推动以上行业对工业机器人的强力需求。

（3）全球科技巨头抢先布局智能机器人领域

全球领先的科技巨头加速布局机器人领域。谷歌公司收购了包括波士顿动力公司在内的8家机器人公司；ABB投资了拥有先进的人工智能技术公司的Vicarious，以此提高企业的人工智能化水平；英特尔投资的酒店服务机器人厂商（Savioke）及其典型产品（Relay），已经在十多家酒店中得到应用。[②]

① Executive Summary World Robotics Industrial Robots 2016, *International Federation of Robotics*, https: //ifr. org/img/uploads/Executive_ Summary_ WR_ Industrial_ Robots_ 20161. pdf.

② 工业和信息化部赛迪研究院：《2016年中国机器人产业发展白皮书》，2106年3月。

### 2. 技术发展趋势

（1）人机协作

未来所面临的挑战性的技术包括标识物辅助的人的行为判断、多感知信息的融合理解、仿生视觉感知与认知等。美国、日本、欧洲等国均在未来机器人研发中意识到了新型人机合作的重要性，并全面提升机器人对环境的理解能力。

（2）柔性化

研发抗磨损、抗老化、高寿命的机器人结构材料是机器人技术的重点发展趋势。未来将研发具有安全性的柔性机构作为人机合作重点突破技术；同时，利用轻型材料代替现有机器人的钢铁结构，也是机器人发展的关键技术。①

（3）模块化

一是机器人结构的模块化和可重构化趋势日益明显。为满足机器人向高性能、高功率密度方向发展的需求，机器人模块化是必然趋势。② 二是伺服驱动技术的数字化和分散化，同时工业机器人控制系统向着基于 PC 机的开放型控制器方向发展。

（4）网络化

随着多机器人协同、控制、通信等技术的成熟，机器人从独立个体向相互联化、协同合作方向发展。例如，德国的下一代智能制造将重点关注机器人控制系统的可扩展性等性能，将实现机器人由独立系统向群体系统方向的发展。

## 三　我国机器人行业的规模分析

### （一）资产规模增长迅速

随着制造技术的不断完善和产品需求的增加，2016 年我国机器人行业

---

① 李寿鹏：《传统机器人上与国际公司的差距——中国机器人现状：核心技术缺失，与人共融成突破点》，电子发烧友网，2016 年 1 月 28 日，http：//www. elecfans. com/news/dianzi/20160128401628_ 2. html。

② 《畅想未来机器人：极端化　网络化　模块化　智能化》，机器人之家网，2014 年 8 月 28 日，http：//gongkong. ofweek. com/2014 - 08/ART - 310058 - 8500 - 28872966. html。

主要上市公司的资产规模达 2835. 93 亿元，同比增长 49. 70%，增速同比增长 39. 68 个百分点（见图 4）。

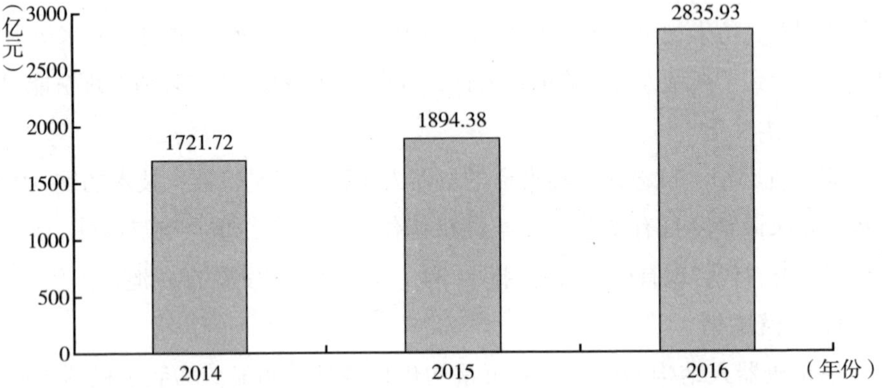


**图 4　2014 ~ 2016 年我国机器人行业主要上市公司资产规模**

## （二）固定资产投资规模增幅较大

2016 年机器人行业加大投资力度，且固定资产使用生命周期逐渐延长，固定资产累计投资规模扩张迅速。2016 年我国机器人行业主要上市公司固定资产规模累计达 319. 75 亿元，同比增长 27. 48%，增速同比增长 6. 71 个百分点。2016 年新增固定资产 68. 93 亿元，同比增加 59. 78%（见图 5）。

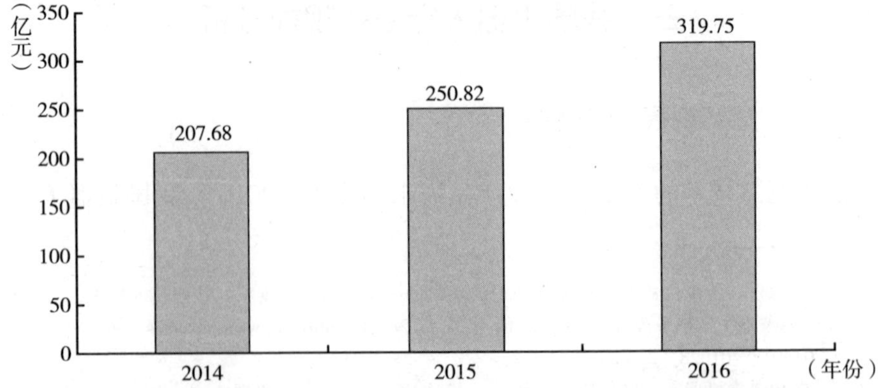


**图 5　2014 ~ 2016 年我国机器人行业主要上市公司累计固定资产规模**

## （三）工业机器人产量产值规模大幅增长

2016 年，我国工业机器人行业累计生产机器人 72426 套，与 2015 年同期相比增长 34.30%。全年工业机器人产量保持稳步增长，12 月产量最高，达 7891 套，4 月、5 月和 11 月产量也都在 7000 套之上，3 月工业机器人产量最低，仅为 4201 套，其余月份均保持在 6000 套左右。月度同比增速数值均为正，2016 年 1～5 月产量保持平稳增长，6 月增速开始大幅增加，8 月达最高值，为 65.50%，之后又开始回落（见图 6）。

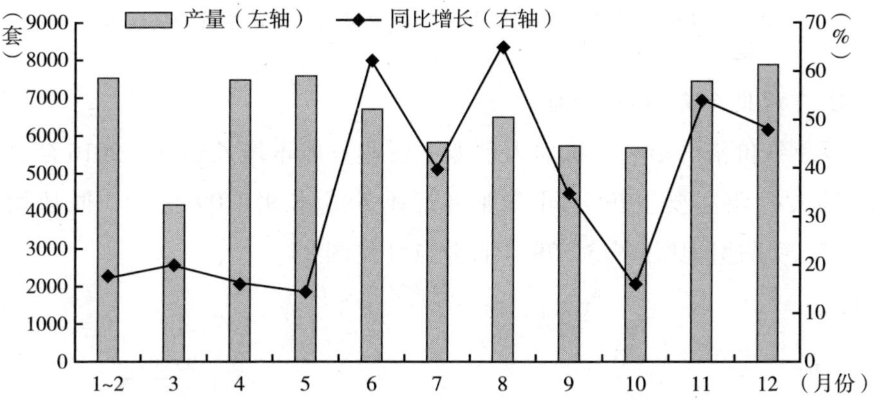


**图 6　2016 年各月我国工业机器人产量**

资料来源：国家统计局。

# 四　我国机器人行业的运行情况

## （一）总体运行情况分析

### 1. 主营业务收入增幅较大

随着机器人销量增加，主营业务收入实现较大幅度增长，2016 年我国机器人行业主要上市公司实现主营业务收入 1277.22 亿元，同比增长 38.96%，增速同比增长 35.26 个百分点（见图 7）。

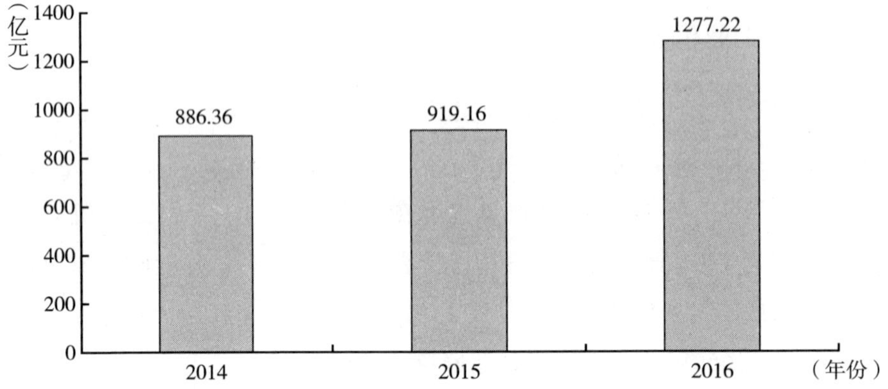


**图7　2014～2016 年我国机器人行业主要上市公司主营业务收入**

### 2. 主营业务成本增长迅速

受钢铁价格的影响，机器人行业主营业务成本增长迅速。2016 年，我国机器人行业主要上市公司实现主营业务成本 958.09 亿元，同比增长 35.81%，增速同比增长 31.79 个百分点（见图 8）。

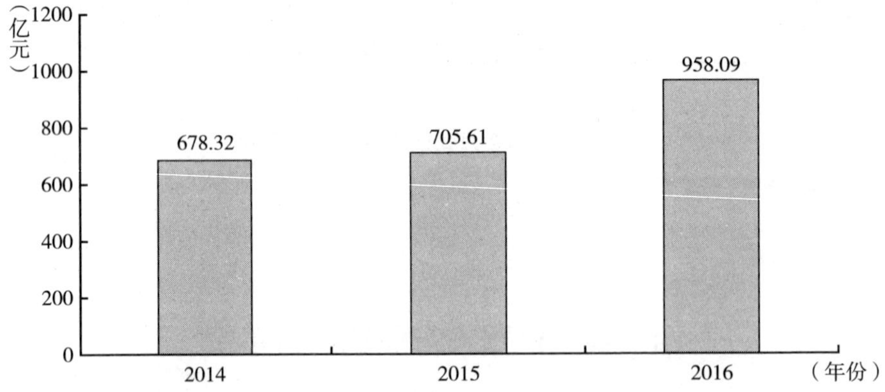


**图8　2014～2016 年我国机器人行业主要上市公司主营业务成本**

### 3. 利润总额小幅增长

随着机器人行业的订单量逐渐增加，行业利润稳步上升。2016 年，我国机器人行业主要上市公司实现总利润 98.17 亿元，同比增长 24.69%，增速同比增长 17.92 个百分点（见图 9）。

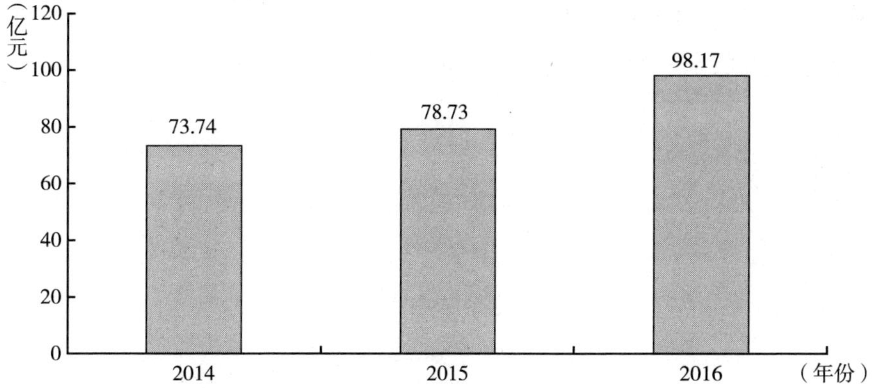


**图9　2014～2016年我国机器人行业主要上市公司利润总额**

## （二）营运能力小幅下降

2016年我国机器人行业主要上市企业总周转率为0.45次，同比下降8.16%，增速同比下降4.24个百分点。虽然与其他行业相比，机器人行业营运能力处于较高水平，但与2015年同期相比，行业内营运能力小幅下降（见图10）。

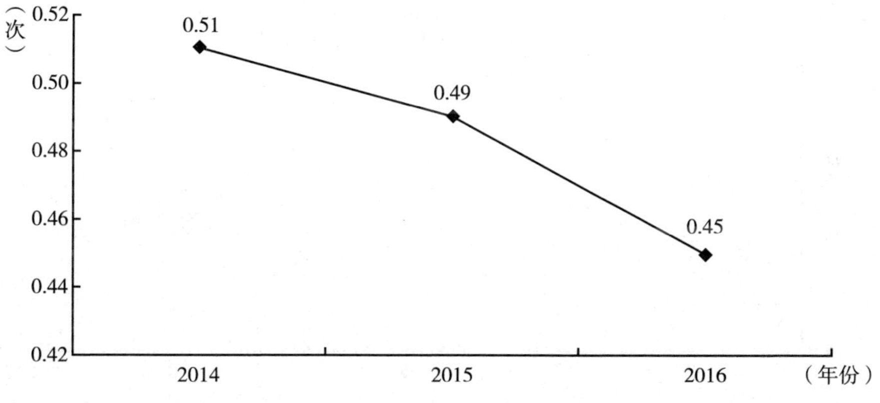


**图10　2014～2016年我国机器人行业主要上市公司总资产周转率**

## （三）盈利能力略微下降

从总资产利润率看，2016年我国机器人行业主要上市公司整体资产利润率为3.46%，同比下降16.82%，降速同比下降43.13个百分点，行业资产利润率降幅收窄（见图11）。

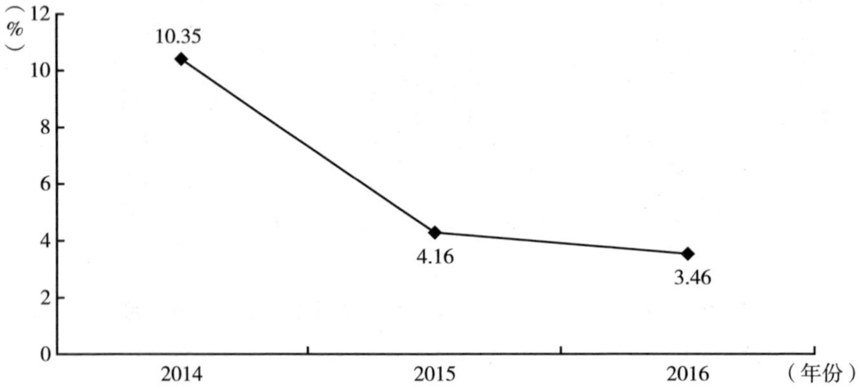


**图11　2014～2016年我国机器人行业主要上市公司总资产利润率**

从主营业务成本率来看，2016年，我国机器人行业主要上市企业主营业务成本率为75.01%，同比下降2.29%，增速同比下降2.59个百分点（见图12）。

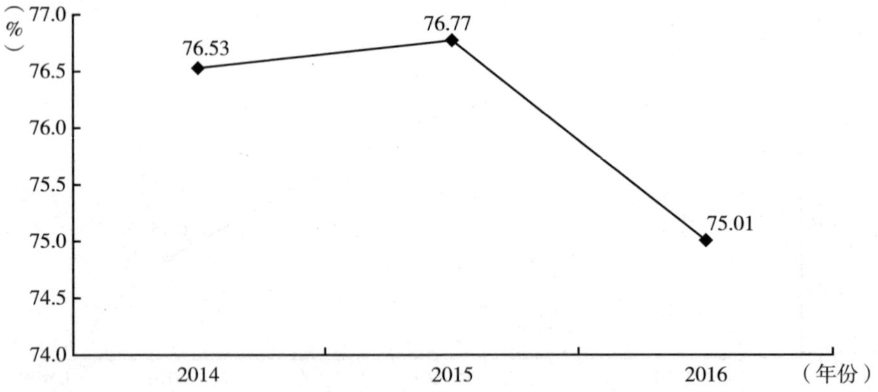


**图12　2014～2016年我国机器人行业主要上市公司主营业务成本率**

## （四）偿债能力小幅下降

2016年我国机器人行业主要上市企业整体资产负债率为48.43%，同比下降5.46%，增速同比下降8.62个百分点，可见，2016年行业资产负债率没有延续2015年的增长趋势（见图13）。

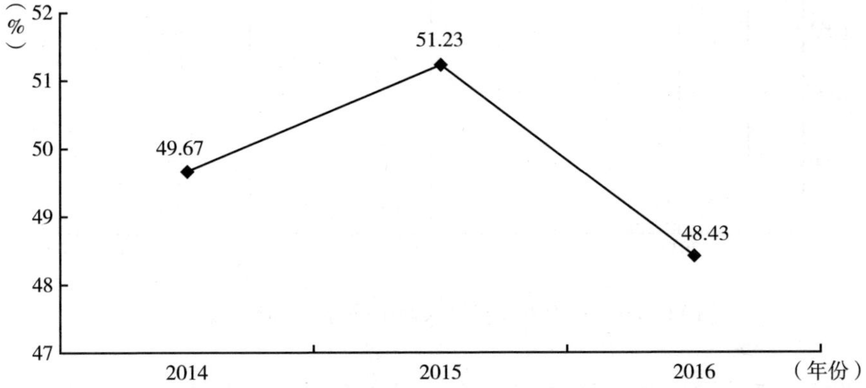


**图13　2014～2016年我国机器人行业主要上市公司资产负债率**

## 五　我国机器人行业产业结构分析

### （一）细分行业结构

**1.工业和服务机器人资产规模都呈上涨趋势**

2016年我国机器人行业主要上市公司工业和服务机器人两个子行业资产规模都呈上涨趋势，工业机器人总资产规模占比重较大，2016年工业机器人资产规模达2453.53亿元，同比增长35.77%，增速同比增长26个百分点；2016年服务机器人总资产达328.41亿元，同比增长343.09%，增速同比增长390个百分点，2016年服务机器人资产规模实现较大幅度增长（见图14）。

**2.服务机器人主营业务收入增幅较大**

2016年我国机器人行业主要上市公司的两个子行业主营业务收入都呈上涨趋势，其中，工业机器人主营业务收入为998.40亿元，同比增长

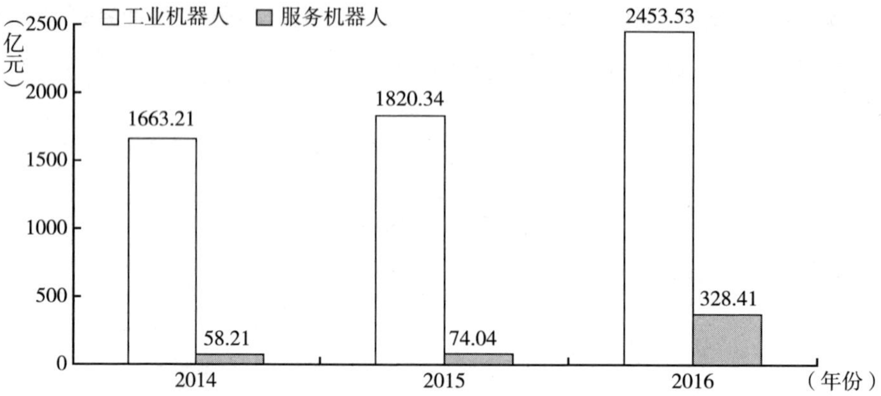


**图14 2014~2016年机器人两个子行业资产规模对比**

27.00%，增速同比增长26个百分点；2016年服务机器人主营业务收入为278.82亿元，同比增长106.00%，增速同比增长87个百分点（见图15）。

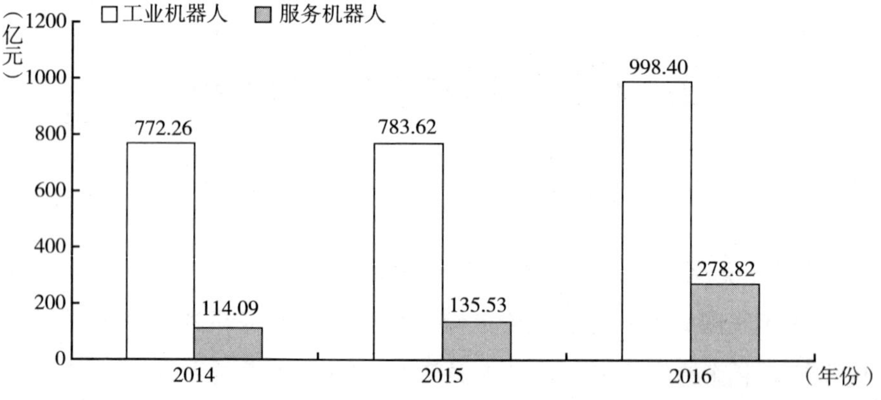


**图15 2014~2016年机器人两个子行业主营业务收入对比**

### 3. 两个子行业主营业务成本稳步增长

2016年，我国主要上市公司中的两个机器人子行业主营业务成本都稳步增长，其中，2016年工业机器人主营业务成本为731.61亿元，同比增长27.00%，增速同比增长25.86个百分点；2016年服务机器人主营业务成本为226.48亿元，同比增长76.00%，增速同比增长57个百分点（见图16）。

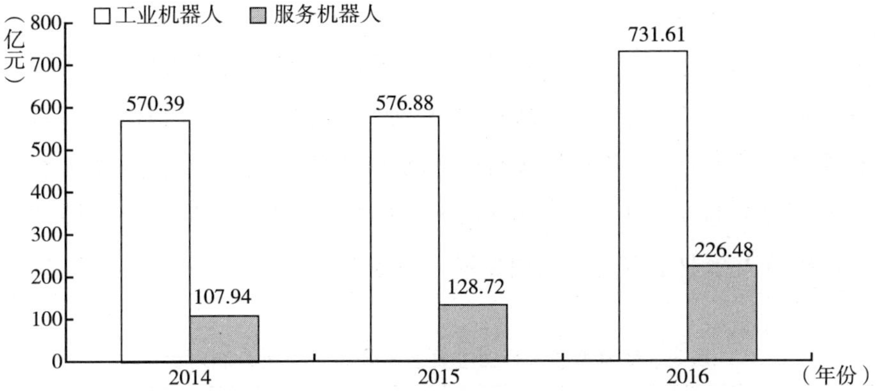


**图 16　2014～2016 年机器人两个子行业主营业务成本对比**

**4. 服务机器人利润增幅较大**

2016 年，我国主要上市公司中两个子行业的利润都呈平稳上升趋势。其中，2016 年工业机器人的利润总额达 86.87 亿元，同比增长 14.3%，增速同比增长 7.65 个百分点，延续了 2015 年的增长趋势；2016 年服务机器人利润总额达 11.30 亿元，同比增长 312%，增速同比下降 302.4 个百分点（见图 17）。

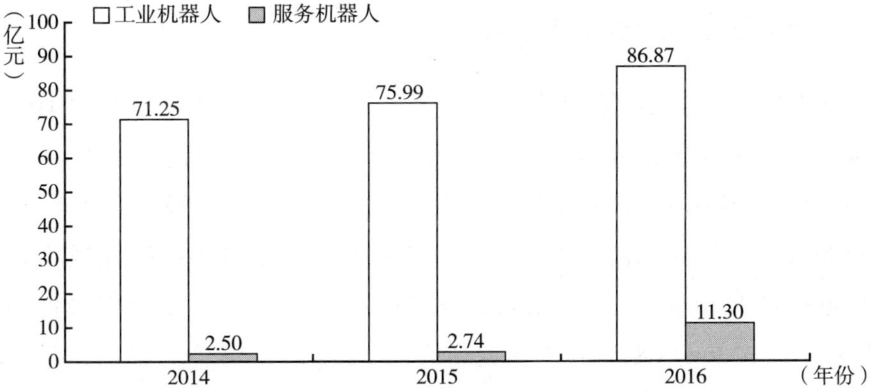


**图 17　2014～2016 年机器人两个子行业利润对比**

## （二）所有制结构

2016 年，在主要调查的 68 家机器人行业上市公司中，有 46 家为民营绝对控股企业，占总调查数量的67.65%，占比最高。在这46家企业中，有24家为在新三板上市的中小型高科技公司；有9家民营相对控股企业，占调查总数的13.24%。在全部68家企业中，仅有13家国有企业，其中，国有绝对控股企业10家，占总调查量的14.70%；相对控股企业3家，占总调查量的4.41%。由于国家鼓励创新和重点扶持中小型企业发展，民营企业在机器人行业中得到了较快发展（见表3）。

**表3　我国机器人行业主要上市公司企业所有制对比**

| 企业所有制 | 民营企业 | | 国有企业 | |
|---|---|---|---|---|
| | 绝对控股企业 | 相对控股企业 | 绝对控股企业 | 相对控股企业 |
| 数量(家) | 46 | 9 | 10 | 3 |
| 百分比(%) | 67.65 | 13.24 | 14.70 | 4.41 |

## 六　我国机器人行业贸易分析

### （一）进出口规模小幅上涨

我国机器人行业进出口产品以多功能工业机器人为主。2016年，我国多功能工业机器人进出口总额为9.57亿美元，同比上涨12.67%。其中，出口多功能机器人27218套，同比增长239.33%；出口额为1.35亿美元，同比增长14.23%。2016年各月份出口额变化较大，出口额最高的月份为12月，出口额达1553.91万美元，出口额最低的为2月份，出口额为685.50万美元，3～7月份出口额较为平稳，集中在1150万美元左右，8月份出口额降至826.30美元，之后又逐渐升高（见图18）。

2016年，我国多功能工业机器人进口50602套，同比增长13.71%；进口额为8.23亿美元，同比增长12.42%。2016年各月进口额差距较大，进口额最高的月份为11月，进口额达9610.99万美元，进口额最低的月份为1

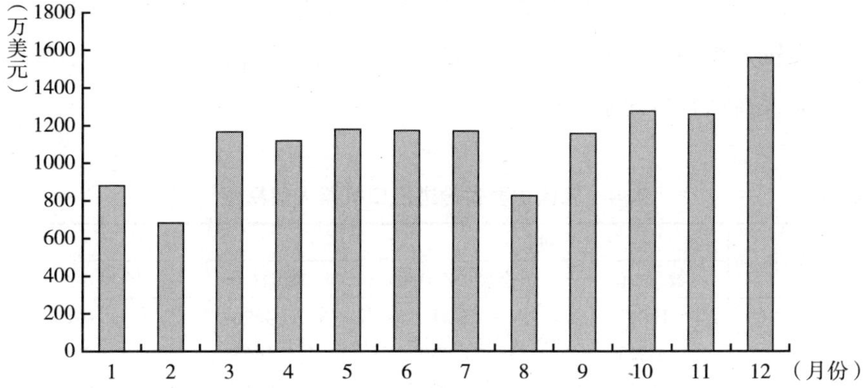


**图 18　2016 年多功能工业机器人各月出口额对比**

月，进口额仅为 4216. 84 万美元，除了 11 月外，6 月、7 月和 9 月进口表现也较为突出，进口额都在 8000 万美元以上（见图 19）。

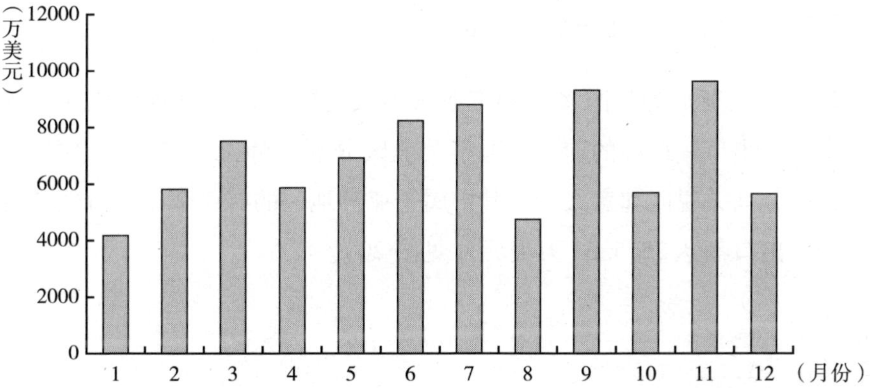


**图 19　2016 年多功能工业机器人各月进口额对比**

## （二）上海市为进出口贸易额最高地区

2016 年，在所有进行机器人贸易的省份中，上海为进出口贸易额最高的地区。2016 年，上海进出口贸易总额为 4. 40 亿美元，其中，进口机器人 19947 套，进口额为 3. 51 亿美元，占总进口额的 42. 65%；出口机器人 4696

套，出口额达0.89亿美元，占总出口额的65.93%（见表4）。机器人行业在上海市较为集中，技术发展较为成熟，同时，上海自贸区的设立也吸引了大批机器人高新技术企业。

**表4 我国主要省份进出口机器人贸易额**

| 主要省份 | 进口 | | 出口 | |
|---|---|---|---|---|
| | 数量(套) | 金额(亿美元) | 数量(套) | 金额(亿美元) |
| 上海 | 19947 | 3.51 | 4696 | 0.89 |
| 江苏 | 13033 | 1.23 | 1665 | 0.13 |
| 广东 | 5934 | 0.59 | 19212 | 0.19 |
| 湖北 | 554 | 0.16 | 962 | 0.07 |
| 山东 | 1021 | 0.16 | 503 | 0.01 |
| 河北 | 2430 | 0.51 | 1 | — |
| 北京 | 837 | 0.40 | 17 | — |

## （三）亚洲为主要进出口地区

2016年，亚洲为我国多功能工业机器人主要的进出口贸易地区，从出口额来看，出口额最高的前5个国家及地区分别为韩国、美国、中国香港、中国台澎金马关税区和意大利，其中属于亚洲地区的有3个。出口额最高的为韩国，出口额达2515.33万美元（见图20）。

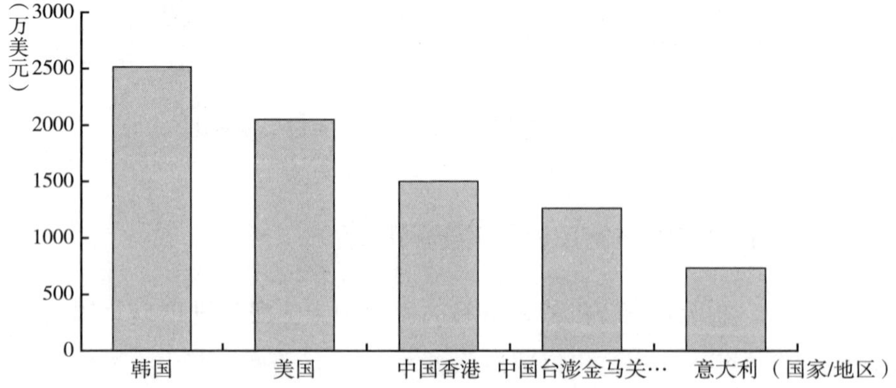


**图20 2016年机器人行业主要出口地区**

从进口额来看，进口额最高的前 5 个国家分别为日本、德国、韩国、瑞典和法国，其中属于亚洲地区的有 2 个。进口额最高的国家为日本，进口额高达 5. 34 亿美元，占总进口额的 64. 88%（见图 21）。

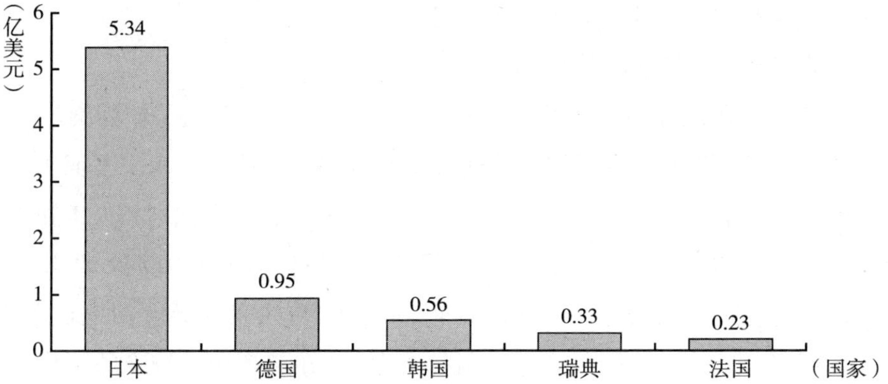


**图 21　2016 年机器人行业主要进口地区**

## 七　我国机器人行业技术水平分析

### （一）主要产品技术水平

总体来看，我国机器人产业技术在向中高端迈进，产业发展处于上升通道。近年来我国机器人产业技术水平正处于高速提升阶段，然而，工业机器人零部件技术虽然有所突破，但是高端产品进口依存度仍然很高；各地机器人产业发展迅速，但是低水平、重复建设隐忧显现。服务机器人技术水平与世界一流水平接近。

**1. 我国工业机器人核心技术相对落后**

我国工业机器人在制造工艺与装备方面仍然不能生产高精密、高速与高效的关键部件。[①] 工业机器人行业上游主要的是减速机、伺服电机和控制系

① 孔玲爽、陈颖超：《试论工业机器人国内外发展现状与趋势》，《电力设备》2016 年第 2 期。

统等核心零部件，中游是机器人本体，就是机器人的“身体”，下游是系统集成商。工业机器人技术的关键环节在于机器人的“大脑”。而目前国内机器人研发制造企业集中在科技含量相对较低的系统集成商环节上。国产减速机和伺服电机等技术水平较低，产品稳定性差。

**2. 服务机器人技术水平迅速提升**

目前，我国服务机器人技术已接近国际水平，且出现了较为突出的产品。其中，我国的语言类机器人水平较高，在语义识别上的水平不亚于其他国家同类产品，包括科大讯飞和图灵在内的国内知名语音识别和人工智能企业，为语言类机器人提供了强有力的技术支持。同时，以深圳市悉罗（Xrobot）机器人有限公司生产的以内（inxni）为代表的导航扫地机器人，在定位导航精确度上也已经超过了国际水平。[①] 在起步相对较晚的医疗机器人领域，我国科研单位和企业也有不俗表现，哈尔滨工业大学机器人研究所研制的“微创腹腔外科手术机器人系统”打破了进口达芬奇手术机器人的技术垄断；[②] 上海的尖叫智能科技有限公司研制的外骨骼机器人也已达到世界一流水平。[③]

## （二）重大技术突破

**1. 工业机器人技术突破**

（1）精密减速器领域实现多项技术突破。

在精密减速器领域，出现了一批优秀的民族企业和国产精密减速器产品。秦川机床工具股份有限公司研发生产的减速器采用了先进的齿轮传动系统设计软件和有限元软件进行结构设计、轴承系统设计、受力分析、齿轮修型设计和寿命计算。南通振康焊接机电有限公司现在已经自主研发出了

① 金红：《中国机器人现状：工业落后，服务赶超》，雷锋网，2015 年 10 月 25 日，http：//www. leiphone. com/news/201510/O4eSY2I3QxLTaMIk. html。

② 经和信融资租赁研究部：《中国医疗机器人产业深度解析》，搜狐网，2016 年 12 月 22 日，http：//www. sohu. com/a/122349390_ 498830。

③ China—Made Robots Outbreak，Giving Birth to Robot Exoskeleton，Beijing Business Today，2016 年 4 月 26 日。

RV－E系列减速器和RV－C系列减速器等系列产品，其减速器核心零部件生产合格率超过99.00%。武汉市精华减速机制造有限公司对其生产的RV减速器采用了结构系统优化设计上的创新，采用双偏心轴结构，提高重载能力，并解决了偏心轴及摆线针轮等关键零部件的空间结构合理布局、干涉、齿轮间隙问题。①

（2）控制器与国外差距缩小。

目前，我国自主品牌控制器已应用到多领域机器人开发中。国产品牌已经掌握了控制器的硬件构成部分，即工业控制板卡，包括一些主控单元、信号处理部分等电路。以固高科技、卡诺普、众为兴等为代表的国产厂家纷纷开发了自主品牌的机器人专用控制器。2016年国产的龙芯机器人控制器首次亮相，实现了对舵机机械臂的控制。

（3）七轴工业机器人问世。

在工业机器人本体研发上，新松机器人自动化股份有限公司发布的国产首款七轴工业机器人，在将来会取代人工进行手机等精密电子产品的装配制造。该机器人自重29千克，负载5千克，重复定位精度可达0.02毫米，工作半径可达800毫米。它具备快速配置、牵引示教、碰撞检测等功能，特别适用于布局紧凑、精准度高的柔性化生产线，满足精密装配、产品包装、检测、机床上下料等工业操作的需要。②

**2. 服务机器人技术突破**

（1）人工智能技术快速发展。

近年来，以百度、腾讯、阿里巴巴为代表的国内互联网企业实现了人工智能领域的多项突破。2016年，百度深度语音识别系统以高达97%的识别准确率入选麻省理工学院评选的当年“十大突破技术”。腾讯优图作为国内顶级的人工智能团队，其人脸识别、图片识别、音频识别等技术指标均在国

---

① 《核心技术：国产RV减速机核心技术大PK　各领风骚》，机器人网，2016年7月22日，http://www.jqr5.com/news/hynews/6764.html。

② 《深度剖析七轴工业机器人，中国能否弯道超车?》，机器人网，2016年8月27日，http://robot.ofweek.com/2016－08/ART－8321202－8300－30030665.html。

际人工智能比赛中创造了世界纪录，在人脸识别技术方面更是以 99.65% 的准确率名列世界前茅。[①] 阿里巴巴在 2016 年 8 月推出了 ET 机器人，该机器人目前已拥有智能语音识别、图像或视频识别、情感分析等技术，ET 背后采用的是阿里巴巴的阿里云大数据 AI 技术，具备强大的云计算和大数据处理能力。

（2）消费型无人机定位技术提高。

大疆创新发布的精灵 Phantom 4 无人机运用了立体视觉定位系统，由双目视觉传感器和一组超声波传感器组成，这从根本上解决了悬停的精度，实现了复杂环境下稳定飞行的功能，解决了在室内等无 GPS 环境下的安全飞行问题。

（3）医疗机器人技术填补国内空白。

中国科学院自动化研究所自主研发的微创心血管介入手术机器人和坐卧式下肢康复训练机器人已开展临床试验并产业化，共获得美国发明专利 5 项，国内发明专利 66 项。[②] 该研究所自主研发的技术突破了精准送丝机构及控制关键技术，在智能康复领域取得了突破，并实现技术转让。

由哈尔滨工业大学机器人研究所研制成功的“微创腹腔外科手术机器人系统”已经通过国家“863”计划专家组的验收。该系统具有我国自主知识产权，研究人员针对微创外科手术的多种术式，在手术机器人系统的机械设计等关键技术上实现了重要突破，申请了多项国家发明专利。

（4）攻克特种机器人技术难题。

围绕国家战略需求，我国科研院所对水下机器人、无人机、航天机器人等特种机器人集中力量进行技术研发和产品制造与应用。由中国科学院沈阳自动化研究所（沈阳自动化所）研制的深海装备水下机器人在我国首次万米级深渊科考中被成功应用。科研团队克服了极端环境有效导航和自主遥控

---

① 鲁进：《腾讯优图亮相“互联网 + 警务”峰会》，《计算机与网络》2016 年第 15 期，第 39 页。

② 中国科学院沈阳自动化研究所：《五大培育重点培养之二：智能医学与新型医疗设备》，2015 年 7 月 1 日，http：//www.ia.cas.cn/kxcb/kpdt/201507/t20150701_ 4382805.html。

等多项技术难题。[①] 该研究所提出的空间视觉伺服方案解决了机械臂抓取电动工具位置不固定造成的定位与控制难题。此方案在我国天宫二号上成功应用，协助宇航员圆满完成了各项空间试验任务。[②]

## 八　我国机器人行业存在的主要问题

### （一）政府扶持政策有待完善

得益于政府的扶持补贴政策，我国机器人产业近年来发展迅速。但很多政府扶持补贴政策使机器人产业呈无序化发展，市场竞争的层次锁定在价格战领域。过度的补贴不利于技术的进步和产业竞争力的提高，反而会得到国际反补贴的惩罚和制裁。

近几年，中央和各地政府出台的补贴政策令国内机器人产业迅速做大。但是，政府的补贴政策，重点关注的是机器人的终端应用，从而忽视了对基础研发及人才培养等见效周期长的领域。尽管各地的政策规划中会提及推动上下游相关核心零部件核心技术的研究，基础研发领域相比终端应用方面的补贴条款要模糊得多。

简单的通过对购买机器人的企业给予补贴的方式也会导致一系列问题。第一，由于国内机器人企业竞争力较弱，在大力推广“机器人换人计划”时，国内机器人企业的生存空间会进一步被挤压；第二，“机器人换人计划”与当地产业结构脱节，机器人并没有被高效利用，应有的规模也无法形成；第三，机器换人模式简单粗放，缺乏战略性与全局性眼光，未看清机器人产业的发展方向和发展趋势。[③]

---

① 《“海斗”何以履深渊如平地？——中科院沈阳自动化所“海斗”号研发揭秘》，《中国科学报》2016 年 9 月 7 日。

② 中国科学院沈阳自动化研究所：《沈阳自动化所空间视觉技术在天宫二号成功应用》，2016 年 11 月 21 日，http：//www. sia. cn/xwzx/kydt/201611/t20161121_ 4698678. html。

③ 熊少翀：《亚洲制造业协会首席执行官质疑中国机器人产业：连方向都错了》，《界面新闻》2015 年 5 月 8 日，http：//www. jiemian. com/article/345568. html。

## （二）产业布局缺乏前瞻性

我国机器人产业起步晚、起点低，产业规模化水平低，市场存在同质化竞争过热的问题，产业战略布局也集中在缩小与国际一线机器人企业的差距上，只考虑发展机器人关键零部件和培育龙头企业。

但是，在智能制造的大背景下，机器人产业也面临着从工业机器人的机器人 1.0 时代向智能机器人的机器人 2.0 时代迈进的阶段。我国的产业布局过于关注眼前问题，缺乏长远规划。①

## （三）盲目扩张导致低端产能过剩

据工信部数据显示，我国涉及生产机器人的企业已超过 800 家，机器人本体制造企业就有 200 多家，处于以组装和代加工为主的产业链低端，总体规模小、产业集中度低。同时，我国有 20 多个省份把机器人作为重点产业来培育，出现了以机器人为主的产业园区 40 多个，其中部分园区存在着重招商引资、轻技术创新和轻人才培养等问题。

## （四）自主品牌市场占有率偏低

尽管我国拥有一批从事机器人开发的企业，但没有形成较大的规模，缺乏市场的品牌认知度。② 一方面，我国机器人市场仍由外资企业主导，特别是使用量大、对品质要求较高的汽车和电子工业，致使国产品牌即使已具备成功的产品也难以实现推广应用；另一方面，我国生产工业机器人企业规模偏小。近 90% 的企业规模在 1 亿元以下，与销售收入超过百亿元人民币的外资企业相比，仍然偏小。

① 《我国机器人产业发展的五大误区》，《上海证券报》2015 年 9 月 29 日，新华网，http：//news. xinhuanet. com/fortune/2015 －09/29/c_ 128277522. htm。

② 《我国工业机器人产业发展现状、趋势以及主要问题》，电子产品世界网，2016 年 6 月 1 日，http：//www. eepw. com. cn/article/201606/292050_ 2. htm。

### （五）企业成本压力较大

机器人核心部件伺服电机、减速器、控制器分别占机器人整机成本的25%、35%、15%。目前，我国关键零部件大量依赖进口，导致国内企业生产成本较大，国内企业要比国外企业高出近4倍的价格购买减速器以及近2倍的价格购买伺服驱动器。例如，我国近75%的减速器市场份额被日本企业占据；伺服电机和控制器超过80%依赖来自日本、欧美和中国台湾地区的进口。

### （六）创新研发能力不强

我国尽管基本掌握了机器人相关技术，但缺乏核心及关键技术的原创性成果和创新理念，其主要表现在以下两个方面：一是工业机器人的高可靠性基础功能部件、产品设计、系统集成水平等方面都与发达国家存在较大差距；二是服务机器人的精确控制、职能控制、多传感器信息融合等核心部件的加工装配工艺技术方面与国外先进产品存在较大差距。

### （七）人才存在巨大缺口

目前在国内的高校虽很多设有自动化相关专业，但极少设有工业机器人集成应用专业，导致全国工业机器人应用人才缺口较大。如果这个状况得不到改善，那么，工业机器人难以进一步普及。①

## 九　我国机器人行业发展前景分析

### （一）我国机器人行业发展前景预测

**1. 市场趋势**

（1）工业机器人市场潜力巨大。

国内工业机器人市场发展迅速。据中国机器人产业联盟统计，自2013

---

① 《我国发展机器人产业需要破解人才难题》，模具联盟网，2015年1月12日，http://www.uggd.com/news/hynews/2015-01-13/306232.html。

年，中国已成为全球最大的工业机器人消费国。2014 年共购买 5.60 万台，同比增长超过 55.00%，占全球总消费量的 1/4，比 2006 年的 5800 台增长近 10 倍。2015 年，中国工业机器人销售量为 6.85 万台，同比增长 19.90%，预计 2017 年我国工业机器人市场规模有望突破 8 万台。①

多项利好政策继续刺激工业机器人市场快速增长。“十三五”规划、《中国制造 2025》等国家级政策点名将机器人产业发展上升为国家战略。配合政策的出台，政府和资本的支持都为我国工业机器人市场发展带来了有利条件。随着用人成本的上升及劳动力结构性的短缺，我国即将结束人口红利时代，为实现产业升级，“机器人换人”成为大势所趋。机器人成本的不断下降刺激了企业对机器人的需求，据估算，工业机器人的成本在未来 10 年内会下降一半②。我国工业机器人使用密度仅为每万人 49 台，远低于德国、日本、韩国等发达国家每万人 300 多台的使用密度，市场空间巨大。

汽车行业机器人需求继续增加，电子行业增长潜力大。从目前工业机器人的应用领域看，应用最广泛的为汽车工业。从工业机器人在汽车产业的使用密度来看，日本、德国、美国与韩国在汽车工业上对工业机器人的使用最为广泛，平均使用密度超过 1000 台，而我国大陆汽车行业对于工业机器人的使用不足日本、德国、美国、韩国密度的 1/3。由于汽车产业的发展，未来对于工业机器人的需求将持续增加。2016 年上半年 3C 制造业（计算机制造业、通信设备制造业和其他电子设备制造业）国产工业机器人销售量已占到国内总销售量的 30%，较上年同期提高近 20 个百分点。受电子工业设备升级和人力成本上升等因素驱动，电子制造业对工业机器人需求将继续保持强势增长。③

① 中商产业研究院：《2017 年中国工业机器人行业发展趋势分析：市场规模或破 8 万台》，中商情报网，2017 年 2 月 9 日，http：//www.askci.com/news/chanye/20170209/17572290158.shtml。

② 《成本下降、技术升级工业机器人将普及》，中国机器人网，2016 年 12 月 27 日，http：//www.robot－china.com/news/201612/27/38168.html。

③ 《2016 年上半年国产工业机器人市场情况》，中国机器人产业联盟网，2017 年 1 月 6 日，http：//cria.mei.net.cn/admin/news/edit/uploadfile/20170106181342162.pdf。

（2）服务机器人市场成长动能可期。

2017 年市场规模有望突破 200 亿元。我国的服务机器人市场也存在巨大的发展空间，据易观智库预测，2015 年中国服务机器人市场规模大约为 82 亿元，2016 年增长至 140 亿元，而 2017 年将突破 200 亿元。[①]

服务机器人消费者群体进一步扩大。随着人均可支配收入的提高，未来以“80 后”“90 后”为主的中产阶级将逐步形成，相比于上一代人，他们更加注重提高生活质量，并且家务劳动的时间投入不足，家政服务类机器人将有较大需求。中国人口的老龄化使医疗机器人进一步应用普及，未来医疗机器人将提升医疗效率，有效地缓解国内医疗资源的稀缺。同时，老龄化也会推动满足老年人需求的服务机器人市场的扩大。

人工智能将推动服务机器人市场强势发展。随着计算机视觉、环境感知和人机互动等人工智能节点的突破，服务型机器人的智能化程度和情感交互能力正在飞速提升，使服务机器人未来在家庭、餐饮服务和仓储物流等领域都存在巨大的市场空间。

**2. 技术趋势**

（1）工业机器人缩小与发达国家差距。

工业机器人技术向高精密化发展。当前，我国的工业机器人技术与主要机器人产业大国相比，还存在一定差距，主要问题是我国对缺乏核心技术突破的高精密、高速与高效的关键部件还需要大量进口。依据《机器人产业发展规划（2016—2020 年）》的指导，我国工业机器人产业未来发展的趋势是加大研发力度，突破核心技术，集中力量掌握多项技术，这主要包括模块化、可重构的工业机器人新型设计；柔性、高加速度、大负载的动态设计与优化、基于三维虚拟仿真和工业以太网的工业机器人成线技术、基于外部传感技术的工业机器人运动控制技术、非结构化工业现场的机器人局部自主与智能决策技术等。

① 《2016 年中国服务机器人市场规模现状及发展趋势分析》，中商情报网，2016 年 5 月 25 日，http：//www. askci. com/news/chanye/20160525/08532320345_ 3. shtml。

大力发展机器人关键零部件。针对工业机器人关键零部件的性能及使用寿命等问题，从设计、加工及生产等多方面入手，提升减速器、伺服电机和驱动器、控制器、传感器、末端执行器等关键零部件的质量稳定性和批量生产能力，打破长期依赖进口的局面。

六种工业机器人是重点攻关方向。《机器人产业发展规划（2016—2020年)》提出了全自主编程智能工业机器人、双臂机器人等六种标志性智能工业机器人产品，引导我国工业机器人向中高端方向发展，率先突破标志性产品，聚焦智能制造和智能物流，满足智慧生活及现代服务等方面的需求。

（2）人工智能是服务机器人的核心。

人工智能与服务机器人的联系日趋紧密。在未来几年里，智能机器人将成为服务机器人的重点发展方向。服务机器人重视人机交互体验、用户和机器人之间的互动及严格要求机器人的反馈速度，这对人工智能技术的要求极高。从长远看，服务机器人的核心是人工智能，市场的边界要靠人工智能技术去打破。①

服务机器人变成重要数据入口。服务机器人未来可扩展的应用领域非常多，很有可能成为重要的数据入口。目前，服务机器人只实现了部分产业化应用，场景比较单一；以中期看，家庭/个人服务机器人有望成为智能家居的入口；以长远角度分析，服务机器人有望成为继手机之后下一个重要的数据入口。

促进服务机器人向更广领域发展。《机器人产业发展规划（2016—2020年)》提出要围绕助老助残、医疗康复、救援救灾、重大科学研究等领域，满足智慧生活及现代服务等方面的需求，重点发展消防救援机器人、手术机器人等四种标志性产品，推进系列化的专业服务机器人，商品化的个人/家庭服务机器人。力争在医疗健康、救灾救援、科学研究等领域的服务机器人技术水平达到国际水平。

---

① 《2016 年中国服务机器人市场规模现状及发展趋势分析》，中商情报网，2016 年 5 月 25 日，http：//www. askci. com/news/chanye/20160525/08532320345_ 3. shtml。

## （二）我国机器人行业投资机会

**1. 国家政策保证了行业投资环境**

2015 年出台的《中国制造 2025》，机器人产业被明确列入十大重点领域之一，在未来十年内将大力推动其发展，继续扩大机器人的市场应用。此外，2016 年的《机器人产业“十三五”发展规划》和《机器人产业发展规划（2016—2020 年）》，在统筹规划和资源整合、财税支持、融资渠道、市场环境、人才队伍建设、国际交流与合作等方面为我国机器人产业的发展提供了良好的政策条件。

**2. 市场细分和差异化发展成为新方向**

在消费市场越来越细化的情形下，具有细分市场优势和具有核心技术优势的企业往往能率先抢占市场，并且能够持续提供改进的产品和服务。因此，对于未来的机器人投资，在相关领域或某一细分市场上具有核心优势的企业具有较大的投资前景。

**3. 机器人产业链上游市场投资机会多**

国产核心零部件市场投资潜力大。《机器人产业发展规划（2016—2020 年）》的目标之一是实现机器人关键零部件的重大突破。目前，国内机器人产业主要集中在下游的系统集成，而上游关键核心零部件——包括控制器、伺服系统、减速器和本体——占据了机器人近 90% 的成本。

伺服电机市场前景看好。目前，国产伺服电机及其全数字式伺服驱动器基本开发成功，随着全数字式交流永磁伺服系统性价比的提升，控制电机类的交流伺服电机，其市场需求稳步增长，未来应用前景被看好。

控制器领域涌现优秀企业。在控制器领域，广州数控及广泰数控等数控设备生产企业，不仅开发出机器人专用控制系统，而且逐渐走向成熟和产业化，且借此进入机器人行业，成为国产机器人企业中的领导者。以固高科技、卡诺普、众为兴等为代表的国内专业运动控制企业，开始向市场提供机器人专用控制器。以上企业未来发展前景良好，具有投资前景。

减速机行业发展迅速。国产优秀减速机产品质量已达到国外先进工业国家同类产品水平，部分产品还出口至欧美及东南亚地区。我国工业机器人对精密减速器的需求将继续提升，未来国内精密减速器的年市场销售额将突破100亿元。

## 十　我国机器人行业发展建议

### （一）完善政策扶持和规划体系

政府应根据机器人产业的实际发展情况，制定更全面、更细化、更具针对性的扶持政策，为机器人产业健康发展持续注入新活力。加快出台扶持政策，提高机器人使用率，落实机器人制造企业税收优惠政策，促进工业机器人的研发与生产。加快研究并出台行业应用的指导政策，对一些高危险性工作，强制要求机器人代替人；对于工作环境恶劣的岗位，应鼓励机器人代替人。为满足中小企业对于机器人的需求，鼓励成立机器人租赁公司。为支持符合条件的机器人企业在海外市场直接融资，鼓励民间及金融资本参与。①

### （二）优化整体布局和产业结构

各级政府应准确理解国家政策，统筹规划避免低端浪费。近年来，我国陆续出台了一系列支持机器人产业发展的政策，为机器人产业未来五年的发展奠定了基本战略和方针。各级政府应在理清机器人行业发展情况和理解国家相关指导战略方针的基础上，对机器人产业进行整体布局，优化产业结构，避免出现扎堆生产同类产品，特别是低端同类产品的现象，应逐步形成各有特色、百花齐放的局面。各地应结合自身产业结构特点，出台政策支持有特色的机器人企业做精做细，避免贪大求全。

企业应更注重行业和市场细分。企业应针对不同行业和岗位的特点，制

---

① 《2016年中国机器人产业发展白皮书》，《机器人技术与应用》2106年第3期，第1页。

定研发方向、生产计划和市场策略，积极开发并扩展机器人的应用市场。目前，我国除了汽车制造业和电子制造业不同程度地使用了工业机器人外，还有更多的如化工、危险品、消防、事故抢险等特殊行业，以及家庭服务业存在着的对机器人的潜在需求。由于不同行业对机器人的要求不一样，应建立多元化的产业结构以满足其需求。

### （三）加大研发和创新能力

一是加强科研机构和企业的合作，鼓励科研院所参与到企业的研发中去，促进知识的有效流动，企业应与科研机构建立长期稳定的合作关系，促使双方形成互利互惠的合作关系，共同成长。二是加快技术研发，突破产业技术瓶颈。三是针对应用需求，攻克关键零部件技术，实现产业化。四是推进研发平台及关键部件检测中心的建设工作。五是建设下一代技术研发平台，同时，应关注能源、大数据、安全和材料等领域的机器人技术创新。①

### （四）增强人才队伍建设

一是推进产学研一体化人才培养模式，建立校企联合人才培养新机制，企业要建立与国内外研究机构合作培养人才的模式。二是利用职业培训培育和锻炼人才，注重对现有技术人才的培训，提升企业技术团队的整体水平；以科研项目作为技术培训的载体，提高企业技术团队的参与度，积极引导企业研发团队在实践中提升创新能力；建立企业内部的技术人才选拔制度，鼓励优秀人才参加学术交流、挂职培训，以及积极参与海内外知名机器人企业的交流活动，提升企业技术人才的国际视野。三是加强高端人才引进，吸引国外留学人员回国创新创业。借助政府的力量，制定和采取一系列优惠的人才引进政策及相关措施，以吸引机器人制造技术领域的优秀人才和创业者。

---

① 《2016 年中国机器人产业发展白皮书》，《机器人技术与应用》2106 年第 3 期，第 1 页。

### （五）提高重点产品的自主率

顺应市场需求，突破高端应用领域的工业机器人技术，带动我国工业机器人相关零部件生产企业的发展；要加大对工业机器人核心零部件的研发，逐步提高关键产品的自主率；根据客户多样化的需求，开发细分市场，研制具有更高性价比以满足中小企业需求的产品，优先抢占市场。

## 参考文献

陈明鹤：《我国机器人产业发展存在的问题及对策研究》，《科技促进发展》2015 年第 6 期，第 768 ~ 774 页。

徐方：《我国机器人产业现状分析与发展研判》，《中国科学院院刊》2015 年第 6 期，第 782 ~ 784 页。

徐斌：《我国机器人产业发展策略研究》，《现代国企研究》2015 年第 20 期，第 88 ~ 89 页。

沈绪明、董鹏：《我国机器人发展现状、需求及产业化探讨》，《物流技术》（装备版）2012 年第 22 期，第 242 页。

国家制造强国建设战略咨询委员会：《中国制造 2025 蓝皮书》，电子工业出版社，2015，第 84 ~ 91 页。

王鹏：《2015 ~ 2016 年中国装备工业发展蓝皮书》，人民出版社，2016，第 98 ~ 104 页。

# B.7
# 海洋工程装备及高技术船舶

姚丽媛　刘宫　王茜*

摘　要：本报告主要分析了2016年海洋工程装备和高技术船舶行业的国际市场现状和发展趋势，技术发展现状和趋势，总结了我国的行业规模、运行情况及出口贸易情况，分析了我国行业技术现状和存在的问题。由分析可知，2016年我国海洋工程及高技术船舶行业在智能、环保、大型化领域都有了一定的发展，但行业整体规模呈下降趋势，行业内存在低端产能过剩，自主创新能力不强，配套产业滞后等问题。结合具体市场发展趋势可知，行业未来将继续向高技术、服务型、绿色船舶方向发展。因此，报告建议，政府、行业和企业应共同努力，提高创新能力，完善产业链，加强人才队伍建设，加快产业升级。

关键词：海洋工程装备　高技术船舶　船舶制造

## 一　海洋工程装备及高技术船舶的定义和分类

### （一）定义

船舶工业，亦称“造船工业”或“造船业”，是承担各种军民用舰船

* 姚丽媛，经济学硕士，助理研究员，现任职于机械工业经济管理研究院产业经济研究所，主要从事技术经济、产业经济、发展规划等方面研究；刘宫，远洋集团写字楼事业部，副总经理；王茜，经济学硕士，研实员，现任职于机械工业经济管理研究院产业经济研究所。

及其他浮动工具的设计、建造、维修和试验及其配套设备生产的重工业。[①]

### （二）分类

**1. 国家统计局分类**

根据国家统计局《国民经济行业分类（GB/T4754－2011）》，船舶工业主要包括船舶及相关装置制造业和海洋工程专用设备制造。

**2. 中国船舶工业协会分类**

中国船舶工业协会将船舶工业分为船舶制造业、船舶配套业、船舶修理业和海工装备制造业。

**3. 国际分类惯例**

在国际船舶工业统计中，一般主要统计油船制造业、散货船制造业、集装箱船制造业和海工装备制造业等，目前，这些子行业的统计数据比较统一。

**4. 小结**

根据上述船舶工业分类标准，结合子行业的重要性和数据可得性，本文主要研究民用类船舶工业的“船舶制造业”“船舶修理业”“船舶配套业”“海工装备制造业”等分行业。

## 二　国际海洋工程装备及高技术船舶行业的发展概况

### （一）国际海洋工程装备及高技术船舶行业发展现状

**1. 市场现状**

（1）中国、日本、韩国成为全球造船中心。

在全球经济低迷的大背景下，造船业在2016年仍然没有太大起色，三

① 依据工信部船舶处、船舶工业协会所做出的定义。

足鼎立的格局依然持续，世界造船中心已经由欧美转向亚洲的中、日、韩。目前，船舶业可划分为三大阵营：以中、日、韩三大造船国为第一阵营，以德、意等若干个重要造船国为第二阵营，以数量众多的较小造船国为第三阵营。其中中、日、韩总造船量占全球造船行业市场份额的94.10%，占据了造船业的大部分市场。在未来很长一段时间内，凭借独有的人口资源和技术优势，三个国家的造船业中心地位仍然不可动摇（见表1和表2）。

**表1　2016年世界三大造船指标比较**

| 指标/国家 | | 世界 | 中国 | 韩国 | 日本 |
|---|---|---|---|---|---|
| 造船完工量 | 万载重吨 | 9997 | 3594 | 3630 | 2185 |
| | 占比(%) | 100 | 35.9 | 36.30 | 21.90 |
| 新接订单量 | 万载重吨 | 2742 | 1617 | 582 | 410 |
| | 占比(%) | 100 | 59.00 | 21.20 | 15.00 |
| 手持订单量 | 万载重吨 | 22332 | 9595 | 5028 | 5919 |
| | 占比(%) | 100 | 43.00 | 22.50 | 26.50 |

资料来源：船舶工业协会。

**表2　2014~2016年新接订单分类统计**

| 指标/国家 | | 世界 | 中国 | 韩国 | 日本 |
|---|---|---|---|---|---|
| 2014年新接订单 | 万载重吨 | 10975 | 5102 | 3078 | 2255 |
| | 占比(%) | 100 | 46.50 | 28.00 | 20.50 |
| 2015年新接订单 | 万载重吨 | 9646 | 2916 | 3246 | 2887 |
| | 占比(%) | 100 | 30.20 | 33.70 | 29.90 |
| 2016年新接订单 | 万载重吨 | 2742 | 1617 | 582 | 410 |
| | 占比(%) | 100 | 59 | 21.20 | 15.00 |

资料来源：船舶工业协会。

（2）海洋工程建造市场中国占据首位。

2016年，海洋工程装备市场总需求逐渐萎缩，全球共成交各类海洋工程装备81艘，同比下滑56.00%，海洋工程总成交额为52亿美元，同比下滑53.00%。全球海洋工程装备产业的中国、新加坡和韩国三分天下的世界格局发生较大变化，韩国、新加坡均未摆脱低迷局势，接单量急剧下滑。

2016 年中国海洋工程总接单额为 24.80 亿美元，同比下滑 35.00%，共承接海工作业船 32 艘/座，总价值 23 亿美元，另接到生产自升式钻井平台 11 座，总接单额占全球总份额的 48.00%，同比上涨 20.00%，位居全球首位。而俄罗斯近年来致力于海洋油气的自主开发研究，2016 年凭借来自伊朗的 5 座自升式钻井平台订单，市场份额达 41.00%，同比增长 10.00%。①

（3）新造船价格指数持续走低。

在全球经济萧条的大环境及船舶制造业供过于求的背景下，从 2014 年下半年至 2016 年，新造船价格指数（CNPI）持续降低。2016 年新造船价格下半年已经跌破 800 点，截至 2016 年 12 月 30 日，CNPI 指数已经跌至 775，创历史新低（见图 1）。

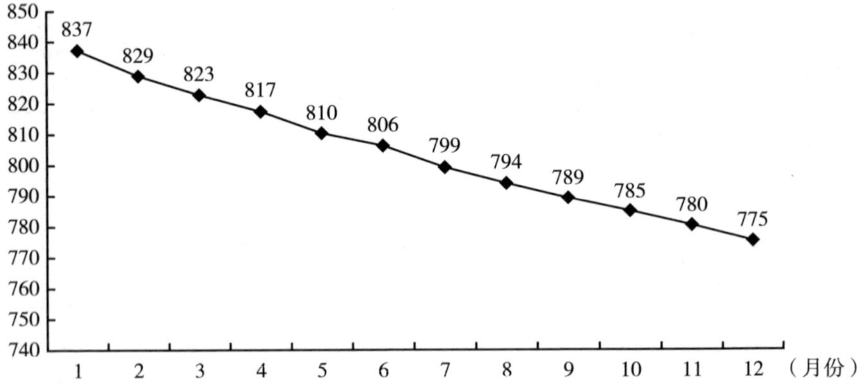


**图 1　2016 年新造船价格指数**

（4）船舶市场竞争激烈。

在常规船舶市场不景气的情况下，中、日、韩三国纷纷抢夺高端船舶市场。现代造船业发展相对完善的日本，凭借早期高额的研发投入及丰富的管理经验，占据了智能船舶市场的一席之地。韩国政府更是在 2016 年 6 月将

① 屠佳樱、张晶：《海工建造市场：栉风沐雨 2016 砥砺前行 2017》，《中国水运报》2017 年 2 月 16 日，第 6 版。

韩国造船业定为特别雇佣支援行业,[①] 并在 2016 年 7 月对造船厂及配套装备建设提供财政支持。而我国凭借人口红利优势及不断增加的自主创新能力也跻身高端船舶建造之列。

（5）兼并重组迈出实质性步伐。

为了消化船舶制造业的产能过剩，各国纷纷出台重组计划，倒逼中小型企业进行转型升级，鼓励大企业整合优质资源，进行专业化重组，提升核心竞争力，利用自身优势应对市场风险。在欧洲，位于丹麦的世界航运巨头马士基在 2016 年 9 月声明将公司拆分为运输和能源产业公司，并将主要致力于发展智能运输行业。[②] 在亚洲，日本邮船、商船三井和川崎汽船这三家造船行业将集运业务合并;[③] 同时，韩国大型造船企业现代重工也推出了重组计划，并向债权人提交了 3.50 万亿韩元的自救方案,[④] 通过拆分并抛售一部分业务来改组公司。

**2. 技术现状**

（1）研发过程更智能。

为了抢占新型智能船舶领域市场，世界各大造船厂的研发部门都选择将高科技智能系统引入船舶设计方案，将智能船舶的设计主要集中在船体、机舱、航行、能源管理、货物提取与集中等方面。例如，日本造船厂专门与计算机研究机构成立研究会，将计算机网络技术与造船结合起来，将网络技术融入制造过程（见表 3）。

（2）制造过程更环保。

节能环保型产品已经成为船舶产品设计的主流。国际海事组织（IMO）也在不断修正和更新绿色造船和绿色航运的相关标准，旨在降低海洋污染。

---

① 《韩国政府决定支援韩国三大船企》，国际海事信息网，2017 年 2 月 25 日，http：//www.soship.com/news/long/751136.html。

② 刘嘉平：《航运巨头马士基分拆》，《看天下》2016 年第 11 期，第 22 页。

③ 《日本三家航企合并集运业务》，国际船舶网，2016 年 11 月 9 日，http：//www.cansi.org.cn/index.php/News/detail? id = 3299。

④ 《现代重工披露重组计划细节》，中国船舶工业行业协会，2016 年 6 月 14 日，http：//www.cansi.org.cn/index.php/News/detail? id = 2419。

例如，2016年由三星重工建造的“Ethane Crystal”号是全球首艘超大型乙烷运输船（VLEC），该船的设计符合环境友好的标准，可以运输乙烷等新型能源①。建造低排放量、低能耗、节能环保的绿色船舶已经成为船舶发展的重点方向。

**表3　世界主要造船国家智能化设计**

| 国家 | 主要技术应用 |
| --- | --- |
| 中国 | 企业资源计划系统（ERP）已经基本普及，多家造船厂在车间引入智能机器人，打造自动化生产线，部分造船厂引入大型机械装备，在制造工序和设计上引入智能数据采集环节。沪东中华“大型液化天然气（LNG）船分段建造数字化车间” |
| 韩国 | 引入以船载技术（e-Navigation）为基础的船舶自动航行系统和以虚拟现实（VR）为基础的远程控制系统。现代尾浦研发出全球首艘甲醇动力运输船，大宇造船研发出全球首艘浮式液化天然气船 |
| 日本 | 引入射频识别技术（RFID）来定位机械工具，研发增强现实（AR）技术来缩短作业流程。商船三井推出“ISHIN NEXT”智能船舶项目，利用采用信息和通信技术－大数据（ICTs）技术来研发船舶安全领域及减少环境影响领域的智能船舶。三菱重工研发出全球首艘双燃料LNG豪华油轮 |

（3）产品生产更大型化。

随着散货船市场竞争日趋激烈，大型船舶市场逐渐受到行业的关注。2016年，钢铁行业进入消化过剩产能的低谷期，钢铁价格逐渐下降，生产大型船舶的成本降低，更多国家的造船厂开始转向大型船舶市场，并争相建造能停靠大型船舶的港口码头和起重装备。例如，在集装箱航运市场，大型化已经成为常态，大型化船舶不但表现在船舶体积上，也表现在运载力上，2016年，三星重工为日本商船三井建造了世界上最大的集装箱船，吞吐量达20150标准箱。我国更是通过大数据平台开发了集装箱运输管理系统（TMS），为全球超50万集装箱提供港口信息，确保大型集装箱系统高效作业。②

① 《7艘“世界首艘”船改变全球船舶业》，《珠江水运》2016年第24期，第32～33页。

② 《亿海蓝大数据为全球超50万集装箱“导航”》，国际船舶网，2016年9月6日，http：//www.eworldship.com/html/2016/ship_inside_and_outside_0906/119474.html。

## （二）国际海洋工程装备及高技术船舶行业的发展趋势

**1. 市场趋势**

（1）三大造船指标将持续下降。

2016 年全球新接订单量仅为 2742 万载重吨，同比下降 71.57%。虽然从造船业三大指标（造船完工量、新接订单量、手持订单量）来看，中国、日本和韩国依然占据着船舶制造行业的霸主地位，但与 2015 年同期相比，三个国家的指标都有所降低（见表 4）。

**表 4　2015～2016 年中、日、韩三大造船指标对比**

| | | 造船完工量（万载重吨） | 新接订单量（万载重吨） | 手持订单量（万载重吨） |
|---|---|---|---|---|
| 中国 | 2015 年 | 3922 | 2916 | 30315 |
| | 2016 年 | 3594 | 1617 | 9595 |
| 日本 | 2015 年 | 2109 | 2887 | 6934 |
| | 2016 年 | 2185 | 410 | 5919 |
| 韩国 | 2015 年 | 2936 | 3246 | 8271 |
| | 2016 年 | 3630 | 582 | 5028 |

2016 年我国船舶制造行业市场依然不乐观，行业整体处于供给大于需求的状态，我国船舶行业处在去产能的攻坚阶段，一些主干船舶企业主动削减产能，另外一些力量比较薄弱的中小企业在市场的作用下濒临淘汰。2016 年我国船舶企业中已有 40% 的产能闲置，这使得我国造船产能由 8000 万载重吨下降到 6500 万载重吨。但随着全球船舶需求走低，仅中国的造船产能就可满足全球绝大部分的需求，预计船舶制造企业的三大造船指标仍会持续下降。

（2）高端船舶需求量增加。

随着普通散货船需求持续缺乏动力，散货船船东交船意愿不足，散货船等常规船市场低迷，相比之下，高技术船舶凭借其低产能和高智能化的优势，需求不断增加。而随着国际海事组织的标准要求逐渐升高，海洋领域的污染排放量要求也愈加严格，一些新型节能环保船舶同样受到船东的青睐。此外，豪华邮轮市场的发展引人关注，根据国际邮轮协会（CLIA）的《2016 年邮轮业发展趋势报告》，2016 年全球邮轮乘客达到了 2400 万人次，包括远洋邮轮和内河邮轮在内的新下水邮轮达 27 艘。[①] 这表明一些融入现代科技元素的新能源船舶与娱乐性船舶将带动船舶市场需求的增长。

（3）海洋工程行业依然面临挑战。

海洋工程装备需求主要来自海上油气资源的开发，随着近两年国际原油价格明显波动，加之美国页岩油开采的逐渐升温，海洋工程市场因为没有高附加值预期，导致投资减少，海洋工程依旧呈疲软态势，海上油气开发项目看跌，2016 年运行中的海洋工程装备大部分以低于运行成本的租金出租，部分钻井平台闲置，开采项目搁浅（见图 2）。另外，海洋工程相关企业由于新增订单较少，导致企业资金链断裂，同时，海洋工程作业船需求量也随之下降，尽管 2016 年国际油价有上行趋势，但由于下行压力较大，短期内海工程行业的低迷局势不会有太大改变。

**2. 技术趋势**

（1）浮动储存再气化装置（FSRU）发展迅速。

海洋工程装备市场一直向高技术多功能化发展。例如，近年来发展较快的浮动储存再气化装置（FSRU），因其既可以作为液化天然气运输船（LNG），又可以作为储蓄装备，还可以在远离陆地和人口密集的商业区的地方停靠，并为船舶提供能源，同时，由于天然气能源市场近年来备受青睐，市场发展日趋成熟，这款海洋工程装备逐渐成为研发重点。根据新加坡能源市场管理局（EMA）统计数据分析，目前，该船队可用 FSRU 仅为 15 艘，远低于需求量，2016 年有多达 37 个 FSRU 项目计划在建，并计划

① 德誉出国咨询：《国际邮轮协会（CLIA）发布 2016 邮轮业趋势报告》，山东四海船务网，2017 年 7 月 18 日，https：//www. sdsihai. com/p/1a7dKUB. html。

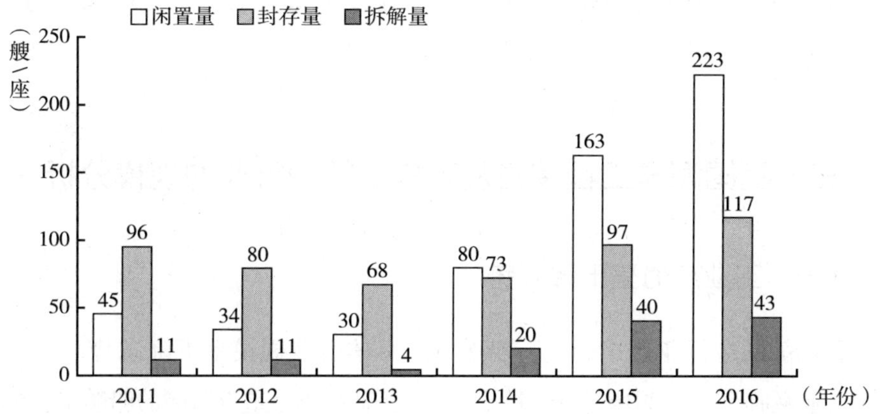


**图 2　2011～2016 年全球钻造井平台闲置量、封存量、拆解量比较**

资料来源：克拉克森航运经纪（Clarksons）。

2020 年之前完成，其中大部分将于 2018 年前售出。2016 年上半年，挪威纳斯达克（Golar LNG）与美国 Stonepeak 共同成立新公司 Golar Power，专注于 FSRU 市场。FSRU 市场日趋活跃，预示着海洋工程装备多功能化趋势明显。

（2）船舶制造业技术多元化发展。

未来应用于船舶制造业的技术将更加多元化，种类更加丰富，例如，将计算机网络技术、计算机集成制造系统（CIMS）、计算机辅助设计和制造系统（CAD/CAM），以及 VR 技术广泛应用于船舶制造的各个环节，将智能机器人引入生产车间，船舶制造技术将迅速更新升级。

（3）海上风电技术发展迅速。

与陆地发电受风速与面积的限制不同，海上发电由于风速大，海洋面积广，风力资源多，是各国争相开发的资源。但海上风电技术壁垒高，资金需求量大，很多海上风电项目推进并不顺利，海上风电行业依然在起步阶段，亟须对海上发电设备进行研发。目前，海上风电技术发展最好的地区在欧洲，主导了整个海上风电市场。数据显示，2016 年上半年新增的 114 个并网风力发电机组中，西门子获取了全部订单，成为海上发电机组的霸主。为了打破这种技术壁垒，韩国 2016 年投资建设了最大的海上发电园区项目。我国最大的海上风电场——华能如东①也进入调试阶段。

## 三 我国海洋工程装备及高技术船舶行业的规模分析

### （一）工业产值呈下降趋势

受船舶制造行业低迷影响，船舶制造总体行业规模呈下降态势，中小型船舶行业濒临破产。2016 年 1～11 月，94 家船舶协会重点监测的船舶制造企业完成工业总产值为 3880 亿元，同比下降 3.10%，每月工业产值分布在 300 亿～400 亿元，8 月产值最高，为 420 亿元，5 月产值最低，为 310 亿元（见图 3）。

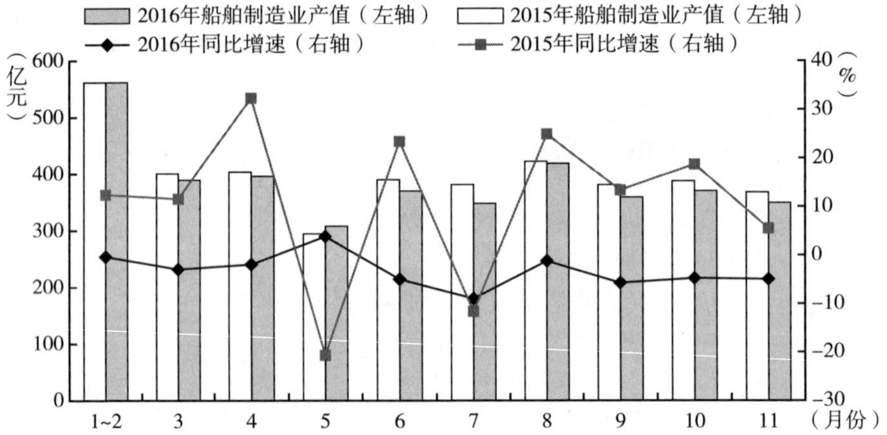


**图 3　2015 年和 2016 年 1～11 月我国重点监测造船企业工业产值**

### （二）产量持续降低

#### 1. 造船完工量下降幅度较大

2011～2016 年，我国整体造船完工量呈现下降趋势。2016 年，我国规

① 《我国最大海上风电场进入风机并网调试阶段》，中国海洋工程网，2016 年 12 月 12 日，http：//www.chinaoffshore.com.cn/a/fengdian/haishangfengdian/21099.html。

模以上企业造船完工量为 3594 万载重吨，同比下降 15.58%，造船完工量创近年来新低（见图 4）。

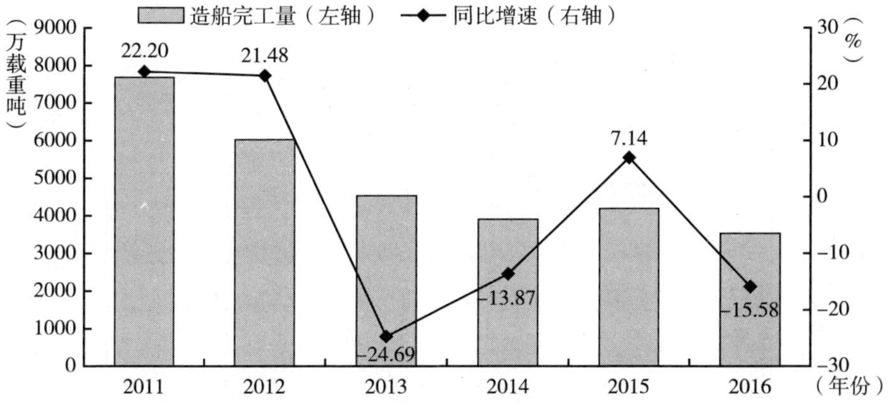


**图 4　2011～2016 年我国船舶企业造船完工量**

**2. 新接船舶订单量持续下降**

2013 年以来，受船舶制造业产能过剩的影响，船舶行业在承接订单方面竞争激烈，订单量持续下降。2016 年我国规模以上船舶制造企业新承接订单量为 1617 万载重吨，同比下降 32.59%（见图 5）。

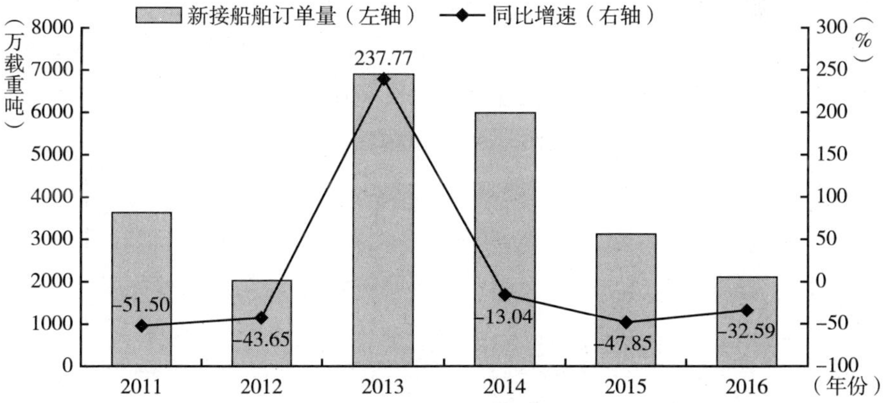


**图 5　2011～2016 年我国船舶企业新接订单量**

**3. 手持订单量降幅较大**

受国际船舶市场结构调整及我国融资贷款审核要求更加严格的影响，我国船舶企业交船更加困难。2016 年，我国规模以上船舶制造企业手持订单量为 9595 万载重吨，同比下降 19.04%。2016 年手持订单量达 5 年来最低水平（见图 6）。

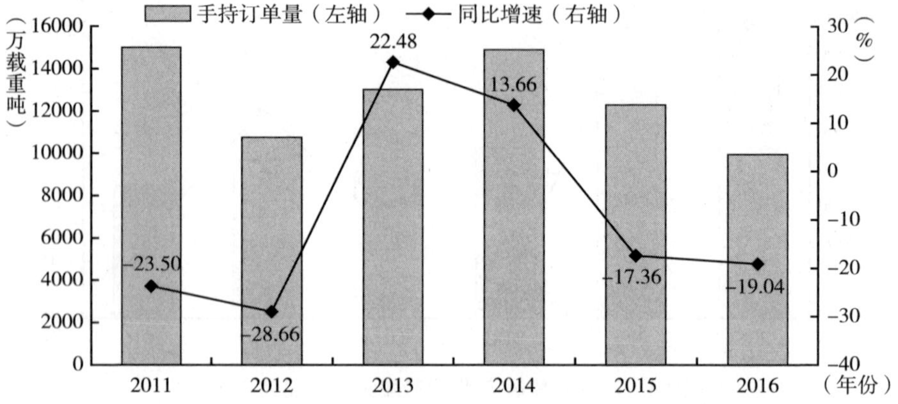


**图 6　2011～2016 年我国规模以上船舶企业手持订单量**

## （三）海洋工程装备新接订单额持续降低

海洋工程行业受国际油价下滑影响，订单量持续走低，由于国际海洋工程业萧条，国内海工企业在国际市场竞争力不足，海洋工程订单量大部分来自国内需求。2016 年我国海洋工程装备新接订单额为 24.80 亿美元，同比下降 57.96%，订单额创近年来最低水平（见图 7）。

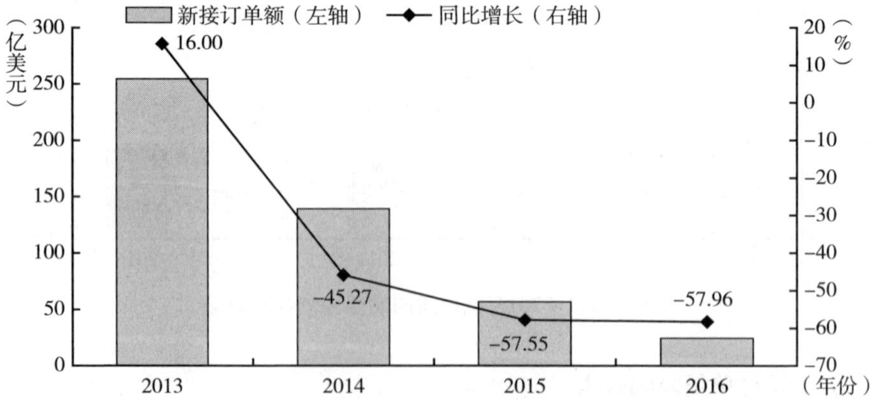


**图 7　2013～2016 年我国海洋工程装备新接订单额及同比增速**

## 四　我国海洋工程装备及高技术船舶行业的运行情况

### （一）主营业务收入下降明显

受订单量下滑及船板成本变动的影响，2016 年船舶行业主营业务收入仍然呈下降态势。2016 年规模以上船舶企业实现主营业务收入为 6975. 70 亿元，同比下降 11. 63%，下降趋势明显（见图 8）。

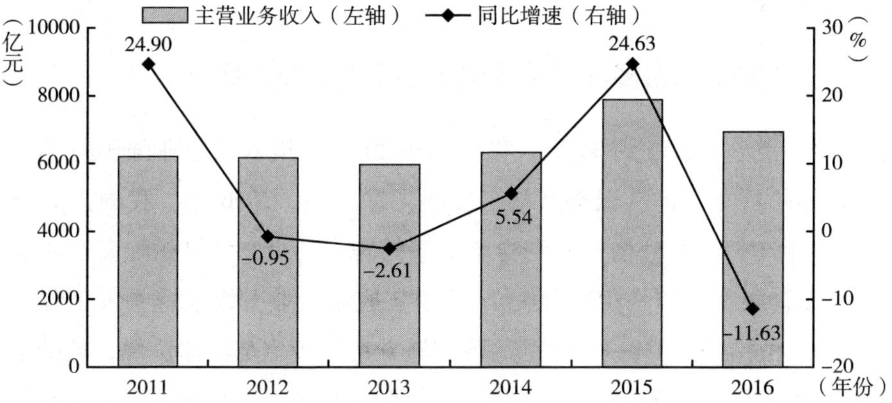


**图 8　2011～2016 年规模以上船舶企业主营业务收入**

### （二）利润总额有较大幅度下降

2016 年，全球船舶制造行业处在消化产能阶段，订单量持续下滑，受国际钢铁价格波动的影响，造船成本又随之上涨，全年规模以上船舶企业实现利润为 147. 40 亿元，同比下降 17. 65%（见图 9）。另外，从船舶行业工业协会主要监测的 94 家重点船舶企业数据来看，2016 年 8 月和 11 月总体利润为负，企业亏损，2016 年船舶行业低迷态势仍未好转。

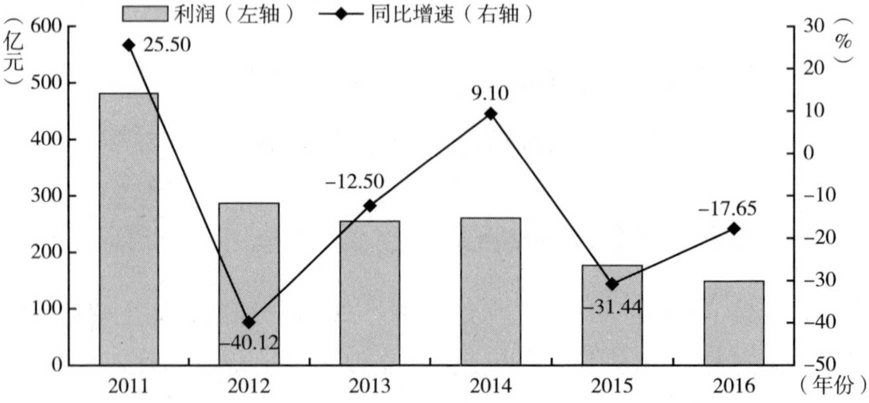


**图 9　2011～2016 年中国船舶制造企业利润对比**

## （三）国家出台多部法规促进船舶企业转型升级

《中国制造 2025》中规定，我国到 2020 年要迈入造船业强国行列，这就要求船舶行业要淘汰低端产能，发展先进产能。2016 年，我国先后出台《关于金融支持工业稳增长调结构增效益的若干意见》《船舶配套产业能力提升行动计划（2017—2020 年）》《关于实施制造业升级改造重大工程包的通知》《中国制造 2025——能源装备实施方案》等多部法律法规，鼓励企业在面对常规船舶市场萎缩，行业低端过剩和高端不足的情况下，转向高端船舶行业，鼓励企业进行自主创新，转型升级。2016 年末更是出台了《船舶工业深化结构调整，加快转型升级行动计划（2017—2020）》，明确规定了转型升级的具体目标。

# 五　我国海洋工程装备及高技术船舶产业结构分析

## （一）各行业工业总产值呈下降趋势

船舶制造业产值小幅度下降。在船舶行业重点监测的 94 家船舶企业中，2016 年船舶制造业总产值为 1785 亿元，同比下降 3. 30% 。2016 年每月的产值分配较为均匀，8 月受捕鱼期及天气影响，船舶需求量有小幅上涨，8 月为产值高峰（见图 10）。

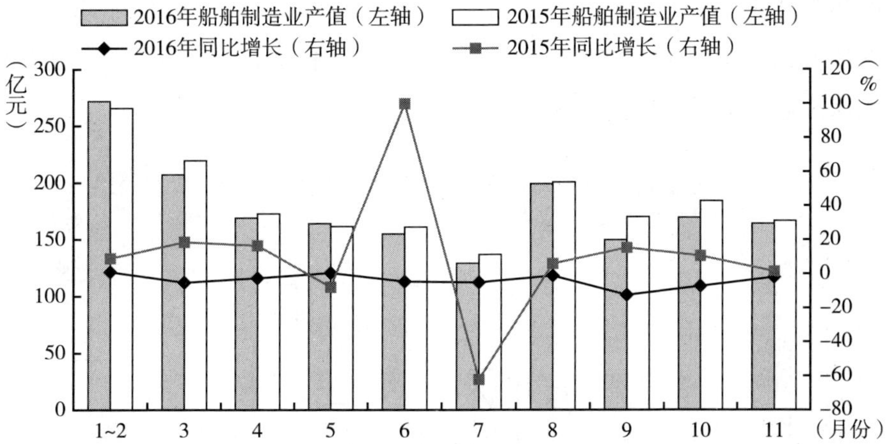


**图 10　2015～2016 年我国主要船舶制造企业每月产值**

船舶配套业工业总产值呈下降趋势。受船舶制造产业订单量下降的影响，船舶配套产业的工业总产值也呈下降趋势。2016 年 1～11 月重点监测的 94 家船舶企业中，船舶配套业的工业总产值达 251 亿元，同比下降 10.00%。2016 年船舶配套企业每月的工业总产值基本分布在 20 亿～30 亿元，2016 年 5 月船舶配套业同比上涨幅度较大（见图 11）。

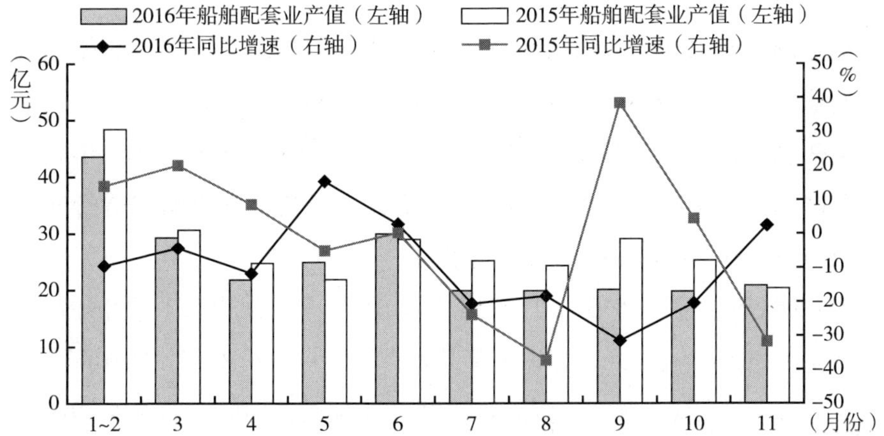


**图 11　2015 年和 2016 年 1～11 月我国主要船舶配套企业每月产值统计**

船舶修理业工业总产值呈小幅下降趋势。受船舶修理技术提高及船舶持有量下降的影响，2016 年 1～11 月，船舶行业工业协会重点监测的 94 家企业船舶修理业产值为 108 亿元，同比下降 5.50%。2016 年，船舶修理业每月的产值都在 8 亿～12 亿元，因为 9 月份为船舶使用高峰期，所以 9 月份船舶修理业产值明显增高（见图 12）。

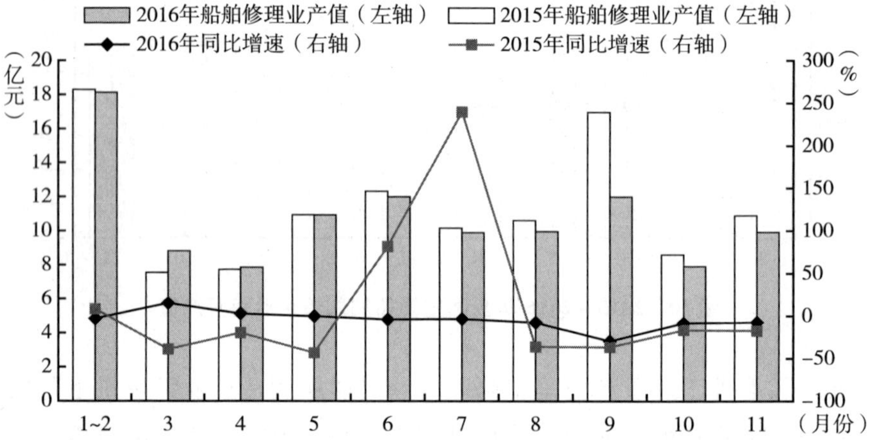


**图 12　2015 年和 2016 年 1～11 月我国主要船舶修理企业产值统计**

## （二）各行业主营业务收入下降明显

船舶制造业主营业务收入持续下降。2016 年我国规模以上的船舶制造业主营业务收入为 3421.9 亿元，同比下降 14.56%（见图 13）。2011～2016 年，船舶制造行业的主营业务收入总体呈下降趋势，2013～2015 年收入持平，下降幅度不明显，2015～2016 年有明显下降趋势，船舶制造行业主营业务收入分布在 3000 亿～5000 亿元之间。

船舶配套业主营业务收入小幅下降。2016 年全国规模以上的船舶配套企业主营业务为 936.10 亿元，同比下降 7.88%。2011～2016 年，船舶配套业的主营业务收入呈现先上涨后下降趋势，由 2011 年的 761 亿元上涨到 2014 年的 1034 亿元，涨幅达 35.87%，2014～2016 年略微下降，降幅为 9.46%（见图 14）。

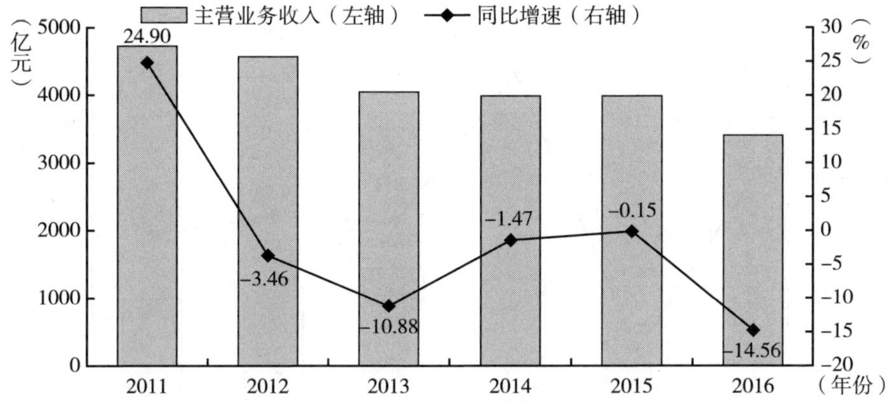


**图 13　2011～2016 年我国主要船舶制造业主营业务收入对比**

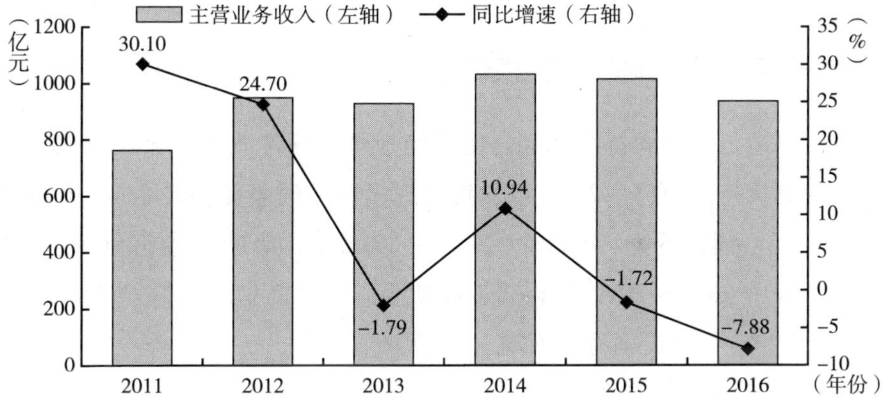


**图 14　2011～2016 年我国船舶配套业主营业务收入**

船舶修理业主营业务收入降幅较大。受船舶修理技术不断更新，生产率不断提高，国家间竞争激烈的影响，2016 年，我国规模以上的船舶修理企业主营业务收入为 184.70 亿元，同比下降 18.77%。2011～2012 年船舶修理业主营业务收入大幅下降，降幅达 79.63%，2012～2014 年主营业务收入小幅上升，随后的 2014～2016 年又持续走低（见图 15）。

海洋工程装备制造业主营业务收入小幅上升，受国内海工市场内需拉动，海洋工程生产平台回暖的影响，2016 年我国海洋工程装备行业主营业务收入为 675.50 亿元，同比增长 15.30%。

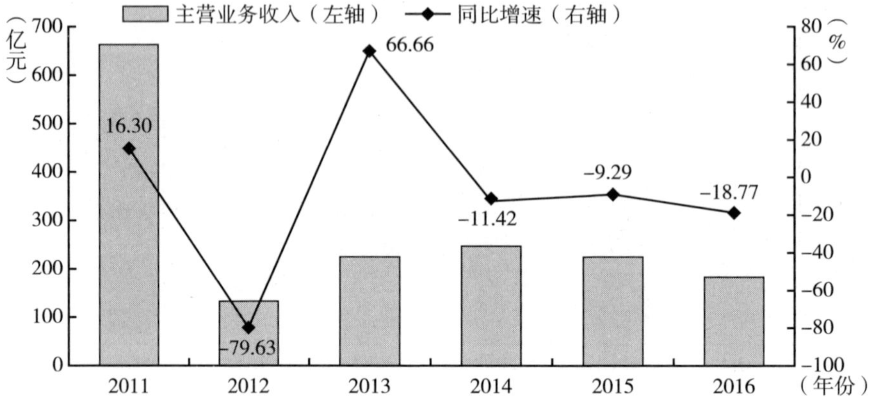


**图 15　2011～2016 年我国船舶修理业主营业务收入**

## （三）各行业利润水平持续低迷

船舶制造行业利润持续下降。由于船板价格异常波动，导致 2016 年船舶制造业利润持续下降。2016 年，我国规模以上的船舶制造企业总利润为 123.10 亿元，同比下降 14.04%。2011～2016 年，船舶制造业利润总体持续下降，其中 2011～2012 年利润下降明显，由 402 亿元下降至 225 亿元，降幅达 44.00%，随后则持续下降（见图 16）。

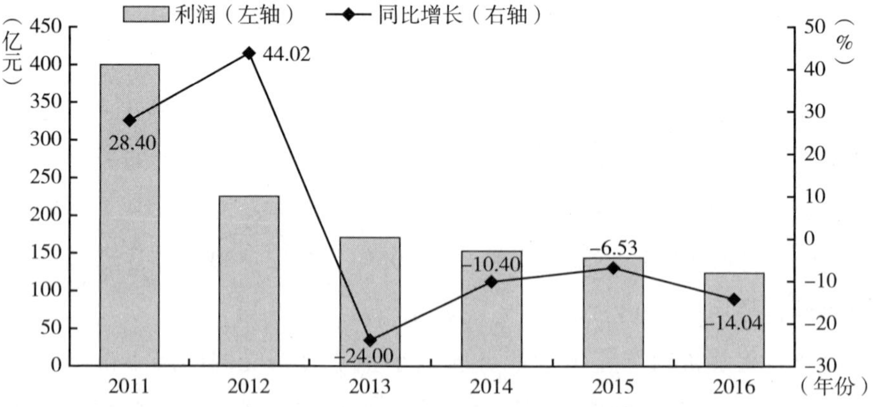


**图 16　2011～2016 年我国船舶制造行业利润**

船舶配套业利润小幅上升。由于船舶配套业技术发展较快，船舶配套业利润有上升趋势，船舶配套业开始回暖。2016 年，我国规模以上的船舶配套业总利润为 51. 80 亿元，同比增长 5. 28% ，实现了 2015 年利润大幅下降后的反弹（见图 17）。

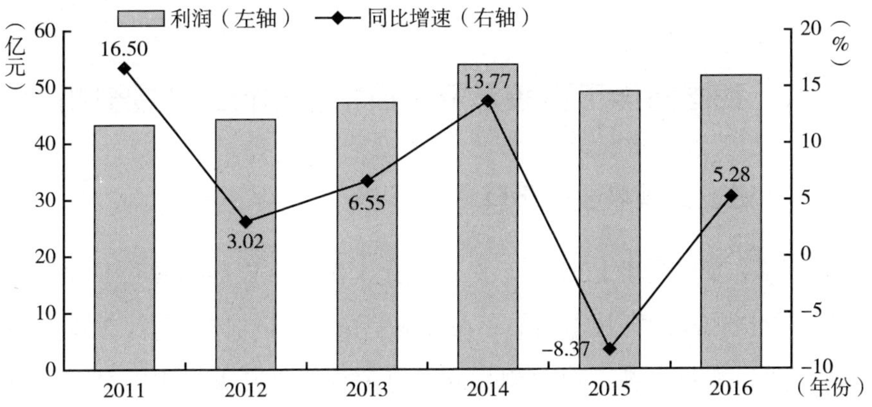


图 17　2011 ~ 2016 年我国船舶配套业利润对比

船舶修理业利润水平持续低迷。受船舶制造技术急速发展影响，普通船舶修理需求逐渐下降，高新技术船舶修理需求增加。2016 年，我国规模以上的船舶修理企业总利润为 5 亿元，同比下降 50. 98% 。自 2012 年起，我国船舶修理业利润大幅度下降，利润水平持续低迷（见图 18）。

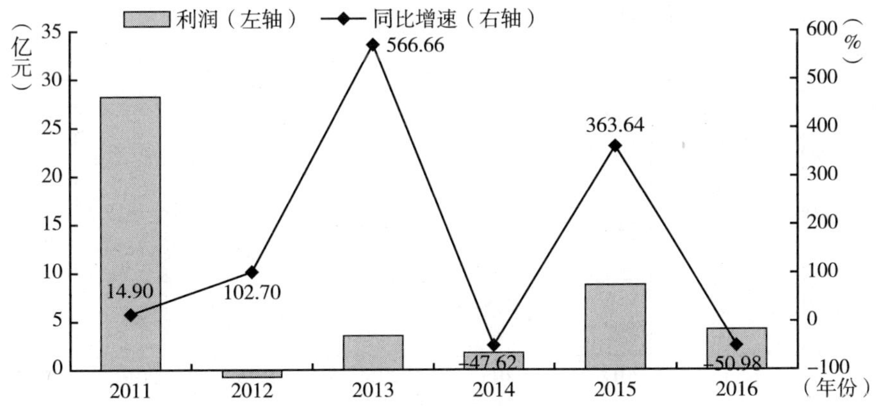


图 18　2011 ~ 2016 年我国船舶修理业利润对比

海洋工程装备行业利润持续亏损。由于主要石油生产国家达成减产协议，2016 年油价上行压力较大，海洋工程装备行业以低于成本价格出租，行业盈利空间小。2016 年我国海洋工程行业总利润亏损 41.90 亿元，同比下降 179.33%。

## 六 我国海洋工程装备及高技术船舶行业贸易分析

### （一）进出口规模小幅下降

2016 年，船舶行业依然处于消化库存阶段，常规船舶单位价格下降较快，单位价格较高的高技术船舶存在技术壁垒，出口规模较小，所以，即使我国船舶出口数量上涨，但船舶行业出口金额依然降低。2016 年我国船舶行业进出口总额为 221.60 亿美元，同比下降 23.65%。其中出口船舶 8201 艘，同比增长 22.40%，出口金额为 202.36 亿美元，同比下降 23.27%，出口额降至 5 年内最低水平（见图 19）。2016 年出口额最高的月份为 1 月，出口额达 22.50 亿美元，出口额最低的月份为 8 月，出口额仅为 9 亿美元；与 2015 年同期相比，2016 年各月出口额均为负增长，降幅在 19.40% ~ 30.60%。

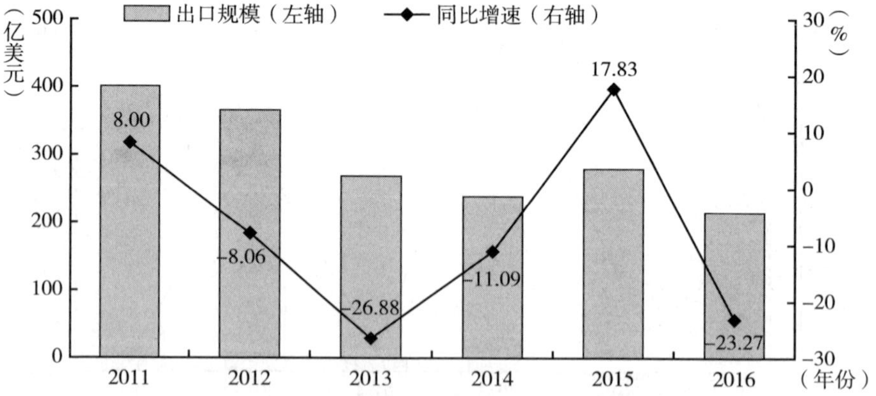


图 19 2011 ~ 2016 年船舶企业出口规模比较

2016 年我国船舶行业进口总额达 19.24 亿美元，同比增加 91.80%。2016 年进口额最高的月份为 1 月，进口额达 4.32 亿美元，5 月份进口额最低，仅为 0.34 亿美元；2016 年各月进口额与 2015 年同期相比都保持增长趋势。2016 年 1 月进口增幅较大，同比增长 1077.90%，其余月份增长较为均衡，增长率基本维持在 50% ~100%之中。进口船舶主要集中在国内生产技术水平无法完成的高技术船舶和巨型邮船上（见图 20）。

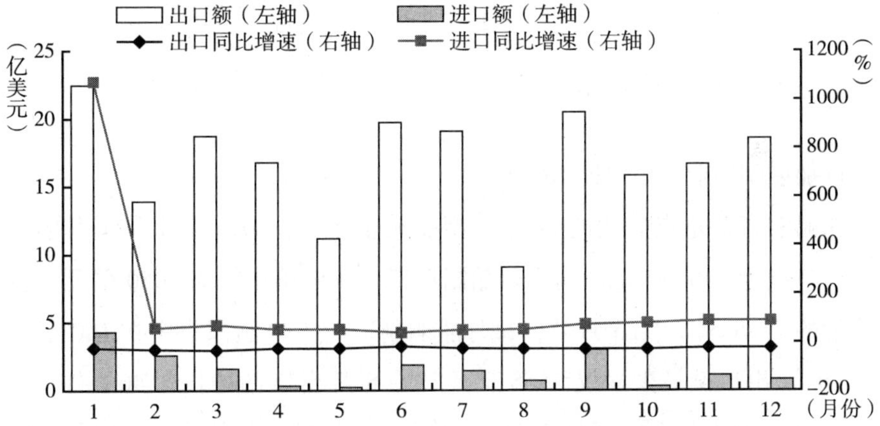


**图 20　2016 年船舶企业进口额、出口额及同比增速**

## （二）进出口贸易主要分布在长三角和珠三角地区

2016 年，我国船舶出口主要分布在长江三角洲和珠江三角洲地区，出口额最高的省份分别为江苏、广东、上海、浙江和山东，排在首位的省份为江苏省，船舶出口贸易总额为 8.26 亿美元，占总出口额的 4.08%，其中长江三角洲和珠江三角洲地区凭借其优越的地理位置和良好的贸易环境占据了前四位。

此外，2016 年我国船舶进口额最高的 5 个省份分别为山东、广东、江苏、河北、浙江，长江三角洲和珠江三角洲地区的进口总额为 5.50 亿美元，占进口额的 28.60%（见表 5）。另外，山东省凭借青岛港的优越条件在船舶贸易中也占据了重要地位。

表 5　2016 年主要省份船舶进出口额及同比增速

| 主要省份 | 进口 | | 出口 | |
|---|---|---|---|---|
| | 进口额(美元) | 同比增速(%) | 出口额(美元) | 同比增速(%) |
| 江苏 | 92826122 | -10.69 | 825887336 | -90.85 |
| 浙江 | 57543817 | -17.13 | 214401364 | -90.94 |
| 上海 | 54865364 | -29.05 | 291397985 | -93.39 |
| 广东 | 319815752 | 19.82 | 390505896 | -90.92 |
| 福建 | 25291281 | 65.00 | 66013772 | -90.98 |

## （三）主要产品结构

**1. 船舶制造业占出口比重较大**

在船舶行业重点监测的 94 家大型船舶企业中，2016 年 1～11 月船舶行业总出口额为 1460 亿元，其中船舶制造行业整体出口额为 1050 亿元，占总出口量的 71.92%，除 3 月外，每月船舶制造业出口额都集中在 100 亿元左右，3 月份出口额最少，仅为 58 亿元；除 8 月出口额增长 7.46% 外，2016 年各月船舶制造业出口额与 2015 年同期相比都呈下降趋势，其中最高降幅为 7 月份，达 -21.50%，其余月份降幅在 0.39%～7.80%（见图 21）。船舶配套业和船舶修理业出口总额分别为 57 亿元和 65 亿元，仅占总出口额的一小部分。船舶配套业和船舶修理业行业总体规模较小，主营业务收入和利润数量均低于船舶配套业，另外，船舶修理业属于加工贸易，由于出口中运输成本过高，附加值低，属于产业链低端。所以，船舶制造业的出口贸易更加受企业青睐。

**2. 散货船占出口主导地位**

2016 年我国船舶出口比重最大的部分仍然为附加值较低的散货船。散货船出口总额为 80.36 亿美元，占总出口额的 39.71%，同比下降 11.70%；散货船共出口 336 艘，占出口总数的 4.10%，同比下降 11.30%。2016 年散货船 1 月出口额最高，达 10.91 亿美元，5 月份出口额最低，仅为 3.18 亿美元；与 2015 年同期相比，2016 年 3 月出口额增幅最高，达 109.50%，5 月

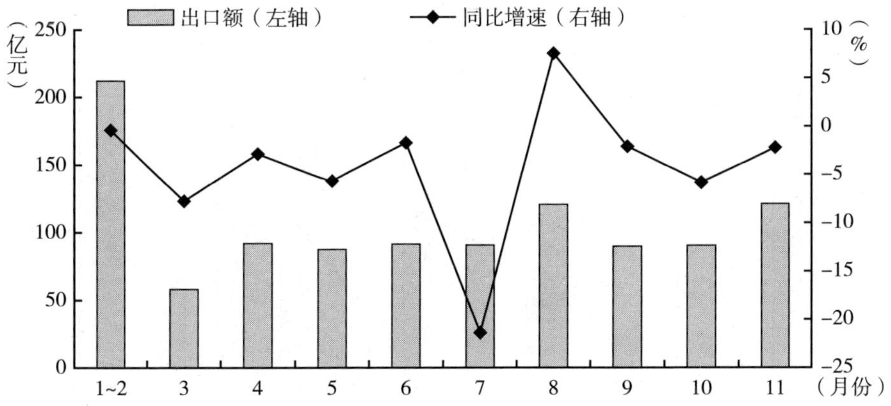


**图 21　2016 年 1～11 月船舶制造业出口额统计**

出口额降幅最大，为 -53.60%。降幅较大的月份还有 4 月、8 月和 11 月，降幅在 35.00% ~50.00%（见图 22）。

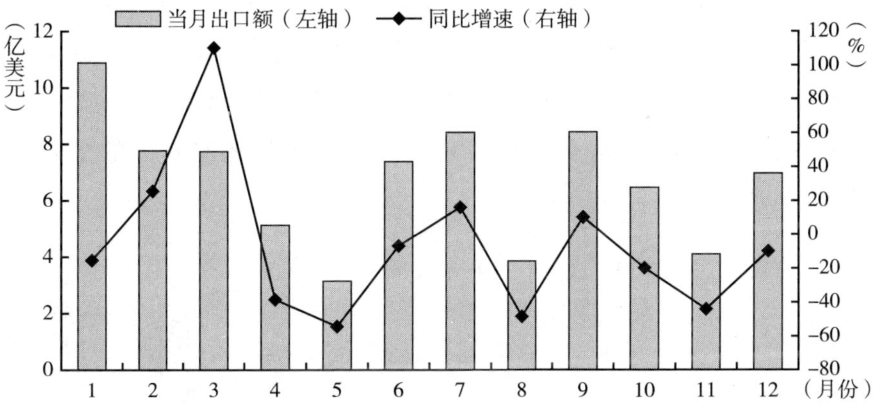


**图 22　2016 年散货船出口额及同比增速**

2016 年我国集装箱出口总额为 21.76 亿美元，占总出口额的 10.57%，同比下降 50%。集装箱 4 月出口额最多，达 3.39 亿美元，8 月份出口额最低，出口额为 0.53 亿美元，9 月份为下半年的出口高峰期，出口额达 3.30 亿美元；与 2015 年同期相比，2016 年仅 6 月份出口额呈上升趋势，增幅为 66.90%，其余月份均呈下降趋势，其中 2 月份降幅最高达 84.40%（见图 23）。

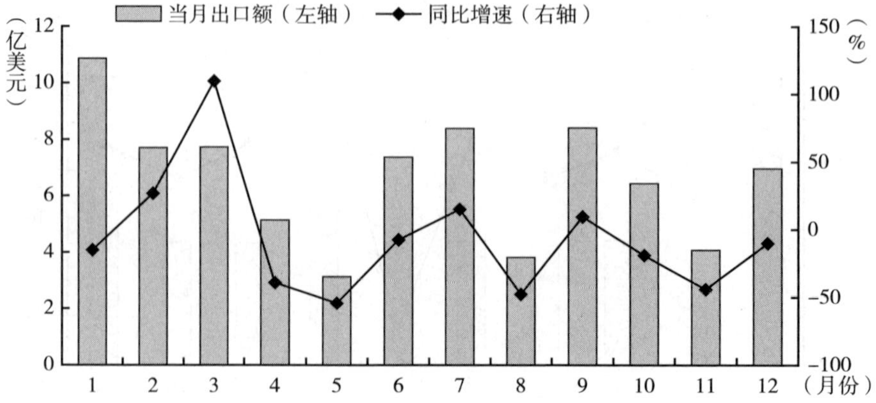


**图 23　2016 年集装箱出口额及同比增速**

2016 年我国液态船出口总额为 50.14 亿美元，占出口总额的 24.78%，同比增长 25.10%。1 月份液态船出口额最高达 10.90 亿美元，5 月份出口额最低为 3.17 亿美元；与 2015 年同期相比，2016 年液态船出口呈上涨态势，其中 11 月涨幅最高，达 386.00%，有个别月份小幅下降，降幅最高的为 1 月份，达 55.50%。其余月份降幅在 5% ~27%。液态船为高附加值船，有较低的可替代性，出口规模还有较大的上升空间（见图 24）。

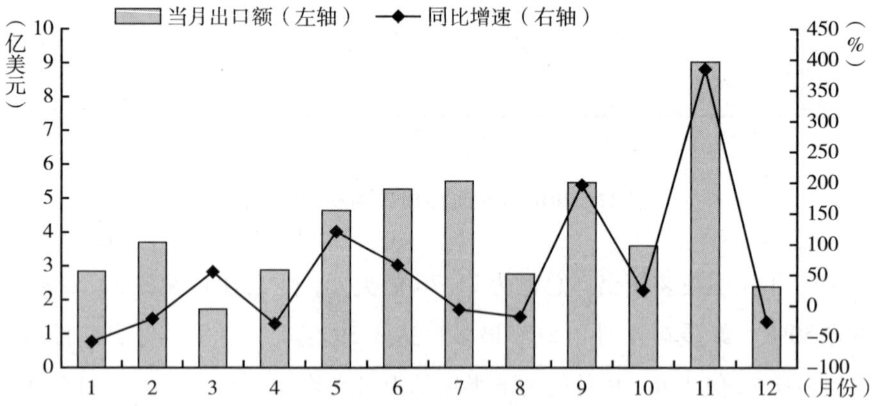


**图 24　2016 年液态船出口额及同比增速**

### （四）亚洲为船舶主要出口地区

2016 年我国船舶产品出口到 160 多个国家和地区，亚洲仍然是我国船舶出口的主要地区。我国向亚洲出口量为 100.90 亿元，占出口总额的 47.00%，与 2015 年同期相比，亚洲出口额下降 38.66%。向欧洲出口船舶金额为 40.10 亿美元，占出口总额的 21.00%，与 2015 年同期相比，欧洲出口额上升 12.32%

从具体出口国家（地区）来看，2016 年我国大陆地区出口额最多的五个国家和地区分别为中国香港、马绍尔群岛、新加坡、葡萄牙和马耳他，其中，向中国香港出口船舶最多，出口额达 46.23 亿美元（见图 25）。

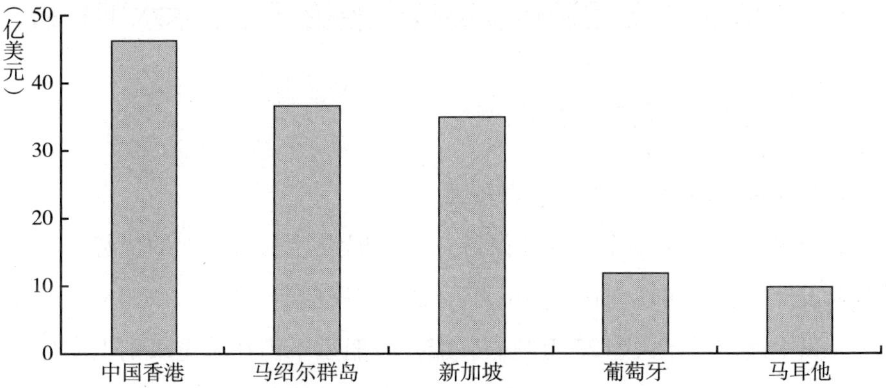


**图 25　2016 年我国大陆船舶出口主要国家和地区**

### （五）巴西为主要进口国家

从进口国家看，2016 年我国主要进口国家有巴西、荷兰、日本，韩国和克罗地亚，其中从巴西进口船舶最多，进口额达 11.98 亿美元，占总进口额的 62.27%（见图 26）。

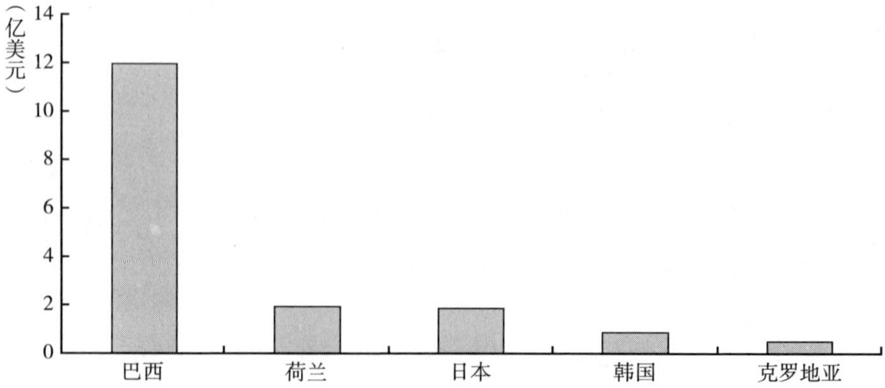


**图 26　2016 年我国大陆船舶进口主要国家和地区**

## 七　我国海洋工程装备及高技术船舶行业技术水平分析

### （一）主要产品技术水平

**1. 散货船自主研发和制造能力较强**

2016 年，我国造船企业继续保持在散货船设计制造方面的优势，不断在散货船设计制造上实现创新。2016 年中船重工民船研发中心（CSDC）开发设计了首只中澳航线超大型 25 万吨矿砂船，该船型不但在载重级别上实现了突破，并且在安全性、节能性和高效性方面都有了很大的提升，成为中澳铁矿石贸易的主要运载船舶。① 另外，CSDC 还研发出载重达 50 万吨级的巨型矿砂船，不断在载重量上寻求突破。我国散货船也一直在绿色环保技术上寻求创新，在船舶制造过程中引进节能环保技术，努力制造出高效节能型船舶。

**2. 部分油轮制造能力已达世界先进水平**

2016 年，我国油轮自主研发及制造能力逐渐提升，油轮订单量增幅

① 《CSDC 研发全球首制 25 万吨矿砂船获奖》，国际船舶网，2017 年 3 月 23 日，http://www.eworldship.com/html/2017/ShipDesign_0323/126098.html。

较大。目前，我国已经掌握了包括超级油轮（VLCC）、巴拿马型、灵便型在内的各种类型的油轮制造技术，并致力于研发更加节能环保安全的新型油轮。2016 年，中国船舶及海洋工程设计研究院（MARIC）自主设计研发的 VLCC 船型，凭借其合理的整体布置，以及船舱内配置的压载水处理装置和大容积的低硫柴油仓,[①] 赢得了大额订单，其设计水平已达世界领先水平。

**3. 集装箱船建造能力逐步提升**

2016 年，我国集装箱船建造能力提升明显，集装箱船舶向出海效率高、货物损失小、物流成本低、环境污染小的方向发展。2016 年我国船舶研发人员将集装箱船的大容量与内河船舶的优势结合起来，研发出江海直达型船舶，这种船舶单集装箱耗能更低，运输效率更高。此外，沪东中华船舶公司承接了瑞典 ACL 航运公司 G4 型 4. 5 万吨集装箱滚装船的订单，该型船是目前世界上最大、最新、最先进的集滚船。[②] 我国多型支线集装箱船舶也获得批量订单，这说明我国集装箱船建造技术已经逐渐成熟。

**4. 智能船舶设计制造业初步发展**

2016 年，我国船舶制造的主要领域还集中在低端船舶上，如散货船和集装箱船，而在高端造船的技术水平与日韩企业相比还有一定的差距，但在国家自主创新政策和产业升级政策的推动下，我国船舶制造企业在智能船舶领域的发展已经有了明显进步。LNG 运输船是世界上公认的最难建造的高技术、高可靠性、高附加值船舶，2016 年我国完成了全球首艘液化天然气动力 4000 车位汽车滚刀船的制造，中海油集团建造了包括天津 LNG 在内的七座接收站，这标志着我国 LNG 产业链的初步形成，中国已经成为 LNG 领域第三大进口国。在生产领域内，南通中远长崎引进自动化生产线，大船重工行业研发出自动化加工技术，金海重工行业实施“机器人换

---

① 《MARIC 获 30 万吨 VLCC 系列订单设计合同》，中国船舶网，2016 年 7 月 1 日，http：//www. cnshipnet. com/news/13/60214. html。

② 《沪东中华交付第 4 艘 G4 型 45000 吨集滚船》，国际船舶网，2017 年 3 月 23 日，http：//www. eworldship. com/html/2017/NewShipUnderConstrunction_ 0323/126087. html。

人”项目，减少劳动力约20%，智能车间也相继被应用和改造，智能船舶制造技术得到初步发展。

## （二）重大技术突破

### 1. 海洋工程装备技术取得突破

2016年，我国海洋工程装备技术取得长足发展。我国自主研发的海斗号无人潜水器完成最大下潜深度10767米，[①] 成为继日本和美国之后具有研制万米级无人潜水器能力的国家，这使得我国海洋工程研究深入万米深海中，突破了空间的限制。我国自主研制了首艘极地模块运输船，该船舶在满足普通货物运输的同时，还能满足在极地冰区航行的要求，具有较强的碎冰和抗寒的功能，为极地海洋资源的研究和开发提供了海洋装备。同时，2016年12月，我国自主研制的最大的半潜船也成功交船，这种能运输大型海洋平台的船只也使我国海洋工程研究能力得到提升。

### 2. 双燃料LNG运输船技术得到突破

2016年，我国双燃料LNG船舶技术发展迅速，我国研制了首艘配备双燃料LNG推进系统的汽车运输船，这艘船在航行时基本上能实现硫化物和颗粒物的零排放，满足了国际上对船舶排放的要求，真正实现了节能环保。2016年浙江新乐造船厂改进了这种双燃料LNG船，自主研发出具有独立C型货舱技术的3万立方双燃料LNG运输船，[②] 扩大了船舶的使用面积，使得我国成为世界少数掌握双燃料LNG船舶技术的国家之一。

### 3. 中国船舶废气脱硫技术取得突破

2016年，我国船舶企业自主研发出“镁基－海水法”船舶废气清洗系统，[③] 打破了世界对于船舶废气脱硫技术的长期垄断，这一技术的应用使我

---

① 《海斗号创我国无人潜水器最大下潜深度：10767米》，《人民日报》2016年8月25日，http：//news. cctv. com/2016/08/25/ARTIbkWDPQfwRKw4Mf0luGFx160825. shtml。

② 《新乐造船国内首制3万方双燃料LNG船下水》，国际船舶网，2017年3月4日，http：//www. eworldship. com/html/2017/NewShipUnderConstrunction_ 0314/125750. html。

③ 《中国船舶废气脱硫技术走向世界》，新华网，2016年5月13日，http：//news. youth. cn/jsxw/201605/t20160513_ 7995115. htm。

国制造的船舶在航行中的废气排放量很容易满足《国际海事公约》的要求，减少了大气的污染，使我国废气清洗设备跻身世界一流。

**4. 化学品船舶建造领域取得技术突破**

2016 年，我国船舶企业打破了日本船舶企业在化学船舶领域的主导地位，研制出全球最先进的 3.80 万吨双变相不锈钢化学品船舶，该船舶共有 43 个船舱，可装载 4.60 万吨化学品，符合国际上对环保、安全、性能等方面的最高要求，且在成本上具有一定的优势。[①] 此外，2016 年 8 月，中航船舶公司首制了 1.50 万吨双燃料化学品船舶，船舶采用全球首制二冲程双燃料推进低速机，突破了双燃料核心技术领域技术难题，这标志着 2016 年我国在化学品船舶建造领域取得较大的进步。

## 八　我国海洋工程装备及高技术船舶行业存在的主要问题

### （一）高技术船舶发展水平不高

**1. 船舶行业自主创新能力不强**

随着高新技术逐渐应用于船舶制造领域，高技术船舶已经逐渐成为船舶行业未来主要的发展趋势，但我国近几年船舶发展的主要领域都在技术水平较低的散货船上，勘探船、钻井船和新能源船舶的研发数量与韩国、日本等国家相比还有较大差距，大部分高新技术应用还处在模仿制造的阶段，技术引进再创造比率较低，由于创新资源分配不均，大部分中小企业仍然在采用较为传统的生产技术，不具备研究高技术船舶的经济实力。除资金力量较为雄厚的大型企业外，大部分船舶企业处在无研发资金、无相关技术、无科研人员的“三无”阶段、企业自主创新能

① 《全球最先进 3.8 万吨双相不锈钢化学品船“荣耀”号在沪建成》，中国船舶网，2016 年 6 月 15 日，http：//www. guancha. cn/Industry/2016_ 06_ 15_ 364152. shtml。

力不强。

**2. 高技术船舶配套产业发展滞后**

随着高技术船舶行业的发展，船舶配套业发展的滞后已经成为阻碍船舶业发展的主要瓶颈。例如，船舶大型化发展加大了对港口和起重机规模的要求，绿色船舶的发展加大了对船舶排污净化装置的需求。另外，随着国际海事组织对船舶航行监管的逐渐完善，海洋公约和规范的公布也催生了海洋配套产业的发展，例如，《国际船舶压载水和沉积物控制与管理公约》的发布，① 催生了全球近百家船舶压载水处理系统生产商，但在全球排名前五的生产压载水处理系统的企业中，没有看到中国企业的身影，我国船舶配套企业的技术更新较慢，发展滞后性明显。

**3. 船舶行业产能结构性过剩问题依然存在**

2016 年，我国船舶行业结构性过剩问题依然存在，具体表现在散货船生产过剩，高技术船舶生产不足，部分生产附加值较高的液态船如 LNG 等市场被日韩企业垄断，部分造成过剩产能的“僵尸”企业依然存在，我国造船企业仍然处在周期性底部区间，行业洗牌仍在继续。

## （二）海洋工程装备发展速度过慢

**1. 海洋工程装备全要素生产率较低**

由于船舶行业萎靡不振，很多中小型船舶企业开始购买海洋工程生产设备，通过增加固定资产投入，致力于转型成专门生产海洋工程装备的企业。但是，目前我国海洋工程装备集中在低端产业，价值链底端行业同样面临着产能过剩的局面，深海领域海洋工程装备的专业型技术和人才储备不足，缺乏海洋工程管理和设计经验，技术创新能力不强，导致行业整体全要素生产率较低。② 想要提高全要素生产率，单靠提高固定资产投入是远远不够的，

① 《压载水公约即将生效，压载水系统摩拳擦掌》，中国船舶网，2016 年 7 月 4 日，http://www.chinashipnews.com.cn/show.php? contentid = 11199。

② 孙辉、安然、胡振宇：《我国海工装备制造业全要素生产率研究》，《海洋开发与管理》2016 年第 12 期，第 19 ~ 23 页。

还要加大对科研经费的投入，突破我国海洋工程行业“模仿”模式的困境，寻找产业创新途径，努力提高技术水平和生产率，大力培养海洋工程专业型人才。

**2. 海洋工程装备利用率低**

我国海洋工程装备市场同样也面临着供应过剩的局面，设备供给多，订单量少，竞争激烈，海洋工程装备日租金持续走低。尽管2016年我国海洋工程装备市场新接订单量依旧可观，但是，订单中的70%～80%来自国内消费者，总体需求仍然难以支撑现已存在的海洋工程市场规模，众多海洋工程设备闲置，很多企业为了生存选择以低于成本的价格来出租设备，海洋工程装备的整体利用率较低。

**3. 海洋工程总包能力匮乏**

海洋工程行业配套设备系统复杂，对生产企业技术要求较高，虽然我国目前已具备高端配件的生产能力，如2016年11月中国船舶公司交付的潜水支持船项目的发电机组，但我国依然缺乏海洋工程装备的总承包商，我国海洋工程装备分包产业较为普遍，大部分企业主要从事装备主体结构建造，缺乏承包整条海洋工程产业链的实力，这使得我国海洋工程行业长期处在产业链的最低端，企业发展空间受限。提高海洋工程配套业发展水平是提高总承包力的关键。

## （三）行业内交船日益困难

2016年，我国新接订单船舶企业仅占国内活跃船舶企业的41.00%，一半以上的船舶企业在全年处在无单可接的状况，船舶行业订单需求严重不足，大部分造船厂闲置，船企经营出现困难，船舶企业资金不足，贷款回笼困难，由此引发船舶企业交船日益困难的问题，企业内出现大量的订单延期或违约的情况。2016年我国船企的交付率为80%，[①] 海工行业同样受市场低迷影响，大量订单违约撤单，行业经营风险变大。

---

① 资料来源：中国船舶行业工业协会。

## 九　我国海洋工程装备及高技术船舶行业发展前景

### （一）我国海洋工程装备及高技术船舶行业发展前景预测

**1. 智能型船舶市场将成为船舶企业主要竞争市场**

在散货船、油船、集装箱船等常规船舶制造技术应用普遍，普通船舶存量较大的背景下，生产具有自己独自特色的智能型高技术船舶，将会成为我国未来船舶市场发展的主要方向。目前，我国船舶市场大而不强，在全球高端船舶市场中所占份额较低，这也说明我国在高端船舶领域发展空间很大，在生产数字化、制造精益化、车间自动化方面还有很多短板需要补齐，在国家鼓励自主创新政策的带动下，必然会有更多的企业和人才转向高端船舶领域发展，在船舶创新需求的带动下，着重发展智能型船舶。

**2. 船舶企业将继续向“服务型制造”转变**

船舶制造行业具有单位产品价值量高、离岸时间长、功能要求更复杂等特点，是关联效应较强的综合产业。船舶设计中会更多考虑人性化因素，对售后服务的要求也较高。在网络与信息技术高速发展的今天，船舶行业必然由单一独立发展模式转向系统化集中发展模式，形成将上中下游企业联系紧密的服务网，提供更加合理的个性服务，为船东提供更安全与方便的服务型船舶产品。①

**3. 船舶行业产业链整合是必经之路**

船舶行业不仅包括船舶制造业，还包含船舶修理业、船舶配套业及相关服务行业，船舶上中下游之间联系紧密，上游企业技术的滞后发展会影响下游制造企业的水平，多产业混合发展的模式要求必须提高行业的产业链运营能力和控制能力，整合行业产业链是实现行业内的协同发展和有机融合，提高整体生产效率的必经之路。

---

① 曹林：《从国外发展看船舶工业向“服务型制造”转变》，《船舶物资与市场》2016 年第 3 期。

**4. 海洋工程装备行业将寻求国际合作共同发展**

在全球产能过剩的背景下，海洋工程装备行业不应该故步自封，只靠国内市场来消化过剩产能，而应该采取全球产能合作融合的道路。海洋工程行业是资本密集型行业，行业需要大量的资金和技术支撑，在自主研发能力不强的情况下，针对我国制造能力比较薄弱的环节，应该初步采取对外贸易和投资的方式，和其他技术水平较为先进的国家共同研发，淘汰落后产能，集中生产先进产能。

## （二）我国海洋工程装备及高技术船舶行业投资机会

**1. 绿色船舶技术受到广泛关注**

目前，在全球极端天气频发和气候变暖的背景下，船舶污染问题也逐渐受到人们的关注，国际海事组织对船舶各项排放量指标要求也更加严格，节能减排型船舶需求量逐年升高，在整个船舶使用周期中，如何严格把控每个环节，做到生产原料、生产车间、生产过程、使用过程、报修与报废都实现绿色化，是绿色船舶生产中亟须解决的问题。在新发布的《船舶工业深化结构调整加快转型升级行动计划（2016—2020 年）》中，明确指出要全面推行绿色制造，将绿色理念贯穿船舶制造全产业链和产品全生命周期，绿色船舶技术的发展将会受到更多人的关注。

**2. 区域化大型船舶企业发展前景好**

在中小型企业面临接单难、交船难、融资难的困境下，船舶行业中的中小型企业面临生存难题，部分船舶企业停业破产。这是行业产能过剩的直接结果，在行业亟须转型升级的情况下，兼并重组成为众多企业的优先选择，并且必然会催生出以大型船舶企业为核心的区域化船舶集团，这种企业模式能够集中资本生产先进产品，带动小型船厂协同发展，以实现更好的产业分工和生产专业化，是企业转型升级的必然趋势。①

---

① 黄宏彬：《基于产业融合和协同创新新模式研究——以中国船舶制造业为例》，《科学管理研究》2016 年第 2 期，第 42 ~ 45 页。

**3. 无人驾驶领域发展前景看好**

无人驾驶船舶技术是船舶智能化进一步发展的结果，是在智能化技术和遥控技术的基础上实现对船舶的自动操控。基于技术的复杂和水面运输的困难，现在世界上并没有真正意义上的无人驾驶船，但随着技术的不断成熟，无人驾驶船舶领域一定会凭借其安全、高效和低成本的优势占据船舶市场的重要份额。①

**4. LNG 船舶发展潜力较大**

2016 年 10 月，舟山开建了国内首个国际液化天然气加注项目，我国 LNG 船舶项目的建设取得了标志性的进展。LNG 船舶作为新能源船舶的代表，一直都是近年来各国船舶企业争相发展的目标，但是我国由于起步较晚，船舶改造技术水平低，改造成本高，LNG 配套装备发展滞后，LNG 船舶还处在探索阶段，随着相关法律法规的逐渐完善，LNG 船舶必然会进行规模化生产，我国 LNG 船舶市场还有很大的发展空间。

**5. 豪华邮轮市场逐渐扩大**

2016 年，我国邮轮总航次为 825 次，同比增加 31.20%，邮轮出游人数达 369.90 万人次，② 国内邮轮市场正在逐渐扩大，而由于邮轮制造技术复杂，我国在邮轮制造领域一直处于空白，只能靠进口来保证内需。随着国内自主创新能力的逐渐增强，面对逐渐增加的需求和政府政策的鼓励，国内邮轮必然会实现自我设计和制造，成为最有潜力的船舶细分市场之一。

**6. 海洋工程深水装备市场前景看好**

受国际油价暴跌的影响，海洋工程装备市场不被投资者看好，整体处于萎靡状态，虽然在短期内油价大幅反弹可能性较低，但是从中长期看，深海领域中还有储量较大的石油和天然气资源未被开发，在石油天然气等资源在较长时间内不可替代，总需求呈刚性的情况下，预计深水装备的未来市场需求量会大幅上升。

---

① 《无人船颠覆船舶行业 10 ~ 15 年内将成为常态》，2017 年 2 月 3 日，国际船舶网，http://gb.qdhiview.com/news_ detail/newsId = 15.html。

② 毕淑娟：《中国建造首艘邮轮迈出实质性步伐》，《中国联合商报》2016 年 3 月 6 日。

## 十　我国海洋工程装备及高技术船舶行业发展建议

### （一）继续推动船舶企业转型升级

继续出台相关政策，细化具体目标，修订和健全行业相关的法律法规。深入学习和认真贯彻《船舶工业深化结构调整加快转型升级行动计划（2016—2020年）》，加大培训和监管力度，完善日常监督机制和过剩产能考核机制。结合企业经营实际情况和产能情况，有针对性地采取不同措施，加快国有船舶企业的改革进程，鼓励中小型船舶企业接受兼并整改。引导企业增强自主创新能力，优化自身产品结构，推动企业转型升级。

### （二）加大对中小企业融资的支持力度

加大对船舶企业资金支持力度，对相关企业实行财政补贴或税收减免政策。鼓励银行针对不同规模的企业，采取不同的信贷政策，鼓励银行等金融机构对中小型企业实行贴息贷款和低息贷款政策，银行可针对中小型企业建立专门的信贷中心，安排专业人才处理中小型企业贷款问题，还可在银行总行设立专门的风险准备金，专门用于弥补中小企业贷款而产生的坏账。增加更多的合法融资渠道，解决中小企业融资难的问题。

### （三）加大对自主创新的支持力度

积极在各高新技术开发区中设立产业园区和大学科技园，建设行业创新支撑平台，建立创新奖励机制，完善专利保护制度，鼓励企业在资金实力允许的情况下自行创建自主研发中心，为企业自主创新提供良好的创新软环境。优化科研基金分配制度，将基金分配给自主创新能力强的企业。

### （四）增强产业链集中化和完整程度

整合优势资源，优先发展先进产能，形成以大型企业为核心，带动周边行业协同发展的模式，提高船舶配套产业高端装备的研发速度。实行区域化专业分工模式，结合地方港口和产品特点制造特色设备，形成独特的产业集群。加强上中下游产业的联系，保障下游产业与上游产业同步发展。

## （五）加快专业人才队伍建设

积极引进海外高级技术人才和专家，建立完善的海外人才引进的补助机制，给予海外人才优厚的安家费和落户费。同时，鼓励大型企业与相关专业院校合作，向院校中相关科研性质的单位提供资金支持，创建人才培养平台，为在校生提供实习机会，提前做好人才的发掘和培训工作，引导学校培养企业需要的复合型人才。同时，行业协会可创设专门奖励基金，奖励行业内的创新型人才和专利发明人才，加强行业内企业的自主创新能力。

## （六）积极构建海洋工程国际合作平台

积极寻求和欧美日韩企业合作交流的机会，突破国内的技术瓶颈，面对技术空白领域，可以直接投资引入国外技术，也可鼓励国外企业优先以技术入股，先通过学习和模仿，以缩小和发达国家的差距，再通过自主创新，提高国内技术水平。另外，针对不同技术发展水平的海外企业，采取不同的合作方式，面对技术水平发展较高的海外企业，可以通过海外投资和并购的方式，将国外企业和设计团队直接兼并到国内企业中，再利用企业的品牌效应来增加企业知名度。① 面对发展水平相当的海外企业，可以搭建共同发展平台，集合企业优质资源，共同消化产能，实现长久发展。

## （七）增加对智能型船舶生产链的研究

将物联网技术、大数据云计算技术、移动定位技术等多种高科技应用于整个船舶生产周期中，加强船舶通信导航设备的自主研发能力，降低对国外

① 娄成武、吴宾、杨一民：《我国海洋工程装备面临的困境及其对策》，《中国海洋大学学报》2016 年第 3 期，第 26～31 页。

相关技术的依赖程度，推动船舶生产智能化。积极引进智能化生产系统，主动使用智能机器人代替人工，使用自动化系统代替机械化手段，将智能化技术应用于整个产业链条，积极引进智能车间，发展智能工厂，与其他国家智能工厂联合形成智能联盟，实现高效、均衡、有序生产。

### （八）打造国际知名品牌

提高品牌的国际知名度，提升产品的质量和公司的服务水平，发扬“工匠精神”，精益求精，增强企业的核心竞争力，完善售后服务，尽量避免出现因质量问题而交单失败的情况，在业内形成良好的口碑。努力得到国际性的大型船舶比赛的举办权，积极参与国际性的公益活动，打造积极向上的品牌效应。打造独一无二的船舶产品和服务，促进产品创新。在国家政策的支持下，企业可以选择兼并国际排名前列的知名造船厂，将生产线引入国内后，利用其品牌效应来提高产品销量。

### （九）加强配套产业生产能力

加强船舶配套领域的建设，提高产品配套企业的自给率，减少中低端船舶配套业的生产量，增加高端配套设备的生产量。加强上中下游产业链的配合，制造部门可及时与配套产业研发人员沟通，确保产业链的同步性。配套产业也可及时掌握船舶制造生产的方向，并在设计上做出相应的改进，降低配套业的滞后性。

## 参考文献

曹雪：《船舶产能过剩后海洋工程专业发展对策研究》，《船舶职业教育》2014 年第 5 期，第 3 ~ 37 页。

刘全、黄炳星、王红湘：《海洋工程装备产业现状发展分析》，《中国水运月刊》2011 年第 11 期，第 37 ~ 39 页。

罗跃华：《集装箱船舶的大型化发展趋势》，《水运管理》2011 年第 7 期，第 37 ~

39 页。

游源：《我国海洋发展战略和未来船舶发展趋势》，《中国水运》2017 年第 3 期，第 17 页。

张军、陈辉、钱霞：《海洋工程产业的现状及发展前景》，《CAD/CAM 学术交流会议论文集》，2015。

张信学、赵峰、王传荣、曾晓光、赵俊杰：《绿色船舶技术发展战略研究》，《中国工程科学》2016 年第 2 期，第 66 ~71 页。

中国造船工程协会：《我国海洋工程装备产业发展形势与对策》，《船海工程》2014 年第 1 期，第 1 ~9 页。

B.8

# 电力装备行业

陈刘平　陈 枫*

摘　要：报告首先分析了2016年国际电力装备行业的发展现状和发展趋势，然后从行业规模、运行状况、产业结构、贸易情况等方面对2016年我国电力装备行业状况进行了指标细化和量化的分析。研究表明，我国电力装备行业增长稳定，已成为名副其实的电力装备制造大国；但仍存在中低端产能严重过剩、行业恶性竞争激烈、部分核心技术水平较低等问题。在我国经济新常态和能源革命的背景下，大力推进创新驱动、实施智能化绿色化发展、加强军民融合力度、积极拓展海外市场等将成为今后我国电力装备行业主要发展趋势。鉴于此，报告建议政府、行业组织和电力装备企业应协力推进电力装备行业转型升级，共同打造良好健康的行业发展生态。

关键词：电力装备　绿色节能　智能化　军民融合

## 一　电力装备行业的定义和分类

### （一）定义

电力装备主要分为发电装备和输配电装备两大类，发电装备主要包括煤

* 陈刘平，博士、副研究员，机械工业经济管理研究院能源发展研究中心主任；陈枫，硕士、研实员，现任职于机械工业经济管理研究院能源发展研究中心。

电、风电、水电、核电及太阳能发电等各类电源的发电设备及变压器等配套装备，输配电装备主要包括输电线路，以及互感器、接触器等配套装备①。

## （二）分类

结合中国机械工业联合会的分类和《国民经济行业分类（GB/T4754－2011)》，本报告将电力装备制造业分为陶瓷制品制造、石墨及其他非金属矿物制品制造、锅炉及原动设备制造等九个中类行业，具体子行业代码及名称见表1。

**表1　我国电力装备行业分类**

| 中类代码 | 中类名称 | 小类代码 | 小类名称 |
|---|---|---|---|
| 307 | 陶瓷制品制造 | 3072 | 特种陶瓷制品制造 |
| 309 | 石墨及其他非金属矿物制品制造 | 3091 | 石墨及碳素制品制造 |
| 341 | 锅炉及原动设备制造 | 3411 | 锅炉及辅助设备制造 |
| | | 3413 | 汽轮机及辅机制造 |
| | | 3414 | 水轮机及辅机制造 |
| | | 3415 | 风能原动设备制造 |
| | | 3419 | 其他原动设备制造 |
| 346 | 烘炉、风机、衡器、包装等设备制造 | 3461 | 烘炉、熔炉及电炉制造 |
| | | 3465 | 风动和电动工具制造 |
| 356 | 电子和电工机械专用设备制造 | 3561 | 电工机械专用设备制造 |
| 381 | 电机制造 | 3811 | 发电机及发电机组制造 |
| | | 3812 | 电动机制造 |
| | | 3819 | 微电机及其他电机制造 |
| 382 | 输配电及控制设备制造 | 3821 | 变压器、整流器和电感器制造 |
| | | 3822 | 电容器及其配套设备制造 |
| | | 3823 | 配电开关控制设备制造 |
| | | 3824 | 电力电子元器件制造 |
| | | 3825 | 光伏设备及元器件制造 |
| | | 3829 | 其他输配电及控制设备制造 |
| 383 | 电线、电缆、光缆及电工器材制造 | 3831 | 电线、电缆制造 |
| | | 3832 | 光纤、光缆制造 |
| | | 3833 | 绝缘制品制造 |
| | | 3839 | 其他电工器材制造 |
| 384 | 电池制造 | 3849 | 其他电池制造 |

资料来源：国家统计局《国民经济行业分类（GB/T4754－2011)》。

① 国家制造强国建设战略咨询委员会：《中国制造2025蓝皮书（2016)》，电子工业出版社，2016，第149页。

## 二 国际电力装备行业的发展概况

### （一）国际电力装备行业发展现状

**1. 市场现状**

（1）可再生能源发电设备发展迅速。

在世界能源结构深刻变化的背景下，全球可再生能源发电设备迅速发展。据统计，自 2009 年起，可再生能源发电容量年均增速为 8.00% ~ 9.00%；2015 年，可再生能源发电装机容量首次超过煤电装机，成为全球最大新增电能来源；2016 年全球可再生能源装机容量达 2006GW（十亿瓦特），新增装机 161GW（十亿瓦特），同比增长 8.70%。[①]

（2）全球输变电设备市场需求上升。

受世界能源结构调整、新兴国家电站扩容、发达国家老化基础设施改扩建、电力需求增加等多种因素影响，全球输配电设备市场需求总体呈上升趋势。据统计，2016 年全球输配电市场收益将达 883.40 亿美元。分类型看，直流输电和高压直流输电投资规模最大。在交流输电方面，欧洲是全球最大的交流输电基础设施市场，占有 31.68% 的份额，其次是北美，占全球的 29.87%，亚洲仅占 15.65%。[②]

（3）光纤光缆市场保持持续增长。

2000 ~ 2015 年，全球光纤需求保持两位数增长；2016 年全球光纤市场价值已达 31.30 亿美元，其中，单模光纤占据最大的市场份额。不断增加电信、有限电视及传感器的光纤光缆市场的终端应用；而随着物联网、互联网等应用的增加，光纤光缆市场需求也在持续增长。

---

① 陶镜羽：《2016 年全球可再生能源新增装机 161 吉瓦》，中国电力新闻网，2017 年 4 月 12 日，http：//www.cpnn.com.cn/sd/gj/201704/t20170412_959777.html。

② 前瞻经济学人：《2016 年全球输配电市场收益将达 883.4 亿美元》，搜狐网，2016 年 2 月 14 日，http：//mt.sohu.com/20160214/n437331825.shtml。

（4）全球动力电池产量大幅增长。

据美国能源部数据显示，从 2014 年到 2015 年，全球动力电池组的销量下降了 3.40%；但电池组容量增长的内生动力带动了全球动力电池产量的增加，据统计，2016 上半年全球生产的动力电池产量增长了 81.00%（达 8500 兆瓦时），而全球电动汽车的增速仅为 50.00%。

（5）电站锅炉以高参数大容量发展为主。

当前，世界发达国家电站锅炉主要以高参数、大容量、高自动化发展为主，与 600 兆瓦汽轮发电机组配套的 2000 吨/小时超临界压力的大型电站锅炉已经得到相当普遍的应用。此外，循环流化床锅炉以其优越的环保特性、燃料适应性和良好的运行性能而广受重视，其机组大型化发展也取得了突破性的进展——代表作是法国普罗旺斯（Provence）电站 250 兆瓦 e 循环流化床锅炉的成功投运。

（6）行业集中度进一步提升。

2016 年国际电力装备知名企业并购扩张加速。6 月，德国西门子与西班牙公司歌美飒签订约束性协议，合并双方的风电业务；7 月，印度最大的传统电力巨头塔塔电力完成了对 Welspun 的子公司可再生能源公司的收购；11 月美国通用电气宣布以 16.50 亿美元收购全球最大的风电叶片制造商 LM；同时，日本的日立制作所、东芝、三菱重工 3 家企业也就整合核电站燃料业务展开协调。

**2. 技术现状**

（1）高压直流输电技术日益重要。

当前，三相高压交流输电仍是远距离输电技术的主流，但高压直流输电技术在远距离输电、跨海送电、电网互联等方面的重要性日益凸显。面对可再生能源发电需求增加和资源环境恶化等挑战，基于电压源转换器（VSC）的新型高压直流技术以其使用的绝缘栅双极晶体管弥补常规方法的缺点。截至 2016 年，全球高压直流输电系统市场收益为 60 亿美元以上，同比增长 7.70%；其中 VSC 技术预计占最大的份额。

（2）可再生能源发电技术广受重视。

由于世界范围内的能源紧张，各国越发重视可再生能源发电技术的研究与发展，如波浪能发电、太阳能发电、风能发电等，主要围绕大功率、高效率、低成本开发了许多新技术。例如，美国佐治亚理工学院开发了 EMG 和 TENG 混合动力系统来利用波浪能发电。

（3）多国配电自动化技术各有优势。

20 世纪 70 年代，国外就已开展配电自动化技术的研究和应用，并经历了三个发展阶段：基于自动化开关设备相互配合的馈线自动化系统（FA）、配电自动化系统（DAS）、配电管理系统（DMS）。其中，欧美发达国家配电网自动化起步较早，侧重于建设功能强大的配电网管理系统（DMS），在主站端实现更多高级应用和管理功能；日本受地域限制，注重建设就地控制的馈线自动化（FA），实现配电自动化系统功能的少而精。

（4）储能技术快速发展。

从全球各储能技术类型市场发育程度看，抽水蓄能技术发展最为成熟，装机规模也最大。2007～2017 年储热技术发展迅速，目前在装机量上排名第二。电化学储能则是全球发展最为迅速、增速最快，在运项目使用最多的技术。其他机械储能增长相对比较平稳。此外，储氢、石墨烯储能等新技术也开始进入市场。

## （二）国际电力装备行业的发展趋势

**1. 市场趋势**

（1）亚太地区电力设备需求量大。

当前，亚太地区用电量持续上升，相关国家电力设备需求也迅速增加。其中，中亚、中东、东南亚地区电力基础设施较为薄弱，有较大的电力缺口或设备更新需求；巴基斯坦目前平均线损率为 18.00%，局部地区达 30.00%；而印度用电量约为 1.30 万亿千瓦时，同样存在电力缺口及输配电线损率高等问题，亟需对电力设备进行更新换代。

（2）新能源发电设备市场潜力大。

近年来，世界各国相继出台新能源发展政策：英国制定了 2050 年实现无碳化发电的目标；澳大利亚通过碳税立法案和能源白皮书草案；日本发布了《能源革新战略》，对以节能、可再生能源为主的相关制度进行整改。随着各国对电力行业低碳环保发展的需求增加，新能源发电设备的生产将进一步发展。据《2016 年新能源展望》预测，到 2040 年，全球零排放的能源将占总装机量的 60.00%；在未来 25 年，新能源发电的装机量将新增 8.60TW。

（3）输电组件市场规模将强劲增长。

根据《全球市场洞察》（*Global Market Insights*）报告，到 2024 年，全球输电组件市场规模将超 350 亿美元。在输电塔领域，美国、英国等发达国家将陆续部署多回路电塔结构，有利于市场业务的增长；对升级老化基础设施需求的增多将进一步刺激市场，变压器市场预计超 20 亿美元；在高压直流领域，受长距离超高压和特高压电网投资增长的影响，预计 2024 年该市场规模有望达到 70 亿美元。

（4）环保成为全球电力设备产品发展趋向。

环保已成为全球电力设备制造商共同面临的发展趋向。例如，当前世界各国对温室气体排放的限制和减排力度加大，导致大量使用 $SF_6$等产生温室气体的电力设备面临被限制生产，或征收大额碳排放税的压力，输配电设备制造商对非 $SF_6$气体绝缘的环保型开关设备的研发需求大幅提升；在电线电缆领域，欧、美、日等发达国家相继出台环保电缆标准及相关环保政策，并明确要求严禁使用或进口非环保电缆。

**2. 技术趋势**

（1）电力设备智能化发展。

智能电网是未来电力的发展方向，而智能设备是实现智能电网的关键，因此电力设备智能化、信息化将是未来电力技术发展的重点。分布式能源的系统集成智能电网构架、快速仿真决策智能电网技术，以及基于知识的综合决策支持的智能电网系统等将加速智能电网建设；高压大容量变频变压调速、高低压配电与电控装置的智能化等技术将成为配电设备发展的重点；新型的电子式互感器、先进的传感器技术、预防性维修的智能组件和基于通用网络通信平台的变电站自动化系统等的发展，将进一步推动电力设备智能化发展。

（2）电池电容储能技术发展潜力大。

受分布式发电和可再生能源迅速发展的影响，在未来5~7年内电池和电容储能将是应用最广泛的储能技术。据预测，到2026年，大功率储能市场将从目前的2.40亿美元增长近20倍，达到20亿美元，其中超级电容器可能会占据8亿~10亿美元的市场。超级电容器作为一种新兴的储能技术，将在未来的能源系统中发挥关键作用；虽然相比其他电池技术，锂离子电池正在越来越多地占据市场，但是在功率和循环次数方面，锂离子电池将难以与超级电容器技术竞争。

（3）高效清洁技术要求不断提高。

在资源环境恶化、各国环保标准日益严格的背景下，清洁高效发电技术的研发和应用对电力设备制造企业提出了更高要求，促使锅炉、汽轮机、发电机三大主机设备不断向高参数、大容量的高效超超临界机组和超超临界二次再热方向发展。锅炉行业不断研发清洁高效煤粉型工业锅炉系统，加大循环流化床（CFB）锅炉技术的创新和应用；在汽轮机领域，重视发展大型热电联产机组；在火电发电机组领域，效率高、环保指标先进的超临界技术和超超临界技术发展速度有望超过亚临界技术。

## 三 我国电力装备行业的规模分析

### （一）工业增加值增速保持稳定

2016年，我国电力装备行业工业增加值保持稳定增长。其中，电机制造和电线、电缆、光缆及电工器材制造增加值与2015年同期相比增速放缓，同比分别减少3.60个和1.60个百分点。陶瓷制品制造增加值同比增长9.00%，同比增速提高1.20个百分点；锅炉及原动设备制造增加值增幅显著，比2015年同期增速提高6.90个百分点（见表2）。

**表 2　我国电力装备行业细分行业工业增加值**

单位：%

| 行业名称 | 2015 年 | 2016 年 |
|---|---|---|
| 陶瓷制品制造 | 7.80 | 9.00 |
| 石墨及其他非金属矿物制品制造 | 7.20 | 13.00 |
| 锅炉及原动设备制造 | 3.30 | 10.20 |
| 电子和电工机械专用设备制造 | 9.00 | 9.40 |
| 电机制造 | 5.40 | 1.80 |
| 输配电及控制设备制造 | 8.90 | 11.70 |
| 电线、电缆、光缆及电工器材制造 | 10.30 | 8.70 |
| 电池制造 | 11.60 | 17.00 |

资料来源：根据中国机械工业联合会机经网数据库数据整理。如无特殊说明，以下数据均来自机经网。

## （二）资产规模呈持续扩张态势

2016 年，我国电力装备行业累计实现资产总计为 50901.60 亿元，同比增长 8.45%，资产规模呈持续扩张趋势。月度资产规模同比增速呈先增后降趋势，在 7 月增速达最高点 10.69%；12 月增速达最低点 8.45%（见图 1）。

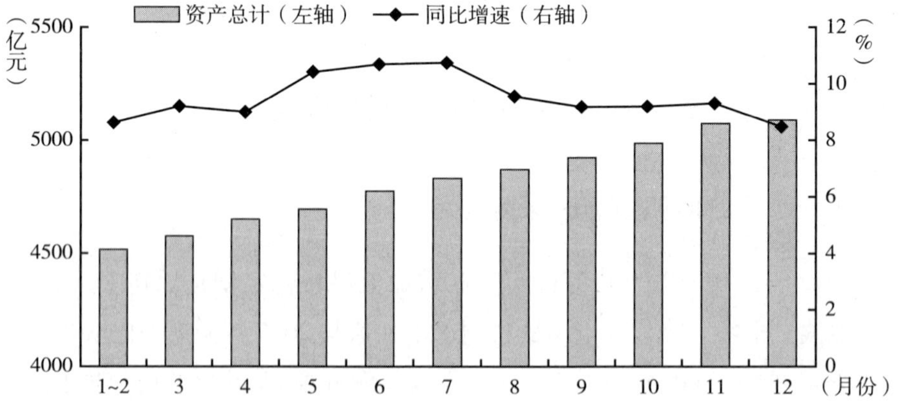


**图 1　2016 年我国电力装备行业资产规模**

## （三）固定资产投资完成情况好于同期

2016 年，我国电力装备行业固定资产投资完成情况明显好于 2015 年同期，全年累计实现固定资产投资 10851.89 亿元，同比增长 8.83%。月度固定资产投资完成同比增幅起伏较大，其中 10 月降幅明显，同比下降 0.60%，3 月、12 月同比分别增长 16.65%、14.64%（见图 2）。

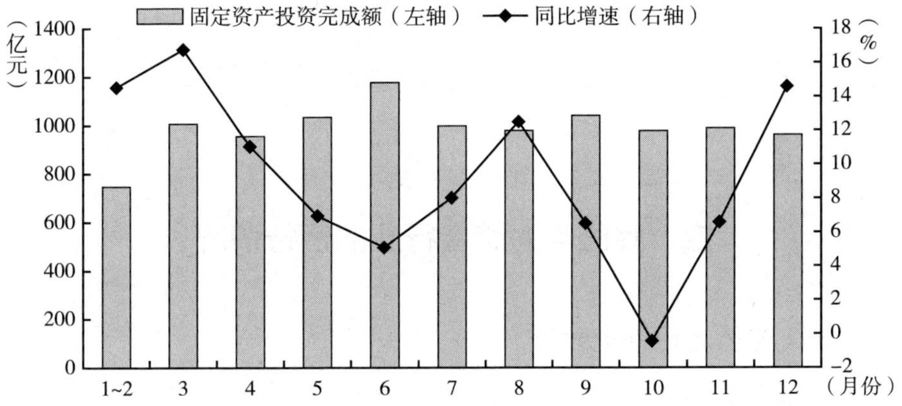


**图 2　2016 年我国电力装备行业固定资产投资完成情况**

## （四）主要产品产量规模有所增长

2016 年，我国电力装备行业大部分主要产品产量保持增长；其中，发电设备产量保持稳定增长，同比增长 8.40%；电焊机产量增速最快，同比增长 18.77%；燃气轮机产量显著下滑，同比减少 19.04%（见表 3）。

**表 3　我国电力装备行业主要产品产量及同比增速**

| 产品名称 | 计量单位 | 2016 年产量 | 同比增速(%) |
|---|---|---|---|
| 发电机组(发电设备) | 千瓦 | 114537400 | 8.40 |
| 水轮发电机组 | 千瓦 | 14071366 | -18.57 |
| 汽轮发电机 | 千瓦 | 87154100 | 18.20 |
| 风力发电机组 | 千瓦 | 26071412 | -9.97 |

续表

| 产品名称 | 计量单位 | 2016 年产量 | 同比增速(%) |
| --- | --- | --- | --- |
| 工业锅炉 | 蒸发量吨 | 458104 | 4.74 |
| 电站锅炉 | 蒸发量吨 | 481146 | 8.84 |
| 电站用汽轮机 | 千瓦 | 77583957 | 1.20 |
| 电站水轮机 | 千瓦 | 2189773 | 4.35 |
| 燃气轮机 | 千瓦 | 2668800 | -19.04 |
| 交流电动机 | 千瓦 | 277647601 | -1.28 |
| 变压器 | 千伏安 | 1664760525 | 8.01 |
| 电力电缆 | 千米 | 56778261 | 1.62 |
| 电焊机 | 台 | 6771268 | 18.77 |
| 电动手提式工具 | 台 | 254046150 | 3.16 |

## 四　我国电力装备行业的运行情况

### （一）总体运行情况分析

**1. 主营业务收入增速呈放缓趋势**

2016 年，我国电力装备行业实现主营业务收入 58409.99 亿元，同比增长 5.59%。月度主营业务收入同比增速呈波动放缓趋势，9 月、10 月增速显著下降（见图 3）。

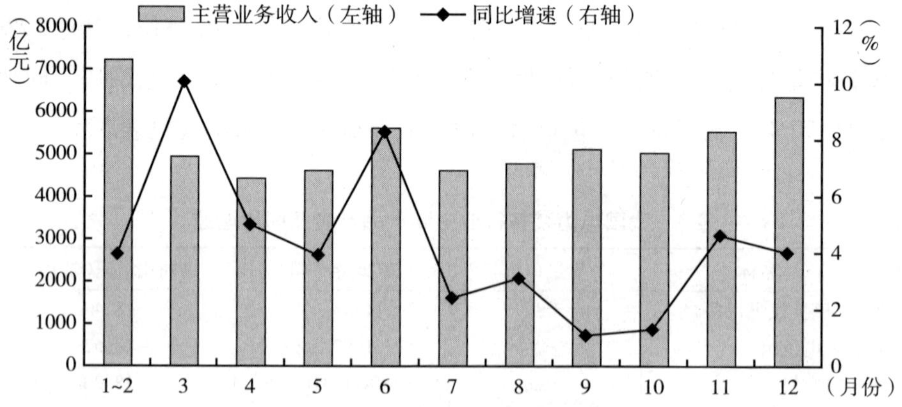


**图 3　2016 年我国电力装备行业主营业务收入**

### 2. 主营业务成本增速波动放缓

2016 年，电力装备行业主营业务成本达 50274.98 亿元，同比增长 5.77%。月度主营业务成本同比增速整体呈波动放缓趋势，9 月达到最低值 1.94%，5 月达到最高值 11.15%（见图 4）。

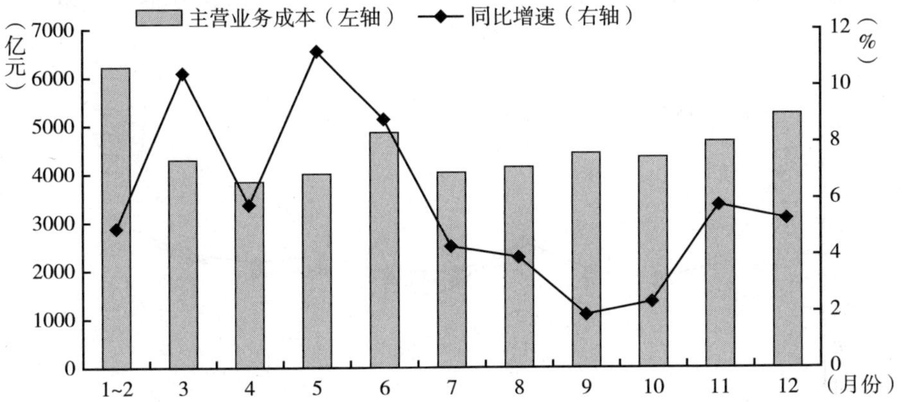


**图 4　2016 年我国电力装备行业主营业务成本**

### 3. 利润总额增速显著下滑

2016 年，我国电力装备行业实现利润总额为 3627.03 亿元，同比增长 5.68%。全年利润同比增速呈波动下降趋势，其中 7 月、9 月利润增速同比大幅下滑（见图 5）。

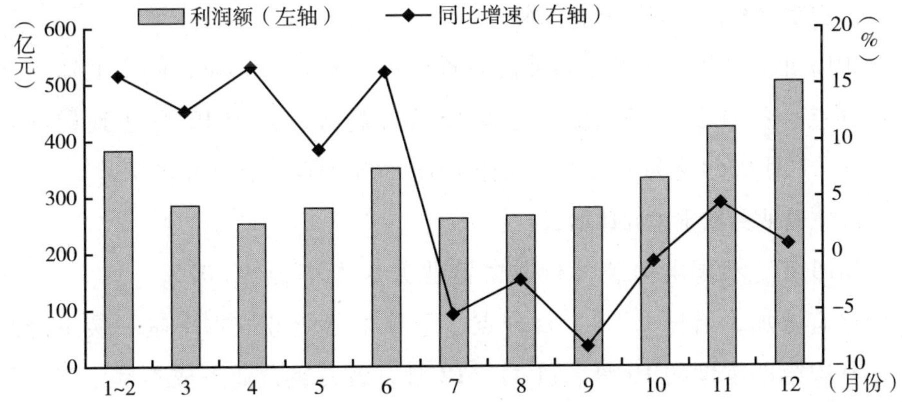


**图 5　2016 年我国电力装备行业月度利润额和同比增速**

## （二）营运能力略有降低

总资产周转率同比稍有下滑。2016 年，我国电力装备行业的全年总资产周转率为 1.15 次，与 2015 年的 1.18 次同期相比略有下降；按月份看，各月总资产周转率起伏较小，与 2015 年同期相比趋势基本一致（见图 6）。

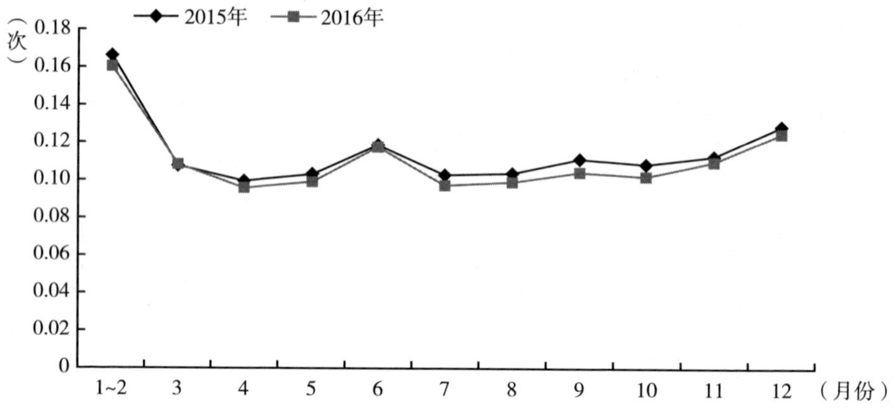


**图 6　2016 年我国电力装备行业总资产周转率**

## （三）盈利能力有所降低

**1. 总资产利润率同比略有下滑**

2016 年，我国电力装备行业的总资产利润率为 7.13%，同比下降 0.16 个百分点。各月总资产利润率呈先降后升趋势，其中 12 月达到最高值 0.99%，7 月 0.54% 为最低点，同比下降 0.08 个百分点（见图 7）。

**2. 主营业务成本率同比增长**

2016 年，我国电力装备行业主营业务成本率为 86.07%，比 2015 年同期略有增加，增长 1.18 个百分点。全年主营业务成本率呈平缓下降趋势，其中第四季度的 10 月、11 月、12 月，各月主营业务成本率下降明显（见图 8）。

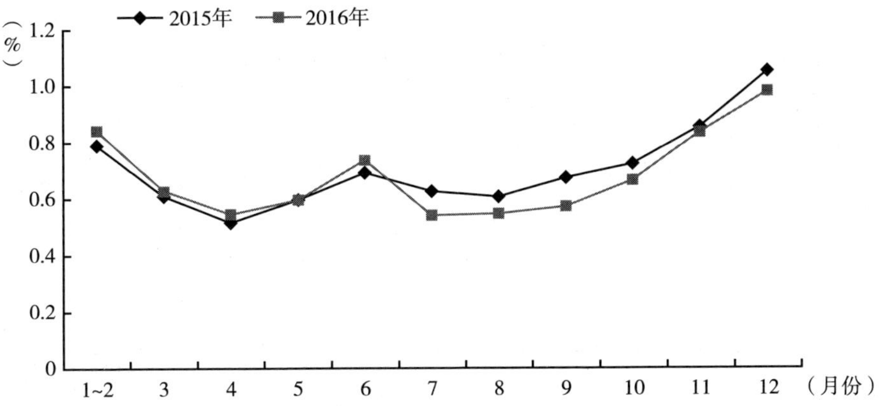


**图7 2016年我国电力装备行业总资产利润率**

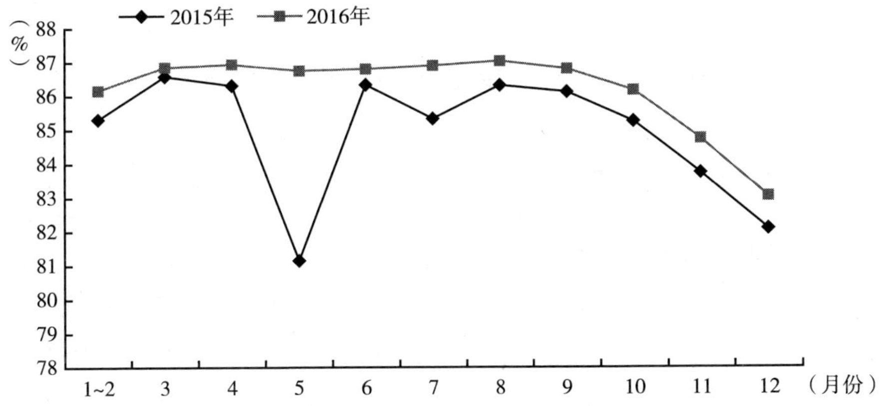


**图8 2016年我国电力装备行业主营业务成本率**

## （四）资产负债率同比下降

2016年，我国电力装备行业资产负债率为53.83%，与2015年相比下降1.60个百分点。从月度数据看，各月资产负债率与2015年全年相比均呈平缓下降趋势；其中4月资产负债率最高，为55.69%。总体而言，我国电力装备行业资产负债率有所降低，长期偿债能力略有增强（见图9）。

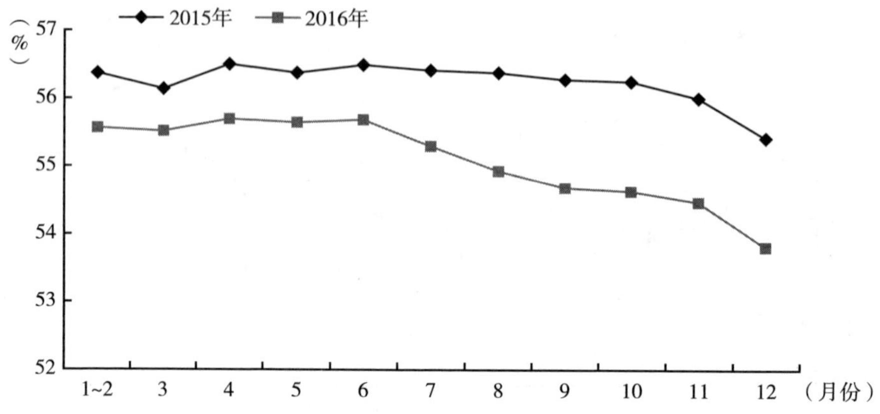


**图 9　2016 年我国电力装备行业资产负债率**

## 五　我国电力装备行业产业结构分析

### （一）细分行业结构

**1. 主要子行业资产规模同比增加**

2016 年，我国电力装备行业主要子行业资产规模与 2015 年同期相比均有显著增长。从占比来看，电线、电缆制造业在我国电力装备行业中的比重最大，资产累计达 8092.98 亿元，占全行业的 15.90%；其次为配电开关控制设备制造（占比为 12.16%）。从增速看，我国电力装备主要子行业中，微电机及其他电机制造增长最快（见表 4）。

**2. 电线电缆制造业主营业务收入最高**

从占比看，2016 年电线、电缆制造业在我国电力装备行业主要子行业中主营业务收入最高，占全行业的 22.03%；其次为配电开关控制设备制造，占比 11.67%。从增速看，光纤、光缆制造在我国电力装备行业主要子行业中主营业务收入增长最快，同比增长 11.70%（见表 5）。

**3. 光伏设备及元器件制造业利润增长最快**

从占比看，2016 年电线、电缆制造业在我国电力装备行业主要子行业

**表4　2016年我国电力装备行业主要子行业资产**

| 细分行业 | 资产额(亿元) | 同比增减(%) |
|---|---|---|
| 电线、电缆制造 | 8092.98 | 5.60 |
| 配电开关控制设备制造 | 6189.16 | 12.04 |
| 光伏设备及元器件制造 | 5892.20 | 7.46 |
| 发电机及发电机组制造 | 4805.59 | 7.07 |
| 变压器、整流器和电感器制造 | 4057.87 | 6.48 |
| 锅炉及辅助设备制造 | 2182.00 | 4.05 |
| 其他输配电及控制设备制造 | 2030.31 | 7.30 |
| 电力电子元器件制造 | 1997.32 | 13.89 |
| 微电机及其他电机制造 | 1772.33 | 16.31 |
| 光纤、光缆制造 | 1752.14 | 11.01 |

**表5　2016年我国电力装备行业主要子行业主营业务收入**

| 细分行业 | 主营业务收入(亿元) | 同比增减(%) |
|---|---|---|
| 电线、电缆制造 | 12867.49 | 3.71 |
| 配电开关控制设备制造 | 6818.10 | 6.98 |
| 光伏设备及元器件制造 | 5830.69 | 9.36 |
| 变压器、整流器和电感器制造 | 4743.23 | 6.17 |
| 发电机及发电机组制造 | 4106.63 | -0.85 |
| 微电机及其他电机制造 | 2608.45 | 9.45 |
| 电力电子元器件制造 | 2326.02 | 10.91 |
| 其他输配电及控制设备制造 | 2149.62 | 5.18 |
| 锅炉及辅助设备制造 | 2121.04 | 3.12 |
| 光纤、光缆制造 | 1855.18 | 11.70 |

中实现利润额最高，占全行业的18.82%。从增速来看，光伏设备及元器件制造利润额增速最快，同比增长23.23%；锅炉及辅助设备制造利润额显著减少，同比下降9.93%（见表6）。

## （二）企业规模结构

### 1. 大型企业资产规模最大且增速加快

从占比来看，2015年，我国电力装备行业大型企业资产规模达16709.55

表 6　2016 年我国电力装备行业主要子行业利润额

| 细分行业 | 利润额(亿元) | 同比增减(%) |
|---|---|---|
| 电线、电缆制造 | 682.47 | 4.32 |
| 配电开关控制设备制造 | 522.93 | 0.86 |
| 光伏设备及元器件制造 | 319.52 | 23.23 |
| 变压器、整流器和电感器制造 | 304.89 | 3.66 |
| 发电机及发电机组制造 | 216.96 | 6.25 |
| 微电机及其他电机制造 | 216.54 | 16.86 |
| 电力电子元器件制造 | 152.46 | 12.39 |
| 其他输配电及控制设备制造 | 144.70 | 4.21 |
| 光纤、光缆制造 | 136.32 | 8.00 |
| 锅炉及辅助设备制造 | 98.76 | -9.93 |

亿元，占比 35.20%；其次是小型企业，其资产规模占行业总资产规模的 34.91%。从增速来看，2013～2015 年三类企业资产规模均保持稳定增长；2015 年大型企业增速加快，同比提高 3.45 个百分点，中型、小型企业增速均有所放缓，同比分别减少 4.43 个、2.35 个百分点（见图 10）。

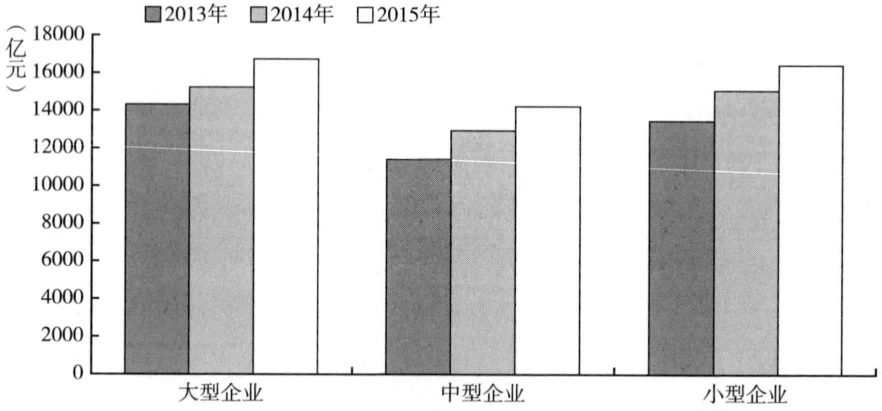


图 10　2013～2015 年我国电力装备行业按企业规模分资产规模

2. 大中小型企业收入增速均有所放缓

从占比看，2015 年，我国电力装备行业小型企业实现主营业务收入为 23868.37 亿元，占比 42.63%；其次为中型企业，占比达 29.65%。从增速来看，2015 年三类企业主营业务收入增速均有所放缓，大型、中型、小型企业主营业务收入增速同比分别减少 0.90 个、5.00 个、3.76 个百分点（见图 11）。

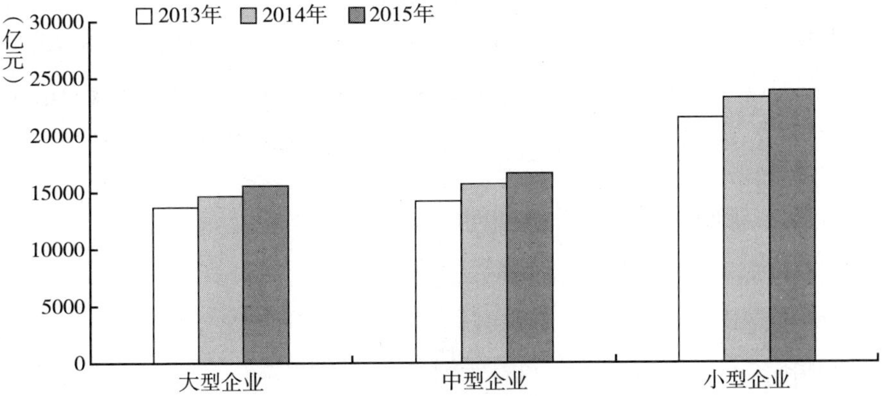


**图 11　2013～2015 年我国电力装备行业按企业规模分主营业务收入**

**3. 小型企业实现利润总额最高**

从占比来看，2015 年，我国电力装备行业小型企业实现利润最高，占比达 38.89%；其次为大型企业，占比为 31.13%。从增速看，2015 年我国电力装备行业大型企业利润额增速提高显著（同比增长 25.46%，与 2014 年同期增加 11.29 个百分点），中型、小型企业利润总额增速均有所放缓（见图 12）。

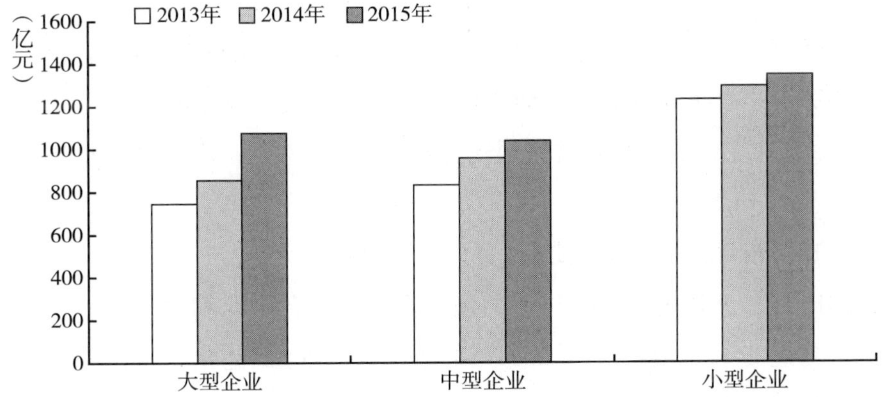


**图 12　2013～2015 年我国电力装备行业按企业规模分利润额**

## （三）企业所有制结构

### 1. 民营企业资产规模最大且增速显著提高

从占比看，2015 年我国电力装备行业民营企业资产规模达 28822.26 亿元，占全行业的比重为 60.72%。从增速来看，2015 年民营企业资产规模增速最快，同比增长 13.04%；国有企业、“三资”企业增速均有所放缓（见图 13）。

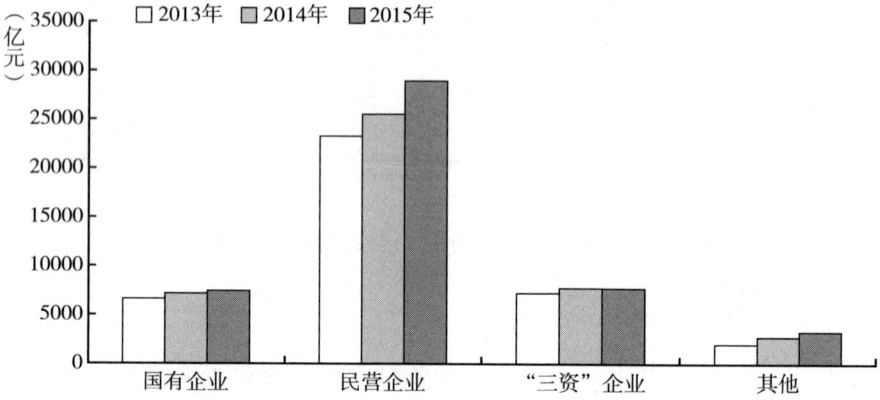


**图 13　2013～2015 年我国电力装备行业按企业所有制分资产规模**

### 2. 各类企业主营业务收入增速均放缓

从占比看，我国电力装备行业民营企业为行业主营业务收入的主要来源，2015 年实现主营业务收入为 38392.59 亿元，占比达 68.56%。从增速看，2015 年各类企业主营业务收入增速均有所放缓，国有企业、民营企业、“三资”企业主营业务收入增速同比分别减少 1.48 个、3.38 个、3.97 个百分点（见图 14）。

### 3. 民营企业实现利润总额最高

2015 年，我国电力装备行业的国有企业、民营企业和“三资”企业分别实现利润为 128.70 亿元、2501.54 亿元和 656.05 亿元，同比分别增长 134.34%、11.46% 和 2.30%。其中，民营企业在行业利润总额中占比最大，国有企业利润额增速提高最为显著（见图 15）。

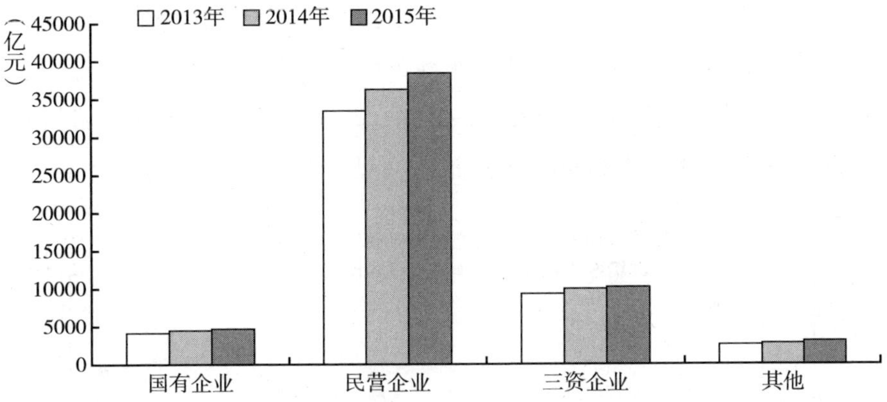


**图 14　2013～2015 年我国电力装备行业按企业所有制分主营业务收入**

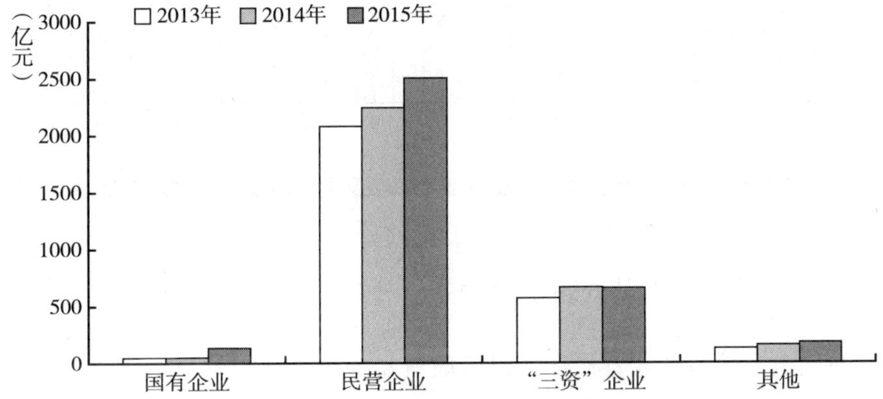


**图 15　2013～2015 年我国电力装备行业按企业所有制分利润额**

## 六　我国电力装备行业贸易分析

### （一）进出口规模同比下降

2016 年，我国电力装备行业进出口总额为 1503.39 亿美元，同比下降 2.95%；其中，进口额为 494.66 亿美元，同比下降 3.36%；出口额为 1008.73 亿美元，同比下降 2.75%。

从进口看，2016 年我国电力装备行业各月进口额同比增速呈波动上升趋势，进口额增速从 8 月的 4.61% 恢复正增长。从出口看，我国电力装备行业各月出口额增速波动起伏较大；其中，3 月（11.62%）进口额同比增长最高，1 ~2 月份为 -15.96% 增速最低（见图 16）。

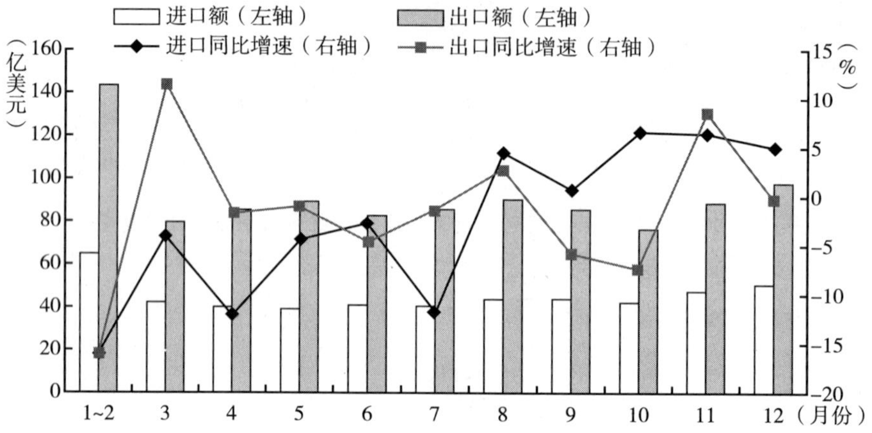


**图 16　2016 年我国电力装备行业进口额及出口额规模及同比增速**

## （二）贸易形式以一般贸易为主

我国电力装备行业贸易形式以一般贸易为主，加工贸易为辅。2016 年，我国电力装备行业一般贸易进出口总额为 766.78 亿美元，同比下降 1.39%。其中进口为 232.90 亿美元，同比增长 3.44%；出口为 533.88 亿美元，同比下降 3.35%；一般贸易累计实现顺差为 300.98 亿美元（见图 17）。

2016 年，我国电力装备行业加工贸易共完成进出口总额为 537.99 亿美元，同比下降 7.15%。其中进口为 182.18 亿美元，同比下降 12.15%；出口为 355.81 亿美元，同比下降 4.35%（见图 18）。

## （三）进出口贸易主要集中在东部沿海地区

从进口看，2016 年，我国电力装备行业累计进口排名前十的省市分别是：广东、上海、江苏、山东、北京、辽宁、天津、浙江、福建、吉林。其

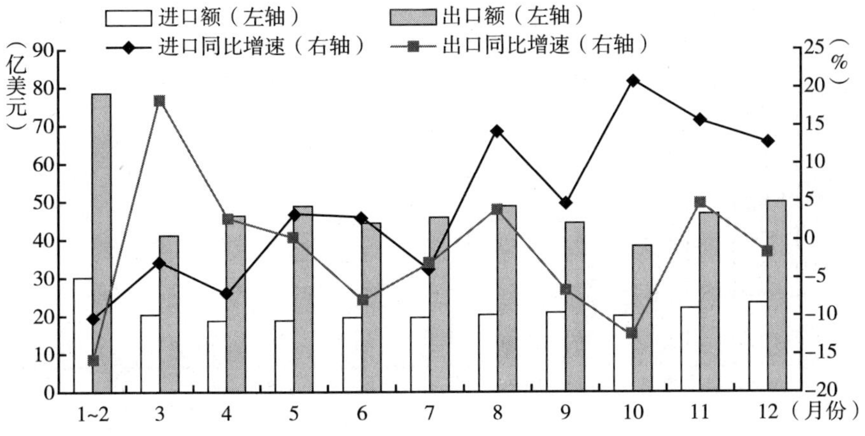


**图 17　2016 年我国电力装备行业一般贸易进出口规模及增速**

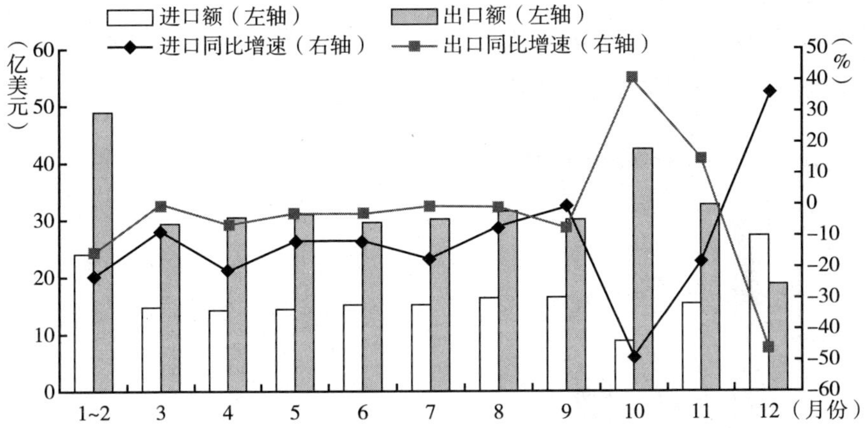


**图 18　2016 年我国电力装备行业加工贸易进出口规模及增速**

中，广东进口为 162.08 亿美元，同比下降 6.15%；上海进口额为 93.01 亿美元，同比增长 1.36%；江苏进口额为 79.40 亿美元，同比下降 0.99%；山东进口额为 23.95 亿美元，同比下降 5.15%；北京进口额为 23.47 亿美元，同比增长 5.06%（见图 19）。

从出口看，2016 年，我国电力装备行业累计出口排名前十的省市分别是：广东、江苏、浙江、上海、山东、福建、天津、北京、辽宁、四川。其中，广东出口额为 357.61 亿美元，同比下降 3.27%；江苏出口额为 176.51

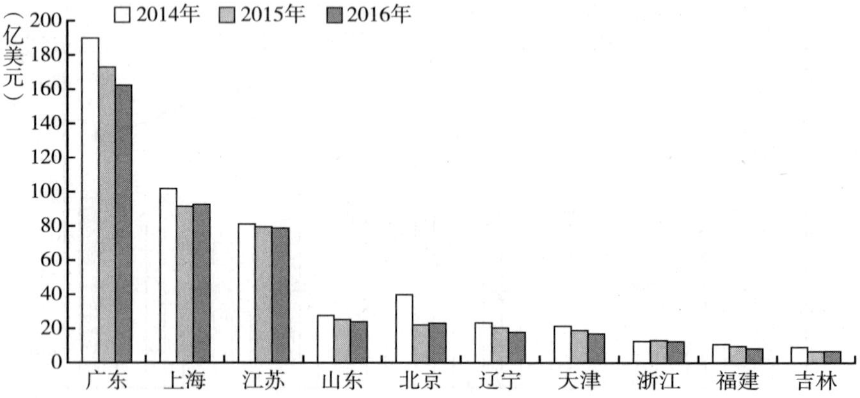


**图 19　2014～2016 年我国电力装备行业进口排名前十的省市**

亿美元，同比下降 0.33%；浙江出口额为 143.62 亿美元，同比下降 2.73%；上海出口额为 80.53 亿美元，同比增长 1.54%；山东出口额为 51.18 亿美元，同比增长 0.08%（见图 20）。

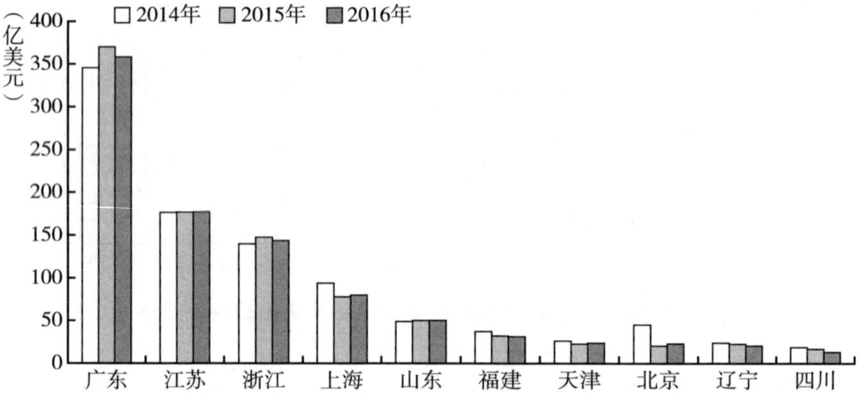


**图 20　2014～2016 年我国电力装备行业出口排名前十的省市**

## （四）进出口产品结构

### 1. 进口产品以低压电器为主

2016 年，我国电力装备行业主要产品进口额最高的是低压电器，全年进口额达到140.74亿美元，占行业主要产品进口总额的29.66%；其次为电线电缆，低压开关板、柜，电动机，电力电子元器及静止变流器。主要产品进口额增速最快的是燃气轮机，同比增速为390.89%；而内燃发电机组进口额增速大幅放缓，同比减少30.59%（见表7）。

**表7　2016年我国电力装备行业主要产品进口额**

| 产品名称 | 2016年进口额(亿美元) | 同比增速(%) |
|---|---|---|
| 低压电器 | 140.74 | 0.18 |
| 电线电缆 | 47.90 | -9.07 |
| 低压开关板、柜 | 45.33 | 6.63 |
| 电动机 | 44.54 | -3.74 |
| 电力电子元器及静止变流器 | 43.63 | -11.85 |
| 低压开关零件 | 35.53 | -3.34 |
| 变压器、互感器 | 29.67 | -6.28 |
| 微分电机 | 26.44 | -3.42 |
| 中小电机 | 9.81 | -15.42 |
| 静止变流器用零件 | 9.44 | -10.28 |
| 电炉及工业炉 | 8.33 | -8.37 |
| 发动机点火电机 | 8.29 | 13.62 |
| 焊接设备 | 7.62 | -8.88 |
| 内燃发电机组 | 7.44 | 30.59 |
| 绝缘制品 | 6.42 | 6.52 |
| 燃汽轮机 | 5.94 | 390.89 |
| 高压开关 | 5.56 | -14.16 |
| 电工合金 | 5.38 | -9.96 |
| 蓄电池 | 3.10 | -7.36 |
| 电动工具零件 | 2.86 | 24.25 |

### 2. 电线电缆产品出口额最高

2016年，我国电力装备行业主要产品中出口额最高的是电线电缆，全年出口额达196.49亿美元，占行业主要产品出口总额的18.67%；其次为低压电器和电动机，2016年累计出口额分别占比为12.85%、10.48%。主要产品出口额增速最快的是风力发电机组，同比增长101.43%；内燃发电机组出口额与同期相比显著下降，同比减少21.70%（见表8）。

表8　2016 年我国电力装备行业主要产品出口额

| 产品名称 | 2016 年出口额(亿美元) | 同比增速(%) |
|---|---|---|
| 电线电缆 | 196.49 | -2.20 |
| 低压电器 | 135.24 | 0.62 |
| 电动机 | 110.24 | -3.12 |
| 电力电子元器及静止变流器 | 85.74 | -9.17 |
| 电动工具 | 64.69 | -1.83 |
| 低压开关板、柜 | 58.19 | 2.34 |
| 变压器、互感器 | 38.67 | -8.49 |
| 低压开关零件 | 33.43 | 1.60 |
| 内燃发电机组 | 27.67 | -21.70 |
| 蓄电池 | 24.68 | -14.50 |
| 电工合金 | 19.52 | -2.65 |
| 高压开关 | 16.55 | 4.08 |
| 静止变流器用零件 | 14.46 | -9.43 |
| 发动机点火电机 | 14.20 | 1.80 |
| 风力发电机组零件 | 13.10 | 1.53 |
| 焊接设备 | 10.37 | 4.01 |
| 蒸汽锅炉零件 | 9.82 | 0.16 |
| 电炭制品 | 8.77 | -20.28 |
| 发电机 | 8.56 | 45.21 |
| 风力发电机组 | 5.87 | 101.43 |

## （五）主要贸易国家

### 1. 日、德为主要进口来源地

2016 年，我国电力装备行业进口来源国家和地区共 188 个，排名前九的进口来源国和地区分别是：日本、德国、韩国、美国、中国台湾、越南、法国、泰国、马来西亚。其中，日本是我国电力装备行业最大的进口来源地，进口额为 98. 52 亿美元，同比增长 0. 90%；德国为第二大进口来源地，进口为 65. 43 亿美元，同比下降 6. 79%（见图 21）。

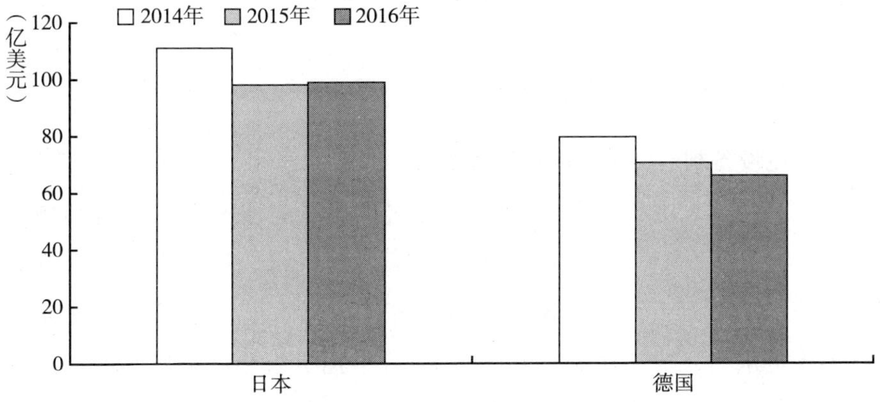


**图 21　2014 ~ 2016 年我国电力装备行业主要进口来源地**

**2. 中国香港和美国、日本为主要出口目的地**

2016 年，我国电力装备行业出口目的国家和地区共 229 个；其中，美国是我国电力装备行业最大的出口目的国，出口额达 171. 41 亿美元，同比增长 0. 44%；中国香港是第二大出口目的地，出口额为 160. 58 亿美元，同比下降 2. 31%；向日本出口额为 67. 08 亿美元，同比下降 5. 68%。2014 ~ 2016 年，我国向美国出口额逐年递增，向中国香港和日本出口额则呈递减趋势（见图 22）。

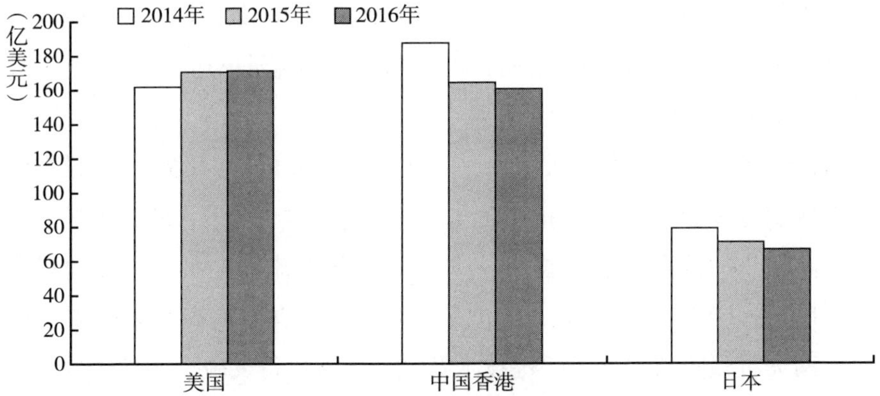


**图 22　2014 ~ 2016 年我国电力装备行业主要出口目的地**

## 七　我国电力装备行业技术水平分析

### （一）主要产品技术水平

**1. 发电设备制造自主化水平不断提高**

当前，我国发电机组装备技术已位居世界领先水平。在火电领域，已投运生产的有300MW、600MW、1000MW燃煤机组，广泛应用超低排放燃煤发电技术、百万千瓦级超超临界机组等；大型水电自主设计制造能力达到世界先进水平，成功研制三峡电站70万千瓦机组和溪洛渡、向家坝两座水电站国产化水电机组；在核电领域，已拥有第三代核电技术完整的自主知识产权，并形成自主品牌的CAP1400和华龙一号三代压水堆技术，开工建设具有第四代特征的高温气冷堆示范工程，已建成实验快堆并成功并网发电。

**2. 新能源发电装备与国际先进水平差距缩小**

在新能源发电装备领域，我国已经形成了大容量风电机组整机设计体系和较为完整的风电装备制造技术体系，但大功率和海上风机设备的生产技术水平仍有待提升；规模化光伏开发利用技术取得重要进展，晶体硅太阳能电池产业技术具备较强的国际竞争力，批量化单晶硅电池效率达19.50%，多晶硅电池效率达18.50%；此外，我国生物质能发电技术虽起步晚但发展迅速，截至2015年底，我国生物质发电并网装机总容量已居世界第二位。

**3. 输变电技术水平处于世界前列**

目前，我国输变电装备技术水平领先世界，形成了一批输变电设备制造基地，输变电装备广泛出口东南亚、非洲等地区并成功进入欧美市场；开始应用国际领先的特高压输电技术，±1100千伏直流输电工程开工建设；大电网调度运行能力不断提升，供电安全可靠水平有效提高；新能源发电并网、电网灾害预防与治理等关键技术及成套装备取得突破，多端柔性直流输电示范工程建成投运。

**4. 电线电缆技术缺乏国际竞争力**

目前，我国电线电缆行业技术缺乏国际竞争力，颠覆性技术创新较少；特别是在特种电缆研发方面，尽管在高温高导输电电缆、航空航天用硅烷交联电线电缆等方面已打破国外的技术垄断，但总体技术水平与国际先进水平尚存在一定差距。

**5. 电站锅炉技术达世界先进水平**

我国电站锅炉总体技术水平已达到国际先进水平，目前已开发的600～1000MW 超超临界二次再热锅炉，300～600MW 大型循环流化床锅炉、余热锅炉；形成了从中压、高压、超高压到亚临界、超临界、超超临界及高效超超临界等一系列不同压力等级的电站锅炉；但在循环流化床锅炉成套技术、冷凝式锅炉技术、生物质锅炉技术等方面，与国外相比还存在一定的技术差距。

## （二）重大技术突破

**1. 特高压关键技术难题成功攻克**

当前，我国电力装备行业通过加强高电压绝缘、电磁场、交直流混合场、温度场、气流场等基础研究，显著提高了自身特高压技术研究设计能力，成功解决了特高压电网建设的安全性、稳定性、潮流分布、电网结构、系统过电压及电磁暂态等问题，攻克过电压与绝缘配合、特高压升压变压器技术等一系列关键技术难点。

**2. 大容量柔直关键技术成果达国际先进水平**

2016 年 12 月，福建电科院承担的“大容量柔性直流输电工程关键技术专题研究”项目顺利通过评审。厦门柔性直流工程是世界上第一个采用真双极接线、电压和容量均达到国际之最的柔性直流工程，具有向无源电网供电、快速独立控制有功与无功、潮流反转快、运行方式灵活等优点。该项目研究成果柔直电能质量仿真平台，可从工程前分析、运行中监测、投运后治理三方面，全过程预防和治理柔直工程电能质量问题，能有效指导柔直工程的规划、设计、建设和运行。

**3. 700℃超临界燃煤发电技术获突破**

我国首个700℃关键部件验证试验平台在华能南京电厂成功投运，标志着我国新一代先进发电技术——700℃超超临界燃煤发电技术研究开发工作取得重要阶段性成果。700℃超超临界燃煤发电技术是目前世界发电行业技术的主导发展方向之一，能有效提高供电效率，同时减少污染物和温室气体的排放；因此，700℃技术的开发应用对于实现我国火电结构优化和技术升级、保证能源工业可持续发展具有重要意义。

**4. 核电技术国产化取得突破**

2016年，我国核电科技研发和装备制造取得了一批新的成果："大型先进压水堆和高温气冷堆核电站"重大科技专项已进入全面验收阶段；CAP1400屏蔽电机、主蒸汽隔离阀、大口径爆破阀，以及"华龙一号"蒸汽发生器、控制棒驱动机构等的研制成功，标志着我国第三代核电自主化及设备国产化能力大幅提升；具有完全自主知识产权的核电站反应堆保护系统平台（NuPAC）的研制成功，使得我国核电站数字化仪控系统的自主化、国产化能力大幅提升。

**5. 隔离断路器关键技术成功攻克**

2016年8月，中国电力科学研究院成功攻克隔离断路器关键技术，进一步提高了国产隔离断路器的国际竞争力。该院联合清华大学研究隔离断路器断口泄漏电流各流经路径，提供了新的评价隔离断路器安全性能的方法；同时，联合平高集团等单位仿真研究不同因素影响下的灭弧室绝缘水平，提供了隔离断路器安全运行的考核依据；发布隔离断路器性能检测方案，研制三个电压等级的集成全光纤电流互感器的隔离断路器样机，提高了设备集成化水平。

## 八　我国电力装备行业存在的主要问题

### （一）中低端产能过剩严重

当前，我国电力装备行业以中小型企业、民营企业为主，且多数技术研发能力不强，产品集中在技术附加值较低的中低端市场，导致低水平重复制造问题严重，行业中低端产能严重过剩。例如，我国变压器行业中小型企业占企业总数 80.00% 以上，以生产 110 千瓦以下的低端产品为主，且目前国内变压器的产能利用率仅为 50.00%；电线电缆行业 90.00% 以上的产能集中在低端产品上，且设备利用率平均仅为 30% 左右。

### （二）盲目恶性竞争问题突出

随着我国能源结构的深入调整和市场经济的加速发展，我国电力装备行业恶性竞争日益激烈。当前，我国电力设备利用率持续下降，发电设备年利用小时数已经明显偏低；但不少电力装备企业仍在盲目投资和建设发电设备，特别是火电装机领域的扩张已呈现非理性状态。此外，我国电力装备行业以中小型企业为主，产品同质化严重，导致压价竞销现象普遍显现；而为保证利润，不少企业通过偷工减料、以次充好等手段攫取利益，使行业产品合格率大幅降低，企业竞争陷恶性循环。

### （三）部分核心技术研发能力不足

我国电力装备制造业正处在由制造大国向制造强国迈进阶段，但存在核心共性技术和核心工艺储备不够、部分关键零部件受制约较为严重等问题。电线电缆、锅炉、新能源发电设备等领域共性技术研究基础薄弱，缺少前沿技术储备和部分高端产品核心技术；常规发电设备、输变电设备虽在关键零部件研发上有所突破，但在产品产量和质量可靠性等方面尚未能满足行业需求，部分关键零部件仍主要依赖进口；此外，我国电力装备行业以中小企业为主，多数缺乏自主创新研发能力，且对科技成果转化和应用能力较弱，导致核心竞争力缺乏。

### （四）电力设备相关规划不配套

由于我国电力发展长期遵循“扩张保供”的思路，电源、电网建设规划不配套，导致发电设备建设规模与本地负荷水平不匹配、输配电设备建设滞后，跨省跨区运输消纳能力受限，造成极大的电力资源浪费。以风电为例，地方政府多重视风场建设规划，而在引进风电制造企业、打造风电设备配套产业链上缺少重视和相关政策支持，导致输配电网建设不配套，大量风电资源难以上网外送。

## 九　我国电力装备行业发展前景分析

### （一）我国电力装备行业发展前景预测

**1. 创新驱动战略引领行业发展**

当前，我国电力装备行业仍存在核心共性技术和关键技术研发基础较弱、中低端产能过剩而优质增量缺乏等问题，同时还面临着资源和环境压力不断增大、土地和劳动力等要素成本快速上升的挑战。随着全球科技创新、产业发展和国际竞争格局的不断变化，我国电力装备行业必须依靠创新驱动战略的引领，加快推进行业转型升级和布局优化，提升行业整体的国际竞争力，抢占未来经济科技发展的战略制高点，实现电力装备制造大国向制造强国的转型。

**2. 智能制造将成行业发展重点**

新一轮的科技革命与产业变革正在蓄势待发，智能制造日益成为生产方式转变的重要方向；火电厂灵活性解决方案、光伏电站运行优化方案、一站式配电解决方案等技术通过大数据、互联网技术在电力行业逐渐得到应用。通过《中国制造 2025》战略和智能制造专项行动计划将积极推动电力装备转型升级，未来电力装备发展将全面启动智能制造模式。

**3. 绿色低碳成行业发展主要方向**

在发电装备领域，根据《中国制造 2025》重点领域技术路线图要求，清洁高效发电装备将成为我国发电领域主流技术；在输配电装备领域，受能源需求和气候变化影响，输配电网的绿色可靠高效已成为电力装备的必然要求，我国将致力于发展绿色输配电设备，推动电力行业低碳转型；在电线电缆领域，我国已制定一系列生态环保电缆标准，且相关机构和地方政府已开始明令禁止使用非环保型电缆；在锅炉领域，我国《锅炉大气污染物排放标准》的出台，将带动锅炉行业向着节能环保方向发展。

**4. 海外电力装备市场空间广阔**

"一带一路"沿线国家和地区对电力基础设施升级需求的不断上升；特别是亚洲、中东、北非等区域，由于人口众多，用电量需求极大，但因为经济发展水平比较落后，导致人均电力装机水平也较低。随着"一带一路"战略的持续推进，我国电力装备企业有望配合国家政策支持优势，利用拥有自主知识产权的成熟技术和产品，深入挖掘电力设备海外市场新增需求。

**5. 电力领域军民融合将深入推进**

当前，军民融合处在由初步发展向深度融合发展过渡的阶段；电力基础设施是军事打击、恐怖袭击、外力破坏的重点目标，更需要加快推进全要素、多领域、高效益的军民融合深度发展。军企双方在电力领域将围绕智能电网、配电自动化、储能、新能源、电磁技术等领域，深入开展联合科技攻关、设备研制和应用等多方位合作。

## （二）我国电力装备行业投资机会

**1. 新能源电力设备市场前景看好**

受国家优化能源结构政策影响，我国新能源电力设备市场前景看好。"十三五"期间，我国拟核准核电机组共 32 台，进入第二轮核电投产高峰期，核电设备将迎来发展的重要窗口期；国家能源局《电力发展"十三五"规划》明确指出，2020 年全国风电、太阳能发电装机将分别达 210GW、110GW 以上，生物质发电总装机容量达到 1500 万千瓦，这对我国风电设备、太阳能电力设备及生物质能发电设备发展是重大利好机会。

**2. 智能电网相关建设将明显提速**

当前，智能电网建设已上升为国家发展战略，《中国制造 2025》、中国"十三五"发展规划等国家政策均已明确提出将智能电网作为战略性新兴产业培育发展的重点。未来 10 ~ 20 年我国智能电网建设总投资规模预计接近

4万亿元，智能电网及智能成套设备、智能配电、控制系统等三大领域的发展将明显提速。

**3. 国际电力建设和投资前景广阔**

随着“一带一路”和“全球能源互联网”发展战略的推进，我国与新兴经济体的互动和共同发展将为电力装备行业创造巨大的发展空间。目前，全球有32个新兴经济体的人均装机低于中国，若使其人均装机达到中国水平，将有约16.50亿千瓦的装机建设空间；此外，“一带一路”覆盖国家总人口达46亿，绝大部分国家有满足用电量增长、加大电力投资的刚性需求，而其本国却没有强势的电力设备企业。

## 十　我国电力装备行业发展建议

### （一）对政府部门的建议

**1. 建立健全引导电力装备产业合理布局政策**

政府有关部门应建立健全并落实淘汰落后产能与化解过剩产能政策，建立健全并落实电力装备产品结构优化布局政策；加大对优质中高端产品的政策支持力度，鼓励企业推广优势领域中高端产品，并在新能源、高技术含量等产品上有所突破。同时，明确各类企业在细分行业中的发展方向，积极引导企业错位竞争；制定电力装备领域扶持军民融合类政策（如财政税收优惠政策），鼓励军民融合业务发展。

**2. 加大重大基础性研究支持力度**

完善我国电力装备行业基础研究、前沿技术和重大关键共性技术研究的长期支持机制，加大对电力装备企业普惠性政策扶持力度，引导和激励企业加强技术创新活动和成果转化；积极推动国家级电力装备行业基础设施和技术创新中心建设，加快实施电力装备领域国家重大专项和重点研发计划，加强国家自然科学基金、技术创新引导专项基金等与相关科研项目或计划的有效对接；同时，可开辟高层次人才引进绿色通道，联合高校、科研机构与企业建立电力装备领域人才培养基地。

**3. 鼓励优先采用国产电力装备**

政府应落实国家现有优先采购国产设备相关政策，建立健全国家重大建设项目和财政性资金优先采购国产电力装备产品政策，引导政府机关、企事业单位通过预算控制、招投标等形式，在同等条件下优先采购本国电力装备企业自主创新的产品和军民融合的产品。可对率先采用国产电力装备的重大工程项目，给予项目业主贷款优惠和财政补贴；对率先购买国产电力装备的企业，给予相应补贴和税收优惠。

## （二）对行业发展的建议

**1. 健全行业标准体系**

以“互联网＋”智慧能源、《中国制造2025》等战略为指引，系统梳理现有标准体系，完善电力装备行业技术标准体系，加快推进电力装备节能环保和自动控制等方面相关标准的研制，完善新能源电力装备标准体系，积极开展输变电设备、电力电子成套装备、大功率电力电子器件、分布式储能设备等方面标准的研制和修订工作。

**2. 建立行业产学研联盟**

充分发挥行业协会和产业联盟组织协调的作用，组建电力装备行业性研究院，重点突破电力装备领域关键共性技术和重大应用创新技术方面的瓶颈；同时，通过建立电力装备行业产学研联盟，实现行业资源的优化配置与合理衔接，积极推动科技成果产业化、商业化运用，进而提升行业整体竞争力。

**3. 打造行业信息共享平台**

建立电力装备行业信息共享平台，打造电力装备行业信息数据库，提供技术产品展示、数据统计和信息查询等服务功能，优化行业信息服务水平；加强行业内信息交流，促进各类电力装备企业的沟通与合作，引导企业与平台有效对接。

## （三）对企业发展的建议

**1. 坚持绿色制造理念**

围绕产品绿色化（节能、高效、环保、超净排放）、产品制造和使用过程绿色化（设计和工艺优化、合理配置、循环使用、全寿命周期资产管理），开展节能环保技术研究，提高装备能源转换效率。加强清洁能源装备核心技术研发生产，大力推广清洁环保能源装备，实现产品全生命周期绿色管理。

**2. 提升生产制造智能化水平**

电力装备企业应以智能制造为基础，围绕关键零部件制造和生产工艺，提高自主创新研发能力。运用自动化、数字化技术推进生产过程智能化；通过大数据、云计算、物联网等技术，实现电力装备研发制造全过程监测管理，全面提升企业研发、生产、管理和服务的智能化水平。

**3. 加快打造企业核心竞争力**

我国电力装备龙头企业应积极整合优势资源，着重实施技术创新和品牌质量战略，进一步增强企业核心竞争力；同时，在新能源、能源互联网、电动汽车、储能等新兴领域加强战略合作，更好发挥协同效应。中小型电力装备企业应重点加大科研投入，结合自身优势领域进行原始创新，同时加强对引进技术的消化吸收再创新，不断提高自身生产制造高附加值高技术含量产品的能力，通过技术创新战略打造自身核心竞争力。

**4. 积极参与军民融合领域合作**

电力装备军工类企业和非军工类企业应积极拓展军民融合业务，大力加强在新能源发电、微电网、智能电网、储能装置、全球能源互联网及北斗卫星导航系统电力应用等领域的研发、制造、建设、运行等方面的深度合作，进一步提升电力装备质量水平，进一步加快电力装备行业发展速度。

## 参考文献

郭振岩：《电力装备现状和重点发展方向》，《电气时代》2014 年第 3 期，第 22 ~

24 页。

邓伟:《电器工业行业“十三五”重点要解决的问题及发展战略的建议》,《电器工业》2016 年第 1 期,第 69 ~ 71 页。

曲刚:《浅谈我国电力设备制造业的发展》,《价值工程》2010 年第 28 期,第 138 ~ 138 页。

崔长春、王戈:《关于促进我国电力设备制造业进一步发展的思考》,《沈阳工程学院学报》(社会科学版) 2009 年第 2 期,第 202 ~ 204 页。

刘文杰:《关于输配电技术发展趋势分析及应用探讨》,《科技创新与应用》2017 年第 1 期,第 225 页。

马钊、安婷、尚宇炜:《国内外配电前沿技术动态及发展》,《中国电机工程学报》2016 年第 6 期,第 1552 ~ 1567 页。

王善武、钱风华:《工业锅炉行业“十二五”回顾、“十三五”发展展望与建议》,《工业锅炉》2016 第 1 期,第 1 ~ 15 页。

王敏:《发挥电网企业综合优势推动军民融合深度发展》,《国防》2015 年第 6 期,第 13 ~ 15 页。

工信部装备工业司:《〈中国制造 2025〉解读:推动电力装备发展》,中国政府网,2016 年 5 月 12 日,http://www.gov.cn/zhuanti/2016-05/12/content_5072761.htm。

国家发展改革委、国家能源局:《电力发展“十三五”规划(2016—2020 年)》,中国政府网,2016 年 12 月 22 日,http://www.gov.cn/xinwen/2016-12/22/content_5151549.htm。

# B.9
# 农机装备

聂喜荣　李 鹏*

摘　要：　本章梳理了农机装备国际和国内发展的现状及趋势，重点分析了2016年我国农机装备行业的行业规模、运行情况、产业结构、贸易情况及发展现状，探析了我国农机装备行业未来的发展趋势及前景。分析表明，2016年我国农机装备行业在经过十年的高速增长后，仍在继续增长但是增速下滑，我国农机装备行业发展还存在发展不均衡、产品结构不合理等问题。未来，随着农业装备向精准化、智能化等方向的不断发展，我国要全面推进农机装备结构调整，提高农机装备制造水平，不断满足国内市场和国际市场的需求。

关键词：　农机装备　发展　精准化　智能化

## 一　农业机械行业的定义和分类

### （一）农业机械行业定义

农业机械是指在作物种植业和畜牧业生产过程中，以及农、畜产品初加

* 聂喜荣，助理研究员，现任职于机械工业经济管理研究院工业工程所；李鹏，副研究员，机械工业经济管理研究院工业工程所所长。

工和处理过程中所使用的各种机械。① 农业机械涉及面广泛，它是我国农业发展相关的装备产业。我国是农业大国，从广义范围来讲，我国的农业包含着农耕、农林、畜牧、渔业等多个产业门类，与之相适应的，在农业装备领域，也就存在着与之相适应的诸多装备门类。

## （二）农业机械行业分类

**1. 农业部分类**

根据农业部2008年7月14日发布（农业部第1062号公告）的中华人民共和国农业行业标准 NY/T 1640－2008《农业机械分类》，农业机械共分大类、小类和品目三个层次，即分为14个大类57个小类（不含“其他”）276个品目（不含“其他”）。农业机械分类中的14个大类分别是田间管理机械、种植施肥机械、耕整地机械、收获机械、收获后处理机械、农产品初加工机械、农用搬运机械、排灌机械、畜牧水产养殖机械、动力机械、农村可再生能源利用设备、农田基本建设机械、设施农业设备和其他机械。

**2. 中国机械工业联合会分类**

中国机械工业联合会（原机械部）将我国机械工业分为13个大行业，将农机行业细分为包括农林牧渔专用机械制造、农用及园林用金属工具制造、农副食品加工专用设备制造、饲料生产专用设备制造、水资源专用机械制造和其他未列明运输设备制造等13类，农业机械行业分类与国民经济行业分类（GB/T 4754－2011）中对应的行业代码及大类名称见表1。

**3.《中国农业机械统计年鉴》分类**

《中国农业机械统计年鉴》中分析的子行业包括拖拉机、耕种种植机械、旋耕机械、收获机械、农副产品加工机械、低速汽车、温室园艺设施及设备、排灌机械、草地畜牧业机械、畜牧及饲料加工机械、热带作物机械、茶叶机械、中小型风能设备及渔业机械和渔船船用产品。

---

① 李宝筏：《农业机械学》，中国农业出版社，2003。

表 1　农业机械行业分类及代码

| 行业代码 | 分类名称 | 行业代码 | 分类名称 |
| --- | --- | --- | --- |
| 3323 | 农用及园林用金属工具制造 | 3575 | 渔业机械制造 |
| 3532 | 农副食品加工专用设备制造 | 3576 | 农林牧渔机械配件制造 |
| 3534 | 饲料生产专用设备制造 | 3577 | 棉花加工机械制造 |
| 3571 | 拖拉机制造 | 3579 | 其他农、林、牧、渔业机械制造 |
| 3572 | 机械化农业及园艺机具制造 | 3597 | 水资源专用机械制造 |
| 3573 | 营林及木竹采伐机械制造 | 3799 | 其他未列明运输设备制造 |
| 3574 | 畜牧机械制造 | | |

资料来源：国民经济行业分类（GB/T 4754 - 2011）。

结合上述三种分类，从数据的可获得性方面考虑，分析我国农业机械行业产业结构发展现状等采取中国机械工业联合会的分类方法。

## 二　国际农机装备行业的发展概况

### （一）国际农机装备行业发展现状

**1. 市场现状**

（1）市场高度集中。

国际农机装备产品市场是一个成熟的竞争市场，目前已形成行业巨头规模化竞争的局面。随着最近十几年来出现的并购重组与合作浪潮，全球农机市场的集群化趋势已愈演愈烈，行业集中度逐渐提高，马太效应越来越明显。欧美地区形成了约翰迪尔、凯斯纽荷兰、爱科三大农机集团。这三大集团占据了全球约 1/3 的农机装备市场份额。在亚洲，日本和韩国的市场集中度也较高，日本形成了久保田株式会社、洋马农机株式会社、井关农机和三菱四大农机生产巨头。全球目前形成了以约翰迪尔公司、凯斯纽荷兰公司、爱科公司、克拉斯公司和久保田株式会社五大农机装备生产巨头。这五大巨头企业在全球农机市场上的占有率都很高，如在拖拉机市场的占有率近 70%，在联合收割机市场占有率达到 80% 以上，它们的收入规模均在 30 亿美元以上。[1] 全球国际农机巨头企业的共同特点是产品覆盖广、市场占有率高，拥有国际销售网络和分布全球各地的生产基地。

（2）市场规模可观。

随着世界人口总量的不断增长，各国对粮食和其他农作物的生产越来越重视，主要国家的政府在政策支持方面力度越来越大。近年来，主要农产品国家的农业机械采购和应用保持良好的状态，由于全球人口的增长和新技术的发展与运用，预计在今后相当长的一段时期中，农机市场将继续保持稳步发展势头。

随着农业机械化的稳步发展，各个国家大部分农户已经实现或已经开始步入使用农机产品，市场上已经拥有很大规模的农机产品数量，从进口规模来看，目前，全球的主要农机进口国仍集中于美国、法国、德国、加拿大等传统农机大国，各国每年都保持一定速度增加农机新用户。另外，在科技迅猛发展、技术更新发展非常快的当今，旧产品的更新换代加快，新老农机用户都将购入一些性能更好、生产效率更高、功能更多的产品，淘汰一些落后、耗能大的产品，因此，总体而言农机产品的市场规模仍然较大。

（3）分级分化明显。

农机装备的高端产品利润高，但前期投入大，市场推广费用高，经营风险同样也大。全球高端农机装备市场几乎被欧美地区基于规模化制造的农机装备制造企业占据，典型代表企业有凯斯纽荷兰、爱科、约翰迪尔、科乐收等企业，这些企业的技术水平代表全球最先进水平，长期以来稳占高端市场。需求量最大、利润最丰厚的中级市场是企业最能发挥规模优势的市场，全球的中级农机装备市场是日韩企业的主攻市场，日韩的几大农机制造企业凭借自身成熟的技术和先进的经营管理，使生产的农机产品成本较低，在市场中以高性价比优势获胜。而竞争激烈、利润较薄、进入门槛低的低端市场是中国企业和印度企业（如中国的雷沃重工、一拖，印度的索那利、马恒

---

① 《2016 年农机工业现状浅析》，企汇网，2017 年 2 月 8 日，http：//news. qihuiwang. com/machine/20170208159966. html。

达、卡塔塔等企业）的主要竞争领域，低端市场同质化竞争激烈，红海特征非常明显。

**2. 技术现状**

目前，欧美等发达国家的农业机械装备生产企业已经拥有高精尖的技术、稳定的生产体系和先进的管理理念，技术优势比较明显。随着遥感技术、卫星通信、生物技术和先进的制造系统的深入开发和应用，以及数字化、智能化技术与农机装备的深度融合，智能控制技术、全球定位系统技术（GPS）、发动机匹配技术、CAN BUS 总线控制技术、液压悬挂系统技术、行走与转向技术、人机工程技术、负载换挡变速箱与自动变速箱技术都将不断推动农机装备技术进一步向高性能、高科技、高智能方向迈进，以农业可持续发展和增产增收为目标的新的农机装备将不断产生。

（1）美国的农机装备技术现状。

美国是世界农业机械化程度最高的国家，在农机装备产业领跑世界一百多年，也是世界最大的农业装备制造国家之一，代表了当今世界最先进的农机制造水平，拥有世界上最大的农机企业——约翰迪尔（John Deere）公司，它和由欧洲的纽荷兰公司与美国的凯斯公司合并而成的凯斯纽荷兰（CNH）公司年销售收入都在百亿美元级，美国还有爱科、沃尔蒙特、阿拉莫集团等世界最负盛名的特大型公司。

目前，美国的农机装备具有大马力、宽幅、高速、精准化和智能化等特征。大马力主要体现在拖拉机上，凯斯纽荷兰主要生产 200 马力以上的大型拖拉机，其旗下的斯太尔拖拉机是世界上最先采用无极变速技术的拖拉机。麦赛福格森公司新型的 6700S 系列拖拉机中，最大机型为 6718S 型拖拉机，这款拖拉机是世界上首款四缸可以达 200 马力的拖拉机。[①] 宽幅、高速主要体现在收割机和整地机械、耕地和播种机械上，大型整地机具的整地幅度已经达 20 米以上，铧式犁可以调节幅宽，其最大工作幅度为 9 米以上，耕地

---

① 《世界上第一款 4 缸 200 马力拖拉机问世》，中国农机流通网，2016 年 10 月 10 日，http://www.camda.cn/html/42301.html。

和播种作业的速度不断提升，目前耕地速度可达 10 ~ 15 公里/小时，播种作业的速度达 8 ~ 12 公里/小时。精准化更是近年来重点突破的方向，激光拖拉机利用激光导航装置，精确地测定拖拉机所在位置及行驶方向，且误差不超过 25 厘米。卫星 · 西弗格森公司在联合收割机上安装了一种产量计量器，能在收割作物的同时，准确收集有关产量的信息，并绘成小区块的产量分布图。农场主可利用产量分布图确定下一季的种植计划及种子、化肥和农药在不同区域的使用量。[①] 美国智能化农机装备发展也很迅速，产量传感器、全球定位系统和自动控制装置等运用于拖拉机、播种机、施肥机、施药机、联合收割机及其他与拖拉机配套的农机具。例如，已有施肥机器人知道如何施肥才能把对环境的影响降到最低——它可以根据不同类型土壤的实际情况，制定不同的施肥策略，科学配比出最适量的施肥方案，从而不会出现肥料浪费，大幅度降低了农业成本。[②]

（2）德国的农机装备技术现状。

德国是世界上最大的农机出口国，也是西欧最大的农机生产国和第二大消费国，德国农机装备制造水平高，农机企业对市场需求反应及时，适应能力强，在世界上占有较高的份额，出口额居西欧各国前列。

德国的农机装备近年来进一步向多功能、大功率、高效能方向发展。德国克拉斯公司（CLASS）是世界上著名的联合收割机制造商，超大收割机每小时收割 60 亩，联合收割机的伺服系统涵盖了多种收割机机型，可以实现根据不同谷物和不同收获条件引导操作员设置现场的最适化状态，如 TUCANO 系列收割机可收获油菜籽、谷物、玉米、葵花子、豌豆、青豆、扁豆、苜蓿籽和大豆，用途广泛，效率高。青贮饲料收获机采用了自动装满装置，四轮多功能拖拉机 XERION 5000 的最大输出功率达到 524hp；LEXION 600 谷物收割机的最大功率可达到586hp，每小时收获 120 吨。[③] 大方打捆机使用不同的打捆长度设置实现最小的空间存储草捆，便于机械运输，也适用

① 郑文钟：《国外智能化农机装备简介》，《新农村》2016 年第 2 期，第 34 ~ 35 页。

② 景新：《农业机器人助力现代农业未来前景看好》，《粮油市场报》2016 年 9 月 22 日。

③ 方文熙：《德国农业机械化装备与发展趋势》，《福建农机》2016 年第 3 期，第 47 ~ 52 页。

于各种其他作物，可对青饲、牧草、秸秆进行密实的打压，草捆尺寸达1.80米的宽度。德国雷肯公司（LEMKEN）的Europal 5 2 +1液压翻转犁配套120马力拖拉机，作业速度为8公里/小时，每小时可以作业13亩，Achat70深松机配套120马力和150马力的拖拉机，作业深度达28厘米，每小时能作业15亩。此外，德国农业专家研制出的除草机器人BoniRob，可以在农场的各种地块间极速穿行，准确找到杂草并清除，每分钟可以除掉120根杂草，比人工和药物除草都要快得多和有效得多。[①]

（3）西欧的农机装备技术现状。

西欧各国的农机产品制作精良，农机装备产品具有大型、精准、高效和智能等特征。西欧国家的农田一般比较大，有利于发展大型的农机装备，农机装备相当齐全，其农业机械化已经达到了较高的水平，与拖拉机配套的各种整地机械、收获机械、草料打捆等实用机械应有尽有，不少农业机械还装备了GPS系统进行精确作业。英国开发的带有电子监测系统（EMS）的拖拉机具有故障诊断和工作状态液晶显示功能，可精准地控制机具耕作及播种的宽度、深度。英国的希尔索农机研究所研制出一款可以高速采摘蘑菇的机器人，它的采摘效率是人工采摘的2倍，每分钟可以采摘40个蘑菇。法国专为葡萄园研发的一款农业机器人，实现了完全智能化，从植株修剪、监控土壤情况到打理藤蔓的健康状况，所有种植园工人能做的工作，机器人Wall-Ye都能一手包办。[②]

（4）日本的农机装备技术现状。

日本是亚洲最有国际竞争能力的农机装备制造强国，在世界经济持续低迷的环境下，日本农机制造企业依然有较好的业绩。日本的田间作业从耕田、播种到收获等均已全部实现了机械化，半喂入联合收获机械、插秧、水稻育秧等农机装备居世界领先水平。养猪业、奶牛饲养及设施农业也都实现了机械化和集约化。近年来为适应经营规模扩大的需要，大型高性能的农机

① 景新：《农业机器人助力现代农业未来前景看好》，《粮油市场报》2016年9月22日。

② 景新：《农业机器人助力现代农业未来前景看好》，《粮油市场报》2016年9月22日。

装备也迅速发展，同时日本也很注重发展适用于小规模经营、老年农民和妇女操作的小型农机装备，其室内作业的小型农机装备也非常齐全。日本的无人驾驶技术居于世界领先水平，例如，无人驾驶进行旋耕的机器人自动控制拖拉机，在作业过程中可以不断地通过 GPS 测定自己的位置，一边修正针对目标的横向偏差和方向偏差，一边自动控制进行作业。日本是植保无人机发展最早且最成熟的国家之一。日本制作的无人机可模仿蜜蜂为植物授粉。

## （二）国际农业机械行业的发展趋势

**1. 市场趋势**

（1）东南亚国家需求潜力巨大。

从进口增幅来看，作为全球重要的农作物生产基地的东南亚国家出现了惊人的增速。东南亚的印度、缅甸、越南、泰国等国家纷纷推出了农机信贷扶持、购机补贴、粮食生产补贴等政策以促进农业的发展，刺激了这些国家的农机市场需求。目前，这些国家的农机制造业还处于起步阶段，本土农机制造企业不多，因此，东南亚地区农机具市场需求潜力巨大，是世界农机企业必争之“宝地”。尤其是印度，无论从市场规模还是目前发展情况来看，都是一个极具挖掘潜力的农机市场。它作为东南亚最大的农业国家有着巨大的市场需求，尤其是小型农机产品的需求量很大。东南亚其他国家的需求也很旺盛，如在拖拉机进口上，从 2010 年到 2015 年，菲律宾增长 580%，越南增长 400%；在其他农机具上，越南、柬埔寨、斯里兰卡都呈现了强劲的增长。①

（2）市场向发展中国家转移。

随着全球经济一体化发展，发达国家的劳动力成本不断升高，推动了发达国家的农机装备产业向发展中国家转移，而且转移的速度不断加快，导致发达国家农业机械产品出口的减少和进口的增加。美国的农机市场近几年处

① 《如果做农机出口，出口至哪个国家最赚钱?》，中国农机流通网，2016 年 12 月 15 日，http：//www. camda. cn/html/44362. html。

于萎缩状态，2016 年，欧盟国家除了西班牙和法国的销量增长外，其他国家都处在下滑通道。俄罗斯、土耳其、巴西等传统的农机大国，农机市场也都处于低迷状态。近年来，欧美农机市场日趋饱和，正在向发展中国家拓展，发展中国家处于快速发展过程中，广大发展中国家对性价比高的农业机械产品需求较大，尤其是新兴国家市场需求量较大。

**2. 技术趋势**

（1）精准化。

农机装备精准化已经成为影响全球农机装备行业的关键因素之一，以软件为基础的卫星定位、激光制导和产量传感器等高新技术在美国、西欧及巴西等国家的农机装备已广泛运用。目前，各国先进的农机装备产品如拖拉机与联合收获机械等已经广泛运用全球定位系统（GPS）技术，激光导航、产量计量器和传感器、监视器使农机装备可以实现精准整地、精准播种、精准作物喷药、精准施肥和精准收获作物等，也可实现自动转向，这些高新技术的应用使农业生产降低了投入，增加了产量，大大提高了生产效率。

（2）智能化。

随着物联网大数据和云计算等数字化技术、电控技术、生物技术的广泛运用，农机装备产品的技术含量不断提高，农机装备产品由性能单一的机具向机电一体化、专业化程度很高的复式机械发展，使操作农业机械变得更加简单、便捷和舒适，农机装备产品越来越智能化。农机装备将进一步向远程监控系统方向发展，未来农民或将可以通过手机或计算机实现农业机械的操作和控制，大大节省人力、物力和生产成本，智能农机装备将成为农业现代化的重要标志。

（3）绿色化。

农业行业是高能耗行业，国际上越来越重视发展可持续农业，绿色化是农机装备发展的必然趋势，绿色化不仅可以减轻环境压力和缓解能源约束，还能实现农业可持续发展。目前，节能低排放的拖拉机、节药低残留的植保机械、保护土壤的耕作机械和节水的灌溉机械等已经成为农机装备的发展主流。发展替代能源，尤其是清洁能源，可以减少农业对化石能源的消耗和依赖，也能够减少温室气体的排放，目前，法国和美国都已经开发了电动拖拉机。不少发达国家正在与发展中国家在农业领域建立清洁发展机制合作项目以实现减排目标。

（4）大型化、高效化。

随着城市工业化进程的推进，大量从事农业生产的劳动力从第一产业转移至第二或第三产业中，劳动力数量下降，而一些发达国家追求规模效益，调整农业生产结构，农场土地规模和农户经营规模不断扩大，这使得通过发展大功率农机装备以不断提高农业劳动生产率成为迫切需要，对大型化农机装备需求的大幅增加使农机装备不断向大型化、高效率方向发展。

## 三　我国农机装备行业的规模分析

### （一）工业增加值增长率下降

2016 年，农林牧渔专用机械制造增加值同比增长 7.70%，低于机械工业平均水平 1.90 个百分点，比 2015 年同期增速下降 0.70 个百分点，增速下滑明显；潜水救捞及其他未列明运输设备制造增加值同比增长 11.70%，比 2015 年同期增速提高 0.40 个百分点。从近 5 年的数据看，农林牧渔专用机械制造呈下降趋势，从 2012 年的 15.00% 降低了近一半，而潜水救捞及其他未列明的运输设备制造增加值先降后升，2014 年增加值最低，仅为 -1.60%，在 2016 年达近 5 年的最高值（见图 1）。

### （二）资产规模增幅下降

2016 年，农业机械行业资产规模持续扩大，到年底资产规模达 2897.74 亿元，同比增速为 4.09%，同比增速下降 5.05 个百分点，资产总额增幅下降。按月份看，资产总额各月同比增速均值为 5.36%，比 2015 年下降 2.78 个百分点，同比增速上半年呈下降趋势，产业规模同比增速最高值为 3 月的 7.51%，下半年的前 5 个月略有回升，但在 12 月降至最低值（见图 2）。

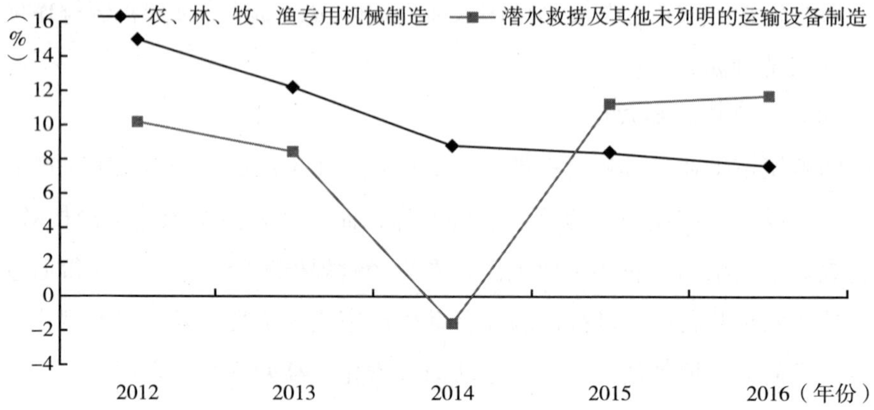


**图 1　2012～2016 年农业机械行业工业增加值增速**

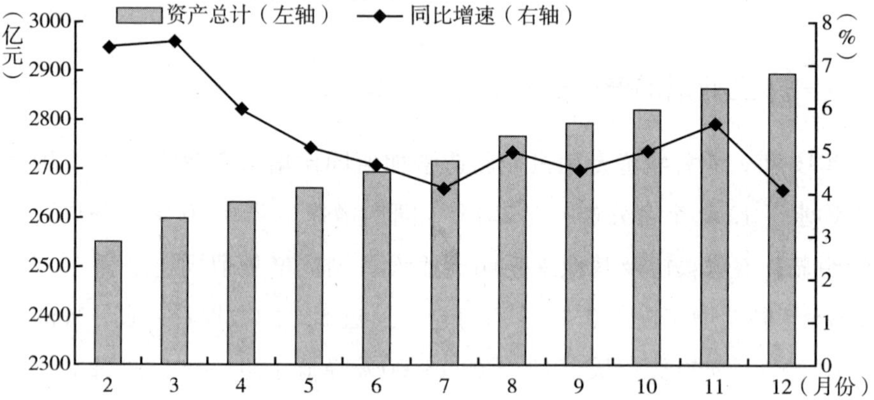


**图 2　2016 年 2～12 月农业机械行业资产规模及同比增速**

## （三）固定资产投资增速波动较大

2016 年，农业机械行业固定资产投资完成额累计实现 1650.32 亿元，比 2015 年同比增加 2.56%。分月份看，各月完成固定资产投资额上半年平稳增加，各月的同比增速较平稳，但各月完成固定资产投资额均低于 2015 年同期，下半年各月完成固定资产投资额呈下降趋势，各月同比增速波动较大，各月完成固定资产投资额同比增速最低值为 5 月份的 -7.93%，最高值为 8 月份的 18.77%（见图 3）。

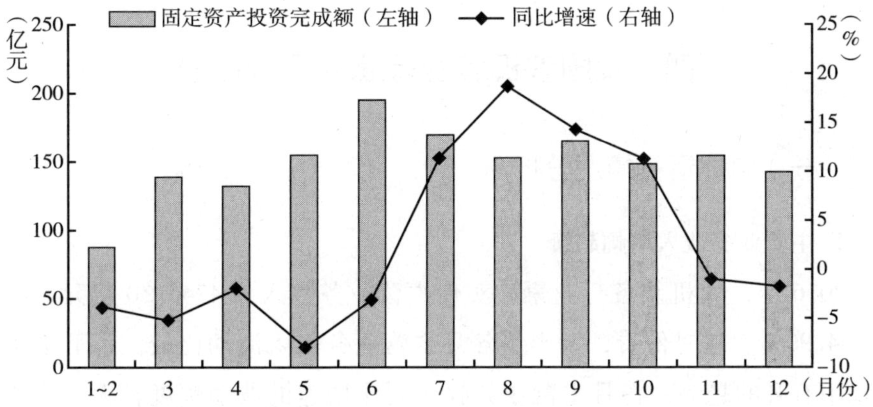


**图 3　2016 年农业机械行业固定资产投资完成额及同比增速**

## （四）主要产品中拖拉机产量下降

2016 年全年生产各类型拖拉机近 200 万台，产量比 2015 年有所下降，其中大型拖拉机为 62979 台，同比下降 18.60%；中型拖拉机 566914 台，同比下降 7.18%；小型拖拉机 1355299 台，同比下降 3.38%。2016 年生产饲料生产专用设备 477227 台，同比下降 7.78%。农机产品中只有收获机械保持低速增长，2016 年生产 866444 台，同比增长 4.76%（见图 4）。

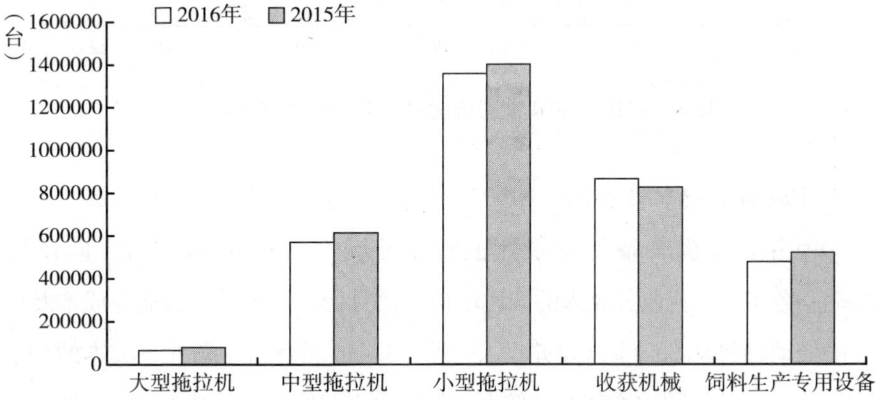


**图 4　2015 ~ 2016 年农业机械主要产品产量**

## 四　我国农机装备行业的运行情况

### （一）总体运行情况分析

#### 1. 主营业务收入增幅趋缓

2016 年，农机装备行业累计实现主营业务收入为 4745.30 亿元，同比增长 4.90%。按月份看，上半年各月主营业务收入波动比较大，下半年则呈稳中有升的趋势，各月主营业务收入同比增速的波动幅度较大，均值为 4.78%，低于 2015 年的 7.59%，其中同比增速 1～2 月份最高，为 8.78%，9 月份最低，为 -1.58%（见图 5）。

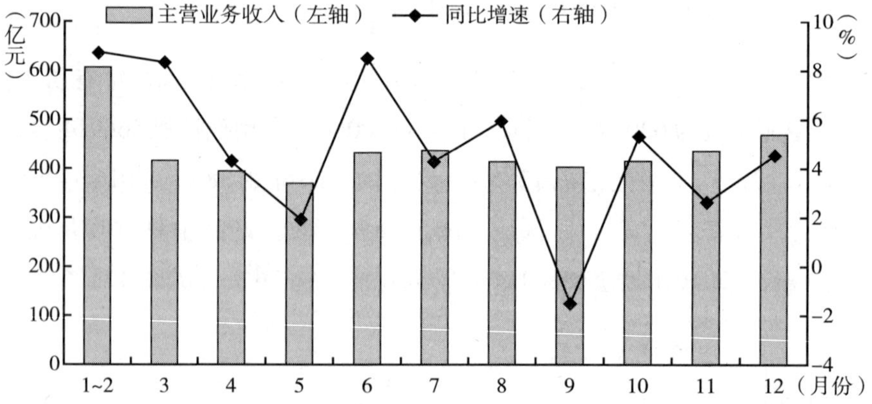


**图 5　2016 年农机装备行业主营业务收入及同比增速**

#### 2. 主营业务成本增速下滑

2016 年，农机装备行业累计主营业务成本为 4092.56 亿元，同比增长 5.23%，略高于主营业务收入的同比增速。按月份看，各月主营业务成本及同比增速的变动趋势基本与主营业务收入一致，3～10 月各月主营业务成本的均值为 357.63 亿元，各月同比增速波动较大，均值为 5.12%，同比增速降低 2.42 个百分点，其中 3 月份同比增速最高，为 8.96%，9 月份最低，仅为 -0.02%（见图 6）。

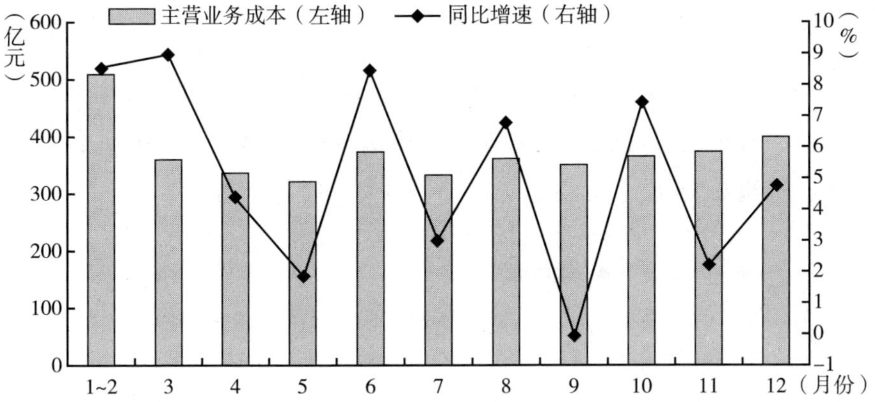


**图6　2016 年农机装备行业主营业务成本及同比增速**

### 3. 利润同比增速波动较大

2016 年，农机装备行业实现利润为 261.25 亿元，同比增速为 0.57%。按月份看，各月利润波动较大，3 ~ 10 月各月均值为 22.37 亿元，利润各月同比增速前 3 个季度波动幅度较大，4 月达到了全年最高的 35.04%，9 月份达到全年最低的 -26.32%。第四季度各月利润同比增速稍有回升，但均为负值（见图 7）。

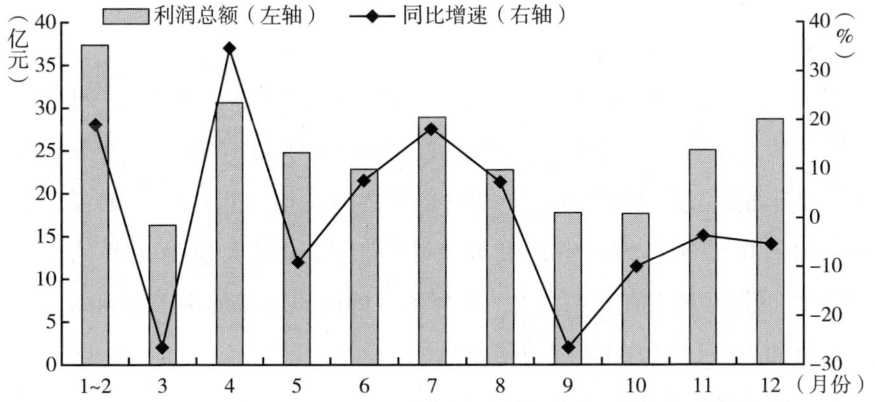


**图7　2016 年农机装备行业利润及同比增速**

## （二）营运能力略有增强

2016 年，农机装备行业总资产周转率为 1.64 次，同比增加 0.02 次。按月份看，农机装备行业各月总资产周转率与 2015 年趋势一致，各月均比较平稳，围绕 0.15 次上下波动（1 ~2 月份除外）（见图 8）。

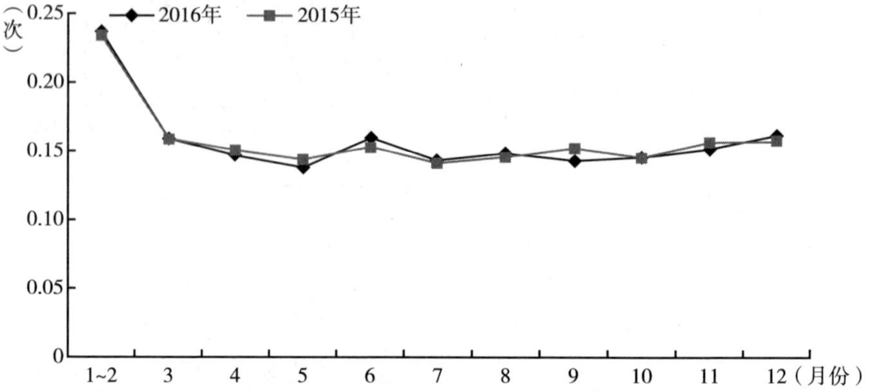


**图 8　2015 ~2016 年农机装备行业资产周转率**

## （三）盈利能力下降

**1. 资产利润率略有下降**

2016 年，农机装备行业的累计总资产利润率为 9.02%，同比下降 0.31%。按月份看，各月资产利润率波动幅度大于 2015 年，上半年波动较大，下半年相对比较平稳，除 1 ~2 月份外各月均值为 0.81%，略低于 2015 年的月均值 0.87%，各月资产利润率中同比增速最大值为 4 月的 1.16%（除 1 ~2 月份的累计值 1.47%），其余各月的同比增速均小于 1.00%，最小值为 3 月和 10 月的 0.63%（见图 9）。

**2. 主营业务成本率略高于2015 年同期**

2016 年，农机装备行业的累计主营业务成本率为 86.24%，同比增加 0.26%。按月份看，各月主营业务成本率波动幅度较大，月均值为

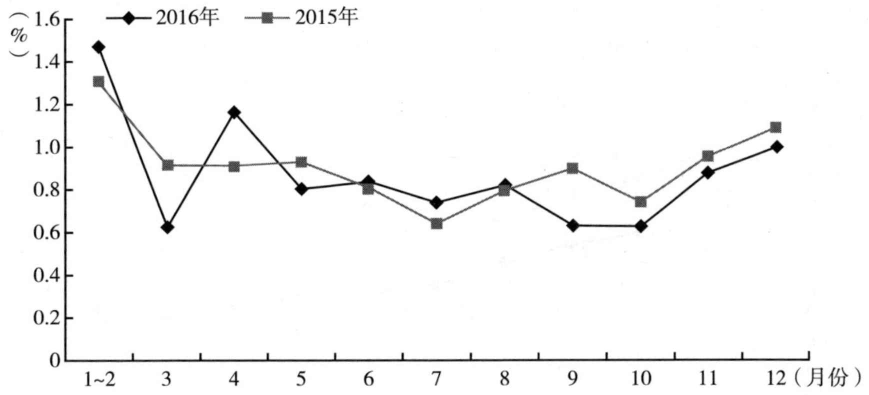


**图9 2015~2016年农机装备行业资产利润率**

86.31%，略高于2015年的月均值86.02%，主营业务成本率上半年呈上升趋势，下半年波动相对较大，同比增速全年最大值为10月的88.38%，最小值为12月的84.58%（见图10）。

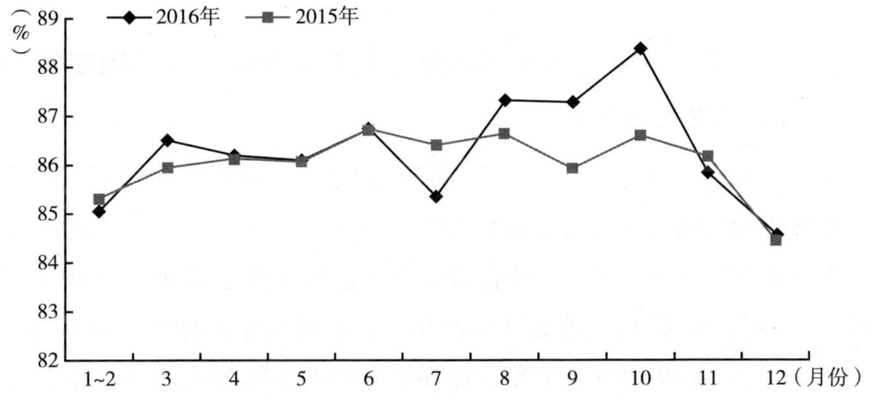


**图10 2015~2016年农机装备行业主营业务成本率**

## （四）偿债能力略有降低

2016年，农机装备行业的资产负债率为49.81%，同比增加0.22%。分月份看，2016年各月的资产负债率比较平稳，呈逐步下降趋势，最大值为4月的51.33%，最小值为11月的49.58%。各月均值为50.40%，除12月外，均低于2015年同期（见图11）。

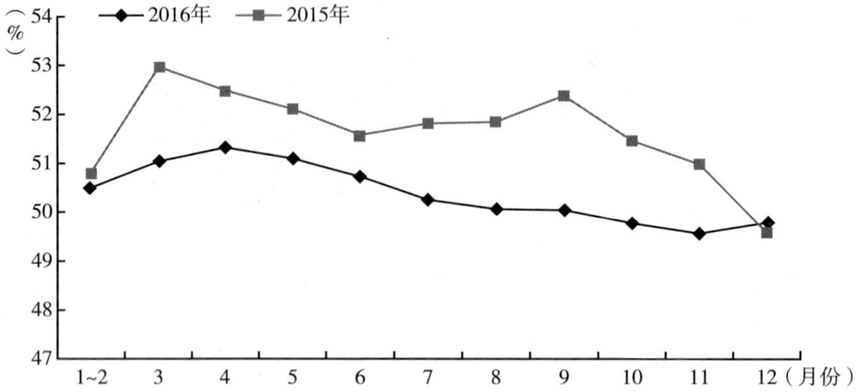


**图11　2015～2016年农机装备行业资产负债率**

## 五　我国农机装备行业产业结构分析

### （一）机械化农业及园艺机具制造和农副食品加工专用设备制造行业主营业务收入占比上升

拖拉机制造、农副食品加工专用设备制造、机械化农业及园艺机具制造、农林牧渔机械配件制造是农机装备各子行业的主营业务收入的主要来源，占比达3/4以上。其中机械化农业及园艺机具制造2016年实现主营业务收入为1425.54亿元，同比增长6.26%，占农机行业的比重为30.04%，略高于2015年的29.66%。农副食品加工专用设备制造是2016年农机装备各子行业中同比增速最快的，同比增速达12.57%，占农机装备行业主营业收入的16.33%，占比较2015年增加1.11%；拖拉机制造和农林牧渔机械配件制造是农机装备主营业务收入的同比增速较低的，分别同比增长1.21%和1.86%。农用及园林用金属工具制造、饲料生产专用设备制造、营林及木竹采伐机械制造、棉花加工机械制造和其他未列明运输设备制造的主营业务收入低于2015年，畜牧机械制造、渔业机械制造、其他农林牧渔业机械制造和水资源专用机械制造的主营业务收入高于 2015 年，九个子行业的主营业务收入之和同比增长 2.72%（见图 12 和图 13）。

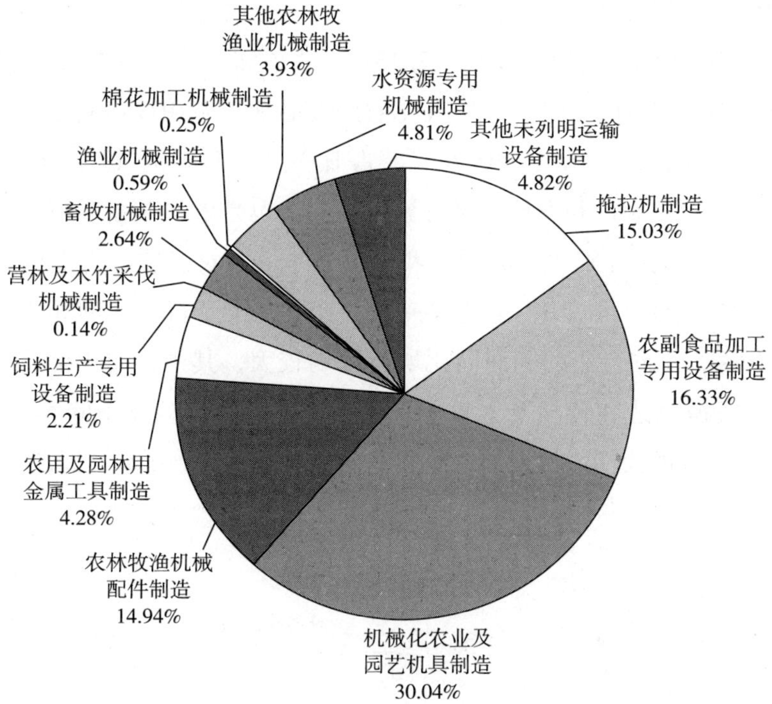


**图 12　2016 年农机装备行业子行业主营业务收入构成**

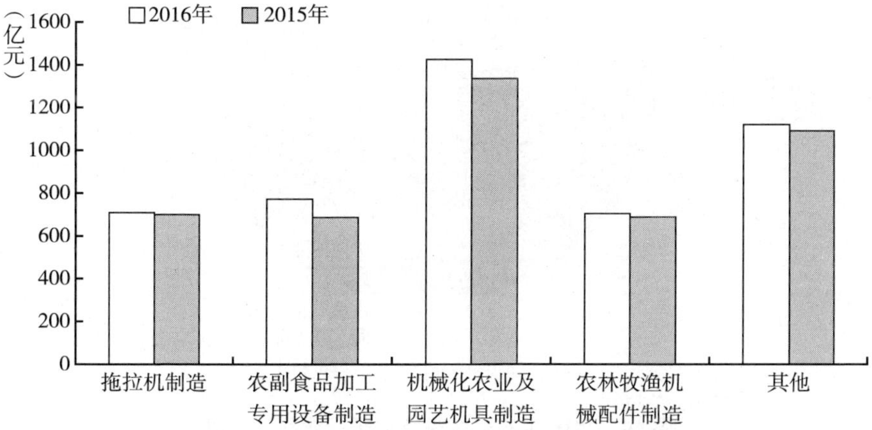


**图 13　2015～2016 年农机装备行业主要子行业主营业务收入**

## （二）农副食品加工专用设备制造利润同比增加

2016 年，农机行业利润中占比最大的机械化农业及园艺机具制造实现利润为 75.59 亿元，同比增速为 -2.13%，占农机装备行业的比重从 2015 年的 29.73% 下降为 28.93%。2016 年农副食品加工专用设备制造实现利润为 55.26 亿元，同比增长 10.76%，占比从 2015 年的 19.21% 上升为 21.15%，拖拉机制造和农林牧渔机械配件制造也是农机装备利润的重要组成部分，同比增速分别为 -8.38% 和 -0.09%，占农机装备行业的比重为 9.90% 和 16.44%，与 2014 年基本一致。其他九个子行业的利润之和同比增加 0.26%，不同行业的利润同比增速波动较大，其中，同比增速最小的棉花加工机械制造和营林及木竹采伐机械制造的利润同比下降 52.01% 和 51.82%，最大的为渔业机械制造的利润同比增速为 26.63%（见图 14 和图 15）。

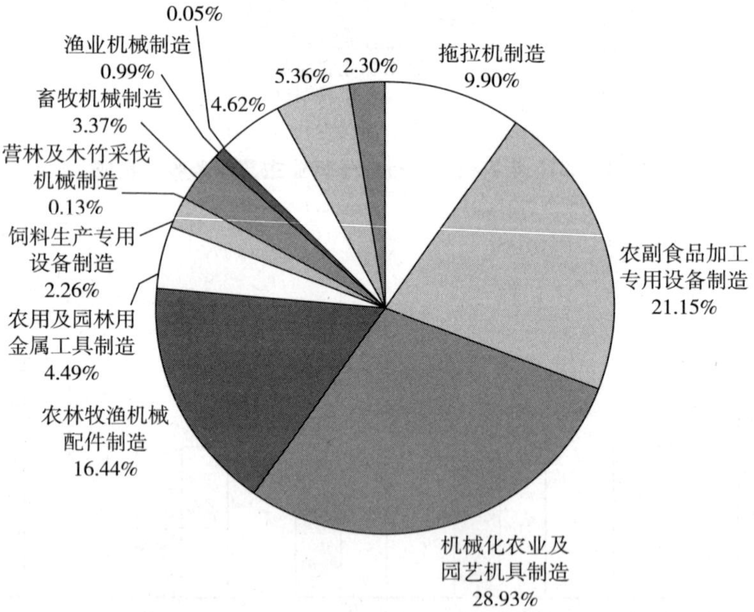


**图 14　2016 年农机装备行业子行业利润构成**

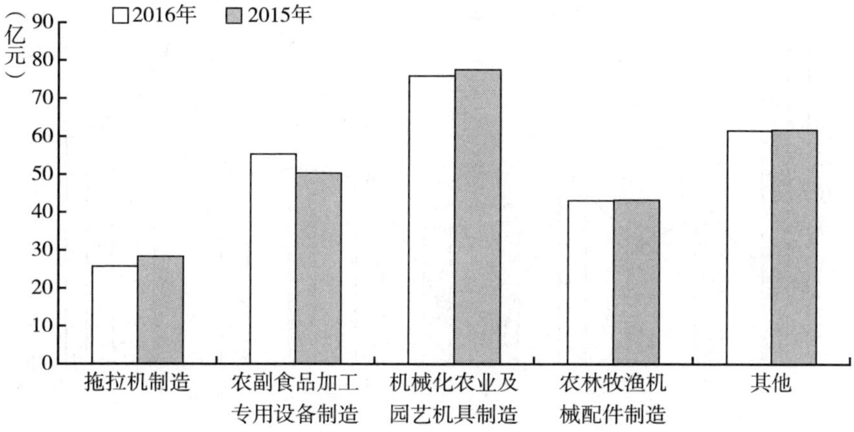


**图15　2015～2016年农机装备行业子行业利润**

## 六　我国农机装备行业贸易分析

### （一）进出口规模

**1. 进出口总额同比下降**

2016年，我国农机装备行业进出口总额为110.87亿美元，同比下降-10.90%。分月份看，各月进出口规模同比增速上半年波动较大，下半年呈上升趋势，除11月和12月外其余各月同比增速均为负值，同比增速最大值为11月的10.61%，最小值为6月的-23.87%。2016年，农机装备行业进口总额为22.78亿美元，同比增加0.13%；出口总额为88.09亿美元，同比下降13.37%，全年农机装备行业进出口顺差为65.31亿美元（见图16）。

（1）一般贸易进出口总额同比下降。

2016年农机装备行业一般贸易进出口总值为83.87亿美元，同比下降8.31%，规模占全行业的2.02%，其中进口总额为20.25亿美元，同比增长0.65%；出口总额为63.62亿美元，同比下降10.83%。一般贸易累计实现顺差43.37亿美元。

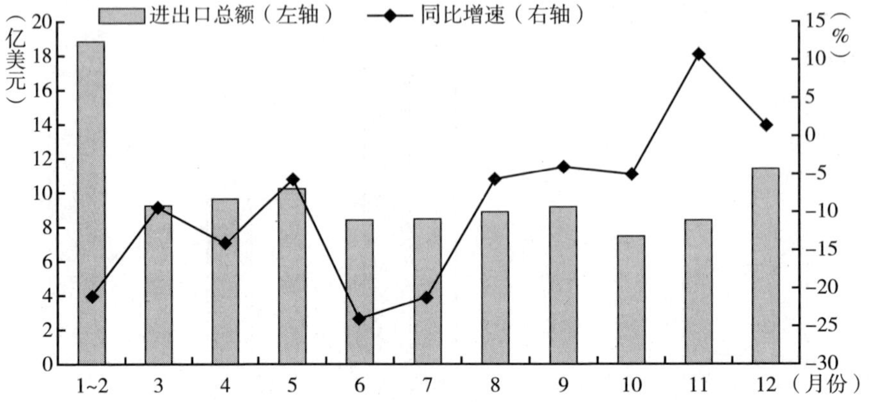


**图16　2015年农机装备行业进出口总额及同比增速**

（2）加工贸易进口和出口同比增速区别较大。

2016年农机装备行业加工贸易共完成进出口0.15亿美元，同比下降46.43%。其中进口为0.02亿美元，同比增长100.00%；出口为0.13亿美元，同比下降51.85%。1～12月加工贸易顺差0.11亿美元。

**2.北上广为主要进口贸易地区**

2016年农机装备行业进口排名前十的省份分别是：北京、广东、上海、江苏、黑龙江、天津、山东、新疆、辽宁、浙江。其中北京进口额为4.19亿美元，同比增长20.40%；广东进口额为3.12亿美元，同比增长132.84%；上海进口额为2.80亿美元，同比下降1.06%；江苏进口额为2.45亿美元，同比增长6.99%；黑龙江进口额1.94亿美元，同比下降25.67%。

农机装备行业出口排名前十的省份分别是：浙江、江苏、山东、广东、上海、陕西、河北、安徽、福建、四川。其中浙江出口额为18.80亿美元，同比下降6.00%；江苏出口额为17.58亿美元，同比增长1.27%；山东出口额为11.44亿美元，同比下降22.49%；广东出口额为10.12亿美元，同比下降6.12%；上海出口额为5.60亿美元，同比下降13.18%。

## （二）进出口产品结构变化不大

2016年，农机装备行业主要进出口产品结构变化不大，进口额和出口额都比较大的产品主要有农机部件、零件，收获及场上作业机械，拖拉机和牵引车，农产品加工、食品、饮料机械，园艺、林业机械，联合收割机，种植、田间管理机械和农业手工工具等。2016年，拖拉机、牵引车进口5346辆，同比增长38.68%，进口额为4.08亿美元，同比增长34.97%；出口142505辆，同比增速为-7.79%，出口金额为10.21亿美元，同比下降35.31%。贸易顺差为6.13亿美元。农产品加工、食品、饮料机械进口30664台，同比下降25.84%，进口金额为2.10亿美元，同比下降24.57%；出口1028839台，同比增速为2.17%，出口金额为3.98亿美元，同比下降4.52%。贸易顺差为1.88亿美元。收获及场上作业机械进口2597台，同比增速为-19.47%，进口额为1.44亿美元，同比下降61.56%；出口70084台，同比下降24.38%，出口额为2.47亿美元，同比增长27.16%。收获及场上作业机械全年贸易顺差为1.02亿美元。联合收割机累计进口922台，同比增加3.95%，进口额为0.65亿美元，同比下降3.05%；出口128342台，同比增加855.64%，出口额为2.04亿美元，同比增长11.33%。贸易顺差为1.39亿美元。种植、田间管理机械进口额为0.61亿美元，同比下降4.69%；出口额2.64亿美元，同比增长2.72%。贸易顺差为2.03亿美元（见表2）。

**表2　2015年农机装备产品进出口情况**

单位：亿美元

| 产品名称 | 进口金额 | 出口金额 | 贸易差额 |
|---|---|---|---|
| 拖拉机、牵引车 | 4.08 | 10.21 | 6.13 |
| 种植、田间管理机械 | 0.61 | 2.64 | 2.03 |
| 植保机械 | 0.94 | 5.46 | 4.52 |
| 水工机械 | 2.06 | 7.22 | 5.16 |
| 收获及场上作业机械 | 1.44 | 2.47 | 1.02 |
| 联合收割机 | 0.65 | 2.04 | 1.39 |
| 农产品加工、食品、饮料机械 | 2.10 | 3.98 | 1.88 |
| 园艺、林业机械 | 0.65 | 10.09 | 9.44 |
| 牧草机械 | 0.52 | 0.17 | -0.34 |
| 农机部件、零件 | 7.92 | 25.21 | 17.29 |
| 农业手工工具 | 0.38 | 11.24 | 10.87 |

### （三）主要贸易国家

2016年，我国农机装备行业进口来源国家和地区共91个，比2015年增加1个。我国排名前十的进口来源国分别是：德国、美国、日本、荷兰、瑞典、意大利、韩国、以色列、法国、英国。其中，德国是我国农机装备行业最大的进口来源国，2016年从德国进口额达4.91亿美元，同比下降15.05%；美国是第二大进口国，进口额为3.35亿美元，同比下降37.62%；2016年累计从日本进口2.50亿美元，同比增长21.95%。

2016年，我国农机装备行业相关产品出口的目的地国家和地区有214个，与2015年基本保持一致。其中排名前十的国家分别是美国、越南、印度、阿联酋、德国、日本、英国、印度尼西亚、俄罗斯、泰国。2016年我国向美国出口累计金额达12.54亿美元，同比增长0.72%，美国是我国农机装备行业最大的出口国；第二大出口国是越南，出口额3.89亿美元，同比下降47.79%；向印度出口额3.79亿美元，同比增长2.71%。

## 七　我国农业机械行业技术水平分析

当前，我国农业装备的技术水平，与国际先进水平仍有较大差距，研发水平和制造技术均落后于国外，未来需要在自动化、智能化、全程化等方面尽快缩小和国外农机的差距。

### （一）主要产品技术水平

#### 1. 拖拉机产品与发达国家技术差距较大

我国拖拉机产品与发达国家技术最主要的差距体现在大马力拖拉机的研发生产。大马力拖拉机是农业装备技术密集型产品，是评价一个国家农业装备技术水平的重要标志。国内大马力拖拉机较中小马力拖拉机起步晚，技术起点相对较低，且受整体拖拉机技术研发水平的限制和制造工艺水平、液压技术、材料工程水平等方面的局限。目前，国产大马力拖拉机主要集中在 90～120 马力，最大功率也只有 200 马力左右，而国外的大马力拖拉机已经达 500 马力以上。跨国公司在 200 马力以上的拖拉机生产技术方面仍然占有优势，而且，国际上大马力拖拉机上普遍采用全动力换挡、电控提升系统、液压和机电一体化技术，可实现多功能、大型化、智能化、高效、复试联合作业和无人自动驾驶作业，而相关技术我国农机企业大多处于探索阶段。①

**2. 机械化农业及园艺机具与国际先进水平差距明显**

我国机械化农业及园艺机具与国外先进国家差距主要存在于相关装备的应用理念与应用水平方面。当前，国内机械化农业及园艺机具制造业企业普遍规模较小、技术研发和产品创新能力弱，与市场需求存在较大差异。

**3. 农副食品加工专用设备制造技术存在显著差距**

国内食品加工专用设备制造的技术实力与国外同行业企业存在显著的差距，这主要体现在加工深度与加工方式。当前，国内农副食品加工专用设备制造业以民营企业为主，企业规模小、技术力量弱，企业间缺少协同研发和协同制造。

**4. 新技术应用水平起步晚且存在差距**

我国农机装备行业企业对新技术的应用普遍较晚，例如，日本等国家的无人机从事农业生产已达数十年，而当前我国内无人机喷洒的比例不到千分之一，相关装备发展也落后于发达国家。

## （二）重大技术突破

**1. 国内首台无人驾驶联合收割机试验展示**

12 月 8 日，国内首台无人驾驶联合收割机在浙江省宁波市鄞州区试验展示，这台无人联合收割机安装了北斗卫星导航系统，收割机可以依据导航

① 《2016 年我国拖拉机液压提升器行业发展概况及趋势分析》，中国产业信息网，2016 年 5 月 10 日，http：//www. chyxx. com/industry/201605/414664. html。

系统实现自动行进、转弯、对行等作业。从试验数据看，其具有行驶路径直、跟踪偏差小、自动转弯、精确计算作业行等优势，作业效率比有人驾驶提高约10%。①

**2. 无人机在农业病虫害防治领域取得初步成效**

2016年，国内多家企业尝试农业领域作业投入无人机协助作业，并在根治病虫害防治领域取得初步成效。农业无人机喷洒农药作业高效率、喷洒精准，深受农业从业人员的好评。但是农业无人机仍存在着施药技术、续航等技术短板，且夜间避障操作等诸多问题有待解决。②

**3. 中国一拖集团成功研制200kN负荷车**

2015年5月，中国一拖集团拖拉机研究所接受农业部委托，开发用于大功率拖拉机牵引试验的200kN负荷车项目。2016年，一拖集团拖拉机研究机所完成了负荷车开发、研制、调试等相关工作。经评估，该车可满足500马力拖拉机牵引需求，技术上达到了国内领先水平，填补了国内重功率拖拉机牵引试验设备的空白。③

**4. 推出平原+山区丘陵坡地通用型拖拉机**

2016年，一种适合在坡地及平原小地块使用的拖拉机由山山果业正式推出，该机型适合在山区丘陵坡地及平原地带零星小地块使用，该机坡地作业安全性高、灵活性好、适应性强。据悉，该机型可直接悬挂目前市面上常用的农机具，有效地填补了我国丘陵山区农机技术短板。④

**5. 国产采棉机打破技术垄断提升采棉质量**

当前，采棉机器多为国外产品垄断，2016年，重庆机电集团打破了国

---

① 《国内首台无人驾驶联合收割机在宁波出现》，中国农机网，2016年12月9日，http://www.nongjx.com/news/detail/59157.html。

② 《农药滥用致食品安全问题无人机植保或能根治》，环球网，2016年12月14日，http://uav.huanqiu.com/hyg/2016-12/9807427.html。

③ 《中国一拖成功研制200kN负荷车》，世界工厂装备制造业网，2016年8月15号，http://info.gongchang.com/f/zhuangbei-3717247.html。

④ 《山山果业五项专利：引领丘陵山区农机化技术革新新里程》，中国农机网，2017年3月20日，http://www.nongjx.com/news/detail/61237.html。

外技术垄断，自主研发了采棉机，不仅实现了自动化采摘，并且在采集方式、采摘质量等多个方面有所创新和提升。①

## 八　我国农机装备行业存在的主要问题

### （一）农机装配地域和领域发展不均衡

农机装备水平往往受到经济发展水平、土地经营规模、自然地理条件和农业产业结构等因素的影响。我国领土面积广大，各地自然条件不一样，经济发展不平衡，从经济发展水平看，我国东部地区尤其是沿海地区的经济发展水平要比中部和西部地区发达，从土地经营规模和自然地理条件看，大面积的北方平原地区比南方山地和丘陵小面积的地区更利于农机装备的使用。因此，东部地区的农机装备与中西部地区的农机装配发展不平衡；平原地区与丘陵山区农机化发展不平衡；北方旱作区与南方水田区农机装备发展不平衡。

从农业产业结构看，我国农作物种类繁多，不同作物和不同环节上的农机装备发展存在着较大的差距。数据显示，粮食作物的农机装备要优于经济作物的农机装备，经济作物生产机械化还处于起步阶段，而对粮食作物来说，水稻和玉米的机械化水平较落后。耕地收获环节的农机装备要优于田间管理环节的农机装备。种植业与养殖业的农机装备发展也不平衡，小麦生产不仅已实现全程机械化，且小麦耕种收综合机械化水平已达93%以上，玉米、水稻生产全程机械化正在加速发展，而养殖业的机械化水平很低。

### （二）农机装备结构不均衡

目前，我国农机装备中传统的大规模生产用的中低端农机装备产能过剩，且在进一步加剧，大多数农机装备的技术水平低，农机装备多为低水平

---

① 蒋云龙：《棉机打破技术垄断》，《人民日报》2016 年 8 月 19 日。

重复生产，如小型拖拉机、小型收割机、三轮农用车等。但是适应农业结构调整的和高性能的高端农机装配有效供给不足，我国主要农机产品中只有少数达到国际先进水平，但一些技术含量较高的农机装备生产厂家又缺乏生产能力，农机装备行业的结构不均衡不利于农机行业的全面发展。

### （三）技术水平低且核心技术缺乏

我国农机装备无论是在生产技术上还是产品的普及程度上，都与发达国家有很大差距，总体上落后发达国家很多年。目前，我国农业机械化装备的整体水平不高，整体竞争格局呈现小而分散的特征，缺少具有国际竞争实力的大型企业集团。只有较少的农机生产厂家投入大量财力和精力去开发新的农机设备，在企业中特别缺少掌握农业装备高新技术的高层次人才，我国农业装备产品的档次、技术含量及附加值等均较低，特别是我国具有原创性自主知识产权的尖端技术产品极少，高端领域核心关键技术远远不能满足当今农机工业发展需求。农机装备高端产品仍依赖日本久保田株式会社、美国约翰迪尔公司和美国凯斯纽荷兰公司等国际巨头公司。

### （四）同质化竞争严重

近年来，国内各大企业的经营模式趋同，大型农机企业都选择横向多元化发展模式，如雷沃重工、中联重科、一拖股份、东风农机都完成了企业的多元化布局，中农资巨明、浙江柳林、江苏沃得、金大丰等新老企业争相效仿加入多元化阵营。我国大部分农机装备生产公司不再是专业化生产某种或某几种农机装备的公司，而是将其产品扩充到几乎涵盖全产业链、全程机械化产品，各大型企业生产的农机产品种类都很齐全，且技术水平都是相互引进，因此，各企业之间的产品存在同质化竞争现象。从农机具展会上也可以看出各企业生产的播种机、插秧机、拖拉机和收获机等在产品性能和质量上基本趋于一致，并无太大差异，竞争相当激烈，甚至处于市场推广期的新产品如青贮收获机、打捆机、无人植保机和喷药机等也基本上是每种产品都有数百家企业在生产，明显已经处于同质化的红海。

# 九　我国农机装备行业发展前景分析

## （一）我国农业机械行业发展前景预测

近10年来，尽管我国农业机械化水平有了很大提高，但是距离发达国家还是有很大差距。近年来，国内粮食等农产品消费总量持续增长，而同时耕地总量在缓慢减少，这种状况要求农业上产率尽快提升。当前，人口老龄化、城镇化进程导致的劳动力短缺、用工成本的持续提升以及未来国家对于农机行业的补贴政策，都给农业装备行业的发展提供了较大的市场空间。

2016年12月，工业和信息化部、农业部、国家发改委联合印发的《农机装备发展行动方案（2016—2025）》中，明确提出到2020年农机行业发展的基本要求，包括农机装备品类要基本齐全，以满足粮食作物生产全程机械化需求，基本满足主要经济作物生产关键薄弱环节机械化需求；畜牧业、渔业、果菜茶业、农产品初加工业及山区丘陵等领域部分生产环节无机可用的局面要得到明显改善；大型高效、精巧灵活、多功能、信息化、智能化装备依赖进口的问题要得到初步解决；初步形成核心功能部件与整机试验计量检测开发和协同配套能力，关键零部件自给率达50%左右；拖拉机、联合收割机等重点农机产品可靠性较“十二五”提升50%以上；机械化技术薄弱环节实现重大突破，区域主要农作物农机化技术模式基本建立；开展农机领域制造业创新中心建设工作；在重点主机产品、关键零部件领域分别形成两三个知名品牌；全国农作物耕种收综合机械化率达到70%。[①] 可以预见，未来的一段时间，农业机械仍将呈现适度发展的良好局面。

**1. 农机行业潜力巨大**

我国是以农业为基础的国家，农业的地位决定了农机产业的重要性。

---

① 中华人民共和国工业和信息化部、农业部、国家发改委：《农机装备发展行动方案（2016—2025）》，2016年12月22日，http：//www.miit.gov.cn/newweb/n1146295/n1146592/n3917132/n4061919/c5433654/content.html。

2008年10月通过的《中共中央关于推进农村改革发展若干重大问题的决议》，重申把解决好“三农”问题作为全党工作重点。2009年5月，《装备制造业调整和振兴规划》强调国家要从多个方面扶持装备制造业发展，这为农业产业的发展提供了良好的政策支持。另外，我国农业机械化水平在不断提高，预计到2020年，全国耕、种、收综合机械化水平到70.00%。这为农机产业发展提供了广阔的市场空间。

**2. 农机行业面临产业结构调整和整合**

2016年，民营企业在农机产业中的份额超过国有企业和“三资”企业，增长幅度也超过其他两类企业，浙江、江苏、山东是我国农机工业企业的集中地，一些主要产品产量占全国产量的比重较大，山东时风等作为行业龙头的低速汽车产业集群，已初具规模。未来，农机产业中民营企业所占比重将进一步扩大，农业产业结构的调整和农业机械化速度的推进，也为我国农机产业的集群发展带来了新的机遇。

**3. 高技术含量产品需求日益旺盛**

多年以来，我国农村联产承包制度导致农业分散经营的格局，也造成了田间作业机械以小型、中低端为主的状况。近年来，随着农村规模化经营的发展，农业合作社、家庭农场逐步兴起，规模化农业种植对技术水平先进、生产效率高的大中型农业装备的需求越来越旺盛，这对行业领先企业是发展的良机。

## （二）我国农业机械行业投资机会

**1. 发展低碳、绿色、环保、高效的农机产业**

近几年，我国农业机械产业得到了快速发展，但在农机装备设计制造、作业方式、使用和维护等方面与国际先进水平还存在着差距，突出问题是能源浪费较大，造成环境污染。未来，对产业进行结构调整，优化设计，推广节能减排等诸多发展方向，会成为我国农业装备行业的发展方向和投资机会，节能、低碳等环保技术的导入将引领农机行业未来发展。

**2. 智能化、精准化农机产品成为新的投资机会**

随着信息技术的不断发展，未来用电子信息化技术提升传统农业装备，促进自动化、智能化和精准化农业装备技术的发展与应用成为行业发展的必然趋势。机电液一体化技术、智能故障诊断监控技术和卫星定位技术在农业装备领域的应用将进一步扩大，智能化、精准化、多能高效的保护性耕作、复式作业等装备成为行业技术发展新趋势。

**3. 用户需求变化引领产业结构调整**

近年来，伴随我国农村经济发展，农民对农机产品的需求发生结构性变化。一是对大型拖拉机、大型收获机械等大型农机具的需求增多。二是在发达的平原地区，农业机械化的重点向农产品深加工转移。三是小种类农作物和经济类农作物耕作机械化需求日渐扩大。四是适宜丘陵山区作业的中小型机械、微耕机械及适合西部高原地区的免耕机械、植保机械和牧草机械等需求增长迅速。

## 十 我国农机装备行业发展建议

### （一）规范市场秩序

由于农业装备产业进入壁垒较低，加之相关质量技术监督的不到位，行业鱼龙混杂，低质低价产品充斥市场，不仅损害了农民利益，也导致行业内优秀企业竞争环境的恶化。

未来，需要进一步加强行业监管，进一步规范农机产品流通市场和二手农机市场，促进农业装备市场的专业化和秩序化，保障农民利益不受损失，保障行业规范企业的生产发展的良好环境。需要规范农业装备行业的市场准入，工商部门和质量监督部门需要联合加大对农机生产企业和农机专业市场的监管力度，对乡村农机集散购置场所、农机经营场所进行常态化检查，发现问题集中整治，严厉打击不执行国家相关强制标准、低质低价、旧件拼装的农机产品，严厉打击假冒农机产品及零配件。同时，海关部门应该对相关农机产品严格审核把关，确保合格的农机产品进入市场。

### （二）全面推进农机装备结构调整

我国农机产品结构仍不合理，农机装备高端产品有效供给不足、地域和领域发展不均衡，农机装备行业应该对农机装备发展薄弱地区、农作物农机装备发展落后的作物和薄弱生产环节优先发展，补齐农业机械化“短板”。加大对农机装备发展落后地区的投入，通过增加经济激励引导农业机械技术创新与技术服务向适应山地、丘陵地区以及经济作物的和田间管理环节的农业装备倾斜，提高农机装备水平。围绕作业机械，在经济作物、农用动力等领域重点发展，在行业内共享科研创新，通过共享平台大力发展农机装备，并成立相关领域的技术创新国家重点实验室，将技术创新设计专项运营经费，支持农业行业对重大科技问题的持续创新。积极引进国外先进的高性能的农业机械产品，促进农机产品从低性能向高性能发展，从单一作业向复式作业转变，从单纯发展大宗作物农机具向兼顾经济作物农机具方向发展。

### （三）完善农机作业服务体系

我国农村的劳动力结构发生变化，农业生产由留守的老人和女性完成，出现“老龄化”“女性化”趋势。购买农机装备往往一次性投资较大，更加导致这些留守农村的劳动力购置农机装备的需求减弱，他们更倾向于直接购买农机装备服务。为了适应农村劳动力结构的变化，满足农户对农机服务的需求，应完善农机作业社会服务体系，形成一批较为稳定的农机作业服务供给主体，保障农机服务的供给，可以通过积极培育农机专业户、农机服务合作社专业提供代耕、代种、代收等全程机械化服务，保证农机服务的有效供给，完善农机作业社会服务体系，通过专业化、市场化运营，降低农机服务成本，使留守劳动力可以完成农业生产，让农户“买得起，用得好，有效益”。

### （四）加强相关人员专业技能的培训

在农机装备发展的进程中，新的农机产品和新的技术在不断涌现，这就对农机装备发展管理人员和农机装备推广工作人员的业务能力、专业技能与综合素质提出了更高要求，农机装备生产管理工作人员和推广工作人员是农机装备发展的推动力量，只有工作人员不断加强专业技能的学习，丰富实践经验，才能更好地进行农机的管理工作和推广工作，从而促进我国农机装备的发展。行业应适时组织对农机管理人员和推广工作人员的知识技能的更新培训，学习新的农机操作技术和其他先进的生产经验。

另外，目前我国农机产品的售后和维修环节也比较薄弱，行业需要创造条件增加对维修人员的专业技能培训，提高其维修技能，缩短维修时间，在条件允许的情况下，适时地举办相关的职业技能竞赛和交流，促进农机产品的售后维修网点的技术完善和提升，使农机用户大胆使用农机产品，没有后顾之忧，放心且安心地使用农机装备产品。

### （五）企业需不断提升科技创新能力

从根本上看，农机装备发展不能仅靠补贴，还是要苦练内功，积极进行技术攻关，提升科技创新能力，获取核心技术。近年来，我国农机装备企业的研发投入金额占企业营业收入比例有所提高，研发人员占员工人数比例也在提高，但与国际农机装备企业相比技术研发投入低，尤其是与优秀的农业装备企业相比要低。企业的技术创新不能等政府或行业来推进，而是需要主动对产品技术研发倾斜，尤其是处于核心位置的整机厂，更要担起推动产业进步的责任，不断提升自身的创新能力，整合国内外的优势资源，积极研发高技术的产品投入世界市场的竞争。

## 参考文献

李宝筏：《农业机械学》，中国农业出版社，2003。

郑文钟：《国外智能化农机装备简介》，《新农村》2016 年第 2 期，第 34～35 页。

景新：《农业机器人助力现代农业未来前景看好》，《粮油市场报》2016 年 9 月 22 日。

方文熙：《德国农业机械化装备与发展趋势》，《福建农机》2016 年第 3 期，第 47 ~ 52 页。

蒋云龙：《国产采棉机打破技术垄断》，《人民日报》2016 年 8 月 19 日。

方文熙：《美国农业机械化装备与发展趋势》，《福建农机》2016 年第 2 期，第 48 ~ 52 页。

中国农业机械工业协会：《2016 年农机工业增速低于预期》，《中国农机化导报》2017 年 2 月 13 日。

# B.10
# 印刷设备及器材行业

孙 颐　郭一娟　王铁印*

**摘　要：**　印刷设备及器材行业是国家制造业的重要组成部分，是支撑印刷行业发展的基础。本文首先概括分析了印刷设备及器材行业国内市场和国外市场发展现状，结合数据分析了我国印刷设备及器材行业的总体运行情况和发展趋势。数据显示，2016 年我国印刷设备及器材行业的主要指标下滑趋势明显，行业转型升级压力较大。行业当前面临技术创新能力不足、产业基础薄弱、中低端产品过剩、高端设备依赖进口等问题。未来，我国印刷设备及器材行业要坚持创新驱动的发展战略，提升基础能力和设备集成水平、搭建智能制造创新平台，建立"政、产、学、研、用"一体化协同机制，促进行业朝数字化、智能化、环保化方向发展，与国际先进水平接轨，提高行业综合竞争实力。

**关键词：**　印刷设备　结构优化　智能化　环保化

## 一　印刷设备及器材行业的定义和分类

### （一）印刷设备及器材的定义

印刷设备包括：印前设备（数码打样机、CTP 制版系统、晒版机、

* 孙颐，工程师，机械工业经济管理研究院职业发展与评价研究所执行所长；郭一娟，助理研究员，机械工业经济管理研究院职业发展与评价研究所副所长；王铁印，助理工程师，任职于机械工业经济管理研究院职业发展与评价研究所。

烤版机、冲版机等），印中设备［单张胶印机、卷筒胶印机（热固）、卷筒胶印机（冷固）、凹印机、柔印机、丝印机、数字印刷设备、激光数码印刷机、喷墨印刷设备等］，印后加工设备（折页机、切纸机、UV上光机、打孔机、模切烫金机、打捆机、滚切机、压痕机、覆膜机、装订机等）。

印刷器材包括油墨、版材、辅材及辅料等，是印刷装备及器材产业的重要组成部分，与印刷设备产业及印刷产业密切相关。由于印刷产业集成了光、机、电、信息、材料等多个学科领域的先进技术，印刷器材的产品质量、技术水平和绿色环保化程度对印刷方式、印品质量都起着至关重要的作用，直接决定主机产品的性能、水平、质量和可靠性，是实现我国印刷业由大到强转变的重要影响因素。

## （二）印刷设备及器材行业分类

**1. 国家统计局分类**

根据国家统计局《国民经济行业分类》（GB/T4754－2011），本章所指的“印刷设备及器材行业”分别涉及“印刷、制药、日化及日用品生产专用设备制造”（354）中类的印刷专用设备制造（见表1）。

**表1　《国民经济行业分类》的行业分类及代码***

| 中类 | 小类 | 行业名称 |
|---|---|---|
| 354<br>印刷、制药、日化及日用品生产专用设备制造 | 3541<br>制浆和造纸专用设备制造 | 指在制浆、造纸、纸加工及纸制品的生产过程中所用的各类机械和设备的制造 |
| | 3542<br>印刷专用设备制造 | 指使用印刷或其他方式将图文信息转移到承印物上的专用生产设备的制造，如单张纸胶印机、卷筒纸平版印刷机、凹版印刷机、柔版印刷机、模切烫金机 |
| | 3543<br>日用化工专用设备制造 | 指日用化学工业产品，如洗涤用品、口腔清洁用品、化妆品、香精、香料、动物胶、感光材料及其他日用化学制品专用生产设备的制造 |

资料来源：国家统计局《国民经济行业分类》（GB/T 4754－2011）。

**2. 中国机械工业联合会分类**

按照中国机械工业联合会对机械行业分类，印刷设备及器材主要分布在文化办公设备行业和石化通用机械行业，具体如表 2 所示。本文重点对石化通用机械行业中的印刷专用设备制造行业进行研究，把印刷设备按印前、印中、印后三个领域来区分，并分别从三个领域选取市场份额比重大的机种为代表进行介绍（见表 2）。

**表 2　中国机械工业联合会分类**

| 分类 | 分类名称 |
| --- | --- |
| 石化通用机械行业 | 印刷专用设备制造 |
| 文化办公设备行业 | 复印和胶印设备制造 |

## 二　国际印刷设备及器材行业的发展概况

### （一）国际印刷设备及器材行业发展现状

**1. 市场现状**

全球市场潜力巨大。2016 年全球印刷设备市场的规模为 249 亿美元，预计在未来的五年，全球印刷设备市场规模将以每年 1% 的速度增长。国产设备虽然在技术上与国外先进制造企业有差距，但在很多领域发展中国家产品价格占据着很大优势，售价仅为同等规格进口机的 65% 左右，基本能够满足应用企业的需求，对进口机有明显的抑制作用。虽然高端机型被国外企业占据，但根据日益增长的低碳、环保和绿色包装的要求，我国该产业在全球还是有着良好的市场前景。

高端市场被欧洲和日本占据。国际印刷设备及器材行业竞争激烈，其中大部分高端市场被欧洲和日本占据。印前设备（CTP）制版设备产业我国虽然已具备较高的制造水平，近年来进口额逐年下降，出口额不断上升，但距离先进国家还有差距。印中设备卷筒纸印刷机以德国、日本和瑞典为代表占据着全球市场主要份额。印后设备如模切烫金机，瑞士的博斯特（BOBST）公司多年来处于全球领先地位，该公司2004年就推出了最高速度12000张/小时的自动全清废机种，迄今无人超越。

国际市场服务领域多元化。国际印刷设备生产制造领域技术越来越先进，服务领域更加广阔。以凹印机为例，主要应用领域包括医药、家电、化工、日用品、食品、装饰装潢等行业塑料、复合材料类、纸张软质包装材料的印刷。伴随着经济的快速发展，各类型商品对包装的需求越来越大，质量要求越来越高，品种的需求越来越多，尤其是食品和医药的软包装，对承印材料和印刷工艺及产品包装的环保、安全、质量都提出了新的要求。

**2. 技术现状**

智能化促进产品水平提升。随着网络技术的发展，印刷设备大部分使用的图文信息已经实现数字化模式，同时，利用互联网的云计算平台，信息的输送也逐步实现网络化。这就促使企业为用户提供前期制版、物料准备、中期印刷、后期成品包装及印后处理等环节的一体化解决方案，促使整机控制方式向数字化方向转变，保证产品智能化水平得以提升。

绿色环保成为主流。目前，世界各国对绿色制造和循环经济十分关注，“低碳经济”“绿色环保”“人身安全”成为主流理念，绿色印刷成为替代产生环境污染和高能耗的传统印刷方式的有效手段。我国自2010年就提出推行绿色印刷战略，对行业实行环境标识认证管理，使得行业的发展方向和产品分布格局发生了变化，比如，减少重金属、芳香羟、VOCs等有毒有害物质在印刷品上的残留和对环境的污染；同时，采取鼓励政策，促进对残留溶剂的控制、噪声的控制、最低爆炸浓度（LEL）等一系列环保、节能、安全等方面的技术、装置的广泛应用。

数字化技术开创商业印刷新模式。以印后胶装设备为例，伴随着数码印刷技术的快速发展，一体化数码胶装解决方案的需求越来越旺盛，成为无线胶装发展的新方向。在数字印刷发展初期，印后处理还主要依赖手工或传统设备，随着数字印刷朝高速化和工业化发展，对数码胶装解决方案也提出了更高的要求。五轴传动技术、伺服控制技术、检测技术、自动化技术、温控技术、可编程控制技术等先进数字化技术在印刷设备中得到应用。当前国内联动线技术发展较快，主要技术指标已经实现12000册/小时，达到国际同类水平。

先进制造企业引领行业发展。德国、日本等国的印刷制造产业技术先进、起步早、自动化程度高，在市场上占有很大优势。例如，卷筒纸设备在印刷速度方面已采用了无缝胶皮技术、高速折页技术和三圈轴承技术等先进技术，印刷速度最高达到对开8万份/小时。目前国外企业在此技术领域仍占主导地位，国内企业所采用的张力控制系统、自动套印系统、燃气烘干装置、墨色遥控装置、伺服驱动系统等配套装置还不能独立生产，仍然依赖进口。

## （二）国际印刷设备及器材行业的发展趋势

**1. 市场趋势**

节能环保意识促进行业发展。近些年，随着“发展低碳经济”新思路的提出及“绿色环保安全”意识的增强，节能、环保和安全成为优先考虑因素和追求目标。随着各国对环保问题的重视和人们自身环保意识的增强，“绿色印刷”理念将会被更多企业接受。

发展中国家逐步占据主导地位。发展中国家处于高速发展过程，随着产业进步，很多机种逐步替代国际先进机型。虽然在高端技术领域还存在技术转移的状况，但从各国政策及产业发展的现状看，一些发展中国家正逐步实现智能、一体、绿色化发展。随着全球经济一体化，促使发展中国家积极参与技术变革，与发达国家共同推进行业发展。

服务的拓展导致边界的“模糊”。国际上印刷行业的各个领域都越来越重视用户需求的不断变化，各机种的功能不断地拓展和延伸，适用范围不断提高，使机型间的分类越来越“模糊”，催生了许多新的功能，同时也提高了企业的竞争优势。印刷质量、印刷速度、自动化程度等方面不断提高，满足个性化、可操作性等方面的需求。

**2. 技术趋势**

多品种、多功能、多色彩。为了保证行业发展和印品质量的提高，高速、多色、联动等已成为发展趋势。根据市场需求可形成多品种凹版印刷机型、多功能印刷机型、双收双放多色机组式凹版印刷机等，既可单独使用，也可作为复合机同时运行。

高速度、高精度、高性能。模切烫金技术正向着高速度、高精度、自动化、高性能方向发展，同时功能化也不断提高，将模切烫金技术与数字化技术进行融合是未来发展方向之一。模切机组或装置与印刷、烫印、压纹等生产工艺组合在一起进行，明显的特点是速度快、精度高，可以大大提高生产效率。

稳定性、可靠性、灵活性。稳定可靠是胶装联动线的核心要求，伴随国内企业加工制造水平和设计水平的逐步提高，胶装联动线的可靠性和稳定性将进一步提高，故障率也会随之大幅降低；同时将根据用户的需求进行配置个性化、灵活性强的胶装联动线，满足客户个性化的需求。

数字化、智能化、网络化。随着时代的发展，数字化、智能化和网络化已经成为印刷工业的发展趋势。印刷行业的整个生产链都将构造一种全新的生产环境和技术基础。“云印刷”方式方兴未艾，行业利用互联网的云服务模式，实现印刷的线上设计、报价、下单、生产等服务；不久的将来，“云印刷”商业模式伴随着“云计算”模式将给印刷行业带来新的变革。

## 三　我国印刷专用设备制造行业的规模分析[①]

2016 年是“十三五”开局的第一年，我国印刷设备及器材行业的主要指标普遍下滑，这充分说明转型时期的艰难性以及结构调整的长期性，但从环比指标来看，目前出现增长趋势，为实现“十三五”发展目标奠定良好基础。

① 本小节数据如果没有特殊说明，所用数据由中国印刷设备及器材行业协会提供，部分数据来自机经网、中经网，并由本章作者整理。

## （一）工业增加值同比保持稳定，环比略有增长

截至2016年12月，印刷专用设备制造业规模以上企业达300家，重点企业50家。2016年一至四季度，印刷设备及器材行业50家重点企业工业增加值累计达12.60亿元，平均每季度为3.15亿元，各季度工业增加值保持稳定。但与2015年同期相比处于下降趋势，特别是2016年三季度，降幅最大，同比下降17.86%，但2016年四季度环比增速有所提高，增速为37.94%（见图1）。

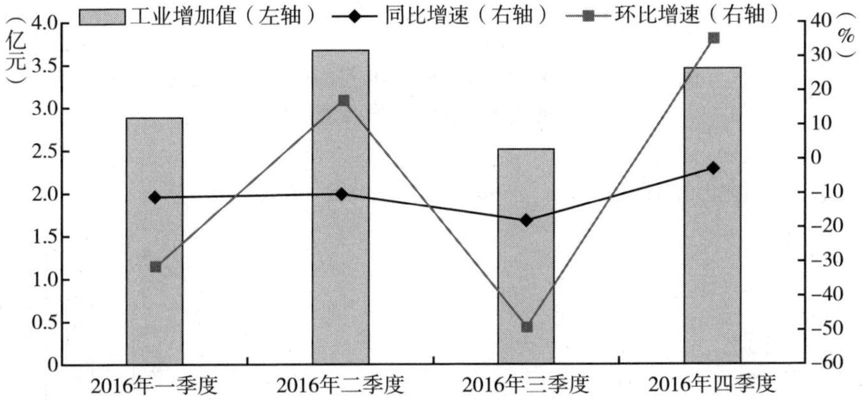


**图1　2016年印刷专用设备制造行业工业增加值及同比增速、环比增速**

## （二）资产规模增速回落

2016年全行业资产总额达377.58亿元，增速同比增长4.50%。2015年资产总额当月同比增长速度呈现下降态势，与2014年相比呈低位走势，2015年6月最低，同比增长0.56%（见图2）。

## （三）产量略有下降

2016年印刷专用设备制造业主要产品产量总体保持稳定，下半年增速加快。2016年8～12月产量连续增长，增速保持在10.00%，12月产量达23845吨（见图3）。

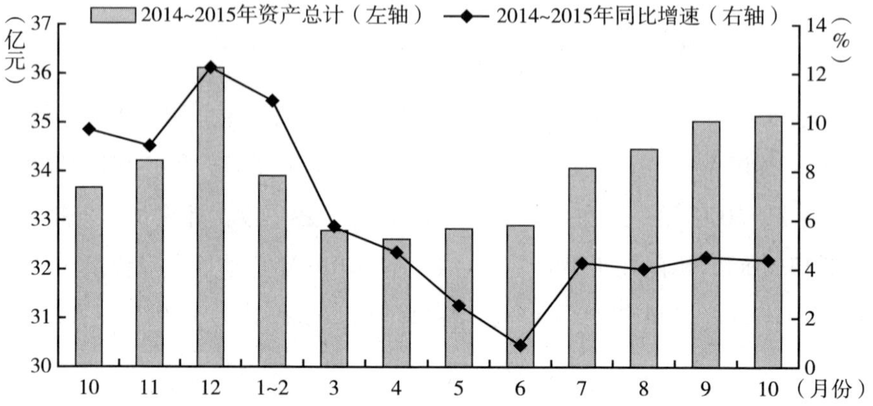


**图2　2014年10月~2015年10月的印刷专用设备制造行业累计资产及同比增速**

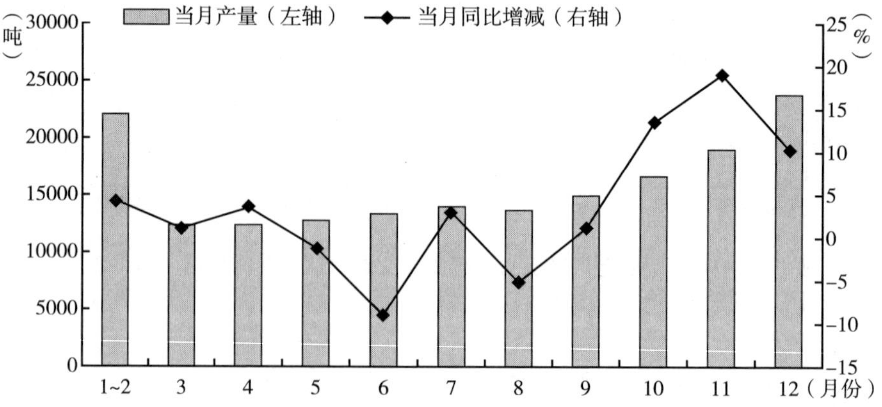


**图3　2016年印刷专用设备主要产品完成情况**

目前，随着印刷需求的改变，对印刷设备的产销量也产生了巨大影响。受数字媒体的冲击，印刷需求减少，特别是书籍、报纸、杂志的需求大幅减少，因此，胶印机的销量连续下滑。“十二五”期间生产胶印机企业共10家，“十二五”末减少至8家，进入2016年一季度，减为6家。2016年一季度6家企业销售指标同比全部为负增长。在胶印机市场处于饱和的形势下，包装印刷及印后设备却呈上升趋势，需求有增无减。

## 四　我国印刷专用设备制造行业的运行情况

2011～2015年，我国印刷设备及器材行业经济运营指标连年下滑，从2011年的高峰期下滑到2016年最低点，印刷行业从高速增长到缓慢增长，印机行业的发展与国家印刷工业发展趋势相符，下滑趋势明显。

### （一）总体运行情况分析

**1. 主营业务收入增速下滑趋势明显**

2016年，我国印刷专用设备制造行业实现业务收入435.25亿元，同比降低2.15%。与2015年相比，主营业务收入波动较大，2016年9月主营业务收入最低，为31.53亿元，较2015年下降16.72%（见图4）。

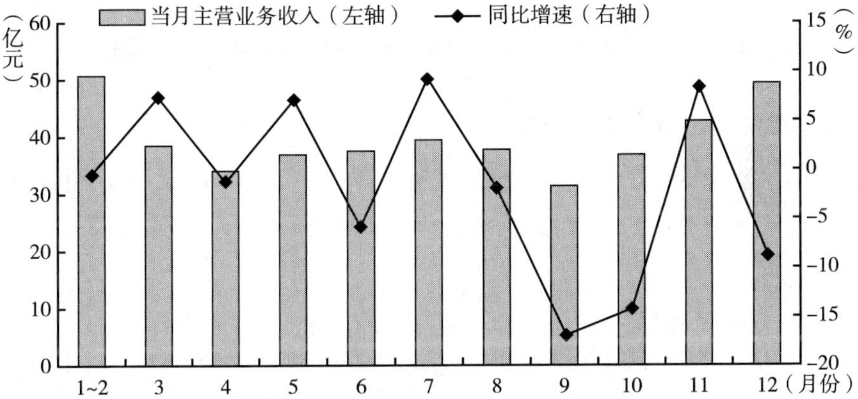


**图4　2016年印刷专用设备制造行业主营业务收入及同比增速**

随着服务型业务的不断拓展，企业努力开发新的经营渠道。例如，增加服务性收入成为发展趋势，个别企业服务性收入已超过总收入的50%。另外，新产品的研发与生产为企业创造了新的价值。在印刷机械50家重点企业中，新产品产值占总产值50%以上的企业有28家。

**2. 主营业务成本全年保持稳定**

2016 年，印刷专用设备制造行业主营业务成本保持稳定。2016 年累计主营业务成本为 406.87 亿元，同比下降 1.57%。按月看，1～2 月主营业务成本为 48.22 亿元；9 月最低，为 29.12 亿元，与 2015 年相比，波动较大（见图 5）。

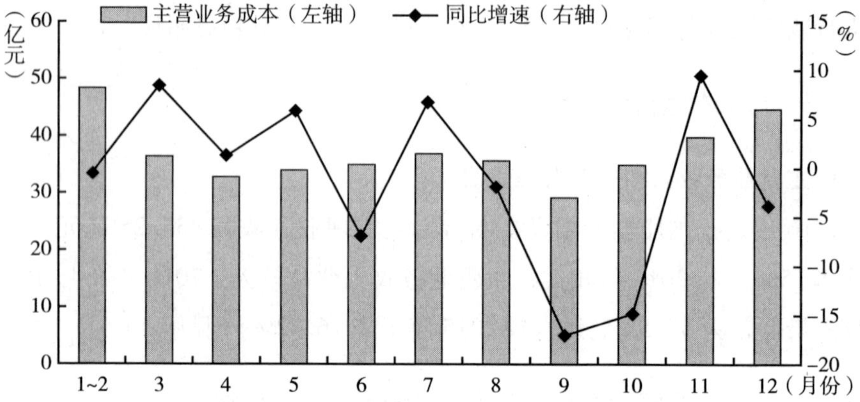


**图 5　2016 年印刷专用设备制造行业主营业务成本及同比增速**

**3. 利润总额总体呈下滑趋势**

2016 年，印刷专用设备制造行业实现利润 28.38 亿元，同比降低 9.82%。从月份看，12 月利润总额最多，为 4.60 亿元；4 月最低，为 1.23 亿元（见图 6）。

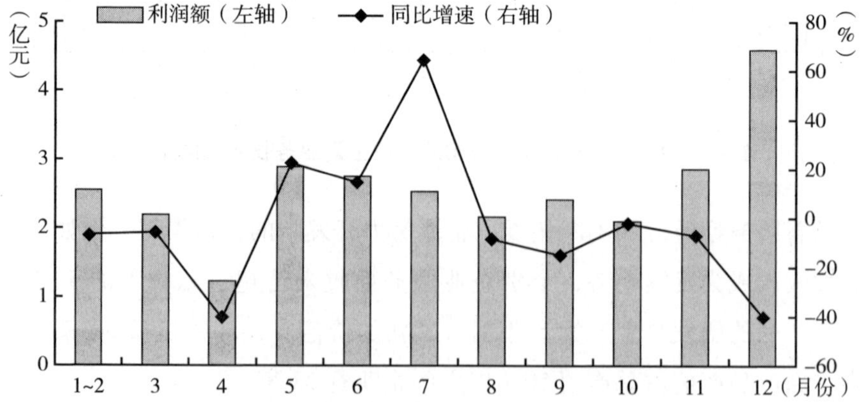


**图 6　2016 年印刷专用设备制造行业利润及同比增速**

## （二）总资产周转率保持平稳

2014～2015 年，我国印刷专用设备制造行业营运能力保持稳定。2014 年全年资产周转率平均为 11.61 次；2015 年 1～10 月总资产周转率平均为 11.57 次（见图 7）。

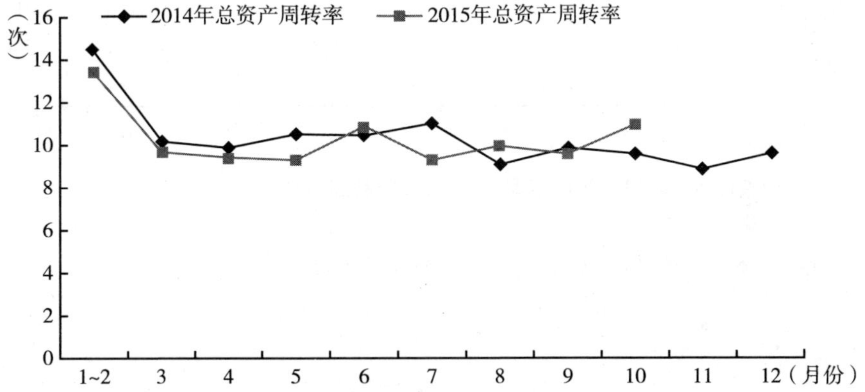


**图 7　2014～2015 年印刷专用设备制造行业总资产周转率**

## （三）盈利仍呈下滑的趋势

2014～2015 年，我国印刷专用设备制造行业总资产利润率略有下降。2015 年波动较大，1～2 月利润率达 1.70%，2015 年 7 月最低，为 1.45%（见图 8）。

据行业协会统计，2016 年一至四季度盈利的企业只有 4 家，分别是北人集团公司 2276 万元、潍坊东航印刷科技股份有限公司 839 万元、江西中景集团有限公司 156 万元、青岛瑞普电气股份有限公司 112 万元。

## （四）资产负债率保持稳定

2014～2015 年，我国印刷专用设备制造行业资产负债率比较稳定。2014 年平均资产负债率为 46.22%；2015 年平均资产负债率为 45.56%（见图 9）。2014 年和 2015 年全年资产负债率呈 S 形走势。

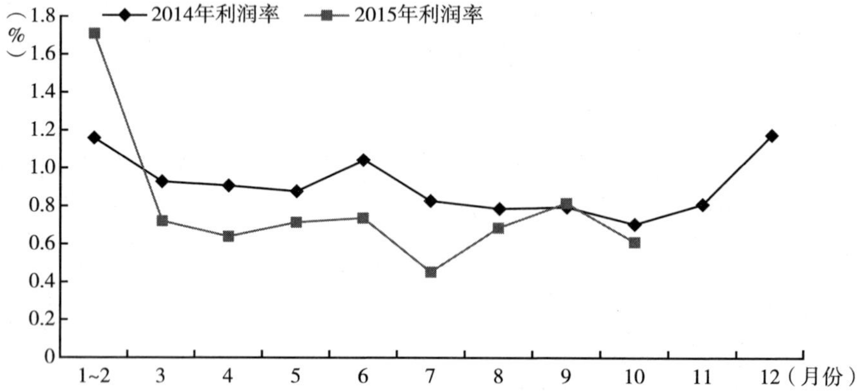


**图 8 2014~2015 年印刷专用设备制造行业盈利能力指标**

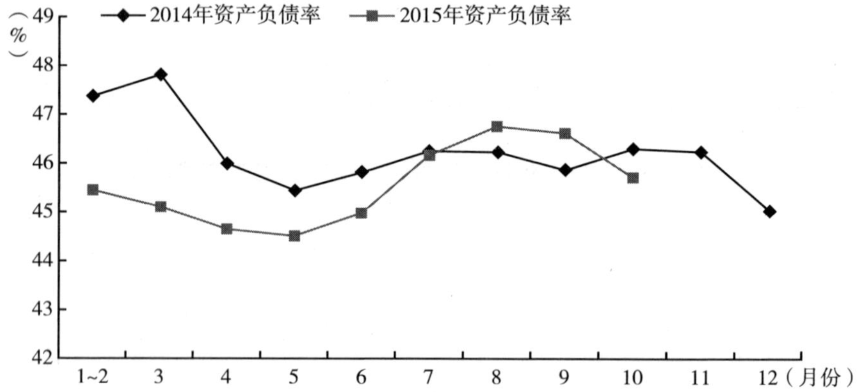


**图 9 2014~2015 年印刷专用设备制造行业偿债能力指标**

## 五 我国印刷专用设备制造行业贸易分析

### (一)进出口规模平稳

**1. 进出口总额进一步下降，贸易顺差稳定增长**

在印刷设备总体销售量逐年下滑的形势下，企业的海外市场销售量占总销售量的比例稳中有升。从 2011~2016 年印刷机械行业销售数据可以看出，产品销售收入连续下滑，而出口交货值基本平稳，出口交货值与产品销售收入的比值呈上升趋势（见图 10）。

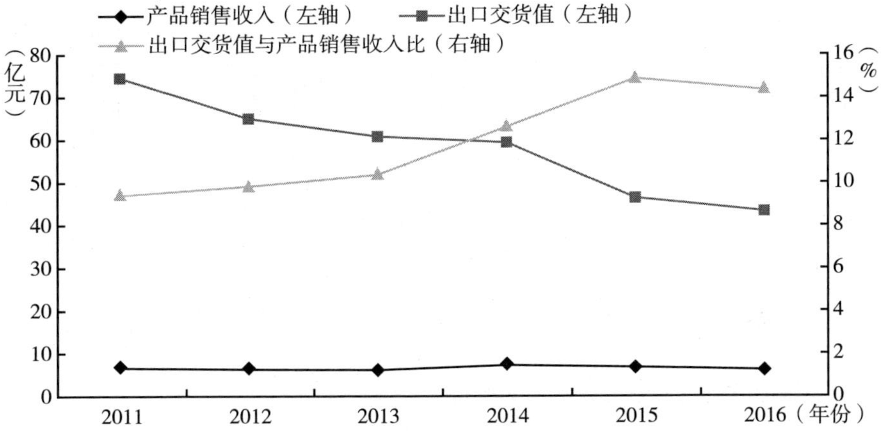


**图 10　2011～2016 年印刷机械行业出口情况**

2016 年，印刷设备累计进出口总值为 33.97 亿美元，比 2015 年降低 5.04%。2016 年，进口额为 16.12 亿美元，同比降低 12.50%；出口额为 17.85 亿美元，同比增长 2.88%；各月进出口总额保持稳定，贸易顺差稳定增长（见图 11 和图 12）。

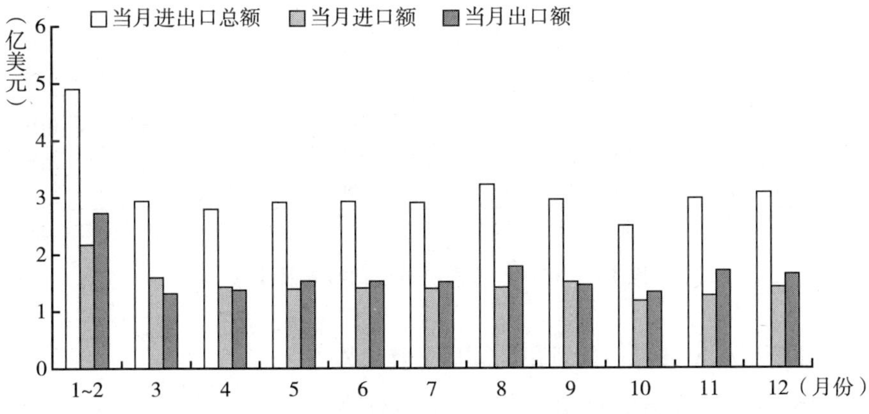


**图 11　2016 年印刷专用设备制造行业进出口情况**

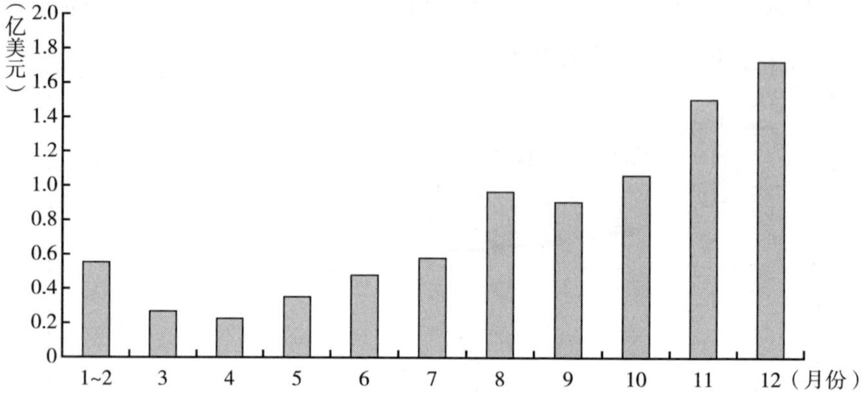


**图 12　2016 年印刷专用设备制造行业累计进出口顺差**

### 2. 印刷机械进口数量和金额保持稳定

2016 年印刷机械进口累计为 386687 台，同比增长 28.7%；金额为 10.13 亿美元，同比下降 22.32%。从月份看，10 月进口数量最多，为 47465 台；1～2 月份进口设备金额最多，为 1.43 亿美元（见图 13）。

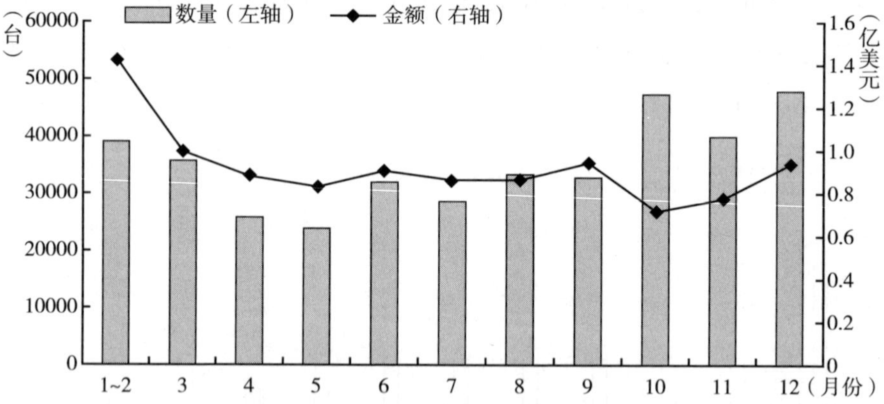


**图 13　2016 年印刷机械进口数量及金额**

### 3. 印刷机械零件进口数量和金额呈下降趋势

2016 年印刷机械零件累计进口为 14377494 千克，同比下降 15.11%；金额为 6.03 亿美元，同比增长 11.86%。从月份看，1～2 月份进口数量和金额数量为 2068021 千克，金额达 1.43 亿美元（见图 14）。

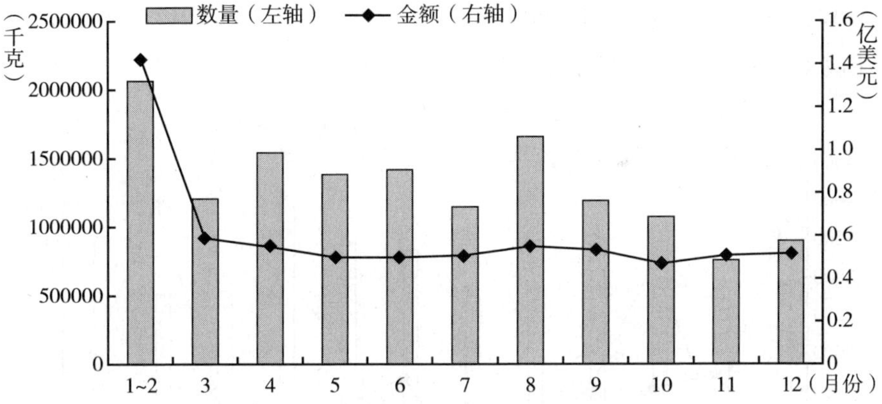


**图 14　2016 年印刷机械零件进口数量及金额**

**4. 印刷机械出口数量和金额保持稳定**

2016 年印刷机械累计出口 4378949 台，同比下降 12.86%；金额为 12.58 亿美元，同比下降 0.61%。从月份看，1～2 月份出口数量和金额分别为 546114 台和 1.98 亿美元（见图 15）。

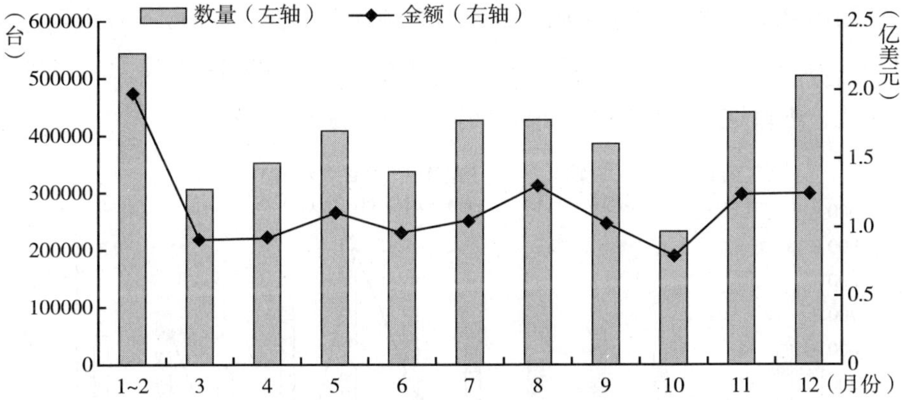


**图 15　2016 年印刷机械出口数量及金额**

## （二）主要产品进出口结构

**1. 单张纸胶印机贸易逆差大**

2016 年，单张纸胶印机进口金额远大于出口金额，8 月进口金额最高，达4142万美元，11月出口金额最高，为729万美元。与2015年相比，出口增速波动较大，进口增速保持平稳（见图16）。

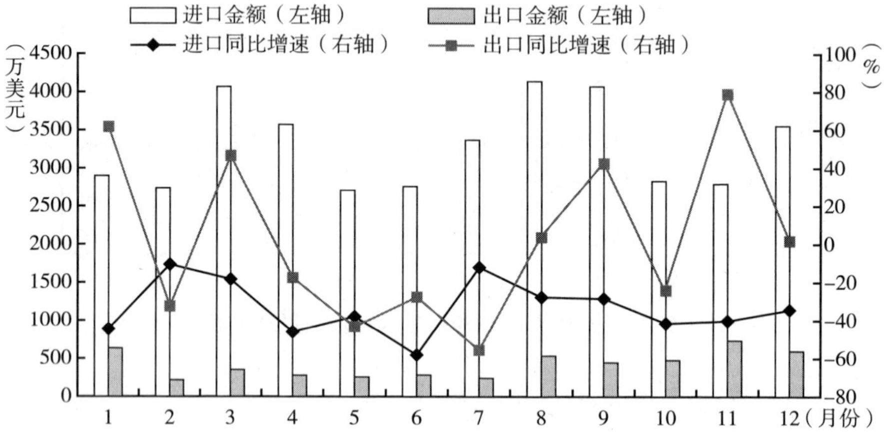


**图16　2016年单张纸胶印机进出口情况**

2. 计算机直接制版设备进出口顺差增大

2016年，计算机直接制版设备出口金额远大于进口金额。8月出口金额最高，为2937.38万美元，11月进口金额最高，为285.14万美元。与2015年相比，进口增速波动较大，出口增速保持平稳。（见图17）。

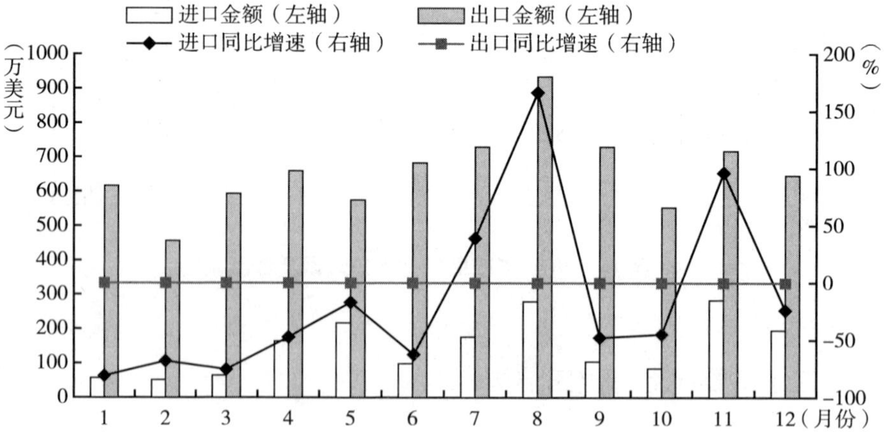


**图17　2016年计算机直接制版设备进出口情况**

# 六　我国印刷设备及器材行业技术水平分析[①]

## （一）主要产品技术水平

改革开放以来，我国印刷设备制造业发展很快，已经建立起比较好的发展基础，自主创新有了一定突破，关键技术有了显著进步，制造能力有了大幅提高，一批数字化、智能化、环保化的高端印刷设备研发成功并推向市场，产品配套能力逐步提升，基本能够围绕全产业链提供相应设备及配套器材。尤其是在胶印设备、印后设备、环保油墨等领域，部分产品的技术进步较为明显，部分技术指标已经接近国际先进水平。

目前，我国印刷设备制造业正处于转型发展的关键时期，在全球制造业发展方向“从制造到消费逐渐转型到从消费到制造”的大背景下，我国印刷装备产业总体在参与国际竞争和技术创新能力方面相对还比较弱，技术开发投入不足，与国外先进水平还有一定差距，主要体现在印刷材料、印刷设备的可靠性、稳定性及印刷精度等方面。

接下来，按照产品技术集成度比较高、具有独特代表性、行业市场份额比重大的几种典型机种（卷筒纸平版印刷机、凹版印刷机、柔版印刷机）进行分析介绍。

**1. 卷筒纸平版印刷机**

自主创新取得进展。我国卷筒纸平版印刷机在印刷速度、自动化控制方式以及五轴驱动等新技术运用和水墨控制技术应用等方面已经取得很大进步。目前，国产的中小型报纸印刷机和卷筒纸书刊印刷机以性价比高、售后服务及时、能最大限度满足用户的特殊需求等优势占据了国内大部分市场。

技术水平受基础材料、关键工艺制约。目前，我国“三基产业”（例如

① 如无特殊说明，本节的数据和信息主要来自中国印刷设备及器材工业协会《中国印刷产业技术发展路线图（2016—2025）》，由本文作者整理。

金属材料、零件加工等方面）较国外还有较大差距。卷筒纸胶印机采用的张力控制系统、伺服驱动系统、墨色通控装置、自动套印系统，燃气烘干装置、高端轴承等核心部件和配套装置大多依靠进口，使得整机成本较高。

多个技术难点有待突破。卷筒纸胶印机由放卷及张力控制、印刷机组、折页机组、烘干装置、冷却装置、上光装置、高速堆积打捆装置、操作系统、驱动系统等功能模块构成，产品的基础结构技术、加工制造技术、自动化功能等多个技术难点有待进一步研发、攻破。

**2. 凹版印刷机**

凹版印刷主要用于包装印刷和特种印刷领域，以其印刷速度快、幅面宽、网点再现性好、层次丰富、墨层厚实、颜色鲜艳、印版辊耐印率高、质量稳定、有一定防伪性等一些独特优势，在包装印刷及图文出版领域占据举足轻重的地位。

国内相关技术水平表现为印刷适应性方面：BOPP、PET、PE、PVC 及纸张等软质卷筒料材料；满足具有环保特性的脂溶性或醇溶性油墨的印刷。驱动方式：机械轴传动为主；电子轴驱动在中高端机型上逐步应用，而国外这一项技术已经普及。控制特点：采用国产数字电气控制系统、数字化张力控制技术，配备远程诊断与技术支持系统、印刷生产管理系统及语言控制等。

由于缺乏相关理论研究基础，国产凹印设备在整机结构、自动化控制水平及满足节能、环保、安全、人性化等方面与国外一流水平存在较大差距。

**3. 柔版印刷机**

（1）我国的柔性版印刷方式已发展 30 多年，但由于设备制造、工艺技术及传统观念等因素的影响，柔性版印刷方式在国内发展比较缓慢。近些年，随着国内一系列环保政策的出台，柔性版印刷得以快速发展。目前，国内的多色柔印机印刷速度和幅宽分别能达到 300 米/分钟和 2200 毫米。但是，与国际先进水平相比，国产柔印机还有以下几点不足。

一是稳定性差。国际先进设备制造精细，稳定性好，国产设备故障率高，维修频率高，影响正常生产。二是速度、效率比较低。就卫星式柔性版印刷机而言，国内生产的设备最高速度能够达300米/分钟，国际一流设备最高速度已达1000米/分钟。三是自动化、智能化程度低。国际高端设备在自动化、智能化程度方面表现尤为突出，国内由于设计水平和成本因素等限制，与国际先进水平差距较大。四是可操作性及人性化差。国产设备较少考虑人员的操作性、安全性以及对操作人员健康问题没有给予充分重视。

（2）与胶印、凹印设备相比，柔版印刷机印刷质量存在差距。

（3）关键技术与设备主要依赖进口。影响柔性版印刷设备发展的关键技术包括制造、控制技术和配套技术方面还比较落后。目前国内使用的核心零部件、核心技术几乎全部来自国外进口。

## （二）重大技术突破

多年来，经过行业技术人员的不断努力与技术创新，国产设备取得了长足的进步。就市场较为广泛使用的卷筒纸胶版印刷机而言，在印刷速度、五轴驱动、自动化控制等新技术的采用等方面进步尤为明显。

卷筒纸胶印机中印报机的制造水平有很大提高。印刷速度达到每小时7.5万份，机器性能稳定性、自动化程度也大幅提升。在裁切长度方面，原来大多采用正度550、大度630的尺寸规格。但从成书尺寸的角度而言，正度16开的尺寸为185mm×260mm，大度16开的尺寸为210mm×297mm，32开的尺寸为148mm×210mm，无用部分需要裁边。为尽最减少裁边尺寸，同时为满足用户的个性化需求，在裁切规格方面推出508、542、578、598、624等裁切尺寸的机型，由于裁边尺寸的缩减，一台机器每年可为用户减少几十万元到上百万元不等的纸张费用，大幅降低了印刷成本。

凹版印刷机研发、制造技术取得全面进步。结构上采用全自动上下卷装置、墨槽一键复位装置、刮刀一键复位装置、套筒式胶辊、快换刮刀、上墨小车以及版辊在线清洗装置、封闭刮刀、“零新接”机构、ESA装置、新型裁刀等。控制特点采用基于现代互联网技术的云服务平台。设备的使用范围从软包装印刷发展到装饰纸印刷、厚纸张印刷以及纸塑两用印刷；印刷幅宽从700～1250毫米扩展到1500～2500毫米，适用于薄膜、纸张、复合材料等各种承印材料；印刷速度从 120 毫米/分钟至 200 米/分钟发展到最高印刷速度达 300 毫米/分钟至 400 米/分钟，印刷色组最多达 15 色。

我国首台套机组式模切烫印机于 2006 年研发成功并推向市场，该设备在世界范围内属于首创机型，整体技术水平也已达到世界先进水平。

2017 年第九届北京国际印刷技术展览会上，杭州科雷机电工业有限公司宣布一种新型的数字化精准供墨系统研发成功并已投入生产，该系统用全数字化墨斗替换传统的瀑布式墨斗，显著提高了生产效率，减少了材料消耗，降低了废品率，也降低了成本。目前，世界上还没有类似的研究和报道，我国的创新研究成果在全球印刷工业界和学术界具有领先优势。

在自动化视觉质量监测系统方面，如北京凌云公司在人民币、软包装质量检测领域、天津长荣在单张纸印品质量检测领域，国产厂商都取得了长足进步，在业内也有很高的知名度。

## 七　我国印刷设备及器材行业存在的主要问题

### （一）集成水平有待提升

产品从研发到销售再到售后服务各个环节产业链的集成，是实现印刷行业智能制造的重点和难点。所有智能制造设备都朝着技术集成、系统集成等方向发展，其中包括工艺、软件、硬件与应用技术的集成和设备的成套，也包括新材料、新能源及纳米技术等高技术的集成和应用，从而使设备得到不断升级和发展。目前，我国企业的现有集成水平整体薄弱，直接影响行业发展。

### （二）科技创新能力薄弱

印刷设备及器材行业自主创新能力较弱已经成为发展中的主要矛盾，制约产业结构调整的关键瓶颈是核心技术匮乏。同类型产品仅能够满足国内市场和国外低端市场的需求，国际竞争力较差。这对行业创新型技术人才和具有国际化视野的管理型人才提出了新的要求。

### （三）基础数据和基础研究的匮乏

印刷设备及器材行业在基础结构技术、加工制造技术、自动控制技术方面缺乏基础实验研究，缺乏对新产品、新工艺的基础研究，使产品设计和制造缺少数据支撑。同时，该专业技术软件的开发和应用也与发达国家有不小的差距，多学科综合设计技术手段落后，产业基础总体薄弱。

### （四）基础研发薄弱，核心部件受制于人

我国当前产品设备的智能化与先进国家相比存在差距，主要原因就是机电配套元器件、相关零部件的材料及加工装配水平质量不高，直接影响到整机的可靠性与稳定性。当前应着力打造高端芯片、智能仪表、新型传感器、控制系统、操作机器人等智能装置，按比例分步骤尽快实现核心基础零部件及材料的自主保障。

### （五）产业政策研究不够

国家在振兴装备制造业、发展战略性新兴产业和发展高端制造业等方面出台了很多政策和措施，并重点规划了重点发展领域。但印刷设备行业总体对相关政策研究不够，对共性关键问题没能集中行业力量加以解决。

## 八　我国印刷设备及器材行业发展前景分析①

### （一）我国印刷设备及器材行业发展前景预测

目前，我国印刷设备及器材产业处于发展转型的关键时期。据统计，截至 2015 年全球印刷设备及器材行业的市场规模为 249 亿美元。预计到 2020

① 如无特殊说明，本小节的数据和信息主要来自中国印刷设备及器材工业协会《中国印刷产业技术发展路线图（2016—2025）》，由本文作者整理。

年，全球印刷设备及器材行业的市场规模会以每年1%的速度增长。传统印刷设备中，卷筒胶印机、凹印机和印前设备的销售将会逐步减小，数字印刷设备的年平均增长率将会达7.2%，单张纸胶印机的销售额将保持在一定水平。对2010～2020年全球印刷设备的市场预测见表3。

表3　2010～2020年全球印刷设备市场预测

| 印刷设备 | 2010年（亿美元） | 2014年（亿美元） | 2015年（亿美元） | 2010～2015年平均增长率（%） | 2016年（亿美元） | 2020年（亿美元） | 2015～2020年平均增长率（%） |
|---|---|---|---|---|---|---|---|
| 单张胶印机 | 61 | 53 | 53 | -2.90 | 53 | 53 | 0.20 |
| 卷筒胶印机(热固) | 9 | 5 | 5 | -13.10 | 5 | 4 | -5 |
| 卷筒胶印机(冷固) | 10 | 5 | 4 | -14.30 | 4 | 3 | -4.90 |
| 凹印机 | 9 | 11 | 10 | 2.80 | 10 | 9 | -3.80 |
| 柔印机 | 23 | 23 | 28 | 3.80 | 27 | 27 | -0.60 |
| 丝印机 | 5 | 5 | 5 | -6.70 | 4 | 4 | -2.80 |
| 印前设备 | 16 | 10 | 10 | -8.90 | 9 | 8 | -3.90 |
| 印后加工设备 | 17 | 18 | 18 | 0.40 | 18 | 18 | 0.80 |
| 数字印刷设备 | 39 | 57 | 58 | 8.30 | 65 | 73 | 4.60 |
| 微光数码印刷机 | 18 | 24 | 24 | 5.70 | 25 | 27 | 0.30 |
| 喷墨印刷设备 | 21 | 33 | 34 | 10.50 | 40 | 49 | 7.20 |
| 全球印刷设备市场规划 | 229 | 244 | 249 | 0.00 | 260 | 275 | 0.90 |

**1. 多种印刷工艺相结合成为发展方式**

作为主流印刷设备的平版印刷机，近年来与其他印刷工艺相结合的趋势比较明显，如平版印刷与数码印刷、上光、模切和印后加工生产相结合，可更好地满足市场需求。

**2. 绿色环保成为发展方向**

未来一段时间，整个印刷行业将构建全新的生产环境和技术基础，以绿色环保为宗旨提升产品的人性化程度。开发绿色环保型印刷设备，减少重金属、VOCs等有毒有害物质在印品上的残留和对环境的污染。今后印刷设备的发展目标是在降低噪声、降低能耗的同时，逐步做到无害清洗、VOCs回收和使用新型油墨。

3. **满足数字化、网络化印刷新需求的印刷器材将成为生产主流**

从印刷设备及器材行业技术走向看，满足数字化、网络化、绿色环保化等印刷新需求的产品将成为主流，今后印刷器材制造也将向新技术和高端产品转型。国产单张纸、卷筒纸多色平版印刷机技术现状及对未来五年发展的预测和印刷器材的发展路线见表 4 和表 5。

**表 4　国产单张纸、卷筒纸多色平版印刷机技术现状及未来五年发展预测**

| 技术特征 | 2014 年 | | 2020 年 | |
|---|---|---|---|---|
| | 对开幅面 | 全张幅面 | 对开幅面 | 全张幅面 |
| 最高印刷速度(单位:张/小时) | 15000～18000 | 8000～12000 | 16000～18000 | 11000～13000 |
| 输纸精密度(单位:毫米) | 0.015～0.022 | 0.022～0.030 | 0.01～0.015 | 0.015～0.025 |
| 传纸精密度(单位:毫米) | 0.15～ | 0.02～0.028 | 0.008～0.015 | 0.015～0.020 |
| 压印均匀性 | <10% | <12% | <8%～9% | <8%～10% |
| 压印稳定性 | <0.04 | <0.04 | <0.025～0.035 | <0.025～0.035 |
| 网点增大性 | 20% | 20% | 15%～18% | 15%～18% |
| 过版纸数量 | 50 张 | | 20～30 张 | |
| 换版时间(四色平均) | 8～10 分钟 | 10～15 分钟 | 3～5 分钟 | 8～12 分钟 |
| 功能特征 | 2014 年 | | 2020 年 | |
| 换版技术 | 快速版夹/半自动换版 | | 全自动换版 | |
| 在线色彩扫描与反馈 | 离线/非实时 | | 在线/实时 | |
| 数字化流程 | CIP3/CIP4 | | 创意、印刷、印前、印后、交付全流程数字化 | |
| 网络化 | 无 | | 互联网+移动终端应用 | |
| 缺陷检测 | 无 | | 在线印品缺陷检测 | |
| 烘干/光固 | IR/UV | | IR、HUV、LED-UV | |
| 远程诊断与维护 | 初步具备 | | 完全实现基于 Internet 的在线远程诊断与维护 | |
| 可变数据印刷 | 不具备 | | 与数字印刷融合、实现可变数据印刷 | |

**表 5　印刷器材发展路线**

| 印刷器材 \ 年份 | | 2016 | 2017 | 2018 | 2019 | 2020 | 2021 | 2022 | 2023 | 2024 | 2025 |
|---|---|---|---|---|---|---|---|---|---|---|---|
| 热放 CTP<br>UV CTP<br>紫激光 CTP<br>纳米喷墨 CTP | | 热放 CTP、UV CTP 用量增加、紫激光 CTP 用量减少、免化学处理热放 CTP 版、低化学处理紫激光 CTP 版开始进入市场，免冲洗纳米喷墨 CTP 进入市场 | | UV 低化学或免处理版进入市场应用，免砂目纳米喷墨 CTP 进入市场 | | 采用无电/化学处理版基的 CTP 进入市场 | | 免类处理/低化学处理 CTP 版材进入市场应用进入快速增长，适用于水性油墨的胶印纳米喷墨 CTP 版进入市场 | | 各类免处理/低化学处理/免版基处理 CTP 版材市场占比 50% 以上 | |
| 胶印版材 | | 喷墨 CTP 进入市场 | | | | | | | | | |
| CTP 版(单位:亿平方米) | | 4.9/2.3 | 5.0/2.4 | 5.1/2.5 | 5.1/2.6 | 5.1/2.7 | 5.1/2.7 | 5.0/2.7 | 4.9/2.7 | 4.7/2.7 | 4.6/2.7 |
| PS 版(单位:亿平方米) | | 1.6/1.0 | 1.4/0.9 | 1.2/0.8 | 1.0/0.6 | 0.9/0.5 | 0.8/0.4 | 0.7/0.3 | 0.5/0.3 | 0.4/0.2 | 0.2/0.1 |
| 柔印版材(含凸版) | | 子弹头数码版，全球柔版量 680 万～700 万平方米(其中数码版 460～480 万平方米)，中国大陆柔版 70 万～78 万平方米(其中数码版 15～18 万平方米)(凸版 17～20 万平方米) | | 平顶网点版，金属基柔版，数码水洗凸版，全球柔量版 720 万～740 万平方米(其中数码版 500 万～520 万平方米)，中国大陆柔版 85 万～93 万平方米(其中数码版 20 万～25 万平方米，凸版 20 万～18 万平方米) | | 平顶网点版，金属基柔版持续增长(其中数码版上升，凸版下降) | 平顶网点版，持续上升，激光雕刻平版，热显影柔版推向市场(其中数码版上升，凸版持续下降) | 平顶网点版，激光雕刻平版，热显影柔版持续上升(其中数码版上升，凸版持续下降)，激光雕刻无接缝套筒推向市场 | | 激光直接成像柔版，全球柔版量持续上升，(其中数码版上升，凸版持续下降) | |
| 胶印橡皮布(单位:万平方米) | | 165 | 165 | 180 | 200 | 220 | 250 | 250 | 250 | 250 | 250 |
| 油墨(单位:万吨) | 胶印油墨 | 38 | 40 | 43 | 45 | 48 | 从油墨产品结构分析，以新闻，出版为主的平版油墨仍占主流，但继续缓慢下降；而包装用柔版油墨，凹版油墨所占比重却有一定幅度的上升，个性化印刷品需求的增长，推动了数码印刷墨水的快速发展，环保程度更高的油墨(如 UV 油墨，全植物油基胶印油墨和水性油墨等)成为今后油墨行业的发展方向，“十三五”期间，我国油墨行业的工业增加值平均年递增 5%～6% | | | | |
| | 凹印油墨 | 30 | 32 | 37 | 40 | 43 | | | | | |
| | 柔印油墨 | 12 | 16 | 20 | 23 | 27 | | | | | |
| | 数码印刷墨水 | 20 | 25 | 30 | 34 | 40 | | | | | |
| | 特种印刷墨水 | 2 | 2.5 | 2.7 | 3 | 3.2 | | | | | |

### （二）我国印刷设备及器材行业投资机会

印刷工业已经进入了以数字化、网络化和信息技术、多媒体技术为基础的数字时代，在未来10年，胶印在各类印刷工艺中仍继续保持主流地位，作为主流印刷设备的多色高速胶印机未来将在保持高精度、高品质的基础上向高效率、高自动化和高数字化、智能化方向发展。凹版印刷、柔版印刷、网络印刷、数字印刷等各类印刷工艺比重将逐步提高，尤其是喷墨印刷设备市场将会增长最快。

从市场前景分析，随着经济的快速发展，人们对商品包装的需求逐步增加，对质量的要求也越来越高，尤其体现在食品和医药的软包装上。这对承印材料、印制工艺和包装全过程的质量安全、环保等方面提出了更高的要求。凹版印刷主要用于食品、药品、烟酒、日用品、家电、化工、装潢等行业各类型材料的软包装印刷。因此，顺应低碳、环保、绿色的包装要求，具有环保节能特性的高速凹版印刷机市场前景良好。

国家于2010年提出实施绿色印刷战略，对印刷行业实行十环认证。没有通过认证的企业，将不能印制中小学教材，不能参与政府采购项目。因此，印刷行业也随之发生微妙的变化。目前，EB油墨印刷方式已逐步应用在国外的胶印设备上，这种印刷方式无有害气体排放，其环保性可使胶印方式进入食品包装领域。但是，这种方式目前在国内还没有形成规模市场，随着技术的成熟和油墨成本的降低，在卷筒纸印刷设备领域将会有很大的发展空间。

目前，从国内外印刷设备及器材制造行业来看，整个市场竞争比较激烈。国产印刷设备很难进入发达国家市场，但是在东南亚、拉美、非洲等地区，国产设备具备较强的竞争力。

## 九　我国印刷设备及器材行业发展建议

### （一）加强基础领域研发创新，注重集成创新水平的提升

对印刷设备而言，基础材料、基础加工装配及配套元器件均是影响产品

质量稳定性、可靠性的重要因素。目前，高档印刷设备中的轴承、伺服电机、检测元器件、控制系统等基本依赖进口。因此，加强基础领域研发创新对促进印刷设备智能化有着重大意义。

高档设备正向技术集成和系统集成的方向发展，集成既是实现装备制造智能化的重点，也是实现的难点。要通过整合、优化产业结构，解决中低端设备生产能力过剩，高端设备存在技术瓶颈的状况，全面自主创新提升产业链的集成能力。

## （二）协同作战、持续改进、提高质量，打造品牌竞争力

长期以来，我国印刷设备生产企业各自为战，缺乏协同精神，缺乏原始创新，缺乏基础理论研究，缺乏市场预测，导致产品的标准化、专业化程度不够，以及低水平的恶性竞争。随着印刷行业的发展，竞争的日益激烈，应提高产品的设计理念，推进设计过程的规范化和标准化，保障机构的合理性、先进性和稳定性。应提高制造水平和工艺保障能力，保证零件和整机制造加工的整体水平；提高印刷设备的人性化程度，缩短辅助时间，降低劳动强度；建立科学服务体系，提高售后服务的准确性和及时性，提高国产设备的竞争优势，打造品牌竞争力。

## （三）加强信息技术应用，搭建网络系统平台

依据《中国制造 2025》战略规划，智能制造是我国印刷装备及器材行业转型、技术升级的必由之路。在关键智能基础共性技术方面，印刷设备行业的特点体现为高准确性、高精细化、高精密度、高可靠性、高耐受性，在智能测控装置和部件方面，行业的特点是大量采用新原理、新材料，技术上表现为信息化、集成化。

在智能印刷工厂中，印刷设备的信息化不断加强，互联网技术的发展和应用正改变着产业的竞争模式。所以应当提高信息化和工业化的融合水平，将智能设备、人、客户、市场、网络数据连接起来，提高企业全产业链的信息化水平，推动生产模式的集成应用，推进数字化、网络化、智能化、服务化制造。

## （四）加强各类人才队伍建设

印刷设备及器材行业涉及的学科和领域非常广泛，需要将工艺、机械、计算机、自动控制、机器人、企业管理等各方面的人才集成起来，才能完成从设计、研发、生产，到安装、调试、售后服务等复杂的系统。

“中国制造”的品质革命，要靠一支技术过硬、管理先进、技能高超的人才队伍来实现。围绕着产业发展的需求，加快培养制造业创新人才，建立校、企相互融合的人才培养模式。以企业需求为导向，建立校、企结合的人才培养、实践基地，加快培养一大批精益求精、协作敬业、技艺精湛的技能人才队伍，才能为我国印刷设备及器材行业提供坚实的人才保障。

## （五）建立协同创新机制，争取国家政策扶持

印刷设备及器材行业要想完成自主创新，除了要重视人才的培养，仅靠企业自身是很难解决问题的，还需要发挥政府、行业协会、科研机构、院校的作用，争取各级政府对印刷设备及器材产业的发展给予政策和资金上的支持，促进政、产、学、研、用一体化发展。

### 参考文献

陆长安：《中国印刷产业技术发展路线图（2016～2025）》，科学出版社，2016。

中国印刷设备及器材工业协会印刷机械分会：《“十二五”期间印机行业64家重点企业经济指标完成情况分析》，《今日印刷》2016年第3期，第42～45页。

中国印刷设备及器材工业协会印刷机械分会：《2016年1季度印机行业51家企业经济指标完成情况分析》，《今日印刷》2016年第6期，第41～45页。

中国印刷设备及器材工业协会印刷机械分会：《2016年1～2季度印机行业51家企业经济指标完成情况分析》，《今日印刷》2016年第9期，第19～21页。

中国印刷设备及器材工业协会印刷机械分会：《2016年1～3季度印机行业50家企业经济指标完成情况分析》，《今日印刷》2016年第11期，第22～25页。

中国印刷设备及器材工业协会印刷机械分会：《2016年1～4季度印机行业50家企业经济指标完成情况分析》，《今日印刷》2017年第3期，第35～41页。

# 企 业 篇

Enterprise Report

## B.11
## 装备制造业技术创新企业

胡艳超 张 挺 童 童*

摘 要： 本章主要分析了三家典型的装备制造业技术创新型企业的基本情况、技术创新情况和主要创新经验，这三家企业分别为中车株洲电力机车研究所有限公司、三一重工股份有限公司和中国航天科技集团公司。由分析可知，中车株洲所主要从事的业务有电气传动与自动化、高分子复合材料应用等四大板块，公司以“科技先导”为发展理念，通过建设研发平台、创新管理体系和研发团队，完成了从专业制造到智能制造的转变。三一重工的主要产品为生产工程

* 胡艳超，助理研究员，任职于机械工业经济管理研究院产业经济研究所，主要从事政策研究、产业经济、发展规划等方面研究；张挺，机械工业经济管理研究院发展战略研究所副所长；童童，南开大学社会学博士，机械工业经济管理研究院发展战略研究所副所长，主要从事政策研究、战略规划等方面研究。

机械，该公司以“一切源于创新”为发展理念，并十分重视研发平台建设，在全球建立了完整的研发体系。中国航天科技集团以航天产品为主，该企业十分重视创新体制建设和人员激励，以国家战略部署为基础，研发出多项创新型技术产品。

关键词：　技术创新　装备制造业　创新经验

## 一　中车株洲电力机车研究所有限公司①

### （一）企业基本情况

**1. 企业介绍**

中车株洲电力机车研究所有限公司（以下简称“中车株洲所”）始创于1959年，其前身是铁道部株洲电力机车研究所，是我国最早成立的专业化电力机车研究所之一。经过50多年的改革与发展，中车株洲所已由最初的单一型科研院所发展成如今的产业集团，形成“电气传动与自动化、高分子复合材料应用、新能源装备、电力电子（基础）器件”四大产业板块十大业务主体，2015年实现销售收入300亿元。目前，公司旗下共有八个国家级技术创新平台、两个博士后科研工作站，在全球设有五大研发中心，拥有一支6000余人的科研创新团队。中车株洲所坚持“科技先导”战略，将自主创新与产业发展相结合，在工艺、材料、技术等方面加大创新、创造力度，研发新技术，开发新产品，通过自身内部创新改革，自我造血、自我发

① 公司轨道车辆核心部件智能工厂建设项目、轨道交通网络控制系统应用标准试验验证项目、新能源客车智能化工厂项目三个项目入选2015年工信部智能制造试点示范项目；成为2015年度国家创新人才推进计划——创新人才培养示范基地；成为国家知识产权示范企业。

展，增强企业核心竞争力，走出一条科技与产业紧密结合的发展之路，为推动我国高端装备制造业的发展做出了突出贡献。

2. 产品介绍

公司主要业务集中在新技术公共交通车辆、重要零部件、专有技术延伸产品及维保服务等领域。主要研发、生产和销售涉及铁路、城轨、汽车、电网、电力、冶金、船舶、工程机械、海洋工程、市政工程、检测设备、军工等行业的系列产品。其中变流技术产品包括干线电力、内燃机车变流装置，交直交电力机车变流装置、列车供电装置、机车110伏电源、城市轨道、地铁轻轨、动车组变流装置等，以及SVC动态无功补偿装置、FC静态无功补偿装置、statcom \ SVG \ APF装置、GVF系列高压变频器、变频方式电机试验系统、高压软起动装置、牵引供电整流装置、能量吸收装置、地铁能馈装置、大功率高压特种整流电源、大功率工业变流器、光伏逆变器、逆变电源等系列产品。

网络控制类产品主要是为机车、动车组、地铁城轨车辆等轨道装备提供通用化、系列化控制系统及列车通信网络系统产品，主要包括彩色显示屏、牵引制动数据记录装置、各种微机控制柜，实现列车控制、状态监视和故障诊断等功能，还能为用户提供成套对变压器、变流器、电机、列车网络产品及其他电气产品进行测试的系统。其中，最具代表性的产品有LKJ－93型列车运行监控记录装置和LKJ－2000型列车运行监控记录装置。

功率半导体产品包括各种型号的建筑工程机械及石油顶驱设备，包括TR系列旋挖钻机、液压振动锤、地下连续墙液压抓斗、履带式起重机、两栖挖机、长臂挖掘机、DP40Y石油顶驱等。

高分子复合材料产品有轴箱弹簧、V形弹簧、轴箱定位器、弹性定位套、轴箱拉杆（包括橡胶球铰关节）、各种橡胶减振垫、橡胶旁承、中心销定位器、横向止档等，产品包括目前国内所有的机车车辆用橡胶弹性元件；产品在全球范围内有良好的声誉，是全球前四大机车车辆制造商的供应商。

## （二）技术创新情况

**1. 技术创新理念**

中车株洲所始终高举“科技先导”的发展旗帜，积极参与引进消化吸收再创新工程，实施高强度投入，不断优化科研体制，加快壮大人才队伍，促进研发平台升级和检测试验能力提升，形成了“全面吸收、对等开发、系统替换、细节超越”的技术发展模式，取得了一系列的科技成果和授权专利，实现了科研与生产、市场的无缝链接，85%以上的科技成果成功产业化，为中车株洲所产业规模实现大突破、大跨越提供了强劲的发展动力。

**2. 技术创新规划及目标**

面对全球新一轮工业革命的来袭，中车株洲所借助IT与制造业的深度融合向“工业4.0”转型升级，促进以智能制造为主攻方向的两化深度融合，不断增强企业自主研发能力，推动以新业态、新模式、新机制为核心任务的智能制造发展，实现中车株洲所从专业制造向智能制造的转化。公司“十三五”期间的发展目标是通过实施“4425”战略——主攻四大板块，强化四大能力，坚持两个结合，实现产值500亿元跨越的战略任务，成为“技术引领、行业一流、跨越经营，高端、高效、高质量的国际化产业集团”。

**3. 技术创新工作开展情况**

一是重视研发平台建设。中车株洲所从面向市场和产品全生命周期出发，积极探索产品应用开发、产品平台开发、基础技术研发模式，按照“应用一代，开发一代，研究一代”的理念，构建了三大技术平台，有效地保障了技术研发。目前已有国家级研发创新平台8个，省级研发创新平台11个，累计获得各类科技奖励121项。

二是加强创新管理体系建设。近年来，按照“统筹规划、组织协同、人员调配、资源共享”的思路，中车株洲所通过建立与完善体系化的技术研发平台的相关制度与流程，加快企业科研资源整合，构建了“四中心一平台”组织结构，形成了科研开发与创新体，有效促进了研发资源集约化和科研组织管理集中化，提高了资源利用效率。

三是重视研发团队建设。优秀的研发团队是中车株洲所成为中国轨道交通电气牵引控制技术领军企业的保障。目前，中车株洲所拥有一支近5000人的工程技术团队，超过25%的员工从事产品及工程技术的研究与开发。其中包括1名中国工程院院士，100多名高级工程师，160余名博士（含2016年度签署三方协议博士），1600多名硕士研究生，形成了由院士、资深专家、首席专家、学术带头人、骨干科研人员组成的科研梯队。公司的列车网络控制与信息系统创新团队已成为国家级创新团队。

四是有效保障研发投入。公司始终坚持以科技为先导，以每年不低于销售收入8%的科研投入，不断强化关键技术的基础研发与自主创新，技术创新投入达同行业的3～5倍，极大地激发了创新活力，形成了十大核心技术，支撑了产业发展。

五是重视创新人才激励。中车株机公司强化“人人都是创客，事事皆可创新”的理念，通过构建四个维度的全员绩效考核体系，即关键绩效指标、重点工作指标、责任指标以及执规指标，形成全方位、立体式的评价激励机制。实施岗位绩效工资制改革，制定灵活多样的工资分配形式，激发创新活力。

**4. 技术创新成果**

通过技术创新，中车株洲所掌握了多项自主创新技术，仅“十二五”期间，公司就获得260多项自主创新成果、102项各类科技奖励，以及众多世界级的技术，为新一轮科技革命和产业变革提供了“核心动力”。如完全自主研发的时速500公里的高铁动车的690千瓦永磁牵引系统，使我国成为世界上少数几个掌握高铁永磁牵引系统技术的国家之一；研发的全球最强列车网络控制系统，目前已成功应用于中国标准动车组；研发了具有完全自主知识产权的国内首条、全球第二条8英寸IGBT芯片线，成为世界上少数几家掌握IGBT成套技术及产业化能力的企业之一；自主研发的电力推进系统，打破国际垄断，进入特种船舶市场，成为全球深海机器人第二大提供商。

通过技术创新，“十二五”期间中车株洲所各新产品设计周期普遍缩短了约30%，工程更改减少了约20%，研发成本降低了约10%，企业技术创新的水平和能力大幅提高，多个产业发展处于行业领先地位。其中，轨道交通产业方面已拥有全球最大的电力机车产能，形成与欧洲标准接轨的城市交通装备研发制造能力，掌握了多项前沿技术，成为国内城轨地铁市场产品型谱最完备、研发制造能力最强的系统解决方案供应商。

## （三）技术创新经验总结

**1. 注重借鉴吸收国外先进经验**

近年来，公司通过多种形式，保持每年1000多人次“走出去”的学习规模，使员工能够充分接触最先进的技术，推动员工不断创新，缩小了与先进国家的技术差距。在充分借鉴吸收国外先进技术的基础上，通过消化吸收再创新，逐步实现技术和产品的国产化和核心技术的自主化。如引进消化时速200公里动车组相关技术，实现了时速300/350公里动车组主变流器、辅助变流器等产品的国产化和自主再创新；通过引进、消化吸收再创新，研发了CTCS2－200C型ATP系统，产品已经出口至中亚、南亚、中北美、非洲等多个国家和地区。

**2. 深化知识产权管理创新，加强知识产权的保护运用**

当前，世界范围的技术创新和技术转移活动空前活跃，企业要在日趋激烈的竞争中处于优势地位，必须高度重视知识产权保护问题。中车株洲所依据“集中管理为主、授权管理为辅”的知识产权管理模式，成立了知识产权委员会，下设13个专业领域知识产权工作组，为公司的知识产权工作提供了组织制度上的保证，并逐步形成了核心技术的专利布局。截至2015年底，公司累计申请专利4600多件，公司每万人发明专利拥有量达到440件，有效保障了企业的持续技术创新。

**3. 重视科研成果转化**

目前，企业间尤其是高技术含量企业间竞争日益表现为科学技术的竞争，也就是科研成果转化的数量、质量和转化速度的竞争，科研成果商品化、产业化程度及其市场占有率的竞争。为此，中车株洲所不断加快科技创新成果转化，近年来成果转换率超过85%，打通了科技与经济结合的通道，企业生产能力不断提升，提高了企业发展的质量和效益。同时，科研成果转变带来的经济效益又为企业进一步的创新活动提供了资金保证，形成了“创新—效益—再创新”的良性发展格局，技术创新水平不断升高。

## 二　三一重工股份有限公司

### （一）企业基本情况

**1. 企业介绍**

三一重工股份有限公司（以下简称三一重工）成立于1994，是由三一集团创建，属于三一集团控股的子公司。三一重工是中国最大、全球第五大的工程机械制造商，也是全球最大的混凝土机械制造商。三一重工技术创新平台荣获2010年度国家科技进步二等奖。截至2016年底，三一重工的资产总额达615.55亿元，主营业务销售收入为232.8亿元，利润为2.03亿元，同比增长46.81%，全球范围内共拥有13760名员工，在2016年中国企业500强排行榜里名列第235位。①

**2. 产品介绍**

三一重工是以工程为主体的装备制造业。主导产品为建筑工程机械（包括全液压混凝土输送泵、混凝土输送泵车、混凝土搅拌站等）、路面机械（包括平地机、全液压压路机、沥青摊铺机、沥青搅拌站、铣刨机等）、挖掘机械、桩工机械（旋挖钻机等）、履带起重机械、非开挖施工设备（水平定向钻等）、港口机械（集装箱吊运机等）、煤炭机械（掘进机、采煤机等）全系列产品。其中泵车、拖泵、挖掘机、履带起重机、旋挖钻机、路面成套设备等主导产品已成为中国重要品牌。

① 巨潮资讯：《三一重工股份有限公司2016年年度报告》，上海证券交易所，2017年4月28日，http://static.sse.com.cn/disclosure/listedinfo/announcement/c/2017-04-28/600031_2016_n.pdf。

## （二）技术创新情况

**1. 技术创新理念**

三一重工以“一切源于创新”为发展理念，以“品质改变世界”为价值观，以“一切为了客户”为经营理念，以“先做人、后做事”为公司的主要宗旨。坚持并努力实现“创建一流企业、造就一流人才、做出一流贡献”的愿景，致力于研发世界工程机械最前沿技术与最先进产品，打造装备制造行业的“中国名片”。

**2. 技术创新规划及目标**

三一重工创新发展的核心目标是把企业发展的动力从传统增长点转向高技术的增长点。“新技术、国际化、智能化”这“三驾马车”，成为三一重工打造“中国工程机械行业百年老店”的新的发展原则。围绕这一原则，三一重工提出了三大创新发展方向：一是协同整合全球资源，探索创新能源装备；二是紧随“一带一路”建设，积极创新探索海洋工程装备，建设智能化码头；三是聚焦互联网技术，结合物联网创造智能产品和智能服务。新技术成为三一重工未来发展的重要支撑点，将为公司创造更大的市场盈利空间。

**3. 技术创新工作开展情况**

（1）加强人才培养，挖掘创新潜力。

培养人才做为企业创新发展的第一资源要素。三一重工本着为企业培养高端人才，为创新活动提供优秀资源的宗旨，对于人才培养采取了以下措施。

一是为员工提供两大序列十六大体系的职业发展通道。二是推行导师/师傅带岗制，帮助员工尽快适应工作环境，提升工作技能。员工个人可以通过多元化的职业成长通道获得职业发展的机会。三是为不断提升员工岗位胜任力，促进员工职业发展，三一重工建立了 OLM 在线学习系统，并依据员工的职业生涯发展路径，提供四个层级的职业培训。四是与国内外著名高校合作，推行优秀员工送读机制，选送优秀员工赴国内外高校学习培训。

（2）建设研发平台，夯实创新基础。

注重研发平台建设，夯实创新基础。三一重工每年将收入的5%～7%投入研发，现已拥有1个国家级企业技术中心、3个国家级博士后科研工作站、3个院士专家工作站、4个省级企业技术中心、1个国家认可试验检测中心、2个省级重点实验室、4个省级工程技术中心、1个机械行业工程技术研究中心和1个省级工业设计中心，形成了集群化的研发创新平台体系。[①] 通过研发平台的资源共享，不同的研发成果被有效地使用，为新产品的开发创造了条件。

（3）开展联合“众创”，激发创新活力。

三一重工立足自身发展需求，充分联合社会资源，激发企业创新活力。2016年联合国家电网全球能源互联网欧洲研究院、中德轨道交通技术联合研发中心、生迪有限公司等10家研发机构，共同成立中德研发创新联盟，用以加强中德科技经验交流、信息共享及创新合作，使三一重工制造技术站在国际前沿。此外，三一重工在长沙开发区设立首家国家级众创空间，构建了以智能制造为核心的产业众创生态圈，形成了以三一重工为中心的众创平台，为三一重工的发展注入了创新活力，也为新创企业的成长提供了良好的发展环境。[②]

（4）打造智能工厂，创新制造方式。

步入“智能制造”改变制造方式。三一重工18号制造车间打造了“智”造工厂样板，借助信息化技术，在生产车间导入自动化制造模式，优化运行系统，提升设备生产制造能力，实现了一小时下线一台泵车的“三一速度”。智能制造车间帮助工程机械产品车间从传统的离散制造转型升级成为混流装配制造，实现了工程机械的多品种、高效率、高质量、低成本生产。

---

① 《三一重工股份有限公司》，2015年7月19日，工信部网，http：//www.miit.gov.cn/n973401/n5153784/c5157782/content.html。

② 三一集团有限公司官网，http：//www.sanygroup.com/。

**4. 技术创新成果**

依靠较强的自主研发能力，完成对工程机械技术的创新。三一重工自主研制了86米长臂架泵车、世界第一台全液压平地机、世界第一台三级配混凝土输送泵、世界第一台无泡沥青砂浆车、亚洲首台1000吨级全路面起重机、3600吨级履带起重机、中国首台混合动力挖掘机、全球首款移动成套设备等一系列标志性产品，三一重工还凭借“混凝土泵关键技术研究开发与应用”“工程机械技术创新平台”“大吨位系列履带式起重机关键技术与应用”三个项目荣获国家科技进步奖二等奖；凭借“混凝土泵车超长臂架技术及应用”“高速重载工程机械核心液压部件”两个项目荣获国家技术发明二等奖。截至2016年底，公司累计申请专利7047项，授权专利5414件，引领行业高端装备制造产业的发展。

## （三）技术创新经验总结

**1. 重视对人才的激励**

坚持激励员工实现自我价值，凝聚企业竞争核心资源。三一重工各经营单位自下而上推出激励机制方案，集团层面出台政策与方向性指导文件，构建稳定、长效、员工可预期的激励机制。2016年三一重工向2887名优秀员工授予股票期权作为奖励，其中1349位授予股票期权26132.53万份，1538位授予限制性股票4707.78万股。通过绩效奖金及股权分享的激励方式，充分调动公司高层管理人员及员工的积极性和创造性，有效地将股东利益、公司利益和员工个人利益结合在一起，使各方共同关注三一重工的长远发展。

**2. 重视研发投入**

高度重视产品的研发创新投入。公司持续加强对工程机械产品及关键零部件的研发创新力度，实现主机产品升级换代，进一步增强公司核心竞争优势。2016年度，公司研发支出为112.45万元，占经审计净资产的4.95%，占营业收入的4.83%。

**3. 重视创新战略实施**

三一重工打破传统制造行业依靠“低成本优势”和依赖“技术引进”

的常规模式，制定了“一高双核”战略，即“高品质的产品定位、核心技术自主研发、核心部件自主研制”。研发创新战略的实施，奠定了企业可持续发展的根基。

**4. 重视创新平台建设**

三一重工在全球建立以院、所两级机构为主体的研发体系。事业部垂直管理和研究总院横向管理相结合的双轨矩阵管理模式，促使研发最大限度贴近市场与客户，实现资源的最优配置，提高了创新效率。

## 三　中国航天科技集团公司

### （一）企业基本情况

**1. 企业介绍**

中国航天科技集团公司是在原中国航天工业总公司所属的部分企事业单位的基础上组建的国有特大型高科技企业。成立于1999年的中国航天科技集团公司，肩负国家科技创新排头兵的职责使命，在科技、管理以及创新人才队伍和创新文化营造上，扎实开展“双创”工作，在“两弹一星”、“载人航天”和“月球探测”三项世界瞩目的伟大工程中，取得了一系列辉煌成就，先后获得国家首批“创新型企业”“中国十大创新型企业”“中国工业大奖”“全国国有企业创建‘四好’领导班子先进集体”“业绩优秀企业”“科技创新特别奖”“改革开放30周年杰出品牌”“最具价值之责任榜样”“中国企业文化典范”等荣誉称号，成为维护我国大国地位和国家战略安全基石的重要力量，为增强我国经济实力、科技实力、国防实力、综合国力和国际竞争力做出了突出贡献。

**2. 产品介绍**

（1）宇航产品。

长征系列运载火箭系列。典型代表产品有长征十一号、长征六号、长征四号丙、长征四号乙等。各类卫星。已建成高轨商业通信卫星、中小型商业遥感卫星，以及微纳卫星制造体系，产品包括七大系列卫星，技术水平、应用水平及长寿命、高可靠性逐步达到国际先进水平。载人航天工程“神舟”飞船和“长征二号 F”运载火箭。包括神舟五号、六号、七号、八号、九号、十号载人航天飞船，其中神舟九号载人飞船实现了我国首次载人交会对接。神舟十号载人飞船与天宫一号目标飞行器成功实现手控交会对接，并成功进行中国首次太空授课。

（2）导弹武器类产品。

研制生产了完整配套的导弹武器系列，具有研制多种类型战略、战术导弹等武器装备的技术和能力。

（3）航天技术应用技术产品。

在卫星应用、特种装备、节能环保装备、先进材料及应用、电子信息产品等重点领域，可向市场提供卫星地面设备制造、卫星运营、空间环境应用、长输管线输油泵、特种车辆、增雨防雹火箭、煤气化设备、烟气脱硫装置、太阳能发电、双金属复合管、稀土电机、绿色印刷材料、微电子元器件测试、芯片、工程咨询等产品。

（4）航天服务类产品。

中国航天科技集团公司以现有资源为基础，围绕卫星及其地面运营服务、金融服务、国际化服务、信息与软件服务等领域，为宇航系统、导弹武器系统和航天技术应用产业提供服务，打造了优质航天服务品牌。

## （二）技术创新情况

**1. 技术创新理念**

以掌握具有自主知识产权的关键核心技术为目标，坚持走有中国特色的航天科技自主创新发展道路，打破国外技术封锁，实施自主创新驱动战略，以国家科技重大专项和重点工程型号为牵引，重点围绕载人登月和深空探测、重型运载火箭、空间安全等战略性前沿领域开展技术创新活动，切实加强核心、前沿技术和应用基础研究，努力开拓新兴技术领域，在助力我国率先迈入世界航天强国行列、建成世界科技强国上先行一步。

**2. 技术创新规划及目标**

到2020年，将全面完成“构建航天科技工业新体系，建设国际一流大型航天企业集团”的战略部署。[①]

**3. 技术创新工作开展情况**

（1）夯实技术创新平台。

按照“建立专业化、集约化、不断形成自主知识产权的技术创新体系及开放式的合作创新平台”建设目标，航天科技集团建立并完善了型号工程研制体系和预先研究体系，形成了以总体设计部、系统级研发中心为龙头，专业研究所、重点专业研发中心为技术支撑，国防科技重点实验室为前沿探索和应用基础研究基地，工程技术中心为工程化研究、应用示范的技术创新体系。[②] 目前已建立83家创新平台，为集团公司自主创新提供了重要保障。

（2）深入开展产学研结合。

为打造协同、持续、开放的自主创新资源，集团与武汉大学、国防科学技术大学、北京航空航天大学等近20所知名高等院校开展了技术和产业研发战略合作，通过创新产学研合作模式和机制，联合创建了50余家创新平台。还与国外高校及研究机构建立了5个联合研发中心，积极拓展国际视野，努力利用海外研发资源，推动自我创新。通过一系列产学研合作，为航天科技集团公司培养了一批高水平航天人才，取得了大量技术创新成果，也推动了科技成果的转化和应用。

（3）加大创新研发投入。

集团公司建立了相对配套的技术创新投入机制，将研发投入作为对各级考核的重要指标，要求每年必须增加经费投入，为培育和开辟新的技术和经济增长点提供了重要的资金保障。实施了工艺振兴计划，连续三年投入

---

① 《中国航天科技集团公司关于加快推动我国成为世界航天强国行动纲领》，《航空航天》2013年第2期，第10~12页。

② 刘斐：《新创新、新成果——自主创新推动发展》，《中国航天报》2010年12月7日，http://roll.sohu.com/20101207/n300941754.shtml。

5000 万元开展重大工艺研究。2016 年，航天科技集团通过航天投资控股有限公司设立航天专利基金，积极支持创新创业项目融资，成为首家设立专利基金的中央企业，有力促进了航天技术应用及服务的产业化、市场化发展。

（4）加强创新人才培养。

始终把“创新者”作为自主创新的核心要素，以工程项目为牵引、型号研制为平台，加快科技领军人才培养。实施了创新型人才开发计划，专业技术人才队伍中具有研究生学历人才比例达 30% 以上，鼓励和支持开展航天专业和产业发展前沿技术跟踪研究工作，培养造就一批在国内外具有影响力的创新型科技拔尖人才。

**4. 技术创新成果**

中国航天科技集团公司至今已获得国家最高科学技术奖 1 项，国家科学技术奖 57 项，省部级科学技术奖 1900 余项；获得中国专利金奖 4 项、优秀奖 22 项；申请专利 3 万余件，其中发明专利超过 75%。有 2000 多项航天技术成果运用到国民经济领域，使航天技术成为推动我国国民经济发展的强劲动力。

## （三）技术创新经验总结

**1. 通过加强创新体制机制建设为技术创新提供保障**

一是不断完善科技创新管理体系。加强科技创新体系顶层设计，完善创新组织机构建设，推进国家级战略研究机构建设和航天系统发展研究中心实体化运行。着力加强创新研发机构和创新平台能力建设，新建若干国家重点试验室和国防重点试验室，加速了科技创新体系升级。二是统筹优化创新资源投入。完善形成结构化、持续性的自主投入机制，探索通过资本运作、设立科技创新专利基金等多种方式筹集创新经费，加大对重点转化项目的经费支持。三是完善成果转化机制。建立以市场为导向的创新成果转化机制，推进开发和转化应用并重模式。组建知识产权与科技成果转化交易中心，加快科技创新成果的转化应用。

**2. 通过有效激发员工创新积极性为技术创新提供了源泉**

为充分调动广大职工特别是青年的积极性和创造力，航天科技集团实行津贴向一线倾斜、向科技骨干倾斜，设立了航天功勋奖、创新奖、贡献奖等多个奖项，制定了专家管理、特殊津贴等管理办法，极大地激发了人才的创新激情和活力。

同时，积极开展职工劳动竞赛、技术比武、巾帼建功、技术架桥等创新创效活动，为广大职工搭建了创新的广阔舞台，有效激发了全员创新热情。近几年共举办创新创效活动885场次，参与人数47万人次，创新项目1076个，直接经济效益达16.93亿元，合理化建议12.65万条，建议采纳率31.40%，成果转化率达21%，部分创新成果获得了第66届纽伦堡国际发明展金奖和科技创新专项奖。

**3. 通过增强自主创新能力为技术创新提供了核心驱动力**

航天集团多年发展表明，发展航天技术只能立足于自主创新，只有坚持以自主创新为战略基点，中国航天才能牢牢掌握航天技术发展的主动权，为赶超国际先进水平和占领高技术制高点提供核心驱动力，为中国航天未来技术的持续发展和腾飞奠定了良好的基础。

## 参考文献

中国科协第三方评估课题组：《“推进大众创业、万众创新”政策措施落实情况的评估》，《科技导报》2016年第10卷第34期。

江鸿、贺俊：《“十三五”期间促进中小企业创新发展的政策思路与措施》，《学习与探索》2015年第9期，第100～106页。

万钢：《以改革思维打造大众创业万众创新的新引擎》，《中国中小企业》2015年第5期，第20～22页。

# 专 题 篇

Special Topics

# B.12

# 2016年装备制造业热点事件回顾与解析

薛 健 武 通 卜天舒*

摘 要： 本章选取了五件发生在2016年的装备制造业热点事件进行回顾与解析，这五件热点事件分别为《中国制造2025》规划体系形成、中企开启海外高端装备制造业并购热潮、中国轨道交通建设改变全球格局、“一带一路”重大装备制造项目落地开花、中德智能制造合作开启新篇章。这五件不仅对2016年装备制造业发展产生深远影响，而且对未来制造业发展方向和发展模式具有指导意义。

关键词： 《中国制造2025》 “走出去”战略 智能制造

* 薛健，博士，北京市产业经济研究中心副主任，主要从事产业经济、政策研究；武通，英国谢菲尔德大学高级机械工程硕士，主要从事机械工程、装备制造业研究；卜天舒，格拉斯哥大学硕士，研究员，现任职于机械工业经济管理研究院产业经济研究所。

# 一 《中国制造2025》规划体系形成

## （一）《中国制造2025》全面转入实施阶段

截至2016年底，《中国制造2025》“1+X”规划指南全部发布，包括5个工程实施指南、2个专项行动指南以及4个发展规划指南。11项“X”规划指南构成各有侧重、互为支撑的体系，旨在充分发挥市场在资源配置中的决定性作用，引导资源集聚，形成创新合力。[①]“1+X”标志着《中国制造2025》顶层设计基本完成，已全面转入实施阶段。

下一步，将加强《中国制造2025》“1+X”体系的落实，围绕重点任务、重大工程、重点领域梳理凝炼一批重点工作，明确时间节点，落实配套政策，与《中国制造2025》实施形成全局统筹、重点推进的工作合力（见表1）。[②]

**表1　《中国制造2025》“1+X”规划体系**

| 《中国制造2025》内容 | |
|---|---|
| 工程实施指南 | 《制造业创新中心建设工程实施指南》 |
| | 《工业强基工程实施指南》 |
| | 《智能制造工程实施指南》 |
| | 《绿色制造工程实施指南》 |
| | 《高端装备创新工程实施指南》 |
| 专项行动指南 | 《促进装备制造业质量品牌提升专项行动指南》 |
| | 《发展服务型制造专项行动指南》 |
| 发展规划指南 | 《新材料产业发展指南》 |
| | 《信息产业发展指南》 |
| | 《医药工业发展规划指南》 |
| | 《制造业人才发展规划指南》 |

① 《〈中国制造2025〉“1+X”规划体系（全文）》，新乡市工业和信息化委员会，2017年2月21日，http://www.xxgxj.gov.cn/zcfg/201702211627281670.html。

② 《〈中国制造2025〉“1+X”规划体系解读》，《机械工业经济运行与市场分析》2016年第3期，第6~7页。

## （二）《中国制造2025》试点城市（城市群）落地对接

2016 年 8 月 18 日，以城市、城市群为载体的《中国制造 2025》试点示范工作正式启动，宁波获批全国首个试点示范城市。试点示范城市、城市群的创建是制造业转型升级的重要探索，是推动《中国制造 2025》系统落地的重要抓手，通过示范推广进而可以带动全国其他地区实现制造业提质增效。截至 2016 年底，工信部已批复宁波、泉州、武汉作为《中国制造 2025》3 个试点城市，批复江苏苏南 5 市、广东珠江西岸、湖南长株潭作为 3 个试点城市群。围绕《中国制造 2025》十大重点制造领域，依托地方制造产业优势，形成具有区域特色的现代产业体系，成为各试点城市、城市群对接《中国制造 2025》试点工作的主要着力点。

从政策保障来看，各试点城市围绕《中国制造 2025》中提到的营造公平竞争市场环境、完善金融扶持政策等八大战略支撑和保障，相继出台了地方版政策实施方案，力求试点建设有效落地。针对泉州试点城市建设，泉州市政府印发《泉州市创建“中国制造 2025”城市试点示范实施方案》，通过加大政府财税支持力度，拓宽制造业融资渠道，保障制造业发展用地需求等方式，为制造业发展营造良好政策环境。① 宁波市政府印发了《宁波市推进“中国制造 2025”试点示范城市建设的若干意见》，通过建立政策性融资担保体系，每年安排不少于 5 亿元作为“中国制造 2025”专项资金用于政策补助等措施，落实试点城市建设稳步运行。

从发展部署来看，各试点城市围绕《中国制造 2025》中提到的九大战略任务进行了中期部署。宁波以着力打造新型产业体系、推动制造业智能升级、建立健全工作推进机制为主要突破口，积极以构建“3511”产业体系，培育制造业单项冠军，引导资源向制造业优化配置等行动措施为抓手推进试

① 《泉州市创建“中国制造 2025”城市试点示范实施方案》，泉州市政府网，2017 年 3 月 27 日，http://www.fjqz.gov.cn/zfb/xxgk/zfxxgkzl/zfxxgkml/srmzfxxgkml/ghjh/201704/t20170421_439183.htm。

点城市建设，加速成为具有国际影响力的制造业创新中心。① 苏南5市明确制造业4大建设任务，通过深化结构调整，推动产业向中高端迈进，构建创新体系，加快实现新旧动能转换，开展先行先试，形成可复制推广的经验、优化服务环境，保证试点示范取得实效，落实《中国制造2025》试点城市群建设。②

总之，通过“1+X”体系为引领，各地积极落实、企业主动响应，各项重点任务进展顺利，试点示范城市（群）在全国东中西部的布局启动，“中国制造2025”的强力推进，为支撑实体经济发展，为中国工业长期向好奠定了坚实的基础。③

## 二 中企开启海外高端装备制造业并购热潮

据统计，2016年上半年，中国装备制造业海外并购投资共计约77.30亿美元，成为我国海外并购投资金额最大的行业。近年来，在中国企业对外并购投资中，装备制造业增速最为显著，标志着中国企业海外投资的驱动力正在转向战略性产业。

### （一）美的：工业机器人领导装备制造业创新发展

**1. 事件介绍**

2016年5月19日，美的集团正式宣布通过要约收购的方式收购库卡集团，截至2016年8月4日，要约期结束，库卡接受要约的股份数为

---

① 《宁波市人民政府关于宁波市推进“中国制造2025”试点示范城市建设的若干意见》，宁波市政府办公厅，2017年3月27日，http://gtog.ningbo.gov.cn/art/2017/3/27/art_381_788.html。

② 《中国制造2025苏南城市群试点示范建设》，人民网，2017年3月22日，http://js.people.com.cn/n2/2017/0322/c360301-29897714.html。

③ 《中国制造2025“1+X”规划体系有关情况介绍》，教育部网，2017年2月14日，http://www.moe.edu.cn/jyb_xwfb/xw_fbh/moe_2069/xwfbh_2017n/xwfb_170214/170214_sfcl/201702/t20170214_296158.html。

81.04%，加上美的之前持有的13.51%股份，交割完成后，美的最终共持有库卡94.55%的股份。2016年12月底，库卡集团宣布美国国防贸易管制理事会（DDTC）和外资投资委员会（CFIUS）正式通过了中国美的集团收购库卡集团的交易，至此，此项并购投资得到了所有监管部门的批准，并完成了所需要的全部条件。这项海外并购投资成为中国企业规模最大的海外收购项目之一，美的集团也因此进入世界工业机器人制造四强行列。①

**2. 事件影响**

美的收购库卡为我国工业机器人的健康发展提供了重要契机。2016年，我国工业机器人产量已经达7.24万台，同比增长34.30%，产业规模日益扩大。但由于我国工业机器人行业存在起步较晚，技术不成熟，关键零部件进口依存度高，规模化水平低等问题，导致市场同质化竞争不断加剧。库卡工业机器人作为世界四大巨头之一，在欧洲市场独占鳌头，在产业体系、管理结构及核心技术等方面具有显著优势。此次收购将帮助美的集团实现与库卡在工业机器人上的技术突破，使人才培养、创新研发等学习合作方面产生质的提升，从而夯实产业发展基础，提升我国工业机器人生产制造水平，最终实现高端工业机器人国产化，成为同领域的试点示范企业，产生标杆效应。工业机器人作为“装备制造业皇冠顶端的明珠”，工业机器人制造水平的显著提升，将帮助我国装备制造实力进入一个新的高度。

### （二）潍柴动力：收购美国德马泰克全部股份

**1. 事件介绍**

2016年6月22日，潍柴动力股份有限公司宣布，潍柴动力境外子公司凯傲（KIONGROUP AG）与德马泰克（Dematic Group S. àr. l.）股东签署协

---

① 砺石商业评论：《2016年中国企业海外并购回顾：海航、万达、中国化工势不可挡》，《投资界》2017年1月20日，http：//news. pedaily. cn/201701/20170120408293_ 2. shtml。

议，收购德马泰克全部股份。德马泰克公司是一家为全球主要市场提供全系列堆垛机、输送机、分拣机等核心产品和技术的智能内部物流装备制造公司。自成立以来，该公司为电商、服装、食品饮料、快递包裹、第三方仓储、烟草、医药、金融及制造等行业提供自动物料输送分拣装备及自动化立体仓库解决方案。此次收购交易对价以现金方式支付，交易对价总额为21亿美元，交易完成后潍柴动力取得德马泰克的全部股份，成为从智能内部物流装备制造到整体集成解决方案的全球领导者。

**2. 事件影响**

潍柴动力收购德马泰克推动我国物流装备制造产业发展。德马泰克作为全球一流智能物流装备制造商，在生产技术、品牌效应、团队管理、区域及业务等方面与国内物流行业相比具有显著优势。此次收购将帮助我国物流装备制造企业加速吸收国外先进技术，切入中高端市场。通过借鉴管理模式和产业结构，优化营销模式和人员配置，利用区域资源优势互补，实现高速成长，为将来中国智能物流装备制造产业引领全球同行业发展奠定基础。

## 三　中国轨道交通建设改变全球格局

### （一）中国首列自主化超级电容有轨电车总装下线

**1. 超级电容有轨电车获多项创新**

2016年8月1日，经过四年努力，中国首列全线无接触网超级电容有轨电车在中车株洲电力机车有限公司总装下线，整车技术、全部零部件由中国自主设计生产，具有完全的自主知识产权。随着超级电容有轨电车订单数量的持续增加，将带动着中国装备制造产业的稳步发展。①

① 《中国首列自主化超级电容现代有轨电车在株洲下线》，湖南省交通运输厅，2016年8月5日，http：//www.moc.gov.cn/st2010/hunan/hn_tupianbd/201608/t20160815_2076163.html。

超级电容有轨电车具有以下创新特点：①移除了传统电车车顶电弓设计，全程实现无架空接触网运行；②机车制动时可将超过85.00%的制动热能转化并回收至超级电容内形成电力储蓄，实现能量的循环使用；③机车采用9500F超级电容储能供电，可在车辆驶入站台区域后30秒内完成快速充电，单次充电可运行3~5公里；④机车采用100.00%低地板设计，地板面高度350毫米，车门出入口地板面仅为320毫米。

**2. 超级电容有轨电车拉动装备制造产业发展**

在经济方面，打破欧美在城市有轨电车100%低地板领域的垄断，使核心部件不再依赖进口，为国家节省大量外汇，同时在装备制造领域成功地实现了本地化供应，拉动众多轨道交通装备制造企业，实现快速增长。在社会效益方面，超级电容有轨电车的生产能带动上下游产业发展，增加就业，促进地方经济发展。

## （二）里约“奥运地铁”中国制造

**1. “奥运地铁”圆满落成**

里约地铁4号线是近年来拉美地区最大的城市基建项目，也是里约奥运会留给当地的一项宝贵财富。这条为奥运会开通的专线自2010年启动，耗时六年，在2016年8月1日正式开通运营，全长16公里，全部15组工90辆，耗资约合30亿美元，列车均由中国中车长春轨道客车公司提供，制造期间创造直接及间接工作岗位3万个。整个建设过程中约340家公司及200名专家和顾问共同参与了地铁的建设及相关工作。①

**2. “奥运地铁”促进中国地铁装备“走出去”**

里约地铁4号线的正式开通及平稳运营，成为中国装备制造业“走出去”的闪亮名片。地铁装备制造“走出去”是经济全球化深入发展的内在要求，推动中国整体装备制造水平的提质增效，通过与国际先进企业的

① 《“奥运地铁”建设一波三折》，中国青年网，http：//news.youth.cn/jsxw/201609/t20160921_ 8680053_ 34.htm。

竞争合作，充分利用国际市场和资源，优势互补，形成参与国际经济竞争和合作的新优势。

### （三）雅万高铁成为“中国高铁”走向世界的良好开端

**1. 雅万高铁建设正式实施**

2017 年 4 月 4 日，中国与印度尼西亚企业合作建设的雅加达至万隆高速铁路，由中印尼高铁公司（KCIC）与中印度尼西亚高铁承包商联合体（HRSCC）各企业代表，在印尼首都雅加达正式签署。这标志着中印尼铁路合作取得重要进展，雅万高铁进入全面实施阶段。雅万高铁是印度尼西亚的首条高速铁路，连接印度尼西亚首都雅加达和第四大城市万隆，全长约 150 公里，最高设计时速 350 公里，计划 3 年建成通车。建成后，雅加达到万隆的车程将从现在的 3 个多小时缩短至 40 分钟。①

**2. 雅万高铁成为“中国高铁”标杆**

此次项目是中国高铁首次全系统、全要素、全产业链走出国门，是“一带一路”建设的重大早期收获。同时，雅万高铁也是中国高铁走出国门的成功典范，此项目实现了中国高速铁路从技术标准、勘察设计、工程施工、装备制造，到物资供应、运营管理和人才培训等全方位整体“走出去”，具有良好的示范效应，也是中国高铁、中国装备制造业走向世界的良好开端。

## 四　“一带一路”重大装备制造项目落地开花

2016 年 1 ~ 11 月，“一带一路”经贸合作取得积极进展，中国与沿线国家贸易额达 8489 亿美元，占同期中国外贸额的 25.70%，其中出口 5234 亿美元，进口 3255 亿美元。中国对“一带一路”沿线国家直接投

① 《印尼雅加达至万隆高铁项目正式启动》，国务院，2016 年 1 月 21 日，http://www.gov.cn/xinwen/2016 -01/21/content_ 5035133. htm。

资134亿美元，占同期中国对外投资总额的8.30%，与沿线国家新签对外承包工程合同额1004亿美元，同比增长40.10%，“一带一路”成效显著。

## （一）2016“一带一路”沿线装备制造业成绩单

“一带一路”建设为区域及世界经济增长注入了新的活力，为中国装备制造业“走出去”带来重大机遇。截至2016年11月，“一带一路”建设取得了令人瞩目的成绩，中国投资建设的一批有影响力的装备制造业相关项目已经逐步落地，这些落地项目将成为中国装备制造业走向世界的崭新标志（见表2）。

**表2　2016年“一带一路”沿线与装备制造业相关的中国制造项目***

| 地区 | 国家 | 项目名称 | 时间 | 项目情况 |
|---|---|---|---|---|
| 中　亚 | 乌兹别克斯坦 | 卡姆奇克隧道 | 2016年3月 | “中亚第一长隧”贯通，全长19.26公里 |
| 东南亚 | 印度尼西亚 | 雅万高铁 | 2016年1月 | 雅加达至万隆高速铁路全面实施，全长150公里，最高时速350公里 |
| 南　亚 | 巴基斯坦 | 卡洛特水电站 | 2016年1月 | 卡洛特水电项目正式施工，总装机72万千瓦，年发电32.13亿千瓦时 |
| | | 瓜达尔港 | 2016年11月 | 瓜达尔港建成并正式开航 |
| | 孟加拉国 | 帕德玛大桥 | 2016年8月 | 帕德玛大桥开始动工，长度3680.544米，是中国海外承建的最大桥梁工程 |
| 中　东 | 沙特阿拉伯 | 延布炼厂 | 2016年1月 | 延布炼厂项目正式投产启动，中国石化首个海外炼化项目 |
| | 埃及 | EETC500千伏输电线路 | 2016年1月 | EETC500千伏输电线路动工，是埃及规模最大、电压等级最高的输电线路工程 |
| 非　洲 | 尼日利亚 | 阿卡铁路 | 2016年7月 | 从尼日利亚首都阿布贾到卡杜纳的阿卡铁路正式开通，全长186.5公里，时速150公里 |
| | 埃塞俄比亚－吉布提 | 亚吉铁路 | 2016年10月 | 从埃塞俄比亚首都亚的斯亚贝巴至吉布提铁路正式通车，全长752.7公里，时速120公里 |

续表

| 地区 | 国家 | 项目名称 | 时间 | 项目情况 |
| --- | --- | --- | --- | --- |
| 欧 洲 | | 中欧班列 | 2016 年 6 月 | 中国铁路正式启用中欧班列统一品牌,标志着中欧班列进入标准化建设阶段 |
| | 捷克 | 扎达斯特种钢铁公司 | 2016 年 8 月 | 中国华信收购捷克三大钢铁企业之一——扎达斯特种钢铁公司 |
| | 英国 | 欣克利角核电站 | 2016 年 9 月 | 核电项目欣克利角 C 项目实质启动 |
| | 白俄罗斯 | 中白巨石工业园 | 2016 年 9 月 | 中白巨石工业园一期起步区“七通一平”及配套基础设施基本建成 |
| 拉 美 | 厄瓜多尔 | 科卡科多－辛克雷水电站 | 2016 年 11 月 | 中方承建的科卡科多－辛克雷水电站竣工发电 |

＊《2013 ~ 2016“一带一路”项目成绩单》，人民网，2016 年 12 月 23 日，http：//world. people. com. cn/GB/8212/191616/409002/index. html。

## （二）“一带一路”为中国装备制造业“走出去”带来机遇

**1. 沿线基建潜力为装备制造“走出去”提供巨大市场**

目前“一带一路”的沿线国家大多属于发展中国家，总人口占世界人口的69%，对基础设施的需求占全球市场的29%，这说明市场空间非常广阔。很多国家的工业化程度不高，基础建设落后，无论是交通、能源、设备需求等都需要不断的建设发展，这给中国装备制造业的发展带来了巨大市场空间。

**2. 沿线产业投资合作促进各国深度融合**

与沿线国家之间的合作，特别是装备制造业的投资与合作，是促进沿线各国的经济融合和工业化进程。中国将沿着各国产业转型升级的趋势，鼓励中国装备制造业企业向国外投资和创业。有条件的国内企业可以合作投资建设相关工业园区，或在国外建立研发中心，充分利用中国科技和人力资源，促进产业升级和就业率，提高装备制造企业的实力。

**3. 沿线技术需求为中国制造技术溢出提供有利条件**

“一带一路”的沿线国家大多正处于经济萧条的中间地带。国家和地区之间的发展差距越大，潜力就越大。目前，沿线的许多发展中国家渴望搭乘中国经济快车，来强化制造业技术。中国经过多年的发展，装备制造业正变得成熟，已经有竞争力较强的新技术和新产品，同时，国内的一些关键领域的制造技术已经完全从原有的依赖进口到主动出口的转变，中国制造的技术将会不断强大。

## （三）“走出去”为中国装备制造业健康发展注入动力

**1. 通过“走出去”化解装备制造业过剩产能**

过去几年，中国面临吸收产能过剩的巨大压力，产能过剩成为中国经济运行中需要解决的重大问题。2015 年随着“一带一路”倡议的发布，中国工业经济发展总体进入新局面，经济增长放缓，国内产能过剩有了新的消化途径，显著加快中国过剩产能的“走出去”步伐，并大力推动中国包括装备制造业的产业转型升级。

**2. 凭借“走出去”倒逼装备制造业提质增效**

中国装备制造业的发展始终存在着“大而不强”“大而不优”的问题，通过“一带一路”倡议的部署，鼓励企业“走出国门”，向国际市场领域拓宽，同有实力有先进技术的外企竞争，激烈的市场竞争会不断激励中国的装备企业提高自身技术水平、产品质量等核心力量，不仅有助于克服当前经济低迷带来的负面影响，也将推动中国装备制造业从低端产业链向高端产业发展，帮助中国尽快在世界装备制造业力量矩阵中发挥作用。

**3. 依靠“走出去”扭转中国装备制造业的国际形象**

长期以来，成本优势一直是中国装备制造业的主要竞争优势，因此，劳动密集型、低附加值和低技术含量的产品出口，使中国在国际市场上形成了制造产品质次价低的不良声誉。当前，迫切需要通过一些高端装备制造产业“走出去”来改变国际市场对中国制造的负面认知。高铁、地铁、核电、工程机械、武器装备等高端装备产业的“走出去”，将使国际市场转变对中国装备制造业的陈旧印象。①

## 五　中德智能制造合作开启新篇章

2016 年，工业和信息化部根据《中德合作行动纲要：共塑创新》和《推动中德企业开展智能制造和生产过程网络化合作的谅解备忘录》，围绕立机制、推并购、建园区、选试点、促交流等方面开展了一系列工作，两国合作成果显著。

### （一）中德智能制造合作进展与成效

中德合作不断取得新进展，确立了政府搭台、企业主体、产学研共同参与的合作机制，形成了以智能制造为切入点、多领域合作齐头并进的良好态势，为进一步推动务实合作奠定了坚实基础。

**1. 园区合作迈出新步伐**

据统计，2016 年我国企业对德投资约为 130 亿美元，收购德企 56 家，投资一半以上流入德国装备制造业和机械制造业，在一定程度上推动技术转移和经验获取，为落实《中国制造 2025》奠定了良好的技术基础。中国江苏太仓、广东揭阳、四川蒲江、安徽芜湖建立了中德中小企业合作区，已初步形成两国中小企业区域聚集带，为构建智能制造产业生态体系奠定了扎实的基础。

**2. 中德贸易进入新高度**

德国联邦统计局的数据显示，中国在 2016 年超过美国和法国，成为德国最重要的贸易伙伴。根据德国统计机构的统计，2015 年德国和中国的交易额达 1700 亿欧元（约合 1800 亿美元）。据中国海关总署统计，中国与德国的贸易额在 2016 年达到 991 亿殴元（合 1440 亿美元），同比增长 2.60%。截至

---

① 《“一带一路”助推装备制造业“走出去”》，赛迪智库，2015 年 10 月 29 日，http://mp.weixin.qq.com/s/qOW0zuWtovfVDZAIFJWLvg。

2016 年底，中国向 9394 个德国项目进行投资，总值达 281.80 亿美元。

**3. 多路并进推动两国交流不断深入**

2016 年，两国装备制造企业联合召开了中德智能制造企业家大会、中德制造业峰会、《中国制造 2025》对话德国“工业 4.0”大会、中德 CPS 技术合作论坛等多个交流对接活动，加深了两国企业界的相互了解，为两国企业开展业务提供了平台，助力《中国制造 2025》与德国“工业 4.0”对接。

## （二）中德智能制造合作愿景

**1. 加强中德合作促进产业标准互联互通**

深入开展标准化合作，推动建立自主可控智能制造产业标准。继续推动中德智能制造标准化工作组在智能制造标准体系、功能安全与信息安全、无线通信等现有合作领域，继续深入研究探索，促进两国标准互联互通。引导智能制造标准化工作组通过标准研制、测试床搭建、标准互认等合作，研究学习德方技术标准优势，立足于我国产业发展实际，研制自主可控的智能制造产业标准。

**2. 推动园区建设促进区域经济可持续发展**

持续推进中德产业园区合作，实现区域经济可持续发展。鼓励广东揭阳、沈阳铁西、四川蒲江等中德产业园区，引进匹配当地产业、技术含量高的德国智能制造企业入驻园区，推动当地经济结构调整，促进产业协调发展。同时，加强对当地劳动力培训，为园区产业发展提供人力资源支撑，实现经济、社会的可持续发展。

**3. 组织联合研究促进智能技术发展新模式**

组织开展联合研究，推动制造业与互联网融合产业发展。推动中德智能制造研究机构对接，围绕信息物理系统、工业软件、工业云、工业大数据和工控安全等领域开展联合研究，共享核心研究成果，提升行业系统解决方案能力，打造制造业与互联网融合发展新模式，共同开发第三方市场。[①]

---

① 《中德智能制造合作开启新篇章》，中国信通院，2017 年 4 月 21 日，http://mp.weixin.qq.com/s/SaAoRpEwntJ6aItEp692Mw。

## 参考文献


曹雨平：《如何应对“中国制造 2025”》，《中国教育报》2015 年 7 月 16 日。

国家制造强国建设战略咨询委员会：《中国制造 2025 蓝皮书》，2017，第 51～85 页。

胡鞍钢、周绍杰、任皓：《供给侧结构性改革——适应和引领中国经济新常态》，《清华大学学报》2016 年第 2 期，第 31 卷。

安筱鹏：《服务化引领高端化制造强国的必由之路》，《中国信息化》2015 年第 9 期，第 7～10 页。

# B.13

# “一带一路”助推中国装备制造业“走出去”

李亚亚　王　健　李靖怡*

摘　要：本报告首先介绍了“一带一路”倡议的发展背景，建设的五大方向和合作框架，然后主要分析了“一带一路”倡议在沿线国家装备制造业领域的发展现状、面临的问题及解决问题的对策。由分析可知，“一带一路”沿线国家在装备制造业领域的进出口额占全球装备制造业总贸易额的较大比重，其中东南亚地区贸易表现最活跃，电机、电气设备为主要贸易产品。中国为“一带一路”沿线国家主要贸易合作伙伴，其中央企为对外投资的主力，民营企业对沿线国家的投资额也在逐渐增长。但是，中国装备制造业在“走出去”时也面临着贸易机制滞后、人民币跨境结算困难、企业人才和品牌影响不足等问题。从国家层面上，要健全贸易合作机制，完善海外金融体系；从企业层面上，要扩大企业品牌影响力，培养国际化人才。

关键词：“一带一路”　“走出去”　装备制造业

* 李亚亚，助理研究员，机械工业经济管理研究院产业经济研究所副所长，主要从事产业经济、国际贸易、政府采购方面研究；王健，研实员，现任职于机械工业经济管理研究院产业经济研究所；李靖怡，首都经济贸易大学工商管理硕士，主要从事国际会计、国际贸易方面研究。

## 一 “一带一路”概述

### （一）“一带一路”的提出背景

“一带一路”是一项造福世界各国人民的伟大事业。在经济社会快速发展、全球各国利益纽带更加密切的大背景下，2013年，中国提出共建“丝绸之路经济带”和“21世纪海上丝绸之路”（以下简称“一带一路”）两个重大倡议，这项倡议自提出以来得到了社会的广泛关注以及相关国家的高度重视。“一带一路”借鉴了中国古丝绸之路贸易往来的历史文化，再融合现代可持续发展的诸多元素，既是维护我国主张开放型世界经济的概念和坚持和谐包容互利共赢的原则，也是加深与相关国家的合作往来，实现共同繁荣的合作共赢之路。①

### （二）“一带一路”的规划蓝图

根据新形势下推进国际产能合作的需要，结合古丝绸之路历史文化的走向，提出了“六廊六路多国多港”的合作框架，给“一带一路”提供了清晰的导向。②

## 二 “一带一路”沿线国家装备制造业发展现状

### （一）“一带一路”沿线国家在全球装备制造业贸易中的总体格局

**1. 从总体看，“一带一路”沿线国家装备制造业进出口占全球比重较高**

“一带一路”沿线64个国家（不包括中国），总人口约为32.13亿人，

---

① 国家发展改革委、外交部、商务部：《推动共建丝绸之路经济带和21世纪海上丝绸之路的愿景与行动》，2015年3月，http://fec.mofcom.gov.cn/article/fwydyl/zcwj/201511/20151101193007.shtml。

② 推进“一带一路”建设工作领导小组办公室：《共建“一带一路”：理念、实践与中国的贡献》，2017年5月，http://mp.weixin.qq.com/s/U0qRnE8U6TBCFWFdocIfHw。

占全球人口总数的44.20%；2016年，沿线64国装备制造业出口总额为1.07万亿美元，占世界装备制造业出口总额的16.04%；进口总额为1.40万亿美元，占世界装备制造业进口总额的20.81%；沿线64国装备制造业进出口总额为2.47万亿美元，占世界装备制造业进出口总额的18.45%，较2015年同比增长0.25%（见图1和图2）。

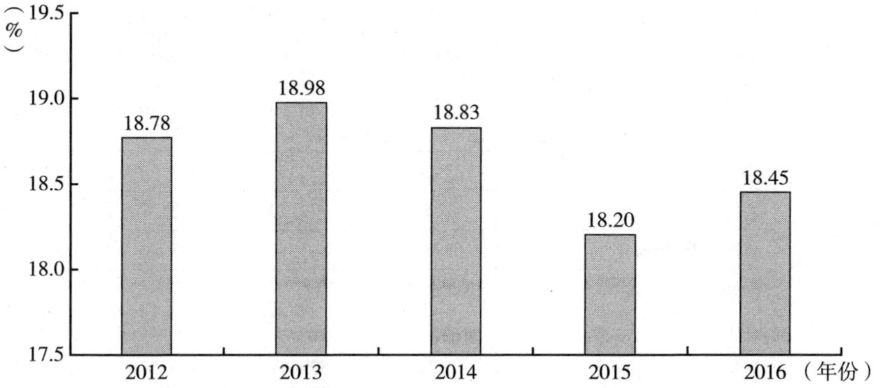


**图1　2012～2016年“一带一路”沿线64国装备制造业进出口占全球比重**

**2. 东南亚地区装备制造业贸易活动最为活跃**

从沿线不同地区装备制造业进出口总额方面看，东南亚地区在2016年表现得最为活跃，其进出口总额占沿线64个国家的42.39%，贸易量高达10491.09亿美元，紧随其后的是东欧地区，进出口总额占比为35.61%，贸易总量为8812.66亿美元，其次是西亚北非地区，进出口总额占比为14.30%，贸易总量为3537.21亿美元。

单从进口方面看，东南亚地区以5065.04亿美元的进口额位居榜首，其次是东欧地区，为4893.56亿美元，第三为西亚北非地区，为2712.02亿美元。从出口方面看，与进口额区域分布相似，东南亚地区也以5426.05亿美元的出口量位居“一带一路”区域第一，其次为东欧地区，出口额3919.10亿美元，西亚北非地区出口额为825.19亿美元（见表1）。

**3. 新加坡、泰国、越南装备制造业进出口在沿线64国居前三名**

从“一带一路”沿线各个国家装备制造业与全球进出口总额看，2016

**表1　2016年“一带一路”沿线64国装备制造业进出口情况**

| 区域 | 国家 | 人口（万人） | 进口额（亿美元） | 出口额（亿美元） | 进出口总额（亿美元） |
|---|---|---|---|---|---|
| 东亚(East Asia)1国 | 蒙古(Mongolia) | 301.40 | 9.91 | 0.31 | 10.22 |
| | 区域小计 | 301.40 | 9.91 | 0.31 | 10.22 |
| 东南亚(Southeast Asia)11国 | 东帝汶(Timor-Leste) | 118.70 | 1.87 | 0.02 | 1.89 |
| | 菲律宾(Philippines) | 10419.5 | 438.40 | 388.64 | 827.03 |
| | 柬埔寨(Cambodia) | 1577.60 | 33.21 | 5.39 | 38.60 |
| | 老挝(Lao People's Democratic Republic) | 716.30 | 22.24 | 4.20 | 26.44 |
| | 马来西亚(Malaysia) | 3152.30 | 822.50 | 908.94 | 1731.44 |
| | 缅甸(Myanmar) | 5225.40 | 72.22 | 2.77 | 74.99 |
| | 泰国(Thailand) | 6898.10 | 841.30 | 1025.96 | 1867.26 |
| | 文莱(Negara Brunei Darussalam) | 42.30 | 9.62 | 3.13 | 12.75 |
| | 新加坡(Singapore) | 558.40 | 1529.59 | 1920.57 | 3450.16 |
| | 印度尼西亚(Indonesia) | 25880.20 | 461.36 | 207.32 | 668.68 |
| | 越南(Vietnam) | 9263.70 | 812.91 | 958.50 | 1771.40 |
| | 区域小计 | 63852.50 | 5065.04 | 5426.05 | 10491.09 |
| 南亚(South Asia)8国 | 阿富汗(Afghanistan) | 3273.90 | 13.85 | 0.10 | 13.95 |
| | 巴基斯坦(Pakistan) | 18987 | 146.24 | 4.61 | 150.85 |
| | 不丹(Bhutan) | 79.10 | 2.16 | 0.02 | 2.18 |
| | 马尔代夫(Maldives) | 35.40 | 6.22 | 0.00 | 6.23 |
| | 孟加拉国(Bangladesh) | 16151.30 | 109.98 | 2.54 | 112.52 |
| | 尼泊尔(Nepal) | 2875.80 | 19.22 | 0.12 | 19.35 |
| | 斯里兰卡(Sri Lanka) | 2125.20 | 54.64 | 6.38 | 61.02 |
| | 印度(India) | 130971.30 | 906.36 | 459.31 | 1365.67 |
| | 区域小计 | 174499 | 1258.69 | 473.08 | 1731.76 |
| 中亚(Central Asia)5国 | 哈萨克斯坦(Kazakhstan) | 1794.70 | 95.12 | 7.08 | 102.19 |
| | 吉尔吉斯斯坦(Kyrgyzstan) | 605.90 | 8.78 | 1.69 | 10.47 |
| | 塔吉克斯坦(Tajikistan) | 865.50 | 7.42 | 0.04 | 7.46 |
| | 土库曼斯坦(Turkmenistan) | 546.30 | 23.66 | 2.44 | 26.10 |
| | 乌兹别克斯坦(Uzbekistan) | 3134.30 | 38.06 | 0.90 | 38.95 |
| | 区域小计 | 6946.70 | 173.03 | 12.14 | 185.17 |

续表

| 区域 | 国家 | 人口（万人） | 进口额（亿美元） | 出口额（亿美元） | 进出口总额（亿美元） |
|---|---|---|---|---|---|
| 西亚北非（West Asia and North Africa）19 国 | 阿联酋（The United Arab Emirates） | 985.60 | 116.23 | 40.29 | 156.52 |
| | 阿曼（Oman） | 395.70 | 82.87 | 33.63 | 116.49 |
| | 阿塞拜疆（Azerbaijan） | 949.20 | 28.48 | 0.84 | 29.32 |
| | 埃及（Egypt） | 9020.30 | 159.27 | 18.70 | 177.97 |
| | 巴勒斯坦（Palestine） | 2699.70 | 3.51 | 0.02 | 3.52 |
| | 巴林（Bahrain） | 131.90 | 41.56 | 2.53 | 44.08 |
| | 格鲁吉亚（Georgia） | 367.80 | 22.27 | 2.55 | 24.82 |
| | 卡塔尔（Qatar） | 257.80 | 146.15 | 3.52 | 149.66 |
| | 科威特（Kuwait） | 422.50 | 131.59 | 11.93 | 143.52 |
| | 黎巴嫩（Lebanon） | 459.70 | 39.79 | 3.71 | 43.50 |
| | 沙特阿拉伯（Saudi Arabia） | 3201.30 | 573.60 | 68.16 | 641.76 |
| | 土耳其（Turkey） | 7855.90 | 752.50 | 424.71 | 1177.21 |
| | 叙利亚（Syria） | 341.80 | 8.07 | 0.07 | 8.14 |
| | 亚美尼亚（Armenia） | 299.10 | 6.44 | 0.68 | 7.12 |
| | 也门（Yemen） | 2913.20 | 9.05 | 0.04 | 9.09 |
| | 伊拉克（Iraq） | 3606.70 | 85.09 | 0.18 | 85.27 |
| | 伊朗（Iran） | 8046 | 186.03 | 1.73 | 187.76 |
| | 以色列（Israel） | 852.80 | 268.96 | 199.83 | 468.79 |
| | 约旦（Jordan） | 697.60 | 50.58 | 12.10 | 62.67 |
| | 区域小计 | 43504.60 | 2712.02 | 825.19 | 3537.21 |
| 东欧（Eastern Europe）20 国 | 阿尔巴尼亚（Albania） | 288.50 | 11.46 | 0.98 | 12.44 |
| | 爱沙尼亚（Estonia） | 131.20 | 63.16 | 53.46 | 116.62 |
| | 白俄罗斯（Belarus） | 945.10 | 62.50 | 43.04 | 105.54 |
| | 保加利亚（Bulgaria） | 712.60 | 84.53 | 58.33 | 142.87 |
| | 波斯尼亚和黑塞哥维那（Bosnia and Herzegovina） | 385.40 | 20.49 | 7.82 | 28.32 |
| | 波兰（Poland） | 3800.30 | 740.81 | 808.35 | 1549.16 |
| | 俄罗斯（Russian Federation） | 14630 | 803.17 | 160.26 | 963.44 |
| | 黑山（Montenegro） | 62.30 | 6.12 | 0.35 | 6.47 |
| | 捷克（Czech Republic） | 1056.10 | 687.74 | 958.43 | 1646.17 |
| | 克罗地亚（Croatia） | 420.40 | 61.19 | 34.36 | 95.55 |
| | 拉脱维亚（Latvia） | 197.60 | 45.06 | 29.23 | 74.29 |
| | 立陶宛（Lithuania） | 287.50 | 81.04 | 54.30 | 135.35 |

续表

| 区域 | 国家 | 人口（万人） | 进口额（亿美元） | 出口额（亿美元） | 进出口总额（亿美元） |
|---|---|---|---|---|---|
| 东欧（Eastern Europe）20国 | 罗马尼亚(Romania) | 1986.90 | 300.91 | 313.28 | 614.19 |
| | 马其顿(Macedonia) | 207.60 | 15.39 | 13.49 | 28.88 |
| | 摩尔多瓦(Moldova) | 355.30 | 9.32 | 3.54 | 12.85 |
| | 塞尔维亚(Serbia) | 713.20 | 51.55 | 45.56 | 97.11 |
| | 斯洛伐克(Slovakia) | 541.80 | 394.35 | 487.48 | 881.83 |
| | 斯洛文尼亚(Slovenia) | 206.50 | 113.83 | 134.66 | 248.49 |
| | 乌克兰(Ukraine) | 4250.10 | 859.60 | 78.14 | 937.74 |
| | 匈牙利(Hungary) | 983.50 | 481.33 | 634.03 | 1115.36 |
| | 区域小计 | 32161.90 | 4893.56 | 3919.10 | 8812.66 |
| 64国总计 | | 321266.10 | 14008.62 | 10739.06 | 24747.68 |

资料来源：Trademap、联合国统计局。由于国际数据资料细分程度限制，以上装备制造业进出口数据取HS编码前两位，范围为84~91，由此统计出的数据结果较精确结果相对偏高。

年，新加坡进出口总额最高，达到3450.16亿美元；其次是泰国，进出口总额为1867.26亿美元；越南排名第三，进出口总额为1771.40亿美元；紧随其后进出口总额高于1500亿美元的国家分别是马来西亚、捷克、波兰。

从各国装备制造业出口情况看，新加坡对外出口额最高，达1920.57亿美元，新加坡之后出口额超过900亿美元的国家依次为泰国、越南、捷克、马来西亚。

从装备制造业进口情况看，新加坡进口额最高，达1529.59亿美元，新加坡之后进口额超过800亿美元的国家依次为印度、泰国、马来西亚、越南、俄罗斯。沿线64国中进出口总额排名前10名的国家（见图2）。

**4．“电机、电气设备及其零件等”是沿线装备制造业主要贸易产品**

从出口看，“电机、电气设备及其零件等”是“一带一路”沿线64国装备制造业出口额最高的产品。此类产品在2016年出口额是4686.7亿美元，占同年沿线64国装备制造业产品对外出口总额的43.97%，也是全部装备制造业产品出口增幅最大的产品，同比增幅为4.63%；其次是“核反应堆、锅炉、机器、机械器具及零件等”，占比为26.79%，出现小幅下降，降幅为1.82%。

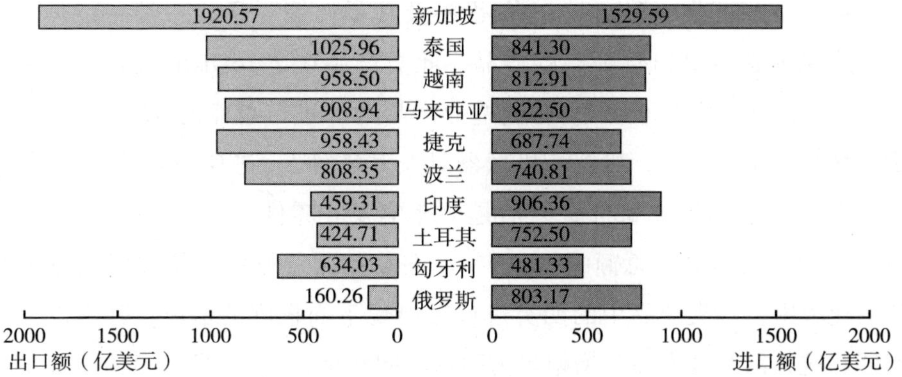


**图2　2016年"一带一路"沿线国家装备制造业进出口总额前10名国家**

在装备制造业各产品出口额与2015年的比较中，仅有"电机、电气设备及其零件等""精密仪器及零件""轨道交通车辆、机械及零件等"出现低速增长，其余产品的出口额均出现不同程度的下降，其中以"船舶及浮动结构体"降幅最为明显，同比下降24.15%。"一带一路"沿线64国装备制造业出口从八类装备制造业产品上看，三类同比上升，五类同比下降，整体呈下降趋势；从所有产品出口总额上看较2015年小幅上升（见图3）。

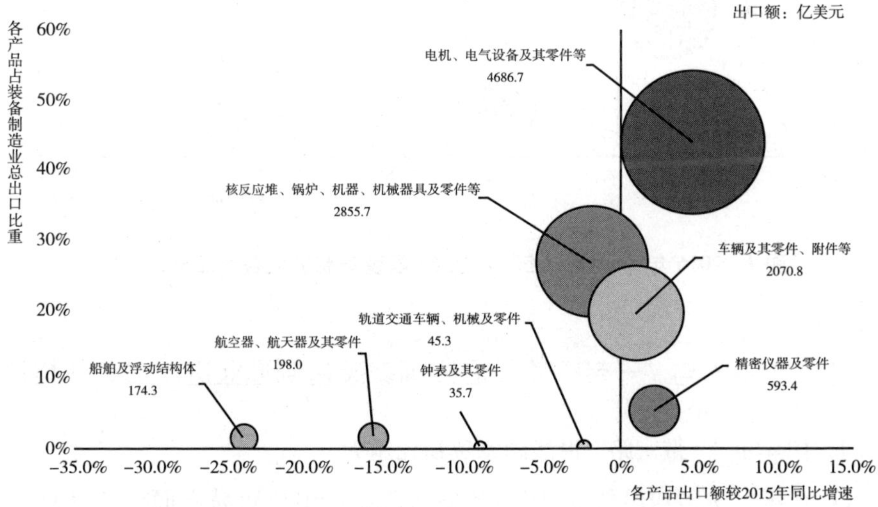


**图3　2016年"一带一路"沿线64国装备制造业各产品出口情况**

从进口方面看，“电机、电气设备及其零件等”是“一带一路”沿线64国装备制造业进口额最高的产品，此类产品在2016年出口额是5337.1亿美元，占同年沿线64国装备制造业产品对外进口总额的37.87%；其次为“核反应堆、锅炉、机器、机械器具及其零件”，进口额是4583.9亿美元，占进口总额的32.53%，之后是“车辆及其零件、附件等”，进口额是2409亿美元，占进口总额的17.09%。在装备制造业各产品进口额与2015年的比较中，八类产品中的四类进口额出现不同程度的增长，其中以“航空器、航天器及其零件”增幅最为明显，同比增长17.34%，其余产品的进口额较2015年相对稳定。“一带一路”沿线64国装备制造业进口整体呈小幅增长趋势（见图4）。

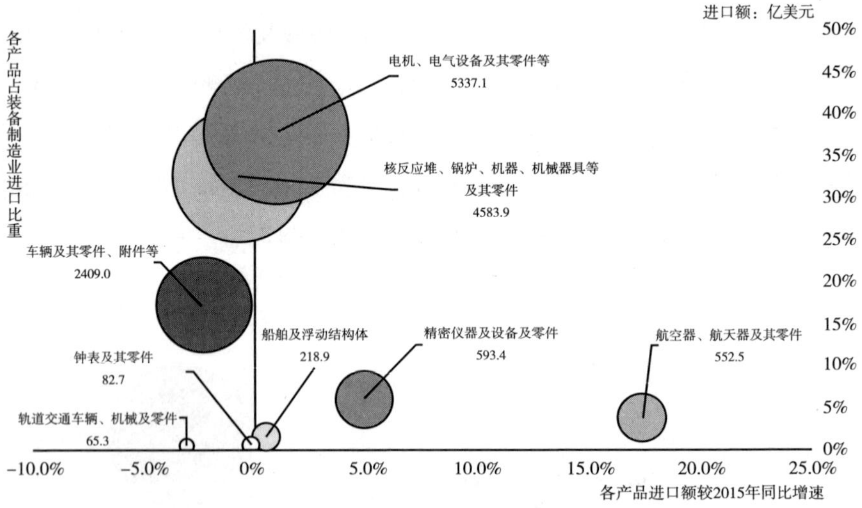


**图4　2016年“一带一路”沿线64国装备制造业各产品进口情况**

## （二）中国与“一带一路”沿线国家装备制造业进出口总体格局

**1. 中国与“一带一路”沿线国家贸易比重大**

2016年，中国与沿线64国在装备制造业进出口贸易方面，贸易总量达3740.37亿美元，占中国与全球进出口贸易总量的20.51%，此比重较2015

年同比上升0.96个百分点。由于国际市场大宗商品价格下降、全球贸易发展徘徊低迷及全球经济改善迟缓等因素的影响，贸易比重虽呈现上涨趋势，但中国与沿线64国的装备制造业进出口总额相比2015年下滑了1.55个百分点。从装备制造业进出口情况看，2012～2016年，中国与沿线64国装备制造业的进出口顺差额整体呈上升趋势，2012～2015年顺差额以年均增速10.08%的速度稳定增长，从1122亿美元增长到1495亿美元；2016年顺差额出现首次下降，为1388亿美元，相比2015年减少了107亿美元，同比下降1.55%（见图5）。

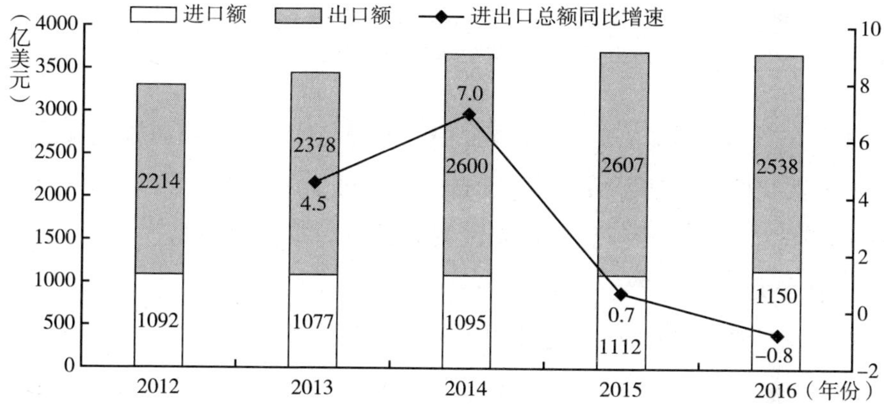


**图5　2012～2016年中国与“一带一路”沿线64国装备制造业进出口贸易情况**

从装备制造业出口情况看，2016年中国向沿线64国出口2589.91亿美元，同比下滑3.60%。中国对沿线64国出口额占中国对全球出口总额的24.24%，相比2015年上升0.91个百分点。2012年以来一直呈现稳定增长态势，2016年达到近年来的高位。从装备制造业进口情况看，2016年中国从沿线64国进口总量达1150.46亿美元，相比2015年增长了3.44%。中国对沿线64国进口额占中国对全球出口总额的15.23%，相比2015年上升1.19个百分点。自2012～2013年此比重出现短暂下降以后，2013年以来一直呈现稳定增长态势，2016年达到近年来的高位（见图6）。

中国与沿线64个国家装备制造业进出口贸易方面，2016年中国与61

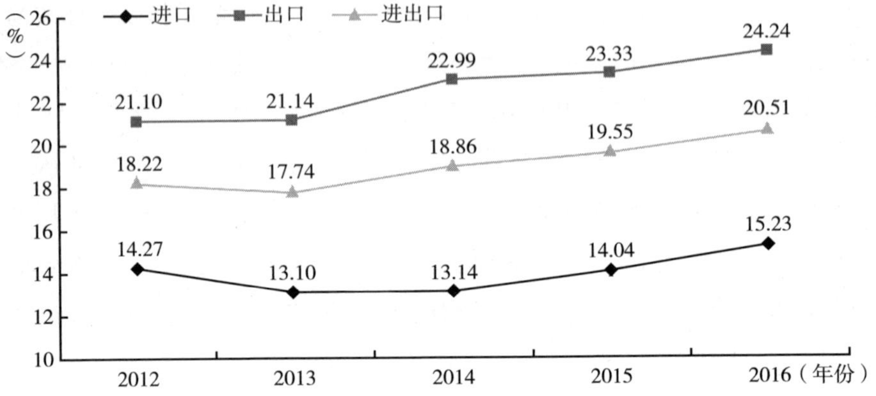


**图6　2012～2016年中国与“一带一路”沿线64国装备制造业进出口占中国与全球装备制造业进出口比重**

个国家存在贸易顺差。在这61个国家中，中国与印度的进出口顺差额最大，顺差总额为295.97亿美元；除61个顺差国以外，中国还与3个国家存在贸易逆差，依次为马来西亚、菲律宾、泰国，与马来西亚贸易逆差最大，为207.59亿美元（见图7）。

**2. 中国是沿线国家的主要进出口市场**

2016年中国与“一带一路”沿线装备制造业进出口总额前十名贸易伙伴依次为：马来西亚（520.37亿美元）、新加坡（379.96亿美元）、越南（378.76亿美元）、泰国（365.32亿美元）、印度（320.55亿美元）、菲律宾（228.73亿美元）、俄罗斯（168.57亿美元）、印度尼西亚（151.07亿美元）、阿联酋（128.58亿美元）、波兰（94.73亿美元）。以进出口总额前三名为例，从出口额方面看，中国是马来西亚、新加坡的第二出口目的国，是越南第三出口目的国。从进口额方面看，中国是沿线主要国家的重要进口市场。以进出口总额前三名为例，中国是马来西亚、新加坡、越南三国的第一进口市场。

**3. “电机、电气设备及其零件等”是进出口最多的产品**

从中国对沿线64国装备制造业出口方面看，出口额最高的产品是“电机、电气设备及其零件等”，达1170亿美元，较2015年微降0.72%。出口额第二位的产品是“核反应堆、锅炉、机器、机械器具及其零件”，出口额

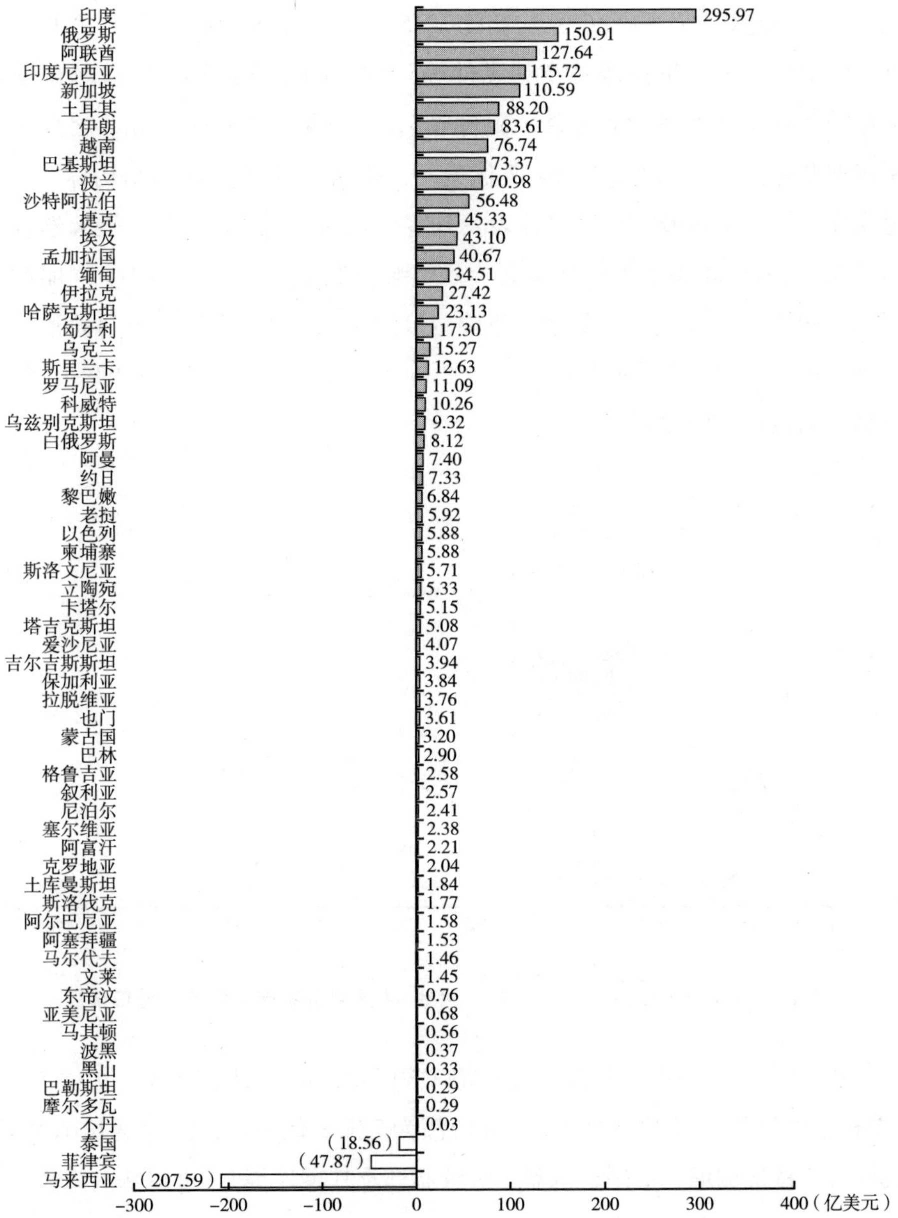


**图7　2016年中国与“一带一路”沿线64国装备制造业进出口顺差和逆差**

是919.9亿美元，降幅为0.72%，除“航空器、航天器及其零件”出口额呈现上升态势以外，剩余产品均相比2015年呈现不同程度的下滑，“核反应堆、锅炉、机器、机械器具及其零件等”的下降幅度最小。出口额位于第三位的产品是“车辆及其零件、附件等”，出口额为190亿美元，之后是精密仪器及零件”，出口额为167.7亿美元；剩余“船舶及浮动结构体”“轨道交通车辆、机械及零件”“钟表及其零件”，以及“航空器、航天器及其零件”，出口额均小于100亿美元。八类装备制造业出口产品中，“船舶及浮动结构体”出口额下滑最快，下降幅度达到33.72%；其次为“轨道交通车辆、机械及零件”，下降17.89%；“钟表及其零件”下降13.09%；其他产品降幅均在10%以内（见图8）。

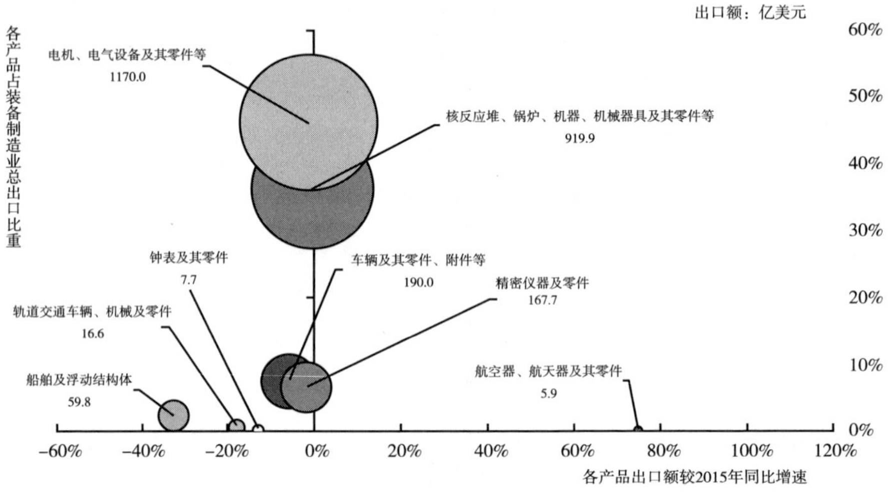


**图8 2016年中国向“一带一路”沿线64国装备制造业各产品出口情况**

从中国自沿线64国装备制造业进口方面看，进口额位于第一位的产品是“电机、电气设备及其零件等”，进口额为771.8亿美元，同比增长1.59%；其次为“核反应堆、锅炉、机器、机械器具及其零件等”，进口额为232.9亿美元；其他产品进口额均小于100亿美元。八类装备制造业产品中，“船舶及浮动结构体”进口额下滑最快，降幅达55.59%；其次为“轨道交通车辆、机械及零件”，下降9.83%，“核反应堆、锅炉、机器、机械器具及其零件等”

下降1.50%。其他产品均呈现不同程度增长，其中“航空器、航天器及其零件”增幅最大，达到32.67%；“车辆及其零件、附件等”增长28.72%；“精密仪器及零件”增长26.22%；“钟表及其零件”增长14.23%（见图9）。

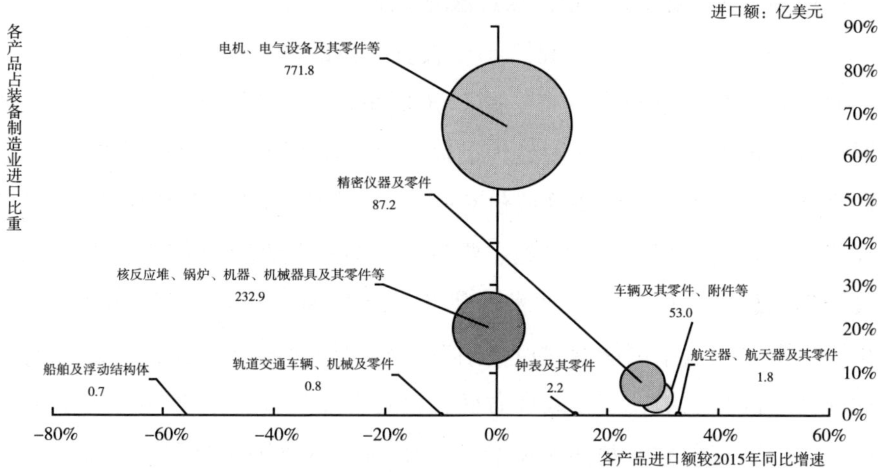


**图9　2016年中国向“一带一路”沿线64国装备制造业各产品进口情况**

## （三）中国对“一带一路”沿线国家的投资情况

### 1. 中国对“一带一路”沿线国家投资力度稳中有进

2016年，中国企业共对“一带一路”沿线的53个国家进行了非金融类直接投资145.30亿美元，占同期总额的8.50%，主要流向新加坡、印度尼西亚、印度、泰国、马来西亚等国家和地区。对外承包工程方面，2016年中国企业在“一带一路”沿线61个国家新签对外承包工程项目合同8158份，新签合同额1260.30亿美元，占同期中国对外承包工程新签合同额的51.60%，同比增长36.00%；完成营业额759.70亿美元，占同期总额的47.70%，同比增长9.70%。[①] 中国企业对外投资的同时，也在不断优化外

① 商务部对外投资和经济合作司：《2016年对“一带一路”沿线国家投资合作情况》，“走出去”公共服务平台，2017年1月19日，http://fec.mofcom.gov.cn/article/fwydyl/tjsj/201701/20170102504239.shtml。

商对内投资环境，吸引更多的沿线国家企业来华投资。2016 年 1～11 月份，沿线国家对华投资新设立企业 205 家，同比增长 34.10%，实际投入外资 70.60 亿美元。①

**2. 中国企业“走出去”重点项目落地实施**

（1）央企成为“一带一路”沿线投资建设的主力军。

通过对央企公布的“一带一路”进展情况的整理分析，可以发现设施联通领域的投资项目发展速度最为迅猛。设施联通方面，交通设施主要包括中国交通建设集团、中国中铁股份有限公司、中国核工业建设集团公司、招商局集团有限公司等；能源设施主要包括中国核工业建设集团公司、国家电力投资集团公司、中国通用技术（集团）控股有限责任公司、中国电力建设集团有限公司、中国能源建设集团有限公司等；通信联通设施主要包括中国联通和中国移动等；贸易联通方面，投资合作较多，主要包括中国中钢集团公司、中国有色矿业集团有限公司、中国铁道建筑总公司（见表 2）；双边贸易方面主要包括中石油天然气集团公司和中国中车集团公司。

**表 2 “一带一路”国企“走出去”情况**

| 一级分类 | 二级分类 | 企业名称 | 主要项目 |
|---|---|---|---|
| 设施联通 | 交通设施 | 中国交通建设集团 | 瓜达尔港、泽蒙－博尔察大桥、槟城二桥、塔乌公路、喀喇昆山公路、蒙内铁路 |
| | | 中国电力建设集团有限公司 | 凯塔公路工程二期项目、塔吉克公路、赤几吉布洛上游调蓄水库 |
| | | 招商局集团有限公司 | 科伦坡国际集装箱码头（CICT）、尼日利亚庭堪国际集装箱码头（TICT）、多哥洛美集装箱码头（LCT）、澳洲纽卡斯尔港、土耳其 Kumport 集装箱码头 |
| | | 中国铁路物资（集团）总公司 | 巴基斯坦拉合尔项目 |

① 商务部：《2016 年 1～12 月全国吸收外商直接投资情况》，2017 年 2 月 4 日，http://www.mofcom.gov.cn/article/tongjiziliao/v/201702/20170202509836.shtml。

续表

| 一级分类 | 二级分类 | 企业名称 | 主要项目 |
| --- | --- | --- | --- |
| 设施联通 | 交通设施 | 中国中铁股份有限公司 | 特拉维夫轻轨、埃塞俄比亚铁路、乌兹别克斯坦铁路、斯里兰卡南部铁路、吉隆坡地铁、基甘伯尼大桥、帕德玛大桥 |
| | | 中国通用技术(集团)控股有限责任公司 | 斯里兰卡南部铁路项目 |
| | | 中国铁道建筑总公司 | 厄瓜多尔昆卡市市政公路项目、埃塞俄比亚至吉布提"吉亚铁路"、塔吉克斯坦共和国"瓦赫达特－亚湾"铁路项目 |
| | | 中国建筑工程总公司 | 阿尔及利亚南北高速公路项目、斯里兰卡南部高速延长线第三标段项目、巴基斯坦卡拉奇－拉合尔高速公路项目 |
| | | 中国建筑设计研究院 | 吉尔吉斯斯坦卡拉奇－拉合尔高速公路(苏库尔－木尔坦段)项目 |
| | | 中国化工集团公司 | "风神号"郑欧专列 |
| | | 中国核工业建设集团公司 | 东帝汶拉克鲁巴－纳塔博纳道路升级及维护项目、格鲁吉亚E－60高速公路项目、老挝塔銮湖经济专区桥梁工程 |
| | | 中国铁路通信信号集团公司 | 中国通信信号蒙内项目、雅万高铁、巴基斯坦铁路信号改造工程(24站)、阿卡铁路 |
| | 能源设施 | 中国核工业建设集团公司 | 巴基斯坦恰希玛核电站3号机组、巴基斯坦法蒂玛120MW联合电站项目、马来西亚RAPID P5 SCC项目、东帝汶国家电网工程输电线路铁塔 |
| | | 国家电网公司 | 埃及EETC500千伏输电工程、埃塞俄比亚GDHA500千伏输变电工程 |
| | | 国家电力投资集团公司 | 土耳其第三核电项目、保加利亚政府核电项目、土耳其胡努特鲁2×60万千瓦超临界燃煤电站EPC项目、马耳他DELIMARA3电厂项目 |
| | | 中国机械工业集团有限公司 | 印尼WAMPU水电站 |
| | | 哈尔滨电气集团公司 | 苏丹上阿特巴拉项目、厄瓜多尔500kV输变电项目、土耳其泽塔斯三期2×600MW燃煤电站总承包项目、塔吉克斯坦杜尚别1号机组、厄瓜多尔索普拉多拉3号机组设计制造项目、厄瓜多尔辛克雷水电站第一批4台机组设计制造项目 |
| | | 中国东方电气集团有限公司 | 巴基斯坦卡洛特4×180MW水轮发电机组项目、孟加拉帕亚拉1期超临界发电工程2×660MW锅炉及配套辅机设备采购项目 |

**续表**

| 一级分类 | 二级分类 | 企业名称 | 主要项目 |
|---|---|---|---|
| 设施联通 | 能源设施 | 中国通用技术(集团)控股有限责任公司 | 中技公司阿迪帕拉电站项目、菲律宾普丁巴图1×135MW燃煤电站一期项目、孟加拉巴拉普库利亚2×125MW燃煤电站大修项目、印度尼西亚OKI电站项目、孟加拉甘杰150MW调峰电站项目、印度尼西亚阿迪帕拉电站项目 |
| | | 中国建筑工程总公司 | 迪拜哈翔清洁燃煤电厂一期项目 |
| | | 中国化学工程集团公司 | 格鲁吉亚联合循环电站 |
| | | 中国建材集团有限公司 | 哈萨克斯坦曼吉斯套州5MW光伏电站项目、缅甸敏巫220MW地面光伏电站项目 |
| | | 中国广核集团有限公司 | 法国富锦路上风电项目、英国欣克利角C核电项目 |
| | | 中国中钢集团公司 | 南非TUBATSE 2×15MW狂热路余热发电项目、土耳其ICDAS 2×600MW燃煤电厂项目 |
| | | 中国电力建设集团有限公司 | 巴基斯坦塔帕风电场、科特迪瓦苏布雷225千伏输电线路工程2、马里古伊那水电站、老挝南俄4级水电站项目、埃塞俄比亚水电站、曼维莱水电站、南欧江流域梯级项目 |
| | | 中国能源建设集团有限公司 | 赞比亚国家电力公司签署电力系统改造总承包项目 |
| | | 中国西电集团公司 | 埃塞俄比亚Gibe3水电项目、菲律宾0015电站项目、肯尼亚内罗毕城市广场输电项目、NGCP CEBU－LAPULAPU 138KV GIS变电站成套扩建及输电线路EPC成套项目 |
| | 通信联通 | 中国联合网络通信集团有限公司 | “中国－缅甸国际路缆”工程、“亚－非－欧国际海缆”工程、SMW5海缆项目和APG海缆项目 |
| | | 中国移动通信集团公司 | “牵手计划”合作项目(Hand-in-hand Program) |
| 贸易联通 | 投资合作 | 中国节能环保集团公司 | 孟加拉国砖瓦产业升级及园区建设项目 |
| | | 中国诚通控股集团有限公司 | 格林伍德国际贸易中心 |
| | | 中国中煤能源有限公司 | 澳大利亚哥伦布拉勘探许可区勘探项目 |
| | | 中国黄金集团公司 | 中国黄金集团刚果(布)索瑞米项目 |
| | | 中国中钢集团公司 | 俄罗斯MMK烧结烟气脱硫改造项目、土耳其TOSYALL950mm热轧钢项目、土耳其ISDEMIR 2×6m×65孔焦炉项目、土耳其ISDEMIR烧结机项目、土耳其ISDEMIR高频项目、伊朗SISCO 500万吨带式焙烧团项目 |

续表

| 一级分类 | 二级分类 | 企业名称 | 主要项目 |
|---|---|---|---|
| 贸易联通 | 投资合作 | 中国恒天集团有限公司 | 天虹集团新疆300万锭棉纺项目 |
| | | 中国有色矿业集团有限公司 | 布列斯特生物柴油(脂肪酸甲脂)和欧-5标准柴油炼油厂项目、埃塞俄比亚瓦尔特糖厂项目、塔吉克斯坦帕鲁特金矿项目、图木尔廷-敖包锌矿 |
| | | 北京矿冶研究总院 | 哈萨克斯坦 Kounrad 5kt/a 湿法炼铜扩建项目 |
| | | 中国铁道建筑总公司 | 厄瓜多尔米拉多铜矿项目、厄瓜多尔洋洒洒市医院建设项目 |
| | | 中国林业集团公司 | 俄罗斯10.58万公顷的森林资源采伐、加工和销售;巴布亚新几内亚实施森林资源合作开发项目 |
| | | 新兴际华集团邮箱公司 | 沙特15万吨离心球铸铁管生产线项目 |
| | | 南光(集团)有限公司 | 珠海振戎公司与伊朗国家石油公司2016年原油进口合同 |

资料来源:《"一带一路"梳理丨企业篇》,清华大学社会实践,最后访问时间:2017年5月20日,http://mp.weixin.qq.com/s/l54HQtpjUfXAHnkpx2i2PQ##。

(2)民营企业"走出去"逐渐形成规模。

民营企业主要以工程承包、设立工业园区、设立海外子公司、海外并购等方式进行对外投资发展。

工程承包是最为常见的中国企业"走出去"的模式之一。在建筑工程方面,中国企业具有技术领先、经验丰富及大量人力资本,工程项目承包的范围涵盖咨询、规划、设计、施工、运营等多个环节,带动先进技术、装备、标准、服务、劳务等全产业链输出。工程承包投资案例,例如天沃科技控股子公司中机电力承包建设总额为50亿元人民币的印度尼西亚自备电厂EPC项目;宝鹰股份通过控股子公司印尼宝鹰承包建设总额为1.61亿美元的"钻石"建筑群工程项目;神州长城全资子公司神州国际与武船重工联合承包总额为27亿美元的柬埔寨金边双子大厦世贸中心建设项目等。

设立工业园区一般通过实力较强的民企牵头投建境外产业园,带领更多的企业抱团"走出去"参与"一带一路"建设。截至2016年11月,中国企业已在"一带一路"沿线国家建设了46个境外合作园区,其中23个在东盟国家,共吸引421家中资企业入驻,总投资约213亿美元。

设立海外子公司、海外并购主要目标是实现国内产能转移或者合作获取新发展空间、获取海外优势资源和技术、凭借优势技术品牌实现全球化布局。设立海外子公司、海外并购案例，如上峰水泥与乌兹别克斯坦乔伊丹姆建设公司、浙江同力重型机械制造有限公司共同在乌兹别克斯坦设立上峰友谊之桥合资公司，由合资公司建设运营乌国安集延州的一条日产3200吨熟料年产水泥120万吨的生产线，投资额约1.38亿美元。①

## 三 中国装备制造业“走出去”面临的问题

### （一）国家层面的问题

**1. 贸易合作机制体制滞后**

中国对企业海外项目投资的审批机制体制相对滞后。中国在行政审批、外汇管理及投资审批过程中采取诸多限制，透明度和效率相对缺乏。目前，国家商务部、发改委虽已对海外投资的前置审批体制进行了改革，对大多数海外投资取消项目核准，采取备案管理机制，减少不合理的收费和限制。但是，协助监管机制体制没有及时建立。目前促进国际贸易合作方面的问题，主要体现在两个方面，一是政策分散、政策的执行效果不强、支持力度不够等问题导致监管体制机制的不完善。二是在支持服务体系建设的数据统计监测系统和信息网络服务平台的发展相对滞后，导致政府对海外贸易合作方面的部署和改善受到了阻碍，不利于国家对企业准确快捷的发布风险预警。②

**2. 金融行业境外发展水平低**

（1）人民币境外清算体系结构单一。

目前跨境清算结构单一，很难实现适应长远发展的功能扩展。阻碍境外

① 《“一带一路”梳理·企业篇》，清华大学社会实践，2017年5月20日，http://mp.weixin.qq.com/s/l54HQtpjUfXAHnkpx2i2PQ##。

② 《“一带一路”产能合作发展报告》，皮书数据库，2016年7月，http://www.pishu.com.cn/skwx_ps/databasedetail? SiteID=14&contentId=7235736&contentType=literature&type=&subLibID=。

人民币难以有效地进入内地金融市场的主要问题，一是现今不允许账户透支的全额支付清算，这对参加行清算业务流动性支持缺失，不利于境外参加行的资金头寸管理，提高资金使用率，效率低于外币清算。但如果允许透支进行结算，则容易将境外清算风险传递给境内银行和支付系统，很难形成有效隔离。二是目前安排只能满足跨境交易的基本需求，对于将来长足发展的跨境证券金融交易人民币资金清算及本外币对等支付清算等业务，很难进行功能扩展，难以满足需求。

（2）资金清算系统成本高。

人民币境外清算系统的不健全，导致高额的资金清算成本。由商业银行通过在人民银行开设的账户进行借贷记账完成的境内人民币清算业务，存在垄断性的经营风险和商业银行缺乏内控机制及“一带一路”各国贸易的频发化发展，导致金融行业的竞争环境受到威胁，增加清算系统的成本。另外，当人民币进行清算和流通之后，部门收取费用增高，使客户兑换成本进一步增加，影响人民币在“一带一路”沿线国家所发挥的功能。由于人民币跨境结算代理行设立少，导致“一带一路”背景下人民币的跨境结算方面面临很多问题。①

**3. 国际标准制定参与度低**

参与制定国际标准的水平较低，影响中国企业在海外的经营与发展。首先，缺乏对国际规范和标准的了解；其次，部分国家在基础设施建设领域已经形成固定的技术标准体系和既得利益集团，中国企业的进入面临压力。②

## （二）企业层面的问题

**1. 企业人才国际化水平低**

中国企业人才国际化程度低的问题十分严峻。一方面具有国际经验的经

① 陈子璇:《“一带一路”背景下人民币跨境结算面临的问题及对策》，中国知网，2015年6月15日，http://kns.cnki.net/KCMS/detail/detail.aspx?dbcode=CJFQ&dbname=CJFDLAST2015&filename=XIXY201505069&v=MDY1MjJDVVJMMmZZZWRzRnk3blU3ekpQU1RUZDdHNEg5VE1xbzlEYllSOGVYMUx1eFlTN0RoMVQzcVRyV00xRnI=。

② 《中国企业“走出去”困难与解决建议》，中国贸易金融网，2017年1月12日，http://www.sinotf.com/GB/News/1003/2017-01-12/zMMDAwMDIxODMzMQ.html。

理人人才不足。另一方面中国跨国公司国际化员工水平偏低，不及国际平均值。①

**2. 企业品牌影响力不足**

中国企业品牌的影响力不足，是中国企业“走出去”的重要问题之一。在“2016 年世界品牌 500 强”的排行中，中国仅有 36 个品牌入选，与美国的企业占据 227 位比较相差甚远，在“2016 年度 Brand Z 最具价值全球品牌 100”的榜单中，中国仅上榜 15 个品牌，排名最高的企业“腾讯”仍未进入全球前 10 名。②

**3. 企业“走出去”存在同业竞争**

中国企业“走出去”尚未形成有效的对外投资网络和相互需求网络，没有形成合力。一是中国企业“走出去”迫切需要金融业的大力支持，而中国金融业的国际化速度和覆盖范围远远滞后。二是开拓国际市场难度大，在域外施工的中国企业可能会拒绝使用国内品牌。三是中国企业“走出去”部分行业领域出现同行竞争者盲目竞争的现象，有损整体利益。③

## 四　加快推进中国装备制造业“走出去”的对策及建议

### （一）国家层面对策

**1. 健全与沿线国家贸易合作机制**

第一，加快与沿线国家建立双边和多边的协定，推动与相关国家的双边

① 中国与全球化智库：《中国企业“走出去”困难与解决建议》，中国贸易金融网，2017 年 1 月 12 日，http：//www.sinotf.com/GB/News/1003/2017 - 01 - 12/zMMDAwMDIxODMzMQ.html。

② 中国与全球化智库：《中国企业“走出去”困难与解决建议》，中国贸易金融网，2017 年 1 月 12 日，http：//www.sinotf.com/GB/News/1003/2017 - 01 - 12/zMMDAwMDIxODMzMQ.html。

③ 《“一带一路”产能合作发展报告》，皮书数据库，2016 年 7 月，http：//www.pishu.com.cn/skwx_ps/databasedetail? SiteID = 14&contentId = 7235736&contentType = literature&type = &subLibID = 。

联合协定；第二，构建备案制为主的对外商投资和国际合作的促进体系；第三，在税收、金融等领域给予鼓励和政策支持；第四，加强国际组织间合作，建立以政府为主体的国际产能合作情报平台与网络体系。①

**2. 构建完善的海外金融体系**

（1）拓宽人民币投资渠道。

首先，要健全中国金融市场的相关服务，规范国内金融行业的发展，增强“一带一路”沿线国家对中国相关产业的投资。其次，与各国金融机构合作，使人民币在各国贸易间流通。最后，可增强各国相关政策对金融行业的支持力度，依据中国对国外资本市场人民币的投资限制，使中国人民币在“一带一路”各国境内发挥有效的跨境结算功能。

（2）完善支付清算体系。

首先，可以通过引入民间资本和完善金融系统等形式，完善金融行业已有的支付清算体系。其次，作为促进贸易发展的金融行业，有必要深化改革，完善支付清算制度，升级支付系统，简化银行间复杂的清算制度和结算操作。②

（3）发挥不同融资渠道的作用。

首先，可以充分利用投资、贷款和债券等融资渠道发挥作用。可以吸引各类投资基金参与风险较大并且预期收益较高的项目，也可在丝路基金、东盟基金、中东欧基金及私人股权投资基金等领域发挥更大作用；风险较低的项目可依靠贷款；稳定收入预期的项目，可以通过债券市场调动分散的私人资金。其次，应不断创新融资模式，充分利用不同融资渠道的优势，适应“一带一路”建设的多样化需求。特别是能够使得银行与投资机构在利益共享与风险共担上，共同提供融资支持的有效的投贷结合模式。

**3. 扩大国际交流构建标准化组织**

首先，建立相关研究机构和体系，参与国际标准提案、活动和会议，加

① 《“一带一路”倡议与中国国际产能合作》，外交观察，2016 年 6 月 28 日，http：//www.faobserver.com/NewsInfo.aspx？id=11927。

② 《跨境人民币结算在“一带一路”背景下的问题和对策》，中国人民银行济南分行营业管理部，2016，http：//www.doc88.com/p-7764592152670.html。

快国际的认可。其次，以“一带一路”为契机，深化与沿线国家地区的标准化双边合作，加深中国国际标准的影响。最后，积极向外方推荐采用中国标准来设计施工，带动中国标准“走出去”。

**4. 加大中国品牌海外推广力度**

首先，加快品牌发展机构建设。通过建立品牌管理机构，增强品牌理念，提高产品品质，扩大企业间交流。其次，打造优质品牌，用品牌形象推广中国形象。最后，建立良好竞争平台，利用国际会展、论坛等活动，加大品牌的海外推广度。

## （二）企业层面对策

**1. 落实“本土化”进程**

首先，在海外企业兼并后，对于企业本土员工，要努力保持原有的企业结构，注重整合文化差异；其次，提高本土采购力度，扶持地方中小企业的产业发展；最后，提高企业社会责任感，通过良好的安全记录和高质量的项目标准，来提高企业的声誉和信誉。

**2. 增强企业国际竞争力，培养和延揽国际化人才**

首先，建立多元化海外用人机制，大力实施“中高级管理人才国际化”的人力资源开发战略。增加国际化人才在高层领导团队的比例，以摆脱地区狭隘观念束缚、建立有效的全球视野，加强管理层的全球化主义和国际工作经验。其次，采取内部培养和外部延揽相结合的方式开发中高级国际化人才。

**3. 加大民族品牌海外推广力度**

首先，注重品牌文化内涵建设。同时，以最优的客户价值导向差异化地展示品牌内涵。其次，不断创新产品并加大宣传力度，保持传递信息，形成既定模式与整体感。最后，构筑销售网络，增强品牌行销攻势。通过品牌并购与联盟等方式，扩大企业规模、增强品牌影响力。[①]

---

① 中国与全球化智库：《中国企业“走出去”困难与解决建议》，中国贸易金融网，2017 年 1 月 12 日，http：//www. sinotf. com/GB/News/1003/2017 -01 -12/zMMDAwMDIxODMzMQ. html。

## 参考文献

纪敏：《“一带一路”建设及其金融支持》，《甘肃金融》2016年第12期，第4～7页。

曹卫东、江璐红、余金艳：《“一带一路”投资与金融市场态势分析》，社会科学文献出版社，2016，第22页。

华芸婷：《开发性金融助力“一带一路”的案例及启示》，《浙江金融》2017年第1期，第75～80页。

王莉莉、肖雯雯：《中国在“一带一路”战略中出口贸易竞争力分析》，《求索》2016年第7期，第110～114页。

王剑：《“兵马未动，粮草先行”——论“一带一路”战略的开发性金融支持》，《银行家》2015年3月，第56～59页。

# Abstract

The equipment manufacturing industry ( EMI ) provides technology equipment for the national economy and national defense construction. EMI is the core part that EMI is not only the pillar of the modern industry system, but also an engine to impel the transformation and upgrading of industry. Establishing a strong EMI is a fundamental guarantee for strengthening China's comprehensive national power and achieving the industrialization in China. It is no doubt that China's EMI is large but not strong. China's EMI is facing a deteriorating situation especially influenced by the international financial crisis and the slowdown of domestic economic in China. The next 30 years is the key of being a strong manufacturing country. Along with the gradually intense competition in global manufacturing industry, China's EMI should take "strengthening the nation, benefiting the people and blooming the world" as a mission and steadily promote the transformation and upgrading of EMI. Therefore, a comprehensive and systematic analysis of EMI development undertakes an important significance for realizing the optimizing and upgrading of manufacturing industry, speeding up the shift of economic development method, grabbing the future key point of economy and technological progress, as well as realizing a powerful manufacturing nation.

*Report on the development of EMI in China (2017)* has four parts including general part, industry part, enterprise part and monographic part. General part introduces the present situation of international EMI and summaries the development of China's EMI. It also introduces the forecast and prospect to China's EMI future and proposes several target-oriented suggestions. The industry section covers the 6 major sectors of the machine tool industry, robotics, marine engineering equipment and high-tech ships, power equipment, agricultural machinery equipment and printing equipment industry. And mainly introduces their operating situation in 2016, their facing problems and future trend. Enterprise part aims at the innovation methods and their effects of both technological innovation enterprises, thus provides references and inspiration for other EMI enterprises. The monographic part analyses and reviews hot spot events related to EMI in 2016 and deeply interprets of EMI "The Belt and Road Initiative" depth interpretation.

In the general part, the report said: the 2016 international equipment manufacturing industry production stable. All countries have formulated a number of national strategies, and strive to seize the equipment manufacturing technology heights. In the future, the international equipment manufacturing industry will develop in the direction of intelligent production model. The development mode is more service-oriented and green. The organization is more flat and global. The innovative ways are more collaborative and open. The industrial layout is more specialization and resetting. In 2016, China's equipment manufacturing industry scale steady recovery, good operating efficiency, but the investment growth fell sharply; frequent enterprise independent innovation highlights, domestic technology has gradually become an important source of; automotive industry, electrical industry outstanding performance. The research shows that under the new normal background, the downward pressure on the equipment manufacturing industry still exists in our country. The task of solving the overcapacity problem is heavy and the cost of production factors remains high, and the enterprises are facing difficulties in investment and financing. Is expected in 2017 China's EMI will continue in 2016 to stabilize the good trend, industry to maintain steady growth, but the growth rate will be lower than in 2016, but still higher than the national industry and manufacturing industry. In the future, China's EMI will have more investment opportunities and higher investment value in the 4 areas of commercial aerospace, general aviation, new energy vehicles and robots.

The report shows that if China's EMI has to achieve healthy development, China should actively promote the supply-side structural reform, optimize the development environment, boost effective investment and reduce the cost of enterprises. In order to speed up the adjustment of industrial structure, China should optimize the system of production capacity, cultivate and expand new industries, improve the product quality, optimize the rational distribution of productive forces, stimulate the vitality of small and medium enterprises. To make up the vulnerabilities in technology, China should accelerate the construction of innovation center, implement the integration of military enterprises and private enterprises, and strengthen the construction of human resources, build a platform for innovative services, promote the "double innovation", strengthen the international exchanges and cooperation. China needs to take into account about the "introduction" and "going out" . China must also actively adjust the export structure, improve overseas engineering contracting capability, strengthen international technical exchanges and cooperation, enhance their awareness of risk prevention, reduce the restrictive measures for foreign capital admission. At the same time, we must speed up the construction of industrial alliances, improve the security system, and vigorously promote the Chinese standards.

In the industry part, it is the 6 branches analysis including machine tool industry, robot industry, marine engineering equipment and high-tech shipbuilding industry, power equipment industry, agricultural machinery equipment industry and printing equipment industry. This report shows that the technology of these 6 branches has reached the international level. In 2016, there are some problems still in China's industry. The revenues and profits of these 6 branches slow down. Problem of overcapacity is still common in China. The ability of innovation is weak. There is disorderly competition between industries and there are no standards on the issues. But it is believed the stimulation of different macroeconomic policies, these 6 branches, especially high level EMI, expect to be better.

In the enterprise part, the report introducesthree key enterprises of EMI in technological innovation areas. It also summarizes the successful experiences of these enterprises and hopes to inspire other equipment manufacturers. In the analysis of technological innovation enterprises, the report shows that these enterprises emphasize importing professionals, research and development investments, and combination of research and so on.

In the monographic part on hot event analysis, the report selectedfive hot events of EMI which occurred in 2016 to review and analyze. The report believe that along of the "Made in China 2025" the introduction of related supporting documents and the continuous development of "go global " in China's EMI, it will have a profound and lasting influence on entire EMI. Found in the "seminar on The Belt and Road Initiative boost Chinese EMI "go global": "The Belt and Road Initiative" along the country's manufacturing industry in the import and export of equipment accounted for a large proportion of the world's EMI total trade. However, when China's equipment manufacturing industry is "go global", it also faces problems such as the lagging of the trade mechanism, the difficulty of cross-border settlement of RMB, the lack of talent and brand of enterprises and so on. In the future, China should actively improve the mechanism of trade cooperation, improve the overseas financial system, expand the influence of enterprise brand, and cultivate international talents.

Looking forward to 2017, China'sEMI will face development opportunities and challenges. There are positive factors such as the steady growth of domestic economy, the structural reform of supply side and the gradual effect of policy effect, and other unfavorable factors, such as the low demand at home and abroad, and the difficulties faced by enterprises beyond expectations. With the regional development strategy of our country, construction strategy of medium and long term manufacturing power, speed up the international production capacity and equipment manufacturing cooperation, and gradually implement and accelerate the implementation. New growth point, growth pole and growth belt of equipment manufacturing industry will be formed gradually. In the future, equipment manufacturing industry faces more opportunities than challenges.

# Contents

## Ⅰ General Reports



**Abstract**: In 2016, the international EMI was stable. Major countries achieved sales of $7 trillion and 15 billion 170 million, an increase of 1. 07% over last year. The international EMI will develop in the direction of intelligent production method, service-oriented development model, greening. The innovative ways are more collaborative and open. The organization model is flattening and global, and the industrial layout is more specialization and resetting. In 2016, the world's major equipment manufacturing countries in the United States, Germany, Japan and the three countries have witnessed steady growth in sales revenue, but the US trade deficit widened, and the trade surplus between Germany and Japan continued to expand. In terms of policy, all countries have formulated a number of national strategies, and strive to seize the EMI technology heights. Technically, all countries have made breakthroughs in many fields, such as artificial intelligence, robot domain, key components.

**Keywords**: Intellectualization; Service-oriented; Network Synergy; Flattening; Open

## B. 2 2016 China Equipment Manufacturing Industry General Situation



**Abstract**: This chapter reviews the development of China's EMI in 2016 from five aspects of industrial scale, economic operation, industrial structure, foreign economic and technological innovation. In 2016, China's EMI rebounded steadily and the industry operating efficiency is good, but the growth rate of investment dropped substantially. The frequent occurrence of enterprise independent innovation highlights, domestic technology has gradually become an important source. Automobile industry, electrical and electrical equipment industry has outstanding performance. In 2016, the import and export volume of China's equipment manufacturing industry continued to decline, the trade surplus decreased, and the cooperation in foreign investment increased. All localities increased the opening of the equipment manufacturing industry. At the same time, this chapter finds out that under the new normal context, China's equipment manufacturing industry's downtown pressure on the economy still exists, to resolve the overcapacity tasks, the high cost of production factors, enterprise financing is facing many problems. In the aspect of technological innovation, facing problems such as the allocation of innovative resources is scattered and inefficient, the channel of transformation of innovation achievements is not smooth, the construction of innovative service platform lags behind and "emphasis on entrepreneurship, ignoring innovation". The equipment manufacturing industry faces many difficulties in the development of private enterprises. Such as small and medium-sized enterprise policy is still insufficient. "Zombie enterprises" face obstacles to disposal. The structure of import and export products still need to adjust. The foreign direct investment system is not perfect. The foreign investment there is not a small resistance. And there is a great resistance to foreign investment.

**Keywords**: China Equipment Manufacturing Industry; New Normal; Investment Growth; Factor Cost

## B. 3 China Equipment Manufacturing Industry Development Prospect

*Zhongguang Shi*, *Hexin Li* / 090

**Abstract**: This chapter forecasts of China EMI's future development, investment situation and investment risk. Through the analysis of the domestic and international economic situation. In 2017, China's EMI will continue in 2016 to stabilize the good trend, and industry to maintain steady growth. However the growth rate will be lower than in 2016, but it will still be higher than the national industry and manufacturing. Through the analysis of the investment characteristics of equipment manufacturing in China in 2016. This chapter holds that China has more investment opportunities and higher investment value in the four areas of commercial aerospace, general aviation, new energy vehicles and robot domain. This chapter also further analyzes the macro-control risks, market risks, talent risks, management risks and financial instruments risks, which is faced by our equipment manufacturing industry.

**Keywords**: China Equipment Manufacturing Industry; Investment Opportunity; Investment Risk

## B. 4 China Equipment Manufacturing Industry Development Policy Suggestion

*Jingran Xu*, *Hui Li* / 123

**Abstract**: This chapter mainly puts forward the corresponding policy suggestions to our government and relevant decision-making bodies about the development environment and power of China's equipment manufacturing industry, industrial structure adjustment, scientific and technological innovation, foreign trade and investment. In the industry development environment, China's equipment manufacturing industry should increase the proportion of effective investment, reduce the operating costs, and improve the enterprise investment environment. In the industrial structure adjustment, China's equipment manufacturing industry should speed up the pace of cutting the overcapacity, develop the new industries, improve product quality, optimize the layout of productive forces, and actively mobilize the vitality of small and medium enterprises. In scientific and technological innovation, China's equipment manufacturing industry should speed up the construction of innovation centers and innovative service platform. We will promote the development of the personnel team and the work of "double innovation". We should also implement the integration of military enterprises and private enterprises . In terms of foreign trade, China's equipment manufacturing industry should promote the "introduction" and "go out" coordinated development, adjust the industrial structure of export products, reduce the threshold of foreign investment, and speed up the "going out" pace, establish the industrial alliance and accelerate the construction of industrial standardization.

**Keywords**: Reduce the Cost; Industrial Restructuring; Technical Innovation

## Ⅱ Industry Reports



**Abstract**: Based on the analysis of the current situation and development trend of international machine tool industry, this chapter focused on the development scale, economic operation, industrial structure, trade situation and technical level and problems of Chinese machine tool industry in 2016. The analysis shows that Chinese machine tool industry has experienced rapid development over the past decade, and has made great achievements. In Chinese machine tool industry 2016, general development tendency is on the up, growth rate of each studied index picked up, and got the significant technology breakthrough. However, the traditional market points to sluggish demand, structural contradictions remarkably appear. For these reasons, we should be address its realistic weakness with speed, and take accelerating structural adjustment as the strategic focus in Chinese machine tool, especially that we should concentrate on the market competitiveness of middle-high-grade numerical machine tools.

**Keywords**: Intelligentize; Numerical Control System; Combined Machining; Remanufacture

## B. 6 Robot Industry *Hanyang Lv, Jia Song* / 172

**Abstract**: This chapter firstly analyzes the present situation and trend of the international robot industry in 2016, and analyzes the industrial scale, the running conditions, the industrial structure and the trade situation of the robot industry in China. It also summarizes the technical level and main problems of the robot industry in China. As we can see from the report, China's robot industry is on the rise, industrial technology develops fast in the field of high-end. But there are also low-end overcapacity, lack of independent innovation capacity of the problem, the market trend analysis shows that industrial robots and service robot industry development potential is still great, and the artificial intelligence is still the main direction of the development of the robot. Finally, the report gives recommendations that China's robot industry should increase the construction of qualified personnel, improve their own research and development capabilities, enhance the demonstration effect of intelligent manufacturing, and optimize the industrial layout.

**Keywords**: Industrial Robot; Service Robot; Intelligent Manufacturing

## B. 7 Marine Engineering Equipment and High-tech Shipbuilding Industry *Liyuan Yao, Gong Liu and Qian Wang* / 209

**Abstract**: The report mainly analyzes the international current situation and trend of the marine engineering equipment and high-tech shipbuilding industry about the market and the technology in 2016. It also summarizes the scale of industry, the running conditions and the trading situations and analyzes the present technology and the existing problems. As we can see from the report, the marine engineering equipment and high-tech shipbuilding industry have a certain development in intelligent field, environmental protection and large-scale areas in our country. However, the overall size of the industry showed a downward trend. The industry produced too much low-end production capacity and the independent innovation ability is also not strong. What? s more, the supporting industry develops slowly. According to the current market trends, the industry will develops to the direction of the high-tech, service-oriented, green ship. Therefore, the report gives the suggestions that the government, industry and enterprises should work together to improve the innovation ability and the industrial chain, strengthen human construction and speed up the pace of industrial upgrading.

**Keywords**: Marine Engineering Equipment; High-tech Ships; Shipbuilding



**Abstract**: This report firstly analyzes the current situation and development tendency of international electrical equipment industry in 2016, and then analyzes the present situation of China's electrical equipment industry in 2016 in terms of industrial scale, operation condition, industrial structure and trade situation. The study shows that China's electrical equipment industry has steady growth and has become a equipment manufacturing power; however, it still has some problems, such as the excess capacity, the vicious competition, and ten low level of core technology and so on. Under the background of New Normal and energy revolution, the promotion of innovation, intelligent and green development, the military and civilian integration and the expansion of overseas market will become the main trends in China electrical equipment industry. As a result, this report suggests that the government, industry organization should work together to promote the transformation and upgrading of China electrical equipment industry, and create a better environment for electrical equipment industry.

**Keywords**: Electrical Equipment; Green and Energy Conservation; Intelligence; Civil-military inosculation

## B. 9 Agricultural Machinery Equipment Industry



**Abstract**: This chapter reviews the development situation and trends of agricultural machinery equipment industry at home and abroad, and the industry scale, operation situation, industrial structure, trade situation and development status of agricultural machinery equipment industry in China in 2016 are analyzed, it also analyzes the future development trend and prospect of agricultural machinery equipment industry in China. The analysis shows that China's agricultural machinery industry continues to grow in 2016, but the growth rate has declined, after a decade of rapid growth. However, the development of agricultural machinery industry in China is unbalanced, and the product structure is irrational. In the future, with the development of agricultural equipment in the direction of precision and intelligence, China should comprehensively promote the structural adjustment of agricultural machinery equipment, improve the manufacturing of agricultural machinery and equipment, to constantly meet the needs of the domestic and the international market.

**Keywords**: Agricultural Machinery Equipment Industry; Development; Precision; Intelligence

## B. 10 Printing Equipment Industry



**Abstract**: Printing Equipment Industry (PEI) plays an important role in manufacturing industry. PEI is the fundamental of Printing Industry. In this chapter, first, we introduced the newest industry equipment. Secondly, by going through the data between 2015 and 2016, we analysis the situation and development trend of domestic and international market. We figured out that after 2016, PEI have been declined significantly and has a lot of pressure on its improvement. As a result, this chapter mainly analysis the most challenging problems of technology and marketing. For instance, the shortage of creativity, the weakness of industries foundation, the over predicting of low-level equipment, the dependence on import high-level equipment, etc. In the future, our country should consist on making innovation of equipment, improving the foundation and equipment integration, building the intelligence manufacturing innovation platform and setting up integration mechanism. Through those method, PEI could develop forward a digital, intelligential and environment protectoral way, get connected with international level and improve the overall competitive ability of the whole industry.

**Keywords**: Printing Equipment Industry; Structure Optimization; Intelligent and Environmental

## Ⅲ Enterprise Report



**Abstract**: This chapter mainly analyzes the basic situation, technological innovation situation and main innovation experience of three typical equipment manufacturing enterprises. The three enterprises are Zhuzhou Electric Locomotive Research Institute, Sany Heavy Industry Co., Ltd. and China Aerospace Science and Technology Corporation. From the analysis we can see that Zhuzhou mainly engaged in the business of electrical drive and automation, polymer composite materials applications and so on. The company has the development ideas about the

" technology pilot. Through the construction of research and development platform, innovation management system and research and development team, the company completed from professional manufacturing to intelligent manufacturing changes. Sany Heavy Industry's main products are the production of construction machinery, the company concerns more about the innovation, and attaches great importance to the construction of R & D platform in the world to establish a complete R &D system. China aerospace science and technology group takes the space products as the main products, the company attaches great importance to the innovation system construction and personnel incentives, on the basis of the national strategic deployment, invented a number of innovative technology products.

**Keywords**: Technological Innovation; Equipment Manufacturing Industry; Innovation Experience

## Ⅳ Special Topics



**Abstract**: This section is reviewed 6 topical issues which occurred on year 2016 about the equipment manufacturing industry. The issues include The 'China Manufacturing 2025 1 + X' Planning System Constructed, The Overseas Advanced Equipment Manufacturing Industry Acquisition Surge Triggered in Chinese Enterprises, The Chinese Rail Transit Changing the Global Pattern, The Implementation of Significant Equipment Manufacturing Projects along the Line of 'The Belt and Road Initiatives', The Intelligent Manufacturing Cooperation between China and Germany Upgraded to The New Stage. These issues not only have been produced a profound effect on the equipment manufacturing industry of 2016, but also have been provided with great directive significances to the future development of equipment manufacturing industry.

**Keywords**: Made in China 2025 Strategy; Go out Policy; Intelligent Manufacturing



**Abstract**: This report introduces the development background, the five directions and cooperation framework of the Belt and Road firstly. Then it mainly analyzes the development status, problems and solutions to the problems in the area of equipment manufacturing industry among the counties along the Belt and Road. From the analysis, we can see that the import and export volume of equipment industry in these countries has a large proportion in the total trade volume of the global equipment manufacturing industry. Among them, Southeast Asia is the most active area in trade, and the motor and electrical equipment are the main trade products. China is a major trade partner in these countries along the Belt and Road. The central enterprises are the main force of foreign investment, and the private investment is also growing. However, China's equipment manufacturing industry in the "going out" is also faced with lagging behind the trading mechanism, the RMB cross-border settlement difficulties, corporate talent and brand impact and other issues. From the national level, the government should improve the trade cooperation mechanism, and improve the overseas financial system; from the enterprise level, the enterprise should expand the brand influence, and cultivate international talent.

**Keywords**: the Belt and Road; "Going Out"; Equipment Manufacturing Industry

## 皮书起源

“皮书”起源于十七、十八世纪的英国，主要指官方或社会组织正式发表的重要文件或报告,多以“白皮书”命名。在中国,“皮书”这一概念被社会广泛接受，并被成功运作、发展成为一种全新的出版形态，则源于中国社会科学院社会科学文献出版社。

## 皮书定义

皮书是对中国与世界发展状况和热点问题进行年度监测，以专业的角度、专家的视野和实证研究方法，针对某一领域或区域现状与发展态势展开分析和预测，具备原创性、实证性、专业性、连续性、前沿性、时效性等特点的公开出版物，由一系列权威研究报告组成。

## 皮书作者

皮书系列的作者以中国社会科学院、著名高校、地方社会科学院的研究人员为主，多为国内一流研究机构的权威专家学者，他们的看法和观点代表了学界对中国与世界的现实和未来最高水平的解读与分析。

## 皮书荣誉

皮书系列已成为社会科学文献出版社的著名图书品牌和中国社会科学院的知名学术品牌。2016 年，皮书系列正式列入“十三五”国家重点出版规划项目；2012~2016 年，重点皮书列入中国社会科学院承担的国家哲学社会科学创新工程项目;2017 年,55 种院外皮书使用“中国社会科学院创新工程学术出版项目”标识。

# 中国皮书网

发布皮书研创资讯，传播皮书精彩内容
引领皮书出版潮流，打造皮书服务平台

## 栏目设置

关于皮书：何谓皮书、皮书分类、皮书大事记、皮书荣誉、
皮书出版第一人、皮书编辑部

最新资讯：通知公告、新闻动态、媒体聚焦、网站专题、视频直播、下载专区

皮书研创：皮书规范、皮书选题、皮书出版、皮书研究、研创团队

皮书评奖评价：指标体系、皮书评价、皮书评奖

互动专区：皮书说、皮书智库、皮书微博、数据库微博

## 所获荣誉

2008 年、2011 年，中国皮书网均在全国新闻出版业网站荣誉评选中获得“最具商业价值网站”称号；

2012 年，获得“出版业网站百强”称号。

## 网库合一

2014 年，中国皮书网与皮书数据库端口合一，实现资源共享。更多详情请登录 www.pishu.cn。

1997~2017

皮书品牌20年

YEAR BOOKS

# 皮书系列

2017年

智 库 成 果 出 版 与 传 播 平 台

社会科学文献出版社
SOCIAL SCIENCES ACADEMIC PRESS (CHINA)

# 社长致辞

伴随着今冬的第一场雪，2017年很快就要到了。世界每天都在发生着让人眼花缭乱的变化，而唯一不变的，是面向未来无数的可能性。作为个体，如何获取专业信息以备不时之需？作为行政主体或企事业主体，如何提高决策的科学性让这个世界变得更好而不是更糟？原创、实证、专业、前沿、及时、持续，这是1997年“皮书系列”品牌创立的初衷。

1997～2017，从最初一个出版社的学术产品名称到媒体和公众使用频率极高的热点词语，从专业术语到大众话语，从官方文件到独特的出版型态，作为重要的智库成果，“皮书”始终致力于成为海量信息时代的信息过滤器，成为经济社会发展的记录仪，成为政策制定、评估、调整的智力源，社会科学研究的资料集成库。“皮书”的概念不断延展，“皮书”的种类更加丰富，“皮书”的功能日渐完善。

1997～2017，皮书及皮书数据库已成为中国新型智库建设不可或缺的抓手与平台，成为政府、企业和各类社会组织决策的利器，成为人文社科研究最基本的资料库，成为世界系统完整及时认知当代中国的窗口和通道！“皮书”所具有的凝聚力正在形成一种无形的力量，吸引着社会各界关注中国的发展，参与中国的发展。

二十年的“皮书”正值青春，愿每一位皮书人付出的年华与智慧不辜负这个时代！

社会科学文献出版社社长
中国社会学会秘书长

谢寿光

2016年11月

# 社会科学文献出版社简介

社会科学文献出版社成立于1985年，是直属于中国社会科学院的人文社会科学专业学术出版机构。

成立以来，社科文献依托于中国社会科学院丰厚的学术出版和专家学者资源，坚持“创社科经典，出传世文献”的出版理念和“权威、前沿、原创”的产品定位，逐步走上了智库产品与专业学术成果系列化、规模化、数字化、国际化、市场化发展的经营道路，取得了令人瞩目的成绩。

**学术出版** 社科文献先后策划出版了“皮书”系列、“列国志”、“社科文献精品译库”、“全球化译丛”、“全面深化改革研究书系”、“近世中国”、“甲骨文”、“中国史话”等一大批既有学术影响又有市场价值的图书品牌和学术品牌，形成了较强的学术出版能力和资源整合能力。2016年社科文献发稿5.5亿字，出版图书2000余种，承印发行中国社会科学院院属期刊72种。

**数字出版** 凭借着雄厚的出版资源整合能力，社科文献长期以来一直致力于从内容资源和数字平台两个方面实现传统出版的再造，并先后推出了皮书数据库、列国志数据库、中国田野调查数据库等一系列数字产品。2016年数字化加工图书近4000种，文字处理量达10亿字。数字出版已经初步形成了产品设计、内容开发、编辑标引、产品运营、技术支持、营销推广等全流程体系。

**国际出版** 社科文献通过学术交流和国际书展等方式积极参与国际学术和国际出版的交流合作，努力将中国优秀的人文社会科学研究成果推向世界，从构建国际话语体系的角度推动学术出版国际化。目前已与英、荷、法、德、美、日、韩等国及港澳台地区近 40 家出版和学术文化机构建立了长期稳定的合作关系。

**融合发展** 紧紧围绕融合发展战略，社科文献全面布局融合发展和数字化转型升级，成效显著。以核心资源和重点项目为主的社科文献数据库产品群和数字出版体系日臻成熟，“一带一路”系列研究成果与专题数据库、阿拉伯问题研究国别基础库及中阿文化交流数据库平台等项目开启了社科文献向专业知识服务商转型的新篇章，成为行业领先。

此外，社科文献充分利用网络媒体平台，积极与各类媒体合作，并联合大型书店、学术书店、机场书店、网络书店、图书馆，构建起强大的学术图书内容传播平台，学术图书的媒体曝光率居全国之首，图书馆藏率居于全国出版机构前十位。

有温度，有情怀，有视野，更有梦想。未来社科文献将继续坚持专业化学术出版之路不动摇，着力搭建最具影响力的智库产品整合及传播平台、学术资源共享平台，为实现“社科文献梦”奠定坚实基础。

# 经 济 类

经济类皮书涵盖宏观经济、城市经济、大区域经济，
提供权威、前沿的分析与预测

## 经济蓝皮书

2017 年中国经济形势分析与预测

李扬 / 主编　2016 年 12 月出版　定价：89.00 元

◆　本书为总理基金项目，由著名经济学家李扬领衔，联合中国社会科学院等数十家科研机构、国家部委和高等院校的专家共同撰写，系统分析了 2016 年的中国经济形势并预测 2017 年我国经济运行情况。

## 中国省域竞争力蓝皮书

中国省域经济综合竞争力发展报告（2015 ~ 2016）

李建平　李闽榕　高燕京 / 主编　2017 年 2 月出版　估价：198.00 元

◆　本书融多学科的理论为一体，深入追踪研究了省域经济发展与中国国家竞争力的内在关系，为提升中国省域经济综合竞争力提供有价值的决策依据。

## 城市蓝皮书

中国城市发展报告 No.10

潘家华　单菁菁 / 主编　2017 年 9 月出版　估价：89.00 元

◆　本书是由中国社会科学院城市发展与环境研究中心编著的，多角度、全方位地立体展示了中国城市的发展状况，并对中国城市的未来发展提出了许多建议。该书有强烈的时代感，对中国城市发展实践有重要的参考价值。

## 人口与劳动绿皮书

**中国人口与劳动问题报告 No.18**

蔡昉　张车伟 / 主编　2017 年 10 月出版　估价：89.00 元

◆　本书为中国社科院人口与劳动经济研究所主编的年度报告，对当前中国人口与劳动形势做了比较全面和系统的深入讨论，为研究我国人口与劳动问题提供了一个专业性的视角。

## 世界经济黄皮书

**2017 年世界经济形势分析与预测**

张宇燕 / 主编　2016 年 12 月出版　定价：89.00 元

◆　本书由中国社会科学院世界经济与政治研究所的研究团队撰写，2016 年世界经济增速进一步放缓，就业增长放慢。世界经济面临许多重大挑战同时，地缘政治风险、难民危机、大国政治周期、恐怖主义等问题也仍然在影响世界经济的稳定与发展。预计 2017 年按 PPP 计算的世界 GDP 增长率约为 3.0%。

## 国际城市蓝皮书

**国际城市发展报告（2017）**

屠启宇 / 主编　2017 年 2 月出版　估价：89.00 元

◆　本书作者以上海社会科学院从事国际城市研究的学者团队为核心，汇集同济大学、华东师范大学、复旦大学、上海交通大学、南京大学、浙江大学相关城市研究专业学者。立足动态跟踪介绍国际城市发展时间中，最新出现的重大战略、重大理念、重大项目、重大报告和最佳案例。

## 金融蓝皮书

**中国金融发展报告（2017）**

李扬　王国刚 / 主编　2017 年 1 月出版　估价：89.00 元

◆　本书由中国社会科学院金融研究所组织编写，概括和分析了 2016 年中国金融发展和运行中的各方面情况，研讨和评论了 2016 年发生的主要金融事件，有利于读者了解掌握 2016 年中国的金融状况，把握 2017 年中国金融的走势。

## 农村绿皮书

### 中国农村经济形势分析与预测（2016 ~ 2017）

魏后凯　杜志雄　黄秉信 / 著　2017 年 4 月出版　估价：89.00 元

◆　本书描述了 2016 年中国农业农村经济发展的一些主要指标和变化，并对 2017 年中国农业农村经济形势的一些展望和预测，提出相应的政策建议。

## 西部蓝皮书

### 中国西部发展报告（2017）

姚慧琴　徐璋勇 / 主编　2017 年 9 月出版　估价：89.00 元

◆　本书由西北大学中国西部经济发展研究中心主编，汇集了源自西部本土以及国内研究西部问题的权威专家的第一手资料，对国家实施西部大开发战略进行年度动态跟踪，并对 2017 年西部经济、社会发展态势进行预测和展望。

## 经济蓝皮书·夏季号

### 中国经济增长报告（2016 ~ 2017）

李扬 / 主编　2017 年 9 月出版　估价：98.00 元

◆　中国经济增长报告主要探讨 2016~2017 年中国经济增长问题，以专业视角解读中国经济增长，力求将其打造成一个研究中国经济增长、服务宏微观各级决策的周期性、权威性读物。

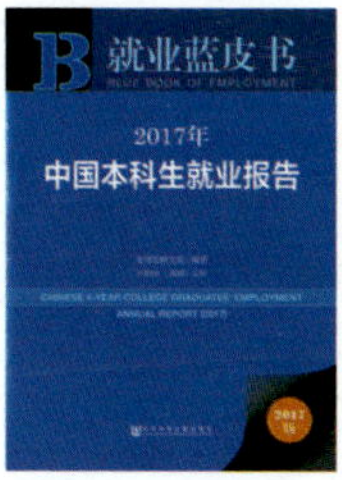


## 就业蓝皮书

### 2017 年中国本科生就业报告

麦可思研究院 / 编著　2017 年 6 月出版　估价：98.00 元

◆　本书基于大量的数据和调研，内容翔实，调查独到，分析到位，用数据说话，对我国大学生教育与发展起到了很好的建言献策作用。

# 社会政法类

社会政法类皮书聚焦社会发展领域的热点、难点问题，
提供权威、原创的资讯与视点

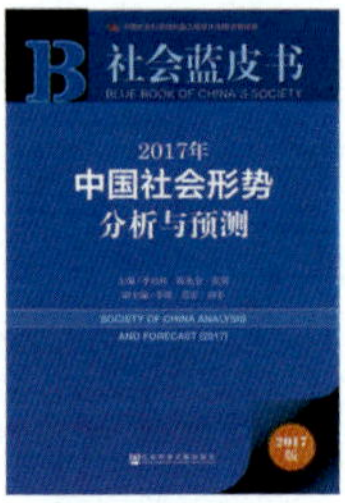


## 社会蓝皮书

2017 年中国社会形势分析与预测

李培林　陈光金　张翼 / 主编　2016 年 12 月出版　定价：89.00 元

◆　本书由中国社会科学院社会学研究所组织研究机构专家、高校学者和政府研究人员撰写，聚焦当下社会热点，对 2016 年中国社会发展的各个方面内容进行了权威解读，同时对 2017 年社会形势发展趋势进行了预测。

## 法治蓝皮书

中国法治发展报告 No.15（2017）

李林　田禾 / 主编　2017 年 3 月出版　估价：118.00 元

◆　本年度法治蓝皮书回顾总结了 2016 年度中国法治发展取得的成就和存在的不足，并对 2017 年中国法治发展形势进行了预测和展望。

## 社会体制蓝皮书

中国社会体制改革报告 No.5（2017）

龚维斌 / 主编　2017 年 4 月出版　估价：89.00 元

◆　本书由国家行政学院社会治理研究中心和北京师范大学中国社会管理研究院共同组织编写，主要对 2016 年社会体制改革情况进行回顾和总结，对 2017 年的改革走向进行分析，提出相关政策建议。

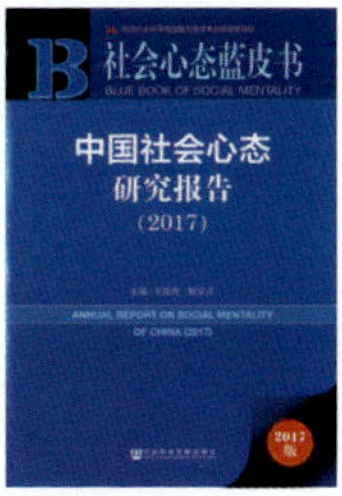


## 社会心态蓝皮书

**中国社会心态研究报告（2017）**

王俊秀　杨宜音 / 主编　2017 年 12 月出版　估价：89.00 元

◆　本书是中国社会科学院社会学研究所社会心理研究中心“社会心态蓝皮书课题组”的年度研究成果，运用社会心理学、社会学、经济学、传播学等多种学科的方法进行了调查和研究，对于目前我国社会心态状况有较广泛和深入的揭示。

## 生态城市绿皮书

**中国生态城市建设发展报告（2017）**

刘举科　孙伟平　胡文臻 / 主编　2017 年 7 月出版　估价：118.00 元

◆　报告以绿色发展、循环经济、低碳生活、民生宜居为理念，以更新民众观念、提供决策咨询、指导工程实践、引领绿色发展为宗旨，试图探索一条具有中国特色的城市生态文明建设新路。

## 城市生活质量蓝皮书

**中国城市生活质量报告（2017）**

中国经济实验研究院 / 主编　2017 年 7 月出版　估价：89.00 元

◆　本书对全国 35 个城市居民的生活质量主观满意度进行了电话调查，同时对 35 个城市居民的客观生活质量指数进行了计算，为我国城市居民生活质量的提升，提出了针对性的政策建议。

## 公共服务蓝皮书

**中国城市基本公共服务力评价（2017）**

钟君　吴正杲 / 主编　2017 年 12 月出版　估价：89.00 元

◆　中国社会科学院经济与社会建设研究室与华图政信调查组成联合课题组，从 2010 年开始对基本公共服务力进行研究，研创了基本公共服务力评价指标体系，为政府考核公共服务与社会管理工作提供了理论工具。

# 行业报告类

行业报告类皮书立足重点行业、新兴行业领域，
提供及时、前瞻的数据与信息

## 企业社会责任蓝皮书

### 中国企业社会责任研究报告（2017）

黄群慧　钟宏武　张蒽　翟利峰 / 著　2017 年 10 月出版　估价：89.00 元

◆　本书剖析了中国企业社会责任在 2016 ~ 2017 年度的最新发展特征，详细解读了省域国有企业在社会责任方面的阶段性特征，生动呈现了国内外优秀企业的社会责任实践。对了解中国企业社会责任履行现状、未来发展，以及推动社会责任建设有重要的参考价值。

## 新能源汽车蓝皮书

### 中国新能源汽车产业发展报告（2017）

黄中国汽车技术研究中心　日产（中国）投资有限公司
东风汽车有限公司 / 编著　2017 年 7 月出版　估价：98.00 元

◆　本书对我国 2016 年新能源汽车产业发展进行了全面系统的分析，并介绍了国外的发展经验。有助于相关机构、行业和社会公众等了解中国新能源汽车产业发展的最新动态，为政府部门出台新能源汽车产业相关政策法规、企业制定相关战略规划，提供必要的借鉴和参考。

## 杜仲产业绿皮书

### 中国杜仲橡胶资源与产业发展报告（2016 ~ 2017）

杜红岩　胡文臻　俞锐 / 主编　2017 年 1 月出版　估价：85.00 元

◆　本书对 2016 年来的杜仲产业的发展情况、研究团队在杜仲研究方面取得的重要成果、部分地区杜仲产业发展的具体情况、杜仲新标准的制定情况等进行了较为详细的分析与介绍，使广大关心杜仲产业发展的读者能够及时跟踪产业最新进展。

## 企业蓝皮书

**中国企业绿色发展报告 No.2（2017）**

李红玉　朱光辉 / 主编　　2017 年 8 月出版　　估价：89.00 元

◆　本书深入分析中国企业能源消费、资源利用、绿色金融、绿色产品、绿色管理、信息化、绿色发展政策及绿色文化方面的现状，并对目前存在的问题进行研究，剖析因果，谋划对策。为企业绿色发展提供借鉴，为我国生态文明建设提供支撑。

## 中国上市公司蓝皮书

**中国上市公司发展报告（2017）**

张平　王宏淼 / 主编　　2017 年 10 月出版　　估价：98.00 元

◆　本书由中国社会科学院上市公司研究中心组织编写的，着力于全面、真实、客观反映当前中国上市公司财务状况和价值评估的综合性年度报告。本书详尽分析了 2016 年中国上市公司情况，特别是现实中暴露出的制度性、基础性问题，并对资本市场改革进行了探讨。

## 资产管理蓝皮书

**中国资产管理行业发展报告（2017）**

智信资产管理研究院 / 编著　　2017 年 6 月出版　　估价：89.00 元

◆　中国资产管理行业刚刚兴起，未来将中国金融市场最有看点的行业。本书主要分析了 2016 年度资产管理行业的发展情况，同时对资产管理行业的未来发展做出科学的预测。

## 体育蓝皮书

**中国体育产业发展报告（2017）**

阮伟　钟秉枢 / 主编　　2017 年 12 月出版　　估价：89.00 元

◆　本书运用多种研究方法，在对于体育竞赛业、体育用品业、体育场馆业、体育传媒业等传统产业研究的基础上，紧紧围绕 2016 年体育领域内的各种热点事件进行研究和梳理，进一步拓宽了研究的广度、提升了研究的高度、挖掘了研究的深度。

# 国别与地区类

国别与地区类皮书关注全球重点国家与地区，
提供全面、独特的解读与研究

## 美国蓝皮书

美国研究报告（2017）

郑秉文　黄平 / 主编　2017 年 6 月出版　估价：89.00 元

◆　本书是由中国社会科学院美国所主持完成的研究成果，它回顾了美国 2016 年的经济、政治形势与外交战略，对 2017 年以来美国内政外交发生的重大事件及重要政策进行了较为全面的回顾和梳理。

## 日本蓝皮书

日本研究报告（2017）

杨伯江 / 主编　2017 年 5 月出版　估价：89.00 元

◆　本书对 2016 年拉丁美洲和加勒比地区诸国的政治、经济、社会、外交等方面的发展情况做了系统介绍，对该地区相关国家的热点及焦点问题进行了总结和分析，并在此基础上对该地区各国 2017 年的发展前景做出预测。

## 亚太蓝皮书

亚太地区发展报告（2017）

李向阳 / 主编　2017 年 3 月出版　估价：89.00 元

◆　本书是中国社会科学院亚太与全球战略研究院的集体研究成果。2016 年的“亚太蓝皮书”继续关注中国周边环境的变化。该书盘点了 2016 年亚太地区的焦点和热点问题，为深入了解 2016 年及未来中国与周边环境的复杂形势提供了重要参考。

## 德国蓝皮书

**德国发展报告（2017）**

郑春荣 / 主编　2017 年 6 月出版　估价：89.00 元

◆　本报告由同济大学德国研究所组织编撰，由该领域的专家学者对德国的政治、经济、社会文化、外交等方面的形势发展情况，进行全面的阐述与分析。

## 日本经济蓝皮书

**日本经济与中日经贸关系研究报告（2017）**

王洛林　张季风 / 编著　2017 年 5 月出版　估价：89.00 元

◆　本书系统、详细地介绍了 2016 年日本经济以及中日经贸关系发展情况，在进行了大量数据分析的基础上，对 2017 年日本经济以及中日经贸关系的大致发展趋势进行了分析与预测。

## 俄罗斯黄皮书

**俄罗斯发展报告（2017）**

李永全 / 编著　2017 年 7 月出版　估价：89.00 元

◆　本书系统介绍了 2016 年俄罗斯经济政治情况，并对 2016 年该地区发生的焦点、热点问题进行了分析与回顾；在此基础上，对该地区 2017 年的发展前景进行了预测。

## 非洲黄皮书

**非洲发展报告 No.19（2016 ～ 2017）**

张宏明 / 主编　2017 年 8 月出版　估价：89.00 元

◆　本书是由中国社会科学院西亚非洲研究所组织编撰的非洲形势年度报告，比较全面、系统地分析了 2016 年非洲政治形势和热点问题，探讨了非洲经济形势和市场走向，剖析了大国对非洲关系的新动向；此外，还介绍了国内非洲研究的新成果。

# 地方发展类

地方发展类皮书关注中国各省份、经济区域，
提供科学、多元的预判与资政信息

## 北京蓝皮书

**北京公共服务发展报告（2016~2017）**

施昌奎 / 主编　2017 年 2 月出版　估价：89.00 元

◆　本书是由北京市政府职能部门的领导、首都著名高校的教授、知名研究机构的专家共同完成的关于北京市公共服务发展与创新的研究成果。

## 河南蓝皮书

**河南经济发展报告（2017）**

张占仓 / 编著　2017 年 3 月出版　估价：89.00 元

◆　本书以国内外经济发展环境和走向为背景，主要分析当前河南经济形势，预测未来发展趋势，全面反映河南经济发展的最新动态、热点和问题，为地方经济发展和领导决策提供参考。

## 广州蓝皮书

**2017 年中国广州经济形势分析与预测**

庾建设　陈浩钿　谢博能 / 主编　2017 年 7 月出版　估价：85.00 元

◆　本书由广州大学与广州市委政策研究室、广州市统计局联合主编，汇集了广州科研团体、高等院校和政府部门诸多经济问题研究专家、学者和实际部门工作者的最新研究成果，是关于广州经济运行情况和相关专题分析、预测的重要参考资料。

# 文化传媒类

文化传媒类皮书透视文化领域、文化产业，
探索文化大繁荣、大发展的路径

## 新媒体蓝皮书

**中国新媒体发展报告 No.8（2017）**

唐绪军 / 主编　2017 年 6 月出版　估价：89.00 元

◆　本书是由中国社会科学院新闻与传播研究所组织编写的关于新媒体发展的最新年度报告，旨在全面分析中国新媒体的发展现状，解读新媒体的发展趋势，探析新媒体的深刻影响。

## 移动互联网蓝皮书

**中国移动互联网发展报告（2017）**

官建文 / 编著　2017 年 6 月出版　估价：89.00 元

◆　本书着眼于对中国移动互联网 2016 年度的发展情况做深入解析，对未来发展趋势进行预测，力求从不同视角、不同层面全面剖析中国移动互联网发展的现状、年度突破及热点趋势等。

## 传媒蓝皮书

**中国传媒产业发展报告（2017）**

崔保国 / 主编　2017 年 5 月出版　估价：98.00 元

◆　“传媒蓝皮书”连续十多年跟踪观察和系统研究中国传媒产业发展。本报告在对传媒产业总体以及各细分行业发展状况与趋势进行深入分析基础上，对年度发展热点进行跟踪，剖析新技术引领下的商业模式，对传媒各领域发展趋势、内体经营、传媒投资进行解析，为中国传媒产业正在发生的变革提供前瞻行参考。

# 经济类

**“三农”互联网金融蓝皮书**
中国“三农”互联网金融发展报告（2017）
著(编)者：李勇坚 王弢　　2017年8月出版 / 估价：98.00元
PSN B-2016-561-1/1

**G20国家创新竞争力黄皮书**
二十国集团（G20）国家创新竞争力发展报告（2016~2017）
著(编)者：李建平 李闽榕 赵新力　周天勇
2017年8月出版 / 估价：158.00元
PSN Y-2011-229-1/1

**产业蓝皮书**
中国产业竞争力报告（2017）No.7
著(编)者：张其仔　2017年12月出版 / 估价：98.00元
PSN B-2010-175-1/1

**城市创新蓝皮书**
中国城市创新报告（2017）
著(编)者：周天勇 旷建伟　2017年11月出版 / 估价：89.00元
PSN B-2013-340-1/1

**城市蓝皮书**
中国城市发展报告 No.10
著(编)者：潘家华 单菁菁　2017年9月出版 / 估价：89.00元
PSN B-2007-091-1/1

**城乡一体化蓝皮书**
中国城乡一体化发展报告（2016～2017）
著(编)者：汝信 付崇兰　　2017年7月出版 / 估价：85.00元
PSN B-2011-226-1/2

**城镇化蓝皮书**
中国新型城镇化健康发展报告（2017）
著(编)者：张占斌　2017年8月出版 / 估价：89.00元
PSN B-2014-396-1/1

**创新蓝皮书**
创新型国家建设报告（2016～2017）
著(编)者：詹正茂　2017年12月出版 / 估价：89.00元
PSN B-2009-140-1/1

**创业蓝皮书**
中国创业发展报告（2016～2017）
著(编)者：黄群慧 赵卫星 钟宏武等
2017年11月出版 / 估价：89.00元
PSN B-2016-578-1/1

**低碳发展蓝皮书**
中国低碳发展报告（2016~2017）
著(编)者：齐晔 张希良　2017年3月出版 / 估价：98.00元
PSN B-2011-223-1/1

**低碳经济蓝皮书**
中国低碳经济发展报告（2017）
著(编)者：薛进军 赵忠秀　2017年6月出版 / 估价：85.00元
PSN B-2011-194-1/1

**东北蓝皮书**
中国东北地区发展报告（2017）
著(编)者：朱宇 张新颖　2017年12月出版 / 估价：89.00元
PSN B-2006-067-1/1

**发展与改革蓝皮书**
中国经济发展和体制改革报告No.8
著(编)者：邹东涛 王再文　2017年1月出版 / 估价：98.00元
PSN B-2008-122-1/1

**工业化蓝皮书**
中国工业化进程报告（2017）
著(编)者：黄群慧　2017年12月出版 / 估价：158.00元
PSN B-2007-095-1/1

**管理蓝皮书**
中国管理发展报告（2017）
著(编)者：张晓东　2017年10月出版 / 估价：98.00元
PSN B-2014-416-1/1

**国际城市蓝皮书**
国际城市发展报告（2017）
著(编)者：屠启宇　2017年2月出版 / 估价：89.00元
PSN B-2012-260-1/1

**国家创新蓝皮书**
中国创新发展报告（2017）
著(编)者：陈劲　2017年12月出版 / 估价：89.00元
PSN B-2014-370-1/1

**金融蓝皮书**
中国金融发展报告（2017）
著(编)者：李杨　王国刚　2017年12月出版 / 估价：89.00元
PSN B-2004-031-1/6

**京津冀金融蓝皮书**
京津冀金融发展报告（2017）
著(编)者：王爱俭 李向前
2017年3月出版 / 估价：89.00元
PSN B-2016-528-1/1

**京津冀蓝皮书**
京津冀发展报告（2017）
著(编)者：文魁 祝尔娟　2017年4月出版 / 估价：89.00元
PSN B-2012-262-1/1

**经济蓝皮书**
2017年中国经济形势分析与预测
著(编)者：李扬　2016年12月出版 / 定价：89.00元
PSN B-1996-001-1/1

**经济蓝皮书·春季号**
2017年中国经济前景分析
著(编)者：李扬　2017年6月出版 / 估价：89.00元
PSN B-1999-008-1/1

**经济蓝皮书·夏季号**
中国经济增长报告（2016～2017）
著(编)者：李扬　2017年9月出版 / 估价：98.00元
PSN B-2010-176-1/1

**经济信息绿皮书**
中国与世界经济发展报告（2017）
著(编)者：杜平　2017年12月出版 / 估价：89.00元
PSN G-2003-023-1/1

**就业蓝皮书**
2017年中国本科生就业报告
著(编)者：麦可思研究院　2017年6月出版 / 估价：98.00元
PSN B-2009-146-1/2

**就业蓝皮书**
2017年中国高职高专生就业报告
著(编)者：麦可思研究院　2017年6月出版 / 估价：98.00元
PSN B-2015-472-2/2

**科普能力蓝皮书**
中国科普能力评价报告（2017）
著(编)者：李富 强李群　2017年8月出版 / 估价：89.00元
PSN B-2016-556-1/1

**临空经济蓝皮书**
中国临空经济发展报告（2017）
著(编)者：连玉明　2017年9月出版 / 估价：89.00元
PSN B-2014-421-1/1

**农村绿皮书**
中国农村经济形势分析与预测（2016～2017）
著(编)者：魏后凯 杜志雄 黄秉信
2017年4月出版 / 估价：89.00元
PSN G-1998-003-1/1

**农业应对气候变化蓝皮书**
气候变化对中国农业影响评估报告 No.3
著(编)者：矫梅燕　2017年8月出版 / 估价：98.00元
PSN B-2014-413-1/1

**气候变化绿皮书**
应对气候变化报告（2017）
著(编)者：王伟光 郑国光　2017年6月出版 / 估价：89.00元
PSN G-2009-144-1/1

**区域蓝皮书**
中国区域经济发展报告（2016～2017）
著(编)者：赵弘　2017年6月出版 / 估价：89.00元
PSN B-2004-034-1/1

**全球环境竞争力绿皮书**
全球环境竞争力报告（2017）
著(编)者：李建平 李闽榕 王金南
2017年12月出版 / 估价：198.00元
PSN G-2013-363-1/1

**人口与劳动绿皮书**
中国人口与劳动问题报告 No.18
著(编)者：蔡昉 张车伟　2017年11月出版 / 估价：89.00元
PSN G-2000-012-1/1

**商务中心区蓝皮书**
中国商务中心区发展报告 No.3（2016）
著(编)者：李国红 单菁菁　2017年1月出版 / 估价：89.00元
PSN B-2015-444-1/1

**世界经济黄皮书**
2017年世界经济形势分析与预测
著(编)者：张宇燕　2016年12月出版 / 定价：89.00元
PSN Y-1999-006-1/1

**世界旅游城市绿皮书**
世界旅游城市发展报告（2017）
著(编)者：宋宇　2017年1月出版 / 估价：128.00元
PSN G-2014-400-1/1

**土地市场蓝皮书**
中国农村土地市场发展报告（2016～2017）
著(编)者：李光荣　2017年3月出版 / 估价：89.00元
PSN B-2016-527-1/1

**西北蓝皮书**
中国西北发展报告（2017）
著(编)者：高建龙　2017年3月出版 / 估价：89.00元
PSN B-2012-261-1/1

**西部蓝皮书**
中国西部发展报告（2017）
著(编)者：姚慧琴 徐璋勇　2017年9月出版 / 估价：89.00元
PSN B-2005-039-1/1

**新型城镇化蓝皮书**
新型城镇化发展报告（2017）
著(编)者：李伟 宋敏 沈体雁　2017年3月出版 / 估价：98.00元
PSN B-2014-431-1/1

**新兴经济体蓝皮书**
金砖国家发展报告（2017）
著(编)者：林跃勤 周文　2017年12月出版 / 估价：89.00元
PSN B-2011-195-1/1

**长三角蓝皮书**
2017年新常态下深化一体化的长三角
著(编)者：王庆五　2017年12月出版 / 估价：88.00元
PSN B-2005-038-1/1

**中部竞争力蓝皮书**
中国中部经济社会竞争力报告（2017）
著(编)者：教育部人文社会科学重点研究基地
　　南昌大学中国中部经济社会发展研究中心
2017年12月出版 / 估价：89.00元
PSN B-2012-276-1/1

**中部蓝皮书**
中国中部地区发展报告（2017）
著(编)者：宋亚平　2017年12月出版 / 估价：88.00元
PSN B-2007-089-1/1

**中国省域竞争力蓝皮书**
中国省域经济综合竞争力发展报告（2017）
著(编)者：李建平 李闽榕 高燕京
2017年2月出版 / 估价：198.00元
PSN B-2007-088-1/1

**中三角蓝皮书**
长江中游城市群发展报告（2017）
著(编)者：秦尊文　2017年9月出版 / 估价：89.00元
PSN B-2014-417-1/1

**中小城市绿皮书**
中国中小城市发展报告（2017）
著(编)者：中国城市经济学会中小城市经济发展委员会
　　中国城镇化促进会中小城市发展委员会
　　《中国中小城市发展报告》编纂委员会
　　中小城市发展战略研究院
2017年11月出版 / 估价：128.00元
PSN G-2010-161-1/1

**中原蓝皮书**
中原经济区发展报告（2017）
著(编)者：李英杰　2017年6月出版 / 估价：88.00元
PSN B-2011-192-1/1

**自贸区蓝皮书**
中国自贸区发展报告（2017）
著(编)者：王力　2017年7月出版 / 估价：89.00元
PSN B-2016-559-1/1

# 社会政法类

**北京蓝皮书**
中国社区发展报告（2017）
著(编)者：于燕燕　2017年2月出版 / 估价：89.00元
PSN B-2007-083-5/8

**殡葬绿皮书**
中国殡葬事业发展报告（2017）
著(编)者：李伯森　2017年4月出版 / 估价：158.00元
PSN G-2010-180-1/1

**城市管理蓝皮书**
中国城市管理报告（2016~2017）
著(编)者：刘林　刘承水　2017年5月出版 / 估价：158.00元
PSN B-2013-336-1/1

**城市生活质量蓝皮书**
中国城市生活质量报告（2017）
著(编)者：中国经济实验研究院
2017年7月出版 / 估价：89.00元
PSN B-2013-326-1/1

**城市政府能力蓝皮书**
中国城市政府公共服务能力评估报告（2017）
著(编)者：何艳玲　2017年4月出版 / 估价：89.00元
PSN B-2013-338-1/1

**慈善蓝皮书**
中国慈善发展报告（2017）
著(编)者：杨团　2017年6月出版 / 估价：89.00元
PSN B-2009-142-1/1

**党建蓝皮书**
党的建设研究报告 No.2（2017）
著(编)者：崔建民　陈东平　2017年2月出版 / 估价：89.00元
PSN B-2016-524-1/1

**地方法治蓝皮书**
中国地方法治发展报告 No.3（2017）
著(编)者：李林　田禾　2017年3出版 / 估价：108.00元
PSN B-2015-442-1/1

**法治蓝皮书**
中国法治发展报告 No.15（2017）
著(编)者：李林 田禾　2017年3月出版 / 估价：118.00元
PSN B-2004-027-1/1

**法治政府蓝皮书**
中国法治政府发展报告（2017）
著(编)者：中国政法大学法治政府研究院
2017年2月出版 / 估价：98.00元
PSN B-2015-502-1/2

**法治政府蓝皮书**
中国法治政府评估报告（2017）
著(编)者：中国政法大学法治政府研究院
2016年11月出版 / 估价：98.00元
PSN B-2016-577-2/2

**反腐倡廉蓝皮书**
中国反腐倡廉建设报告 No.7
著(编)者：张英伟　2017年12月出版 / 估价：89.00元
PSN B-2012-259-1/1

**非传统安全蓝皮书**
中国非传统安全研究报告（2016~2017）
著(编)者：余潇枫 魏志江　2017年6月出版 / 估价：89.00元
PSN B-2012-273-1/1

**妇女发展蓝皮书**
中国妇女发展报告 No.7
著(编)者：王金玲　2017年9月出版 / 估价：148.00元
PSN B-2006-069-1/1

**妇女教育蓝皮书**
中国妇女教育发展报告 No.4
著(编)者：张李玺　2017年10月出版 / 估价：78.00元
PSN B-2008-121-1/1

**妇女绿皮书**
中国性别平等与妇女发展报告（2017）
著(编)者：谭琳　2017年12月出版 / 估价：99.00元
PSN G-2006-073-1/1

**公共服务蓝皮书**
中国城市基本公共服务力评价（2017）
著(编)者：钟君　吴正杲　2017年12月出版 / 估价：89.00元
PSN B-2011-214-1/1

**公民科学素质蓝皮书**
中国公民科学素质报告（2016~2017）
著(编)者：李群　陈雄　马宗文
2017年1月出版 / 估价：89.00元
PSN B-2014-379-1/1

**公共关系蓝皮书**
中国公共关系发展报告（2017）
著(编)者：柳斌杰　2017年11月出版 / 估价：89.00元
PSN B-2016-580-1/1

**公益蓝皮书**
中国公益慈善发展报告（2017）
著(编)者：朱健刚　2017年4月出版 / 估价：118.00元
PSN B-2012-283-1/1

**国际人才蓝皮书**
海外华侨华人专业人士报告（2017）
著(编)者：王辉耀 苗绿　2017年8月出版 / 估价：89.00元
PSN B-2014-409-4/4

**国际人才蓝皮书**
中国国际移民报告（2017）
著(编)者：王辉耀　2017年2月出版 / 估价：89.00元
PSN B-2012-304-3/4

**国际人才蓝皮书**
中国留学发展报告（2017）No.5
著(编)者：王辉耀 苗绿　2017年10月出版 / 估价：89.00元
PSN B-2012-244-2/4

**海洋社会蓝皮书**
中国海洋社会发展报告（2017）
著(编)者：崔凤 宋宁而　2017年7月出版 / 估价：89.00元
PSN B-2015-478-1/1

**行政改革蓝皮书**
中国行政体制改革报告（2017）No.6
著(编)者：魏礼群　2017年5月出版 / 估价：98.00元
PSN B-2011-231-1/1

**华侨华人蓝皮书**
华侨华人研究报告（2017）
著(编)者：贾益民　2017年12月出版 / 估价：128.00元
PSN B-2011-204-1/1

**环境竞争力绿皮书**
中国省域环境竞争力发展报告（2017）
著(编)者：李建平 李闽榕 王金南
2017年11月出版 / 估价：198.00元
PSN G-2010-165-1/1

**环境绿皮书**
中国环境发展报告（2017）
著(编)者：刘鉴强　2017年11月出版 / 估价：89.00元
PSN G-2006-048-1/1

**基金会蓝皮书**
中国基金会发展报告（2016~2017）
著(编)者：中国基金会发展报告课题组
2017年4月出版 / 估价：85.00元
PSN B-2013-368-1/1

**基金会绿皮书**
中国基金会发展独立研究报告（2017）
著(编)者：基金会中心网 中央民族大学基金会研究中心
2017年6月出版 / 估价：88.00元
PSN G-2011-213-1/1

**基金会透明度蓝皮书**
中国基金会透明度发展研究报告（2017）
著(编)者：基金会中心网 清华大学廉政与治理研究中心
2017年12月出版 / 估价：89.00元
PSN B-2015-509-1/1

**家庭蓝皮书**
中国“创建幸福家庭活动”评估报告（2017）
国务院发展研究中心“创建幸福家庭活动评估”课题组著
2017年8月出版 / 估价：89.00元
PSN B-2012-261-1/1

**健康城市蓝皮书**
中国健康城市建设研究报告（2017）
著(编)者：王鸿春 解树江 盛继洪
2017年9月出版 / 估价：89.00元
PSN B-2016-565-2/2

**教师蓝皮书**
中国中小学教师发展报告（2017）
著(编)者：曾晓东 鱼霞　2017年6月出版 / 估价：89.00元
PSN B-2012-289-1/1

**教育蓝皮书**
中国教育发展报告（2017）
著(编)者：杨东平　2017年4月出版 / 估价：89.00元
PSN B-2006-047-1/1

**科普蓝皮书**
中国基层科普发展报告（2016～2017）
著(编)者：赵立 新陈玲　2017年9月出版 / 估价：89.00元
PSN B-2016-569-3/3

**科普蓝皮书**
中国科普基础设施发展报告（2017）
著(编)者：任福君　2017年6月出版 / 估价：89.00元
PSN B-2010-174-1/3

**科普蓝皮书**
中国科普人才发展报告（2017）
著(编)者：郑念 任嵘嵘　2017年4月出版 / 估价：98.00元
PSN B-2015-513-2/3

**科学教育蓝皮书**
中国科学教育发展报告（2017）
著(编)者：罗晖 王康友　2017年10月出版 / 估价：89.00元
PSN B-2015-487-1/1

**劳动保障蓝皮书**
中国劳动保障发展报告（2017）
著(编)者：刘燕斌　2017年9月出版 / 估价：188.00元
PSN B-2014-415-1/1

**老龄蓝皮书**
中国老年宜居环境发展报告（2017）
著(编)者：党俊武 周燕珉　2017年1月出版 / 估价：89.00元
PSN B-2013-320-1/1

**连片特困区蓝皮书**
中国连片特困区发展报告（2017）
著(编)者：游俊 冷志明 丁建军
2017年3月出版 / 估价：98.00元
PSN B-2013-321-1/1

**民间组织蓝皮书**
中国民间组织报告（2017）
著(编)者：黄晓勇　2017年12月出版 / 估价：89.00元
PSN B-2008-118-1/1

**民调蓝皮书**
中国民生调查报告（2017）
著(编)者：谢耘耕　2017年12月出版 / 估价：98.00元
PSN B-2014-398-1/1

**民族发展蓝皮书**
中国民族发展报告（2017）
著(编)者：郝时远 王延中 王希恩
2017年4月出版 / 估价：98.00元
PSN B-2006-070-1/1

**女性生活蓝皮书**
中国女性生活状况报告 No.11（2017）
著(编)者：韩湘景　2017年10月出版 / 估价：98.00元
PSN B-2006-071-1/1

**汽车社会蓝皮书**
中国汽车社会发展报告（2017）
著(编)者：王俊秀　2017年1月出版 / 估价：89.00元
PSN B-2011-224-1/1

**青年蓝皮书**
中国青年发展报告（2017）No.3
著(编)者：廉思 等　2017年4月出版 / 估价：89.00元
PSN B-2013-333-1/1

**青少年蓝皮书**
中国未成年人互联网运用报告（2017）
著(编)者：李文革 沈杰 季为民
2017年11月出版 / 估价：89.00元
PSN B-2010-156-1/1

**青少年体育蓝皮书**
中国青少年体育发展报告（2017）
著(编)者：郭建军 杨桦　2017年9月出版 / 估价：89.00元
PSN B-2015-482-1/1

**群众体育蓝皮书**
中国群众体育发展报告（2017）
著(编)者：刘国永 杨桦　2017年12月出版 / 估价：89.00元
PSN B-2016-519-2/3

**人权蓝皮书**
中国人权事业发展报告 No.7（2017）
著(编)者：李君如　2017年9月出版 / 估价：98.00元
PSN B-2011-215-1/1

**社会保障绿皮书**
中国社会保障发展报告（2017）No.9
著(编)者：王延中　2017年4月出版 / 估价：89.00元
PSN G-2001-014-1/1

**社会风险评估蓝皮书**
风险评估与危机预警评估报告（2017）
著(编)者：唐钧　2017年8月出版 / 估价：85.00元
PSN B-2016-521-1/1

**社会工作蓝皮书**
中国社会工作发展报告（2017）
著(编)者：民政部社会工作研究中心
2017年8月出版 / 估价：89.00元
PSN B-2009-141-1/1

**社会管理蓝皮书**
中国社会管理创新报告 No.5
著(编)者：连玉明　2017年11月出版 / 估价：89.00元
PSN B-2012-300-1/1

**社会蓝皮书**
2017年中国社会形势分析与预测
著(编)者：李培林　陈光金　张翼
2016年12月出版 / 定价：89.00元
PSN B-1998-002-1/1

**社会体制蓝皮书**
中国社会体制改革报告No.5（2017）
著(编)者：龚维斌　2017年4月出版 / 估价：89.00元
PSN B-2013-330-1/1

**社会心态蓝皮书**
中国社会心态研究报告（2017）
著(编)者：王俊秀 杨宜音　2017年12月出版 / 估价：89.00元
PSN B-2011-199-1/1

**社会组织蓝皮书**
中国社会组织评估发展报告（2017）
著(编)者：徐家良 廖鸿　2017年12月出版 / 估价：89.00元
PSN B-2013-366-1/1

**生态城市绿皮书**
中国生态城市建设发展报告（2017）
著(编)者：刘举科 孙伟平 胡文臻
2017年9月出版 / 估价：118.00元
PSN G-2012-269-1/1

**生态文明绿皮书**
中国省域生态文明建设评价报告（ECI 2017）
著(编)者：严耕　2017年12月出版 / 估价：98.00元
PSN G-2010-170-1/1

**体育蓝皮书**
中国公共体育服务发展报告（2017）
著(编)者：戴健　2017年12月出版 / 估价：89.00元
PSN B-2013-367-2/4

**土地整治蓝皮书**
中国土地整治发展研究报告 No.4
著(编)者：国土资源部土地整治中心
2017年7月出版 / 估价：89.00元
PSN B-2014-401-1/1

**土地政策蓝皮书**
中国土地政策研究报告（2017）
著(编)者：高延利 李宪文
2017年12月出版 / 估价：89.00元
PSN B-2015-506-1/1

**医改蓝皮书**
中国医药卫生体制改革报告（2017）
著(编)者：文学国　房志武　2017年11月出版 / 估价：98.00元
PSN B-2014-432-1/1

**医疗卫生绿皮书**
中国医疗卫生发展报告 No.7（2017）
著(编)者：申宝忠 韩玉珍　2017年4月出版 / 估价：85.00元
PSN G-2004-033-1/1

**应急管理蓝皮书**
中国应急管理报告（2017）
著(编)者：宋英华　2017年9月出版 / 估价：98.00元
PSN B-2016-563-1/1

**政治参与蓝皮书**
中国政治参与报告（2017）
著(编)者：房宁　2017年9月出版 / 估价：118.00元
PSN B-2011-200-1/1

**中国农村妇女发展蓝皮书**
农村流动女性城市生活发展报告（2017）
著(编)者：谢丽华　2017年12月出版 / 估价：89.00元
PSN B-2014-434-1/1

**宗教蓝皮书**
中国宗教报告（2017）
著(编)者：邱永辉　2017年4月出版 / 估价：89.00元
PSN B-2008-117-1/1

# 行业报告类

SUV蓝皮书
中国SUV市场发展报告（2016~2017）
著(编)者：靳军　2017年9月出版 / 估价：89.00元
PSN B-2016-572-1/1

保健蓝皮书
中国保健服务产业发展报告 No.2
著(编)者：中国保健协会 中共中央党校
2017年7月出版 / 估价：198.00元
PSN B-2012-272-3/3

保健蓝皮书
中国保健食品产业发展报告 No.2
著(编)者：中国保健协会
中国社会科学院食品药品产业发展与监管研究中心
2017年7月出版 / 估价：198.00元
PSN B-2012-271-2/3

保健蓝皮书
中国保健用品产业发展报告 No.2
著(编)者：中国保健协会
国务院国有资产监督管理委员会研究中心
2017年3月出版 / 估价：198.00元
PSN B-2012-270-1/3

保险蓝皮书
中国保险业竞争力报告（2017）
著(编)者：项俊波　2017年12月出版 / 估价：99.00元
PSN B-2013-311-1/1

冰雪蓝皮书
中国滑雪产业发展报告（2017）
著(编)者：孙承华 伍斌 魏庆华 张鸿俊
2017年8月出版 / 估价：89.00元
PSN B-2016-560-1/1

彩票蓝皮书
中国彩票发展报告（2017）
著(编)者：益彩基金　2017年4月出版 / 估价：98.00元
PSN B-2015-462-1/1

餐饮产业蓝皮书
中国餐饮产业发展报告（2017）
著(编)者：邢颖　2017年6月出版 / 估价：98.00元
PSN B-2009-151-1/1

测绘地理信息蓝皮书
新常态下的测绘地理信息研究报告（2017）
著(编)者：库热西・买合苏提
2017年12月出版 / 估价：118.00元
PSN B-2009-145-1/1

茶业蓝皮书
中国茶产业发展报告（2017）
著(编)者：杨江帆 李闽榕　2017年10月出版 / 估价：88.00元
PSN B-2010-164-1/1

产权市场蓝皮书
中国产权市场发展报告（2016～2017）
著(编)者：曹和平　2017年5月出版 / 估价：89.00元
PSN B-2009-147-1/1

产业安全蓝皮书
中国出版传媒产业安全报告（2016~2017）
著(编)者：北京印刷学院文化产业安全研究院
2017年3月出版 / 估价：89.00元
PSN B-2014-384-13/14

产业安全蓝皮书
中国文化产业安全报告（2017）
著(编)者：北京印刷学院文化产业安全研究院
2017年12月出版 / 估价：89.00元
PSN B-2014-378-12/14

产业安全蓝皮书
中国新媒体产业安全报告（2017）
著(编)者：北京印刷学院文化产业安全研究院
2017年12月出版 / 估价：89.00元
PSN B-2015-500-14/14

城投蓝皮书
中国城投行业发展报告（2017）
著(编)者：王晨艳　丁伯康　2017年11月出版 / 估价：300.00元
PSN B-2016-514-1/1

电子政务蓝皮书
中国电子政务发展报告（2016~2017）
著(编)者：李季 杜平　2017年7月出版 / 估价：89.00元
PSN B-2003-022-1/1

杜仲产业绿皮书
中国杜仲橡胶资源与产业发展报告（2016～2017）
著(编)者：杜红岩 胡文臻 俞锐
2017年1月出版 / 估价：85.00元
PSN G-2013-350-1/1

房地产蓝皮书
中国房地产发展报告 No.14（2017）
著(编)者：李春华 王业强　2017年5月出版 / 估价：89.00元
PSN B-2004-028-1/1

服务外包蓝皮书
中国服务外包产业发展报告（2017）
著(编)者：王晓红 刘德军
2017年6月出版 / 估价：89.00元
PSN B-2013-331-2/2

服务外包蓝皮书
中国服务外包竞争力报告（2017）
著(编)者：王力 刘春生 黄育华
2017年11月出版 / 估价：85.00元
PSN B-2011-216-1/2

工业和信息化蓝皮书
世界网络安全发展报告（2016~2017）
著(编)者：洪京一　2017年4月出版 / 估价：89.00元
PSN B-2015-452-5/5

工业和信息化蓝皮书
世界信息化发展报告（2016~2017）
著(编)者：洪京一　2017年4月出版 / 估价：89.00元
PSN B-2015-451-4/5

**工业和信息化蓝皮书**
世界信息技术产业发展报告（2016~2017）
著(编)者：洪京一 2017年4月出版 / 估价：89.00元
PSN B-2015-449-2/5

**工业和信息化蓝皮书**
移动互联网产业发展报告（2016~2017）
著(编)者：洪京一 2017年4月出版 / 估价：89.00元
PSN B-2015-448-1/5

**工业和信息化蓝皮书**
战略性新兴产业发展报告（2016~2017）
著(编)者：洪京一 2017年4月出版 / 估价：89.00元
PSN B-2015-450-3/5

**工业设计蓝皮书**
中国工业设计发展报告（2017）
著(编)者：王晓红 于炜 张立群
2017年9月出版 / 估价：138.00元
PSN B-2014-420-1/1

**黄金市场蓝皮书**
中国商业银行黄金业务发展报告（2016~2017）
著(编)者：平安银行 2017年3月出版 / 估价：98.00元
PSN B-2016-525-1/1

**互联网金融蓝皮书**
中国互联网金融发展报告（2017）
著(编)者：李东荣 2017年9月出版 / 估价：128.00元
PSN B-2014-374-1/1

**互联网医疗蓝皮书**
中国互联网医疗发展报告（2017）
著(编)者：宫晓东 2017年9月出版 / 估价：89.00元
PSN B-2016-568-1/1

**会展蓝皮书**
中外会展业动态评估年度报告（2017）
著(编)者：张敏 2017年1月出版 / 估价：88.00元
PSN B-2013-327-1/1

**金融监管蓝皮书**
中国金融监管报告（2017）
著(编)者：胡滨 2017年6月出版 / 估价：89.00元
PSN B-2012-281-1/1

**金融蓝皮书**
中国金融中心发展报告（2017）
著(编)者：王力 黄育华 2017年11月出版 / 估价：85.00元
PSN B-2011-186-6/6

**建筑装饰蓝皮书**
中国建筑装饰行业发展报告（2017）
著(编)者：刘晓一 葛顺道 2017年7月出版 / 估价：198.00元
PSN B-2016-554-1/1

**客车蓝皮书**
中国客车产业发展报告（2016~2017）
著(编)者：姚蔚 2017年10月出版 / 估价：85.00元
PSN B-2013-361-1/1

**旅游安全蓝皮书**
中国旅游安全报告（2017）
著(编)者：郑向敏 谢朝武 2017年5月出版 / 估价：128.00元
PSN B-2012-280-1/1

**旅游绿皮书**
2016～2017年中国旅游发展分析与预测
著(编)者：张广瑞 刘德谦 2017年4月出版 / 估价：89.00元
PSN G-2002-018-1/1

**煤炭蓝皮书**
中国煤炭工业发展报告（2017）
著(编)者：岳福斌 2017年12月出版 / 估价：85.00元
PSN B-2008-123-1/1

**民营企业社会责任蓝皮书**
中国民营企业社会责任报告（2017）
著(编)者：中华全国工商业联合会
2017年12月出版 / 估价：89.00元
PSN B-2015-511-1/1

**民营医院蓝皮书**
中国民营医院发展报告（2017）
著(编)者：庄一强 2017年10月出版 / 估价：85.00元
PSN B-2012-299-1/1

**闽商蓝皮书**
闽商发展报告（2017）
著(编)者：李闽榕 王日根 林琛
2017年12月出版 / 估价：89.00元
PSN B-2012-298-1/1

**能源蓝皮书**
中国能源发展报告（2017）
著(编)者：崔民选 王军生 陈义和
2017年10月出版 / 估价：98.00元
PSN B-2006-049-1/1

**农产品流通蓝皮书**
中国农产品流通产业发展报告（2017）
著(编)者：贾敬敦 张东科 张玉玺 张鹏毅 周伟
2017年1月出版 / 估价：89.00元
PSN B-2012-288-1/1

**企业公益蓝皮书**
中国企业公益研究报告（2017）
著(编)者：钟宏武 汪杰 顾一 黄晓娟 等
2017年12月出版 / 估价：89.00元
PSN B-2015-501-1/1

**企业国际化蓝皮书**
中国企业国际化报告（2017）
著(编)者：王辉耀 2017年11月出版 / 估价：98.00元
PSN B-2014-427-1/1

**企业蓝皮书**
中国企业绿色发展报告 No.2（2017）
著(编)者：李红玉 朱光辉 2017年8月出版 / 估价：89.00元
PSN B-2015-481-2/2

**企业社会责任蓝皮书**
中国企业社会责任研究报告（2017）
著(编)者：黄群慧 钟宏武 张蒽 翟利峰
2017年11月出版 / 估价：89.00元
PSN B-2009-149-1/1

**汽车安全蓝皮书**
中国汽车安全发展报告（2017）
著(编)者：中国汽车技术研究中心
2017年7月出版 / 估价：89.00元
PSN B-2014-385-1/1

**汽车电子商务蓝皮书**
中国汽车电子商务发展报告（2017）
著(编)者：中华全国工商业联合会汽车经销商商会
北京易观智库网络科技有限公司
2017年10月出版 / 估价：128.00元
PSN B-2015-485-1/1

**汽车工业蓝皮书**
中国汽车工业发展年度报告（2017）
著(编)者：中国汽车工业协会 中国汽车技术研究中心
丰田汽车（中国）投资有限公司
2017年4月出版 / 估价：128.00元
PSN B-2015-463-1/2

**汽车工业蓝皮书**
中国汽车零部件产业发展报告（2017）
著(编)者：中国汽车工业协会 中国汽车工程研究院
2017年10月出版 / 估价：98.00元
PSN B-2016-515-2/2

**汽车蓝皮书**
中国汽车产业发展报告（2017）
著(编)者：国务院发展研究中心产业经济研究部
中国汽车工程学会 大众汽车集团（中国）
2017年8月出版 / 估价：98.00元
PSN B-2008-124-1/1

**人力资源蓝皮书**
中国人力资源发展报告（2017）
著(编)者：余兴安 2017年11月出版 / 估价：89.00元
PSN B-2012-287-1/1

**融资租赁蓝皮书**
中国融资租赁业发展报告（2016～2017）
著(编)者：李光荣 王力 2017年8月出版 / 估价：89.00元
PSN B-2015-443-1/1

**商会蓝皮书**
中国商会发展报告No.5（2017）
著(编)者：王钦敏 2017年7月出版 / 估价：89.00元
PSN B-2008-125-1/1

**输血服务蓝皮书**
中国输血行业发展报告（2017）
著(编)者：朱永明 耿鸿武 2016年8月出版 / 估价：89.00元
PSN B-2016-583-1/1

**上市公司蓝皮书**
中国上市公司社会责任信息披露报告（2017）
著(编)者：张旺 张杨 2017年11月出版 / 估价：89.00元
PSN B-2011-234-1/2

**社会责任管理蓝皮书**
中国上市公司社会责任能力成熟度报告（2017）No.2
著(编)者：肖红军 王晓光 李伟阳
2017年12月出版 / 估价：98.00元
PSN B-2015-507-2/2

**社会责任管理蓝皮书**
中国企业公众透明度报告(2017)No.3
著(编)者：黄速建 熊梦 王晓光 肖红军
2017年1月出版 / 估价：98.00元
PSN B-2015-440-1/2

**食品药品蓝皮书**
食品药品安全与监管政策研究报告（2016～2017）
著(编)者：唐民皓 2017年6月出版 / 估价：89.00元
PSN B-2009-129-1/1

**世界能源蓝皮书**
世界能源发展报告（2017）
著(编)者：黄晓勇 2017年6月出版 / 估价：99.00元
PSN B-2013-349-1/1

**水利风景区蓝皮书**
中国水利风景区发展报告（2017）
著(编)者：谢婵才 兰思仁 2017年5月出版 / 估价：89.00元
PSN B-2015-480-1/1

**私募市场蓝皮书**
中国私募股权市场发展报告（2017）
著(编)者：曹和平 2017年12月出版 / 估价：89.00元
PSN B-2010-162-1/1

**碳市场蓝皮书**
中国碳市场报告（2017）
著(编)者：定金彪 2017年11月出版 / 估价：89.00元
PSN B-2014-430-1/1

**体育蓝皮书**
中国体育产业发展报告（2017）
著(编)者：阮伟 钟秉枢 2017年12月出版 / 估价：89.00元
PSN B-2010-179-1/4

**网络空间安全蓝皮书**
中国网络空间安全发展报告（2017）
著(编)者：惠志斌 唐涛 2017年4月出版 / 估价：89.00元
PSN B-2015-466-1/1

**西部金融蓝皮书**
中国西部金融发展报告（2017）
著(编)者：李忠民 2017年8月出版 / 估价：85.00元
PSN B-2010-160-1/1

**协会商会蓝皮书**
中国行业协会商会发展报告（2017）
著(编)者：景朝阳 李勇 2017年4月出版 / 估价：99.00元
PSN B-2015-461-1/1

**新能源汽车蓝皮书**
中国新能源汽车产业发展报告（2017）
著(编)者：中国汽车技术研究中心
日产（中国）投资有限公司 东风汽车有限公司
2017年7月出版 / 估价：98.00元
PSN B-2013-347-1/1

**新三板蓝皮书**
中国新三板市场发展报告（2017）
著(编)者：王力 2017年6月出版 / 估价：89.00元
PSN B-2016-534-1/1

**信托市场蓝皮书**
中国信托业市场报告（2016～2017）
著(编)者：用益信托工作室
2017年1月出版 / 估价：198.00元
PSN B-2014-371-1/1

**信息化蓝皮书**
中国信息化形势分析与预测（2016~2017）
著(编)者：周宏仁　2017年8月出版 / 估价：98.00元
PSN B-2010-168-1/1

**信用蓝皮书**
中国信用发展报告（2017）
著(编)者：章政 田侃　2017年4月出版 / 估价：99.00元
PSN B-2013-328-1/1

**休闲绿皮书**
2017年中国休闲发展报告
著(编)者：宋瑞　2017年10月出版 / 估价：89.00元
PSN G-2010-158-1/1

**休闲体育蓝皮书**
中国休闲体育发展报告（2016～2017）
著(编)者：李相如　钟炳枢　2017年10月出版 / 估价：89.00元
PSN G-2016-516-1/1

**养老金融蓝皮书**
中国养老金融发展报告（2017）
著(编)者：董克用　姚余栋
2017年6月出版 / 估价：89.00元
PSN B-2016-584-1/1

**药品流通蓝皮书**
中国药品流通行业发展报告（2017）
著(编)者：佘鲁林 温再兴　2017年8月出版 / 估价：158.00元
PSN B-2014-429-1/1

**医院蓝皮书**
中国医院竞争力报告（2017）
著(编)者：庄一强　曾益新　2017年3月出版 / 估价：128.00元
PSN B-2016-529-1/1

**医药蓝皮书**
中国中医药产业园战略发展报告（2017）
著(编)者：裴长洪 房书亭 吴滌心
2017年8月出版 / 估价：89.00元
PSN B-2012-305-1/1

**邮轮绿皮书**
中国邮轮产业发展报告（2017）
著(编)者：汪泓　2017年10月出版 / 估价：89.00元
PSN G-2014-419-1/1

**智能养老蓝皮书**
中国智能养老产业发展报告（2017）
著(编)者：朱勇　2017年10月出版 / 估价：89.00元
PSN B-2015-488-1/1

**债券市场蓝皮书**
中国债券市场发展报告（2016～2017）
著(编)者：杨农　2017年10月出版 / 估价：89.00元
PSN B-2016-573-1/1

**中国节能汽车蓝皮书**
中国节能汽车发展报告（2016~2017）
著(编)者：中国汽车工程研究院股份有限公司
2017年9月出版 / 估价：98.00元
PSN B-2016-566-1/1

**中国上市公司蓝皮书**
中国上市公司发展报告（2017）
著(编)者：张平 王宏淼
2017年10月出版 / 估价：98.00元
PSN B-2014-414-1/1

**中国陶瓷产业蓝皮书**
中国陶瓷产业发展报告（2017）
著(编)者：左和平 黄速建　2017年10月出版 / 估价：98.00元
PSN B-2016-574-1/1

**中国总部经济蓝皮书**
中国总部经济发展报告（2016～2017）
著(编)者：赵弘　2017年9月出版 / 估价：89.00元
PSN B-2005-036-1/1

**中医文化蓝皮书**
中国中医药文化传播发展报告（2017）
著(编)者：毛嘉陵　2017年7月出版 / 估价：89.00元
PSN B-2015-468-1/1

**装备制造业蓝皮书**
中国装备制造业发展报告（2017）
著(编)者：徐东华　2017年12月出版 / 估价：148.00元
PSN B-2015-505-1/1

**资本市场蓝皮书**
中国场外交易市场发展报告（2016～2017）
著(编)者：高峦　2017年3月出版 / 估价：89.00元
PSN B-2009-153-1/1

**资产管理蓝皮书**
中国资产管理行业发展报告（2017）
著(编)者：智信资产管理研究院
2017年6月出版 / 估价：89.00元
PSN B-2014-407-2/2

# 文化传媒类

**传媒竞争力蓝皮书**
中国传媒国际竞争力研究报告（2017）
著(编)者：李本乾 刘强
2017年11月出版 / 估价：148.00元
PSN B-2013-356-1/1

**传媒蓝皮书**
中国传媒产业发展报告（2017）
著(编)者：崔保国　2017年5月出版 / 估价：98.00元
PSN B-2005-035-1/1

**传媒投资蓝皮书**
中国传媒投资发展报告（2017）
著(编)者：张向东 谭云明
2017年6月出版 / 估价：128.00元
PSN B-2015-474-1/1

**动漫蓝皮书**
中国动漫产业发展报告（2017）
著(编)者：卢斌 郑玉明 牛兴侦
2017年9月出版 / 估价：89.00元
PSN B-2011-198-1/1

**非物质文化遗产蓝皮书**
中国非物质文化遗产发展报告（2017）
著(编)者：陈平　2017年5月出版 / 估价：98.00元
PSN B-2015-469-1/1

**广电蓝皮书**
中国广播电影电视发展报告（2017）
著(编)者：国家新闻出版广电总局发展研究中心
2017年7月出版 / 估价：98.00元
PSN B-2006-072-1/1

**广告主蓝皮书**
中国广告主营销传播趋势报告 No.9
著(编)者：黄升民 杜国清 邵华冬 等
2017年10月出版 / 估价：148.00元
PSN B-2005-041-1/1

**国际传播蓝皮书**
中国国际传播发展报告（2017）
著(编)者：胡正荣 李继东 姬德强
2017年11月出版 / 估价：89.00元
PSN B-2014-408-1/1

**纪录片蓝皮书**
中国纪录片发展报告（2017）
著(编)者：何苏六　2017年9月出版 / 估价：89.00元
PSN B-2011-222-1/1

**科学传播蓝皮书**
中国科学传播报告（2017）
著(编)者：詹正茂　2017年7月出版 / 估价：89.00元
PSN B-2008-120-1/1

**两岸创意经济蓝皮书**
两岸创意经济研究报告（2017）
著(编)者：罗昌智 林咏能
2017年10月出版 / 估价：98.00元
PSN B-2014-437-1/1

**两岸文化蓝皮书**
两岸文化产业合作发展报告（2017）
著(编)者：胡惠林 李保宗　2017年7月出版 / 估价：89.00元
PSN B-2012-285-1/1

**媒介与女性蓝皮书**
中国媒介与女性发展报告(2016~2017)
著(编)者：刘利群　2017年9月出版 / 估价：118.00元
PSN B-2013-345-1/1

**媒体融合蓝皮书**
中国媒体融合发展报告（2017）
著(编)者：梅宁华 宋建武　2017年7月出版 / 估价：89.00元
PSN B-2015-479-1/1

**全球传媒蓝皮书**
全球传媒发展报告（2017）
著(编)者：胡正荣 李继东 唐晓芬
2017年11月出版 / 估价：89.00元
PSN B-2012-237-1/1

**少数民族非遗蓝皮书**
中国少数民族非物质文化遗产发展报告（2017）
著(编)者：肖远平（彝） 柴立（满）
2017年8月出版 / 估价：98.00元
PSN B-2015-467-1/1

**视听新媒体蓝皮书**
中国视听新媒体发展报告（2017）
著(编)者：国家新闻出版广电总局发展研究中心
2017年7月出版 / 估价：98.00元
PSN B-2011-184-1/1

**文化创新蓝皮书**
中国文化创新报告（2017）No.7
著(编)者：于平 傅才武　2017年7月出版 / 估价：98.00元
PSN B-2009-143-1/1

**文化建设蓝皮书**
中国文化发展报告（2016~2017）
著(编)者：江畅 孙伟平 戴茂堂
2017年6月出版 / 估价：116.00元
PSN B-2014-392-1/1

**文化科技蓝皮书**
文化科技创新发展报告（2017）
著(编)者：于平 李凤亮　2017年11月出版 / 估价：89.00元
PSN B-2013-342-1/1

**文化蓝皮书**
中国公共文化服务发展报告（2017）
著(编)者：刘新成 张永新 张旭
2017年12月出版 / 估价：98.00元
PSN B-2007-093-2/10

**文化蓝皮书**
中国公共文化投入增长测评报告（2017）
著(编)者：王亚南　2017年4月出版 / 估价：89.00元
PSN B-2014-435-10/10

**文化蓝皮书**
中国少数民族文化发展报告（2016~2017）
著(编)者：武翠英 张晓明 任乌晶
2017年9月出版 / 估价：89.00元
PSN B-2013-369-9/10

**文化蓝皮书**
中国文化产业发展报告（2016~2017）
著(编)者：张晓明 王家新 章建刚
2017年2月出版 / 估价：89.00元
PSN B-2002-019-1/10

**文化蓝皮书**
中国文化产业供需协调检测报告（2017）
著(编)者：王亚南 2017年2月出版 / 估价：89.00元
PSN B-2013-323-8/10

**文化蓝皮书**
中国文化消费需求景气评价报告（2017）
著(编)者：王亚南 2017年4月出版 / 估价：89.00元
PSN B-2011-236-4/10

**文化品牌蓝皮书**
中国文化品牌发展报告（2017）
著(编)者：欧阳友权 2017年5月出版 / 估价：98.00元
PSN B-2012-277-1/1

**文化遗产蓝皮书**
中国文化遗产事业发展报告（2017）
著(编)者：苏杨 张颖岚 王宇飞
2017年8月出版 / 估价：98.00元
PSN B-2008-119-1/1

**文学蓝皮书**
中国文情报告（2016～2017）
著(编)者：白烨 2017年5月出版 / 估价：49.00元
PSN B-2011-221-1/1

**新媒体蓝皮书**
中国新媒体发展报告No.8（2017）
著(编)者：唐绪军 2017年6月出版 / 估价：89.00元
PSN B-2010-169-1/1

**新媒体社会责任蓝皮书**
中国新媒体社会责任研究报告（2017）
著(编)者：钟瑛 2017年11月出版 / 估价：89.00元
PSN B-2014-423-1/1

**移动互联网蓝皮书**
中国移动互联网发展报告（2017）
著(编)者：官建文 2017年6月出版 / 估价：89.00元
PSN B-2012-282-1/1

**舆情蓝皮书**
中国社会舆情与危机管理报告（2017）
著(编)者：谢耘耕 2017年9月出版 / 估价：128.00元
PSN B-2011-235-1/1

**影视风控蓝皮书**
中国影视舆情与风控报告 （2017）
著(编)者：司若 2017年4月出版 / 估价：138.00元
PSN B-2016-530-1/1

# 地方发展类

**安徽经济蓝皮书**
合芜蚌国家自主创新综合示范区研究报告（2016～2017）
著(编)者：王开玉 2017年11月出版 / 估价：89.00元
PSN B-2014-383-1/1

**安徽蓝皮书**
安徽社会发展报告（2017）
著(编)者：程桦 2017年4月出版 / 估价：89.00元
PSN B-2013-325-1/1

**安徽社会建设蓝皮书**
安徽社会建设分析报告（2016～2017）
著(编)者：黄家海 王开玉 蔡宪
2016年4月出版 / 估价：89.00元
PSN B-2013-322-1/1

**澳门蓝皮书**
澳门经济社会发展报告（2016～2017）
著(编)者：吴志良 郝雨凡 2017年6月出版 / 估价：98.00元
PSN B-2009-138-1/1

**北京蓝皮书**
北京公共服务发展报告（2016～2017）
著(编)者：施昌奎 2017年2月出版 / 估价：89.00元
PSN B-2008-103-7/8

**北京蓝皮书**
北京经济发展报告（2016～2017）
著(编)者：杨松 2017年6月出版 / 估价：89.00元
PSN B-2006-054-2/8

**北京蓝皮书**
北京社会发展报告（2016～2017）
著(编)者：李伟东 2017年6月出版 / 估价：89.00元
PSN B-2006-055-3/8

**北京蓝皮书**
北京社会治理发展报告（2016～2017）
著(编)者：殷星辰 2017年5月出版 / 估价：89.00元
PSN B-2014-391-8/8

**北京蓝皮书**
北京文化发展报告（2016～2017）
著(编)者：李建盛 2017年4月出版 / 估价：89.00元
PSN B-2007-082-4/8

**北京律师绿皮书**
北京律师发展报告No.3（2017）
著(编)者：王隽 2017年7月出版 / 估价：88.00元
PSN G-2012-301-1/1

**北京旅游蓝皮书**
北京旅游发展报告（2017）
著(编)者：北京旅游学会　2017年1月出版 / 估价：88.00元
PSN B-2011-217-1/1

**北京人才蓝皮书**
北京人才发展报告（2017）
著(编)者：于淼　2017年12月出版 / 估价：128.00元
PSN B-2011-201-1/1

**北京社会心态蓝皮书**
北京社会心态分析报告（2016~2017）
著(编)者：北京社会心理研究所
2017年8月出版 / 估价：89.00元
PSN B-2014-422-1/1

**北京社会组织管理蓝皮书**
北京社会组织发展与管理（2016~2017）
著(编)者：黄江松　2017年4月出版 / 估价：88.00元
PSN B-2015-446-1/1

**北京体育蓝皮书**
北京体育产业发展报告（2016~2017）
著(编)者：钟秉枢 陈杰 杨铁黎
2017年9月出版 / 估价：89.00元
PSN B-2015-475-1/1

**北京养老产业蓝皮书**
北京养老产业发展报告（2017）
著(编)者：周明明 冯喜良　2017年8月出版 / 估价：89.00元
PSN B-2015-465-1/1

**滨海金融蓝皮书**
滨海新区金融发展报告（2017）
著(编)者：王爱俭 张锐钢　2017年12月出版 / 估价：89.00元
PSN B-2014-424-1/1

**城乡一体化蓝皮书**
中国城乡一体化发展报告•北京卷（2016~2017）
著(编)者：张宝秀 黄序　2017年5月出版 / 估价：89.00元
PSN B-2012-258-2/2

**创意城市蓝皮书**
北京文化创意产业发展报告（2017）
著(编)者：张京成 王国华　2017年10月出版 / 估价：89.00元
PSN B-2012-263-1/7

**创意城市蓝皮书**
青岛文化创意产业发展报告（2017）
著(编)者：马达 张丹妮　2017年8月出版 / 估价：89.00元
PSN B-2011-235-1/1

**创意城市蓝皮书**
天津文化创意产业发展报告（2016~2017）
著(编)者：谢思全　2017年6月出版 / 估价：89.00元
PSN B-2016-537-7/7

**创意城市蓝皮书**
无锡文化创意产业发展报告（2017）
著(编)者：谭军 张鸣年　2017年10月出版 / 估价：89.00元
PSN B-2013-346-3/7

**创意城市蓝皮书**
武汉文化创意产业发展报告（2017）
著(编)者：黄永林 陈汉桥　2017年9月出版 / 估价：99.00元
PSN B-2013-354-4/7

**创意上海蓝皮书**
上海文化创意产业发展报告（2016~2017）
著(编)者：王慧敏 王兴全　2017年8月出版 / 估价：89.00元
PSN B-2016-562-1/1

**福建妇女发展蓝皮书**
福建省妇女发展报告（2017）
著(编)者：刘群英　2017年11月出版 / 估价：88.00元
PSN B-2011-220-1/1

**福建自贸区蓝皮书**
中国（福建）自由贸易实验区发展报告（2016~2017）
著(编)者：黄茂兴　2017年4月出版 / 估价：108.00元
PSN B-2017-532-1/1

**甘肃蓝皮书**
甘肃经济发展分析与预测（2017）
著(编)者：朱智文 罗哲　2017年1月出版 / 估价：89.00元
PSN B-2013-312-1/6

**甘肃蓝皮书**
甘肃社会发展分析与预测（2017）
著(编)者：安文华 包晓霞 谢增虎
2017年1月出版 / 估价：89.00元
PSN B-2013-313-2/6

**甘肃蓝皮书**
甘肃文化发展分析与预测（2017）
著(编)者：安文华　周小华　2017年1月出版 / 估价：89.00元
PSN B-2013-314-3/6

**甘肃蓝皮书**
甘肃县域和农村发展报告（2017）
著(编)者：刘进军 柳民 王建兵
2017年1月出版 / 估价：89.00元
PSN B-2013-316-5/6

**甘肃蓝皮书**
甘肃舆情分析与预测（2017）
著(编)者：陈双梅 郝树声　2017年1月出版 / 估价：89.00元
PSN B-2013-315-4/6

**甘肃蓝皮书**
甘肃商贸流通发展报告（2017）
著(编)者：杨志武 王福生 王晓芳
2017年1月出版 / 估价：89.00元
PSN B-2016-523-6/6

**广东蓝皮书**
广东全面深化改革发展报告（2017）
著(编)者：周林生 涂成林　2017年12月出版 / 估价：89.00元
PSN B-2015-504-3/3

**广东蓝皮书**
广东社会工作发展报告（2017）
著(编)者：罗观翠　2017年6月出版 / 估价：89.00元
PSN B-2014-402-2/3

**广东蓝皮书**
广东省电子商务发展报告（2017）
著(编)者：程晓 邓顺国　2017年7月出版 / 估价：89.00元
PSN B-2013-360-1/3

**广东社会建设蓝皮书**
广东省社会建设发展报告（2017）
著(编)者：广东省社会工作委员会
2017年12月出版 / 估价：99.00元
PSN B-2014-436-1/1

**广东外经贸蓝皮书**
广东对外经济贸易发展研究报告（2016~2017）
著(编)者：陈万灵　2017年8月出版 / 估价：98.00元
PSN B-2012-286-1/1

**广西北部湾经济区蓝皮书**
广西北部湾经济区开放开发报告（2017）
著(编)者：广西北部湾经济区规划建设管理委员会办公室
广西社会科学院广西北部湾发展研究院
2017年2月出版 / 估价：89.00元
PSN B-2010-181-1/1

**巩义蓝皮书**
巩义经济社会发展报告（2017）
著(编)者：丁同民 朱军　2017年4月出版 / 估价：58.00元
PSN B-2016-533-1/1

**广州蓝皮书**
2017年中国广州经济形势分析与预测
著(编)者：庾建设 陈浩钿 谢博能
2017年7月出版 / 估价：85.00元
PSN B-2011-185-9/14

**广州蓝皮书**
2017年中国广州社会形势分析与预测
著(编)者：张强 陈怡霓 杨秦　2017年6月出版 / 估价：85.00元
PSN B-2008-110-5/14

**广州蓝皮书**
广州城市国际化发展报告（2017）
著(编)者：朱名宏　2017年8月出版 / 估价：79.00元
PSN B-2012-246-11/14

**广州蓝皮书**
广州创新型城市发展报告（2017）
著(编)者：尹涛　2017年7月出版 / 估价：79.00元
PSN B-2012-247-12/14

**广州蓝皮书**
广州经济发展报告（2017）
著(编)者：朱名宏　2017年7月出版 / 估价：79.00元
PSN B-2005-040-1/14

**广州蓝皮书**
广州农村发展报告（2017）
著(编)者：朱名宏　2017年8月出版 / 估价：79.00元
PSN B-2010-167-8/14

**广州蓝皮书**
广州汽车产业发展报告（2017）
著(编)者：杨再高 冯兴亚　2017年7月出版 / 估价：79.00元
PSN B-2006-066-3/14

**广州蓝皮书**
广州青年发展报告（2016～2017）
著(编)者：徐柳 张强　2017年9月出版 / 估价：79.00元
PSN B-2013-352-13/14

**广州蓝皮书**
广州商贸业发展报告（2017）
著(编)者：李江涛 肖振宇 荀振英
2017年7月出版 / 估价：79.00元
PSN B-2012-245-10/14

**广州蓝皮书**
广州社会保障发展报告（2017）
著(编)者：蔡国萱　2017年8月出版 / 估价：79.00元
PSN B-2014-425-14/14

**广州蓝皮书**
广州文化创意产业发展报告（2017）
著(编)者：徐咏虹　2017年7月出版 / 估价：79.00元
PSN B-2008-111-6/14

**广州蓝皮书**
中国广州城市建设与管理发展报告（2017）
著(编)者：董皞 陈小钢 李江涛
2017年7月出版 / 估价：85.00元
PSN B-2007-087-4/14

**广州蓝皮书**
中国广州科技创新发展报告（2017）
著(编)者：邹采荣 马正勇 陈爽
2017年7月出版 / 估价：79.00元
PSN B-2006-065-2/14

**广州蓝皮书**
中国广州文化发展报告（2017）
著(编)者：徐俊忠 陆志强 顾涧清
2017年7月出版 / 估价：79.00元
PSN B-2009-134-7/14

**贵阳蓝皮书**
贵阳城市创新发展报告No.2（白云篇）
著(编)者：连玉明　2017年10月出版 / 估价：89.00元
PSN B-2015-491-3/10

**贵阳蓝皮书**
贵阳城市创新发展报告No.2（观山湖篇）
著(编)者：连玉明　2017年10月出版 / 估价：89.00元
PSN B-2011-235-1/1

**贵阳蓝皮书**
贵阳城市创新发展报告No.2（花溪篇）
著(编)者：连玉明　2017年10月出版 / 估价：89.00元
PSN B-2015-490-2/10

**贵阳蓝皮书**
贵阳城市创新发展报告No.2（开阳篇）
著(编)者：连玉明　2017年10月出版 / 估价：89.00元
PSN B-2015-492-4/10

**贵阳蓝皮书**
贵阳城市创新发展报告No.2（南明篇）
著(编)者：连玉明　2017年10月出版 / 估价：89.00元
PSN B-2015-496-8/10

**贵阳蓝皮书**
贵阳城市创新发展报告No.2（清镇篇）
著(编)者：连玉明　2017年10月出版 / 估价：89.00元
PSN B-2015-489-1/10

**贵阳蓝皮书**
**贵阳城市创新发展报告No.2（乌当篇）**
著(编)者：连玉明　2017年10月出版 / 估价：89.00元
PSN B-2015-495-7/10

**贵阳蓝皮书**
**贵阳城市创新发展报告No.2（息烽篇）**
著(编)者：连玉明　2017年10月出版 / 估价：89.00元
PSN B-2015-493-5/10

**贵阳蓝皮书**
**贵阳城市创新发展报告No.2（修文篇）**
著(编)者：连玉明　2017年10月出版 / 估价：89.00元
PSN B-2015-494-6/10

**贵阳蓝皮书**
**贵阳城市创新发展报告No.2（云岩篇）**
著(编)者：连玉明　2017年10月出版 / 估价：89.00元
PSN B-2015-498-10/10

**贵州房地产蓝皮书**
**贵州房地产发展报告No.4（2017）**
著(编)者：武廷方　2017年7月出版 / 估价：89.00元
PSN B-2014-426-1/1

**贵州蓝皮书**
**贵州册亨经济社会发展报告 (2017)**
著(编)者：黄德林　2017年3月出版 / 估价：89.00元
PSN B-2016-526-8/9

**贵州蓝皮书**
**贵安新区发展报告（2016~2017）**
著(编)者：马长青 吴大华　2017年6月出版 / 估价：89.00元
PSN B-2015-459-4/9

**贵州蓝皮书**
**贵州法治发展报告（2017）**
著(编)者：吴大华　2017年5月出版 / 估价：89.00元
PSN B-2012-254-2/9

**贵州蓝皮书**
**贵州国有企业社会责任发展报告（2016～2017）**
著(编)者：郭丽 周航 万强
2017年12月出版 / 估价：89.00元
PSN B-2015-512-6/9

**贵州蓝皮书**
**贵州民航业发展报告（2017）**
著(编)者：申振东 吴大华　2017年10月出版 / 估价：89.00元
PSN B-2015-471-5/9

**贵州蓝皮书**
**贵州民营经济发展报告（2017）**
著(编)者：杨静 吴大华　2017年3月出版 / 估价：89.00元
PSN B-2016-531-9/9

**贵州蓝皮书**
**贵州人才发展报告（2017）**
著(编)者：于杰 吴大华　2017年9月出版 / 估价：89.00元
PSN B-2014-382-3/9

**贵州蓝皮书**
**贵州社会发展报告（2017）**
著(编)者：王兴骥　2017年6月出版 / 估价：89.00元
PSN B-2010-166-1/9

**贵州蓝皮书**
**贵州国家级开放创新平台发展报告（2017）**
著(编)者：申晓庆　吴大华　李泓
2017年6月出版 / 估价：89.00元
PSN B-2016-518-1/9

**海淀蓝皮书**
**海淀区文化和科技融合发展报告（2017）**
著(编)者：陈名杰 孟景伟　2017年5月出版 / 估价：85.00元
PSN B-2013-329-1/1

**杭州都市圈蓝皮书**
**杭州都市圈发展报告（2017）**
著(编)者：沈翔 戚建国　2017年5月出版 / 估价：128.00元
PSN B-2012-302-1/1

**杭州蓝皮书**
**杭州妇女发展报告（2017）**
著(编)者：魏颖　2017年6月出版 / 估价：89.00元
PSN B-2014-403-1/1

**河北经济蓝皮书**
**河北省经济发展报告（2017）**
著(编)者：马树强 金浩 张贵
2017年4月出版 / 估价：89.00元
PSN B-2014-380-1/1

**河北蓝皮书**
**河北经济社会发展报告（2017）**
著(编)者：郭金平　2017年1月出版 / 估价：89.00元
PSN B-2014-372-1/1

**河北食品药品安全蓝皮书**
**河北食品药品安全研究报告（2017）**
著(编)者：丁锦霞　2017年6月出版 / 估价：89.00元
PSN B-2015-473-1/1

**河南经济蓝皮书**
**2017年河南经济形势分析与预测**
著(编)者：胡五岳　2017年2月出版 / 估价：89.00元
PSN B-2007-086-1/1

**河南蓝皮书**
**2017年河南社会形势分析与预测**
著(编)者：刘道兴 牛苏林　2017年4月出版 / 估价89.00元
PSN B-2005-043-1/8

**河南蓝皮书**
**河南城市发展报告（2017）**
著(编)者：张占仓 王建国　2017年5月出版 / 估价：89.00元
PSN B-2009-131-3/8

**河南蓝皮书**
**河南法治发展报告（2017）**
著(编)者：丁同民 张林海　2017年5月出版 / 估价：89.00元
PSN B-2014-376-6/8

**河南蓝皮书**
**河南工业发展报告（2017）**
著(编)者：张占仓 丁同民　2017年5月出版 / 估价：89.00元
PSN B-2013-317-5/8

**河南蓝皮书**
**河南金融发展报告（2017）**
著(编)者：河南省社会科学院
2017年6月出版 / 估价：89.00元
PSN B-2014-390-7/8

**河南蓝皮书**
河南经济发展报告（2017）
著(编)者：张占仓 2017年3月出版 / 估价：89.00元
PSN B-2010-157-4/8

**河南蓝皮书**
河南农业农村发展报告（2017）
著(编)者：吴海峰 2017年4月出版 / 估价：89.00元
PSN B-2015-445-8/8

**河南蓝皮书**
河南文化发展报告（2017）
著(编)者：卫绍生 2017年3月出版 / 估价：88.00元
PSN B-2008-106-2/8

**河南商务蓝皮书**
河南商务发展报告（2017）
著(编)者：焦锦淼 穆荣国 2017年6月出版 / 估价：88.00元
PSN B-2014-399-1/1

**黑龙江蓝皮书**
黑龙江经济发展报告（2017）
著(编)者：朱宇 2017年1月出版 / 估价：89.00元
PSN B-2011-190-2/2

**黑龙江蓝皮书**
黑龙江社会发展报告（2017）
著(编)者：谢宝禄 2017年1月出版 / 估价：89.00元
PSN B-2011-189-1/2

**湖北文化蓝皮书**
湖北文化发展报告（2017）
著(编)者：吴成国 2017年10月出版 / 估价：95.00元
PSN B-2016-567-1/1

**湖南城市蓝皮书**
区域城市群整合
著(编)者：童中贤 韩未名
2017年12月出版 / 估价：89.00元
PSN B-2006-064-1/1

**湖南蓝皮书**
2017年湖南产业发展报告
著(编)者：梁志峰 2017年5月出版 / 估价：128.00元
PSN B-2011-207-2/8

**湖南蓝皮书**
2017年湖南电子政务发展报告
著(编)者：梁志峰 2017年5月出版 / 估价：128.00元
PSN B-2014-394-6/8

**湖南蓝皮书**
2017年湖南经济展望
著(编)者：梁志峰 2017年5月出版 / 估价：128.00元
PSN B-2011-206-1/8

**湖南蓝皮书**
2017年湖南两型社会与生态文明发展报告
著(编)者：梁志峰 2017年5月出版 / 估价：128.00元
PSN B-2011-208-3/8

**湖南蓝皮书**
2017年湖南社会发展报告
著(编)者：梁志峰 2017年5月出版 / 估价：128.00元
PSN B-2014-393-5/8

**湖南蓝皮书**
2017年湖南县域经济社会发展报告
著(编)者：梁志峰 2017年5月出版 / 估价：128.00元
PSN B-2014-395-7/8

**湖南蓝皮书**
湖南城乡一体化发展报告（2017）
著(编)者：陈文胜 王文强 陆福兴 邝奕轩
2017年6月出版 / 估价：89.00元
PSN B-2015-477-8/8

**湖南县域绿皮书**
湖南县域发展报告 No.3
著(编)者：袁准 周小毛 2017年9月出版 / 估价：89.00元
PSN G-2012-274-1/1

**沪港蓝皮书**
沪港发展报告（2017）
著(编)者：尤安山 2017年9月出版 / 估价：89.00元
PSN B-2013-362-1/1

**吉林蓝皮书**
2017年吉林经济社会形势分析与预测
著(编)者：马克 2015年12月出版 / 估价：89.00元
PSN B-2013-319-1/1

**吉林省城市竞争力蓝皮书**
吉林省城市竞争力报告（2017）
著(编)者：崔岳春 张磊 2017年3月出版 / 估价：89.00元
PSN B-2015-508-1/1

**济源蓝皮书**
济源经济社会发展报告（2017）
著(编)者：喻新安 2017年4月出版 / 估价：89.00元
PSN B-2014-387-1/1

**健康城市蓝皮书**
北京健康城市建设研究报告（2017）
著(编)者：王鸿春 2017年8月出版 / 估价：89.00元
PSN B-2015-460-1/2

**江苏法治蓝皮书**
江苏法治发展报告 No.6（2017）
著(编)者：蔡道通 龚廷泰 2017年8月出版 / 估价：98.00元
PSN B-2012-290-1/1

**江西蓝皮书**
江西经济社会发展报告（2017）
著(编)者：张勇 姜玮 梁勇 2017年10月出版 / 估价：89.00元
PSN B-2015-484-1/2

**江西蓝皮书**
江西设区市发展报告（2017）
著(编)者：姜玮 梁勇 2017年10月出版 / 估价：79.00元
PSN B-2016-517-2/2

**江西文化蓝皮书**
江西文化产业发展报告（2017）
著(编)者：张圣才 汪春翔
2017年10月出版 / 估价：128.00元
PSN B-2015-499-1/1

**街道蓝皮书**
**北京街道发展报告No.2（白纸坊篇）**
著(编)者：连玉明　2017年8月出版 / 估价：98.00元
PSN B-2016-544-7/15

**街道蓝皮书**
**北京街道发展报告No.2（椿树篇）**
著(编)者：连玉明　2017年8月出版 / 估价：98.00元
PSN B-2016-548-11/15

**街道蓝皮书**
**北京街道发展报告No.2（大栅栏篇）**
著(编)者：连玉明　2017年8月出版 / 估价：98.00元
PSN B-2016-552-15/15

**街道蓝皮书**
**北京街道发展报告No.2（德胜篇）**
著(编)者：连玉明　2017年8月出版 / 估价：98.00元
PSN B-2016-551-14/15

**街道蓝皮书**
**北京街道发展报告No.2（广安门内篇）**
著(编)者：连玉明　2017年8月出版 / 估价：98.00元
PSN B-2016-540-3/15

**街道蓝皮书**
**北京街道发展报告No.2（广安门外篇）**
著(编)者：连玉明　2017年8月出版 / 估价：98.00元
PSN B-2016-547-10/15

**街道蓝皮书**
**北京街道发展报告No.2（金融街篇）**
著(编)者：连玉明　2017年8月出版 / 估价：98.00元
PSN B-2016-538-1/15

**街道蓝皮书**
**北京街道发展报告No.2（牛街篇）**
著(编)者：连玉明　2017年8月出版 / 估价：98.00元
PSN B-2016-545-8/15

**街道蓝皮书**
**北京街道发展报告No.2（什刹海篇）**
著(编)者：连玉明　2017年8月出版 / 估价：98.00元
PSN B-2016-546-9/15

**街道蓝皮书**
**北京街道发展报告No.2（陶然亭篇）**
著(编)者：连玉明　2017年8月出版 / 估价：98.00元
PSN B-2016-542-5/15

**街道蓝皮书**
**北京街道发展报告No.2（天桥篇）**
著(编)者：连玉明　2017年8月出版 / 估价：98.00元
PSN B-2016-549-12/15

**街道蓝皮书**
**北京街道发展报告No.2（西长安街篇）**
著(编)者：连玉明　2017年8月出版 / 估价：98.00元
PSN B-2016-543-6/15

**街道蓝皮书**
**北京街道发展报告No.2（新街口篇）**
著(编)者：连玉明　2017年8月出版 / 估价：98.00元
PSN B-2016-541-4/15

**街道蓝皮书**
**北京街道发展报告No.2（月坛篇）**
著(编)者：连玉明　2017年8月出版 / 估价：98.00元
PSN B-2016-539-2/15

**街道蓝皮书**
**北京街道发展报告No.2（展览路篇）**
著(编)者：连玉明　2017年8月出版 / 估价：98.00元
PSN B-2016-550-13/15

**经济特区蓝皮书**
**中国经济特区发展报告（2017）**
著(编)者：陶一桃　2017年12月出版 / 估价：98.00元
PSN B-2009-139-1/1

**辽宁蓝皮书**
**2017年辽宁经济社会形势分析与预测**
著(编)者：曹晓峰　梁启东
2017年1月出版 / 估价：79.00元
PSN B-2006-053-1/1

**洛阳蓝皮书**
**洛阳文化发展报告（2017）**
著(编)者：刘福兴 陈启明　2017年7月出版 / 估价：89.00元
PSN B-2015-476-1/1

**南京蓝皮书**
**南京文化发展报告（2017）**
著(编)者：徐宁　2017年10月出版 / 估价：89.00元
PSN B-2014-439-1/1

**南宁蓝皮书**
**南宁经济发展报告（2017）**
著(编)者：胡建华　2017年9月出版 / 估价：79.00元
PSN B-2016-570-2/3

**南宁蓝皮书**
**南宁社会发展报告（2017）**
著(编)者：胡建华　2017年9月出版 / 估价：79.00元
PSN B-2016-571-3/3

**内蒙古蓝皮书**
**内蒙古反腐倡廉建设报告 No.2**
著(编)者：张志华 无极　2017年12月出版 / 估价：79.00元
PSN B-2013-365-1/1

**浦东新区蓝皮书**
**上海浦东经济发展报告（2017）**
著(编)者：沈开艳 周奇　2017年1月出版 / 估价：89.00元
PSN B-2011-225-1/1

**青海蓝皮书**
**2017年青海经济社会形势分析与预测**
著(编)者：陈玮　2015年12月出版 / 估价：79.00元
PSN B-2012-275-1/1

**人口与健康蓝皮书**
**深圳人口与健康发展报告（2017）**
著(编)者：陆杰华 罗乐宣 苏杨
2017年11月出版 / 估价：89.00元
PSN B-2011-228-1/1

**山东蓝皮书**
山东经济形势分析与预测（2017）
著(编)者：李广杰　2017年7月出版 / 估价：89.00元
PSN B-2014-404-1/4

**山东蓝皮书**
山东社会形势分析与预测（2017）
著(编)者：张华 唐洲雁　2017年6月出版 / 估价：89.00元
PSN B-2014-405-2/4

**山东蓝皮书**
山东文化发展报告（2017）
著(编)者：涂可国　2017年11月出版 / 估价：98.00元
PSN B-2014-406-3/4

**山西蓝皮书**
山西资源型经济转型发展报告（2017）
著(编)者：李志强　2017年7月出版 / 估价：89.00元
PSN B-2011-197-1/1

**陕西蓝皮书**
陕西经济发展报告（2017）
著(编)者：任宗哲 白宽犁 裴成荣
2015年12月出版 / 估价：89.00元
PSN B-2009-135-1/5

**陕西蓝皮书**
陕西社会发展报告（2017）
著(编)者：任宗哲 白宽犁 牛昉
2015年12月出版 / 估价：89.00元
PSN B-2009-136-2/5

**陕西蓝皮书**
陕西文化发展报告（2017）
著(编)者：任宗哲 白宽犁 王长寿
2015年12月出版 / 估价：89.00元
PSN B-2009-137-3/5

**上海蓝皮书**
上海传媒发展报告（2017）
著(编)者：强荧 焦雨虹　2017年1月出版 / 估价：89.00元
PSN B-2012-295-5/7

**上海蓝皮书**
上海法治发展报告（2017）
著(编)者：叶青　2017年6月出版 / 估价：89.00元
PSN B-2012-296-6/7

**上海蓝皮书**
上海经济发展报告（2017）
著(编)者：沈开艳　2017年1月出版 / 估价：89.00元
PSN B-2006-057-1/7

**上海蓝皮书**
上海社会发展报告（2017）
著(编)者：杨雄　周海旺　2017年1月出版 / 估价：89.00元
PSN B-2006-058-2/7

**上海蓝皮书**
上海文化发展报告（2017）
著(编)者：荣跃明　2017年1月出版 / 估价：89.00元
PSN B-2006-059-3/7

**上海蓝皮书**
上海文学发展报告（2017）
著(编)者：陈圣来　2017年6月出版 / 估价：89.00元
PSN B-2012-297-7/7

**上海蓝皮书**
上海资源环境发展报告（2017）
著(编)者：周冯琦 汤庆合 任文伟
2017年1月出版 / 估价：89.00元
PSN B-2006-060-4/7

**社会建设蓝皮书**
2017年北京社会建设分析报告
著(编)者：宋贵伦 冯虹　2017年10月出版 / 估价：89.00元
PSN B-2010-173-1/1

**深圳蓝皮书**
深圳法治发展报告（2017）
著(编)者：张骁儒　2017年6月出版 / 估价：89.00元
PSN B-2015-470-6/7

**深圳蓝皮书**
深圳经济发展报告（2017）
著(编)者：张骁儒　2017年7月出版 / 估价：89.00元
PSN B-2008-112-3/7

**深圳蓝皮书**
深圳劳动关系发展报告（2017）
著(编)者：汤庭芬　2017年6月出版 / 估价：89.00元
PSN B-2007-097-2/7

**深圳蓝皮书**
深圳社会建设与发展报告（2017）
著(编)者：张骁儒 陈东平　2017年7月出版 / 估价：89.00元
PSN B-2008-113-4/7

**深圳蓝皮书**
深圳文化发展报告(2017)
著(编)者：张骁儒　2017年7月出版 / 估价：89.00元
PSN B-2016-555-7/7

**四川法治蓝皮书**
丝绸之路经济带发展报告（2016～2017）
著(编)者：任宗哲 白宽犁 谷孟宾
2017年12月出版 / 估价：85.00元
PSN B-2014-410-1/1

**四川法治蓝皮书**
四川依法治省年度报告 No.3（2017）
著(编)者：李林 杨天宗 田禾
2017年3月出版 / 估价：108.00元
PSN B-2015-447-1/1

**四川蓝皮书**
2017年四川经济形势分析与预测
著(编)者：杨钢　2017年1月出版 / 估价：98.00元
PSN B-2007-098-2/7

**四川蓝皮书**
四川城镇化发展报告（2017）
著(编)者：侯水平 陈炜　2017年4月出版 / 估价：85.00元
PSN B-2015-456-7/7

**四川蓝皮书**
四川法治发展报告（2017）
著(编)者：郑泰安　2017年1月出版 / 估价：89.00元
PSN B-2015-441-5/7

**四川蓝皮书**
四川企业社会责任研究报告（2016～2017）
著(编)者：侯水平 盛毅 翟刚
2017年4月出版 / 估价：89.00元
PSN B-2014-386-4/7

**四川蓝皮书**
四川社会发展报告（2017）
著(编)者：李羚　2017年5月出版 / 估价：89.00元
PSN B-2008-127-3/7

**四川蓝皮书**
四川生态建设报告（2017）
著(编)者：李晟之　2017年4月出版 / 估价：85.00元
PSN B-2015-455-6/7

**四川蓝皮书**
四川文化产业发展报告（2017）
著(编)者：向宝云 张立伟
2017年4月出版 / 估价：89.00元
PSN B-2006-074-1/7

**体育蓝皮书**
上海体育产业发展报告（2016～2017）
著(编)者：张林 黄海燕
2017年10月出版 / 估价：89.00元
PSN B-2015-454-4/4

**体育蓝皮书**
长三角地区体育产业发展报告（2016～2017）
著(编)者：张林　2017年4月出版 / 估价：89.00元
PSN B-2015-453-3/4

**天津金融蓝皮书**
天津金融发展报告（2017）
著(编)者：王爱俭 孔德昌
2017年12月出版 / 估价：98.00元
PSN B-2014-418-1/1

**图们江区域合作蓝皮书**
图们江区域合作发展报告（2017）
著(编)者：李铁　2017年6月出版 / 估价：98.00元
PSN B-2015-464-1/1

**温州蓝皮书**
2017年温州经济社会形势分析与预测
著(编)者：潘忠强 王春光 金浩
2017年4月出版 / 估价：89.00元
PSN B-2008-105-1/1

**西咸新区蓝皮书**
西咸新区发展报告（2016~2017）
著(编)者：李扬 王军　2017年6月出版 / 估价：89.00元
PSN B-2016-535-1/1

**扬州蓝皮书**
扬州经济社会发展报告（2017）
著(编)者：丁纯　2017年12月出版 / 估价：98.00元
PSN B-2011-191-1/1

**长株潭城市群蓝皮书**
长株潭城市群发展报告（2017）
著(编)者：张萍　2017年12月出版 / 估价：89.00元
PSN B-2008-109-1/1

**中医文化蓝皮书**
北京中医文化传播发展报告（2017）
著(编)者：毛嘉陵　2017年5月出版 / 估价：79.00元
PSN B-2015-468-1/2

**珠三角流通蓝皮书**
珠三角商圈发展研究报告（2017）
著(编)者：王先庆 林至颖
2017年7月出版 / 估价：98.00元
PSN B-2012-292-1/1

**遵义蓝皮书**
遵义发展报告（2017）
著(编)者：曾征 龚永育 雍思强
2017年12月出版 / 估价：89.00元
PSN B-2014-433-1/1

# 国际问题类

**“一带一路”跨境通道蓝皮书**
“一带一路”跨境通道建设研究报告（2017）
著(编)者：郭业洲　2017年8月出版 / 估价：89.00元
PSN B-2016-558-1/1

**“一带一路”蓝皮书**
“一带一路”建设发展报告（2017）
著(编)者：孔丹 李永全　2017年7月出版 / 估价：89.00元
PSN B-2016-553-1/1

**阿拉伯黄皮书**
阿拉伯发展报告（2016～2017）
著(编)者：罗林　2017年11月出版 / 估价：89.00元
PSN Y-2014-381-1/1

**北部湾蓝皮书**
泛北部湾合作发展报告（2017）
著(编)者：吕余生　2017年12月出版 / 估价：85.00元
PSN B-2008-114-1/1

**大湄公河次区域蓝皮书**
大湄公河次区域合作发展报告（2017）
著(编)者：刘稚　2017年8月出版 / 估价：89.00元
PSN B-2011-196-1/1

**大洋洲蓝皮书**
大洋洲发展报告（2017）
著(编)者：喻常森　2017年10月出版 / 估价：89.00元
PSN B-2013-341-1/1

**德国蓝皮书**
德国发展报告（2017）
著(编)者：郑春荣　　2017年6月出版 / 估价：89.00元
PSN B-2012-278-1/1

**东盟黄皮书**
东盟发展报告（2017）
著(编)者：杨晓强 庄国土
2017年3月出版 / 估价：89.00元
PSN Y-2012-303-1/1

**东南亚蓝皮书**
东南亚地区发展报告（2016～2017）
著(编)者：厦门大学东南亚研究中心　王勤
2017年12月出版 / 估价：89.00元
PSN B-2012-240-1/1

**俄罗斯黄皮书**
俄罗斯发展报告（2017）
著(编)者：李永全　2017年7月出版 / 估价：89.00元
PSN Y-2006-061-1/1

**非洲黄皮书**
非洲发展报告 No.19（2016～2017）
著(编)者：张宏明　2017年8月出版 / 估价：89.00元
PSN Y-2012-239-1/1

**公共外交蓝皮书**
中国公共外交发展报告（2017）
著(编)者：赵启正 雷蔚真
2017年4月出版 / 估价：89.00元
PSN B-2015-457-1/1

**国际安全蓝皮书**
中国国际安全研究报告(2017)
著(编)者：刘慧　　2017年7月出版 / 估价：98.00元
PSN B-2016-522-1/1

**国际形势黄皮书**
全球政治与安全报告（2017）
著(编)者：李慎明　张宇燕
2016年12月出版 / 估价：89.00元
PSN Y-2001-016-1/1

**韩国蓝皮书**
韩国发展报告（2017）
著(编)者：牛林杰 刘宝全
2017年11月出版 / 估价：89.00元
PSN B-2010-155-1/1

**加拿大蓝皮书**
加拿大发展报告（2017）
著(编)者：仲伟合　2017年9月出版 / 估价：89.00元
PSN B-2014-389-1/1

**拉美黄皮书**
拉丁美洲和加勒比发展报告（2016～2017）
著(编)者：吴白乙　2017年6月出版 / 估价：89.00元
PSN Y-1999-007-1/1

**美国蓝皮书**
美国研究报告（2017）
著(编)者：郑秉文 黄平　2017年6月出版 / 估价：89.00元
PSN B-2011-210-1/1

**缅甸蓝皮书**
缅甸国情报告（2017）
著(编)者：李晨阳　　2017年12月出版 / 估价：86.00元
PSN B-2013-343-1/1

**欧洲蓝皮书**
欧洲发展报告（2016～2017）
著(编)者：黄平 周弘 江时学
2017年6月出版 / 估价：89.00元
PSN B-1999-009-1/1

**葡语国家蓝皮书**
葡语国家发展报告（2017）
著(编)者：王成安 张敏　　2017年12月出版 / 估价：89.00元
PSN B-2015-503-1/2

**葡语国家蓝皮书**
中国与葡语国家关系发展报告·巴西（2017）
著(编)者：张曙光　　2017年8月出版 / 估价：89.00元
PSN B-2016-564-2/2

**日本经济蓝皮书**
日本经济与中日经贸关系研究报告（2017）
著(编)者：张季风　　2017年5月出版 / 估价：89.00元
PSN B-2008-102-1/1

**日本蓝皮书**
日本研究报告（2017）
著(编)者：杨柏江　　2017年5月出版 / 估价：89.00元
PSN B-2002-020-1/1

**上海合作组织黄皮书**
上海合作组织发展报告（2017）
著(编)者：李进峰 吴宏伟 李少捷
2017年6月出版 / 估价：89.00元
PSN Y-2009-130-1/1

**世界创新竞争力黄皮书**
世界创新竞争力发展报告（2017）
著(编)者：李闽榕 李建平 赵新力
2017年1月出版 / 估价：148.00元
PSN Y-2013-318-1/1

**泰国蓝皮书**
泰国研究报告（2017）
著(编)者：庄国土 张禹东
2017年8月出版 / 估价：118.00元
PSN B-2016-557-1/1

**土耳其蓝皮书**
土耳其发展报告（2017）
著(编)者：郭长刚 刘义　　2017年9月出版 / 估价：89.00元
PSN B-2014-412-1/1

**亚太蓝皮书**
亚太地区发展报告（2017）
著(编)者：李向阳　　2017年3月出版 / 估价：89.00元
PSN B-2001-015-1/1

**印度蓝皮书**
印度国情报告（2017）
著(编)者：吕昭义　　2017年12月出版 / 估价：89.00元
PSN B-2012-241-1/1

**印度洋地区蓝皮书**
印度洋地区发展报告（2017）
著(编)者：汪戎　　2017年6月出版 / 估价：89.00元
PSN B-2013-334-1/1

**英国蓝皮书**
英国发展报告（2016～2017）
著(编)者：王展鹏　　2017年11月出版 / 估价：89.00元
PSN B-2015-486-1/1

**越南蓝皮书**
越南国情报告（2017）
著(编)者：广西社会科学院 罗梅 李碧华
2017年12月出版 / 估价：89.00元
PSN B-2006-056-1/1

**以色列蓝皮书**
以色列发展报告（2017）
著(编)者：张倩红　　2017年8月出版 / 估价：89.00元
PSN B-2015-483-1/1

**伊朗蓝皮书**
伊朗发展报告（2017）
著(编)者：冀开远　　2017年10月出版 / 估价：89.00元
PSN B-2016-575-1/1

**中东黄皮书**
中东发展报告 No.19（2016～2017）
著(编)者：杨光　　2017年10月出版 / 估价：89.00元
PSN Y-1998-004-1/1

**中亚黄皮书**
中亚国家发展报告（2017）
著(编)者：孙力 吴宏伟　　2017年7月出版 / 估价：98.00元
PSN Y-2012-238-1/1

皮书序列号是社会科学文献出版社专门为识别皮书、管理皮书而设计的编号。皮书序列号是出版皮书的许可证号，是区别皮书与其他图书的重要标志。

它由一个前缀和四部分构成。这四部分之间用连字符“-”连接。前缀和这四部分之间空半个汉字（见示例）。

《国际人才蓝皮书：中国留学发展报告》序列号示例

从示例中可以看出，《国际人才蓝皮书：中国留学发展报告》的首次出版年份是2012年，是社科文献出版社出版的第244个皮书品种，是“国际人才蓝皮书”系列的第2个品种（共4个品种）。

## 皮书起源

“皮书”起源于十七、十八世纪的英国，主要指官方或社会组织正式发表的重要文件或报告，多以“白皮书”命名。在中国，“皮书”这一概念被社会广泛接受，并被成功运作、发展成为一种全新的出版形态，则源于中国社会科学院社会科学文献出版社。

## 皮书定义

皮书是对中国与世界发展状况和热点问题进行年度监测，以专业的角度、专家的视野和实证研究方法，针对某一领域或区域现状与发展态势展开分析和预测，具备原创性、实证性、专业性、连续性、前沿性、时效性等特点的公开出版物，由一系列权威研究报告组成。

## 皮书作者

皮书系列的作者以中国社会科学院、著名高校、地方社会科学院的研究人员为主，多为国内一流研究机构的权威专家学者，他们的看法和观点代表了学界对中国与世界的现实和未来最高水平的解读与分析。

## 皮书荣誉

皮书系列已成为社会科学文献出版社的著名图书品牌和中国社会科学院的知名学术品牌。2016 年，皮书系列正式列入“十三五”国家重点出版规划项目；2012~2016 年，重点皮书列入中国社会科学院承担的国家哲学社会科学创新工程项目；2017 年，55 种院外皮书使用“中国社会科学院创新工程学术出版项目”标识。

# 中国皮书网

www.pishu.cn

发布皮书研创资讯，传播皮书精彩内容
引领皮书出版潮流，打造皮书服务平台

## 栏目设置

关于皮书：何谓皮书、皮书分类、皮书大事记、皮书荣誉、
　　　　　皮书出版第一人、皮书编辑部

最新资讯：通知公告、新闻动态、媒体聚焦、网站专题、视频直播、下载专区

皮书研创：皮书规范、皮书选题、皮书出版、皮书研究、研创团队

皮书评奖评价：指标体系、皮书评价、皮书评奖

互动专区：皮书说、皮书智库、皮书微博、数据库微博

## 所获荣誉

2008 年、2011 年，中国皮书网均在全国新闻出版业网站荣誉评选中获得“最具商业价值网站”称号；

2012 年，获得“出版业网站百强”称号。

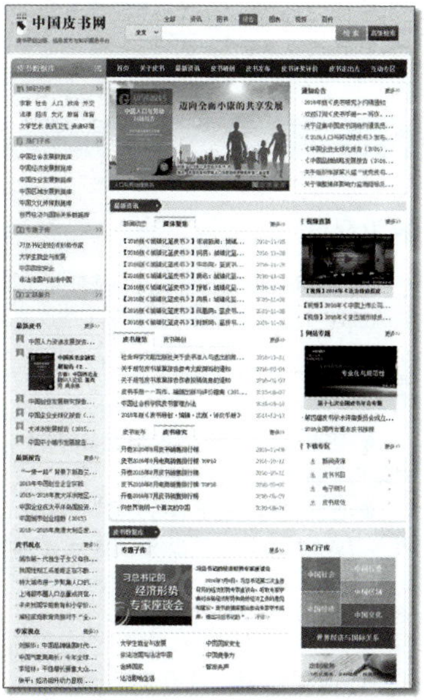


## 网库合一

2014 年，中国皮书网与皮书数据库端口合一，实现资源共享。更多详情请登录 www.pishu.cn。

1997~2017

皮书品牌 20 年

YEAR BOOKS

更多信息请登录

**皮书数据库**
http：//www.pishu.com.cn

**中国皮书网**
http：//www.pishu.cn

**皮书微博**
http：//weibo.com/pishu

**皮书博客**
http：//blog.sina.com.cn/pishu

皮书微信“皮书说”

**请到当当、亚马逊、京东或各地书店购买，也可办理邮购**


咨询 / 邮购电话：010-59367028　59367070
邮　　箱：duzhe@ssap.cn
邮购地址：北京市西城区北三环中路甲29号院3号楼华龙大厦13层读者服务中心
邮　　编：100029
银行户名：社会科学文献出版社
开户银行：中国工商银行北京北太平庄支行
账　　号：0200010019200365434

# 子库介绍

# Sub-Database Introduction

## 中国经济发展数据库

涵盖宏观经济、农业经济、工业经济、产业经济、财政金融、交通旅游、商业贸易、劳动经济、企业经济、房地产经济、城市经济、区域经济等领域，为用户实时了解经济运行态势、 把握经济发展规律、 洞察经济形势、 做出经济决策提供参考和依据。

## 中国社会发展数据库

全面整合国内外有关中国社会发展的统计数据、 深度分析报告、 专家解读和热点资讯构建而成的专业学术数据库。涉及宗教、社会、人口、政治、外交、法律、文化、教育、体育、文学艺术、医药卫生、资源环境等多个领域。

## 中国行业发展数据库

以中国国民经济行业分类为依据，跟踪分析国民经济各行业市场运行状况和政策导向，提供行业发展最前沿的资讯，为用户投资、从业及各种经济决策提供理论基础和实践指导。内容涵盖农业，能源与矿产业，交通运输业，制造业，金融业，房地产业，租赁和商务服务业，科学研究，环境和公共设施管理，居民服务业，教育，卫生和社会保障，文化、体育和娱乐业等 100 余个行业。

## 中国区域发展数据库

对特定区域内的经济、社会、文化、法治、资源环境等领域的现状与发展情况进行分析和预测。涵盖中部、西部、东北、西北等地区，长三角、珠三角、黄三角、京津冀、环渤海、合肥经济圈、长株潭城市群、关中—天水经济区、海峡经济区等区域经济体和城市圈，北京、上海、浙江、河南、陕西等 34 个省份及中国台湾地区 。

## 中国文化传媒数据库

包括文化事业、文化产业、宗教、群众文化、图书馆事业、博物馆事业、档案事业、语言文字、文学、历史地理、新闻传播、广播电视、出版事业、艺术、电影、娱乐等多个子库。

## 世界经济与国际关系数据库

以皮书系列中涉及世界经济与国际关系的研究成果为基础，全面整合国内外有关世界经济与国际关系的统计数据、深度分析报告、专家解读和热点资讯构建而成的专业学术数据库。包括世界经济、国际政治、世界文化与科技、全球性问题、国际组织与国际法、区域研究等多个子库。

# 法律声明